JN493997

제7판

교정복지론

우리 함께 일상회복

최옥채

YANGSEOWON
양서원

Preface

머 · 리 · 글

사회복지실천이 사회약자를 대상으로 이루어지는가 하면, 교정복지실천은 그 사회약자 중에서도 형편과 처지가 가장 어려운 대상자를 상대한다. 게다가 사회복지의 대상자는 대체로 사회로부터 긍휼을 불러일으키나 유독 교정복지의 대상자는 사회로부터 격리되어야 하는 악한 존재로 인식되고 있다. 교정복지실천 현장의 사회복지사뿐만 아니라 연구자도 달갑지 않은 사회의 시선을 피할 수 없는 것이 현실이다. 이런 사정은 단적으로 교정복지실천의 주요 현장인 소년원이나 교도소가 국민의 혐오시설로 치부되고 있는 사실을 통해 확인할 수 있다.

출판사를 바꾸어가며 **교정복지론**(7판)을 결심한 데는 베버(Max Weber)의 도덕적 근본주의에 기초한 신념윤리의 영향이 컸다. 실천을 그리워하는 연구자로서 마음가짐을 대학에 재직할 때보다 퇴직한 지금 여기에서 더욱 힘차게 지켜야 할 터이다. 이 같은 각오는 그간 비행청소년과 범죄인의 일상회복을 위해 헌신한 보호 · 교정 현장의 김세훈 소장을 비롯한 여러 실무자와 활동하며 싹터왔을 것이다. 여기에 교도소에서 군복무한 것이 인연이 되어 줄곧 비행과 범죄에 관심을 두어 지내며 접한 몇 가지 서운했던 점을 회복하려는 욕망도 더해졌을 것이다.

이번 개정판에서는 더 이상 고집하지 않고 현재 학계가 적용하고 있는 **사회복지학 교과목 지침**에 따랐다. 이에 더하여 '비행청소년과 범죄인의 재활'을 '비행청소년과 범죄인의 일상회복'이라는 용어로 바꾼 것이 큰 변화라고 하겠다. 이는 이 책의 관점이라고도 할 수 있는데, 비행청소년이나 범죄인을 위한 '사회적응', '재사회화', '교정', '교화', '재활' 같은 용어를 버리고 '일상회복'이라는 용어로 대체한 것이다. 이 같은 관점으로 비행과 범죄에 접근하는 것이 사회복지학의 **교정복지론**다운 입장이라고 본다. 일상회복의 개념이 사회적응이나 재활의 것보다 비행청소년이나 범죄인의 자발성을 더욱 앞세우고, 나아가 한층 더 실천적이라고 생각해서이다.

나아가 교정복지와 교정복지실천을 달리 설명해야 하고, **교정복지론**에서는 당연히 교정복지실천에 중점을 두어야 함을 강조했다. 이 입장은 사회복지와 사회복지실천이 달리 설명되어야 하는 것과 다르지 않다. 이런 이치는 무엇보다도 교정복지가 2차 현장에서 이루어진다는 사실이 입증할 터이다. 그렇다면 **교정복지론**에서 교정복지실천의 기반은 Social Work가 되어야 할 것이다.

아울러 사회복지학 연구자로서 전문가임을 자랑할 때 그 영역과 연구 방법을 밝혀야 하고, 실천가로서 전문가임을 자랑할 때 그 영역과 기술을 밝혀야 한다. 이 두 가지를 융합할 수 있어야 온전한 실천학문을 수행하는 것이라고 알고 있기 때문이다. 당연한 것은 사회복지의 한 분야인 교정복지는 비행청소년을 비롯한 범죄인의 일상회복을 위한 구체적인 방법과 기술 따위를 분명히 확보해야 한다는 사실이다. 그래서 **교정복지론**이라는 사회복지학의 하위 교과목으로 자리를 매길 수 있어야 한다.

1부에서는 비행청소년 · 범죄인의 일상회복과 교정복지에 관한 이해를 꾀하였다. 이를 위해 비행청소년과 범죄인을 처우한 4개 나라의 역사를 함께 살펴보았다. 특히 각 장의 좀 더 살펴보기에서 일상회복, 영국이 범죄인을 식민지로 보낸 내력, 사회복지학에서 **교정복지론**의 위상을 정리하여 그 이해를 도왔다.

2부에서는 교정복지의 기반을 다루었다. 즉 교정복지의 현장과 관련 주요 제도, 비행과 범죄 관련 이론, 교정복지실천의 방법 · 모형 · 기술 · 전략을 소개했다. 각 장의 좀 더 살펴보기에서 사회복지실천의 2차 현장, 보호 · 교정기관에 알려야 할 주요 사회복지제도, 형벌의 종류와 정약용의 **흠흠신서**, 교정복지실천의 특성을 정리했다.

3부에서는 교정복지의 실제로 프로그램과 교정자원봉사에 관하여 살펴보았다. 이들 내용은 내가 가내수공업 같은 실천과 연구를 통해 얻은 성과라고 생각한다. 각 장의 좀 더 살펴보기는 교정복지에서 지나칠 수 없는 인권, 종교, 성매매, 교정복지운동으로 채웠다.

4부에서는 교정복지의 쟁점과 전망을 살펴보았다. 5개 영역을 들어 쟁점을 소개했고, AI시대 비행과 범죄를 포함해 4가지를 전망했다. 좀 더 살펴보기에서 지방자치제도와 교정복지를 논의하고, 교도소가 문화유산이 된 의미를 정리했다.

이 **교정복지론**(7판)이 비행청소년과 범죄인의 일상회복에 관심을 둔 여러 독자들께 힘이 되길 소망하고, 이후 개정을 약속한다.

양서원에 깊은 마음으로 감사드린다.

2025년 여름

최옥채 지음

차 · 례
Contents

제 3 장
교정복지에 관한 이해

제2부
교정복지 기반

제 4 장
교정복지실천 현장

제 5 장
교정복지 관련 주요 제도

제 6 장
비행과 범죄 관련 이론

제 7 장
교정복지실천의 방법, 모형, 기술, 전략

제3부
교정복지 실제

제 8 장
시설 중심 프로그램

제 9 장
지역사회 중심 프로그램

제 10 장
비행 · 범죄 유형별 프로그램

제 11 장
교정자원봉사

제4부
교정복지의 쟁점과 전망

제 12 장
교정복지의 쟁점

제 13 장
교정복지의 전망

제1부

비행청소년·범죄인의 일상회복과 교정복지에 관한 이해

제 1 장 비행청소년과 범죄인의 일상회복
제 2 장 비행청소년과 범죄인 일상회복의 역사적 전개
제 3 장 교정복지에 관한 이해

학습목표

1. 교정복지 입장에서 다음 내용을 이해한다.
    - 비행과 범죄의 실상
    - 비행청소년과 범죄인의 일상회복
    - 외국의 비행청소년과 범죄인 일상회복의 역사
2. 교정복지 입장에서 다음 사항의 의미를 살펴본다.
    - 일상회복
    - 영국이 범죄인을 식민지에 보낸 의미
    - **교정복지론**의 위상

고기잡이 준비 같은 교정복지 이해

출처: https://www.bing.com/images

제 1 장

비행청소년과 범죄인의 일상회복

순금이 없고, 완벽한 사람이 없다.
(劉春秀, 2023)

비행청소년과 범죄인의 일상회복이라 함은 비행청소년과 범죄인이 보호·교정기관이나 지역사회에서 비행과 범죄의 내용에 따라 처분이나 처벌을 받은 후 다시 사회에 돌아와 생활함을 의미한다. 비행청소년과 범죄인의 처분과 처벌은 비행청소년과 범죄인에게 자신의 과오에 따른 대가를 지불하는 응보의 과정이 아니라 이들이 사회에 잘 적응할 수 있도록 변화를 유도하는 전문적 과업이라야 한다. 이를 전문적 과업이라고 강조하는 것은 비행과 범죄가 제도와 기술을 바탕으로 국가 차원에서 개입해야 할 사회문제이기 때문이다.

비행청소년과 범죄인의 일상회복을 위한 한 분야로서 교정복지를 올바르게 이해하려면 먼저 비행청소년과 범죄인을 비롯해 이들의 일상회복에 관하여 공부해야 한다. 그 공부의 주요 내용은 사회복지학에서 강조하는 지식과 기술을 바탕으로 이루어져야 할 것이다. 이런 점에서 비행청소년이나 범죄인을 대하는 것이 다른 어떤 영역의 사람들과 차이가 날 수밖에 없다.

이 장에서는 비행과 범죄, 비행과 범죄의 실상, 비행청소년의 일상회복, 범죄인의 일상회복에 관하여 알아보겠다. 아울러 좀 더 살펴보기에서는 일상회복이 품는 의미를 정리하겠다.

1. 비행과 범죄에 관한 이해

비행과 범죄에 관한 이해를 돕기 위해 비행과 범죄에 관한 개념, 비행청소년과 범죄인의 특성, 비행과 범죄를 올바로 이해하기 위한 노력을 살펴보기로 한다.

1) 비행과 범죄

비행과 범죄를 구별해야 하고, 나아가 일상에서 비행과 범죄를 구분해 사용해야 한다. 비행과 범죄를 혼용함으로써 비행청소년이 자칫 범죄인으로 비추어질 수 있기 때문이다. 먼저 비행의 뜻을 정리한다.

(1) 비행

사전에 따르면 비행(非行, delinquency)은 도덕이나 법규에 어긋난 행위를 일컫는다. 실제로 사법 현장에서 비행은 범죄에 비해 그 행위에 따른 피해가 적을 뿐 아니라 형사사건과 구분하여 「소년법」에 따른 소년보호사건으로 처리하고 있다. 요컨대 비행은 대상을 청소년으로 한정하여 이들의 일탈행위에 초점을 두고 있다. 따라서 비행은 범죄와 구분하여 사용되어야 함에도 대중매체뿐만 아니라 심지어 정부가 발행하는 **범죄백서**, **경찰백서**, **청소년백서** 따위에서도 혼용되고 있다.

(2) 범죄

한편 범죄(犯罪, crime)는 법률에 따라 형벌을 받아야 할 위법 행위로 범죄의 구성요건을 갖춘 경우를 일컫는다. 실제로 범죄는 「형법」이나 특별법에 의해 법원으로부터 형사처벌을 받기 때문에 비행과 큰 차이가 있다. 요컨대 범죄는 법을 위반한 행위와 그 행위에 따른 피해가 있어야 하고, 그 피해에 따른 규정된 처벌이 있을 때라야 성립된다.

(3) 비행과 범죄를 구분해야 하는 이유

비행과 범죄는 엄격히 구분되어야 하고, 구분된 이해가 시민들에게 널리 알려져야 한다. 그 이유를 다음 몇 가지로 정리할 수 있다.

첫째, 비행과 범죄를 적용하는 법과 그 절차가 다르다.

둘째, 비행청소년과 범죄인을 처우하는 올바른 방안을 마련하는 시점이다.

셋째, 비행과 범죄를 혼용하면 비행청소년을 범죄인으로 낙인을 하는 것이다.

(4) 교정복지에서 다루는 비행청소년과 범죄인

모든 비행청소년과 범죄인을 교정복지에서 다루지 않는다. 교정복지에서 관심을 두는 비행청소년과 범죄인을 분명히 해야겠다.

첫째, 대체로 비행청소년이 대상이다.

둘째, 경제적으로 빈곤한 범죄인을 주요 대상으로 삼는다.

셋째, 정신적으로 어려움을 겪는 범죄인이 대상이다.

따라서 일시적 과오로 인한 비행과 범죄를 저지른 사람은 제외한다.

(5) 한층 더 적합한 용어 사용

전과자(前科者)나 범죄자보다는 범죄인으로 표현하길 원한다. 나아가 교도소에 수감되어 있는 수용자나 근무하는 교도관을 죄수나 간수라고 하는 표현을 삼가야 한다. 용어를 비롯한 말이 그 사람의 행동을 좌우하기 때문이다. 전과자는 범죄 경력 자료에 기록이 남는 사람을 일컬어 범죄인 같은 의미이나 사회적으로 하대하는 느낌을 준다. 범죄자 역시 범죄를 사회악으로만 치부했던 오래된 표현이라고 생각한다. 이런 사정을 다음 사례를 통해 이해할 수 있겠다.

> 한국의 공무원들 가운데 사회를 새롭게 할 근본적인 사명을 띠는 것이 교도관인데, 그들이 대접받을 기회가 원천적으로 봉쇄되어 있다는 사실을 문익환은 간과하지 않았다. 사회의 환부요, 가장 절망적인 사람들이 모여 사는 곳에서 새살이 나오지 않는 한 세상은 계속 곪을 터였다. 그러나 그것을 치유해보려는 사명감을 가진 교도관이 없지 않지만, 부당한 법 집행과 과도한 책임, 사회적 편견에 밀려 교도관들은 직업을 바꾸지 않는 한 장가조차 못 들 처지에 놓여 있었던 것이다. 그래서 문익환은 '형리'라는 말 속에 담긴 멸시와 증오, '간수'라는 표현에 감추어진 적개심을 잘못된 것이라고 안타까워했다.
>
> (김형수, 2004)

아울러 교도소를 감옥이라고 표현하는 것도 삼가야 한다. 상징적 표현으로, 예컨대 '창살 없는 감옥'이라고 할 수 있을지언정 일상에서 교도소를 감옥이라고 하는 것은 마치 자신의 교도소 생활을 미화하는 것으로 보일 수도 있다. 특히 법무부는 1980년대에 교도소와 교도관이라는 용어를 사용해달라고 홍보하였다. 사물의 이름에는 어떤 느낌을 불러일으키는 힘이 있다는 점에서(이태원, 2003) 적합한 용어를 사용해야 하겠다.

2) 비행청소년과 범죄인의 특성

비행청소년과 범죄인을 이해하려면 우리나라의 비행청소년이나 범죄인이 일반적으로 지니는 특성을 살펴보아야 한다. 이들 특성은 비행청소년이나 범죄인에 따라 정도가 다르고 모든 특성이 일률적으로 적용되는 것은 아니다. 아울러 여기에 제시하는 특성은 비행청소년과 범죄인을 이해하고 나아가 더욱 깊이 받아들이기 위한 방편일 뿐이다. 그러므로 용어가 교정복지 실천가뿐만 아니라 비행청소년과 범죄인 스스로가 자신과 그들의 가족을 낮추어보는 근거로 삼지 않아야 한다. 그 특성을 정리하면 다음 같다.

(1) 가난하다

가난이 반드시 범죄를 낳는 것은 아니나 많은 범죄인의 가정은 가난한 것으로 나타나고 있다. '유전무죄 무전유죄(有錢無罪 無錢有罪)'라는 말은 범죄인은 가난하다는 우리 사회의 실상을 그대로 대변해 주고 있다. 그렇다고 돈이 없는 사람이 범죄에 빠진 것을 정당화해서는 안 될 것이다. 이런 상황이 다음 사례를 통해 오랜 뿌리를 두고 있음을 알겠다.

> 주(周) 이래로 규제 방식에서는 예와 형이라는 두 가지 방식이 있었습니다. 공경대부 같은 귀족들은 예로 다스리고, 서민들은 형으로 다스리는 방식이었습니다. "예는 서민들에게까지 내려가지 않고, 형은 대부에게까지 올라가지 않는다(禮不下庶人 刑不上大夫)." 이것이 법 집행의 원칙이었습니다.
>
> (신영복, 2004)

어쨌든 범죄인은 가난하기 때문에 이들의 일상회복이 더디게 진행되거나 아예 중단되고 마는 경우가 많다.

(2) 가정의 가족 기능이 약하다

대체로 범죄인은 구금되어 사회생활을 못하기 때문에 가족 기능이 떨어진다. 그러나 비행청소년과 범죄인의 가정은 비행이나 범죄가 발생하기 전부터 가정이 정상적인 기능을 못하거나 그 기능이 매우 약한 것으로 나타나고 있다. 예컨대 비행청소년은 대체로 부모의 이혼, 별거, 알코올중독 같은 가족의 특성(김준호 · 김순형, 1995)을 지니는 것으로 드러났다.

(3) 정상적인 교육과정을 거치지 못했다

전반적으로 교정복지의 대상이 되는 비행청소년과 범죄인의 학력은 낮고, 이들은 학업에 불성실하다는 점을 특징으로 꼽을 수 있다. 특히 범죄청소년이나 비행청소년은 학교로부터 퇴학당하거나 학업을 중단하고 가출한 경우가 많아 이들의 교육정도는 매우 낮은 것으로 나타나고 있다. 이런 맥락에서 비행이나 범죄를 예방하기 위해 초 · 중 · 고등학교의 역할을 강조할 수밖에 없다.

(4) 반사회적 사고가 강하다

누구든 사회에 대해 불만을 가질 수 있는데, 비행청소년이나 범죄인은 사회에 대한 불신감이나 반항적인 태도가 유독 강하다. 특히 이들은 사회로부터 비행청소년이나 범죄인으로 낙인찍히고 있다는 생각 때문에 자괴감에 젖는 경우가 많다. 예컨대 소년원 같은 보호시설에서 나온 청소년은 경찰관이 자신을 '사고 친 놈'이라며 전과자로 취급한다고 말하고, 교도소 같은 교정기관의 적지 않은 수용자들은 일반 시민이 자신들을 '악마'로 본다고 생각하고 있다. 이뿐만 아니라 범죄인은 범죄 후 완전 범죄에 대한 기대, 공포감, 범행의 합리화, 출소 직전 재범에 대한 두려움 같은 공통된 심리적 특성을 지닌다(홍성열, 2002).

(5) 얕은 욕망과 깊은 열등감에 빠져있다

비행청소년과 범죄인은 사람으로서 지녀야 할 진정한 욕구에 의해 비행이나 범죄에 빠지는 것이 아니고 하찮거나 잘못된 욕망을 처리하지 못해서라고 볼 수 있다. 아울러 적당한 열등감은 자기발전에 유익할 수 있으나 이들은 불필요하게 깊은 열등감에서 헤어나지 못해 비행이나 범죄에 빠진다고 볼 수 있다. 요컨대 심리적으로 볼 때 비행과 범죄는 비행청소년이나 범죄인이 자신의 얕은 욕망과 깊은 열등감을 발산하는 과정의 일환이라고 하겠다(최옥채, 2012).

(6) 비행청소년과 범죄인은 일상회복을 위한 대처 능력이 약하다

보통 사람들이라면 한 번쯤 생각하고 행동할 수 있는 일을 비행청소년이나 범죄인은 매우 즉흥적으로 반응하여 행동한다. 그래서 이들은 흔히 '법은 멀고 주먹은 가깝다.', '한탕주의'라는 표현에 익숙해 있다.

대체로 이들은 어려운 일에 봉착했을 때 이를 견디어 내는 힘이 약해 사회생활을 꾸려 나가는 데 어려움을 겪고, 이런 상황에서 재비행이나 재범으로 빠지는 경우가 많다. 다음 사례는 비행청소년의 약한 대처 능력을 확인시켜 준다.

> 십대 여성의 가출문화가 나에게 문제로 다가오는 이유는 크게 두 가지다. 사실 이들이 '가출했다'는 것 자체는 큰 문제가 아니다. 오히려 중요한 것은 이들이 어떠한 삶의 걸림돌에 부딪혔을 때, 그것에 직면하지 않고 도피해 버린다는 것 그리고 가출이야말로 그 같은 현상을 보여 주는 일종의 징후라는 점이다. (민가영, 2003)

이뿐만 아니라 겉으로는 멀쩡하게 차려입은 신사들이 둘씩 짝을 지어 쉽게 돈을 벌려는 모습을 버스 터미널에서나 고속도로 휴게소의 버스 안에서 볼 수 있다. 이들의 거짓에 속지 않는 것이 해결방안이라고 하지만 속는 사람 역시 지나친 욕심이 작동하기 때문이다. 요즘 이런 사람들이 사라진 것은 그만큼 국가의 경제와 사회복지제도가 여유롭게 돌아가기 때문이라고 할 수 있다.

(7) 비행청소년과 범죄인의 주변 환경은 열악하다

비행청소년이나 범죄인이 관계하는 주변 사람은 매우 한정적이고, 오히려 이들과 관계에서 비행이나 범죄로 연루되는 경우가 있다. 특히 어려움에 처했을 때 도움을 받을 수 있는 이들의 관계망은 매우 부실하고, 이들이 거주하는 곳의 환경은 대체로 열악하다. 범죄인의 열악한 주변 환경은 이들의 일상회복을 더디게 하고, 이 같은 관계적 환경 이외에도 물리적 환경으로부터도 영향을 받는다. 다음 사례에서 보는 바처럼 도시화에 따른 도시의 환경은 청소년이나 성인에게 비행이나 범죄에 빠지도록 유도하는 경향이 짙다.

> 도시의 새로운 공간은 물론 상점만이 아니었다. 사람들이 공간을 형성하고 장악하는 방식 또한 도시화로부터 시작된다고 할 수 있는데, 도시적 공간은 일상의 공간이라기보다는 일상의 이탈적 공간으로 형성된다. 예를 들면 주거를 위한 주택공간의 변화는 매우 느리지만 상점이나 술집의 공간 변화는 매우 빠르다. 새로운 공간이 도시에 들어서면 도시의 일상이 변화하며 일상의 삶 또한 그에 따라 변하게 되는데, 곧 도시적 공간은 일상에서의 일탈을 일상화시키는 공간을 형성하며 도시적 삶은 일상에서의 일탈을 일상으로 받아들이는 생활을 말하는 것이 된다. (김진송, 1999)

3) 비행과 범죄를 이해하기 위한 노력

비행과 범죄를 이해하는 데 긍정적인 관점에 선다는 것은 비행이나 범죄의 원인을 규명할 때 한층 객관적인 입장에 초점을 두는 것이고, 부정적인 관점에 선다는 것은 그 원인을 자신의 이해관계와 관련하여 규명하는 것이다. 그러면 범죄에 관한 올바른 이해는 어떻게 가능한가? 이의 노력을 다음 몇 가지로 요약할 수 있다.

(1) 인간행동에 관한 과학적 이해

비행과 범죄에 관한 올바른 이해를 위해서는 인간행동에 관한 과학적 이해가 필요하다. 즉 비행이나 범죄에 대해 과학적으로 이해해야 하는데, 이를 위해 인간의 성격과 개인의 독특한 양육과 성장 배경 따위를 깊이 있게 파악해야 한다. 그럼에도 사람들은 비행이나 범죄를 행동의 한 가지로 이해하지 않고 잘못된 행동으로 처벌을 받아야 하는 행동으로만 이해하려는 비과학적인 태도를 취한다.

(2) 비행청소년과 범죄인의 환경에 관한 이해

비행이나 범죄를 비행청소년이나 범죄인만의 문제로 보지 않고 비행청소년이나 범죄인이 지역사회에 처해 있는 환경 요인을 이해하려고 노력해야 한다. 어떤 비행이나 범죄든지 그 비행청소년과 범죄인 자신만의 이유로 이루어졌다고 단언할 수 없다. 그들의 가족, 동료, 지역사회 같은 외부 환경 요인이 작용하고 있음을 인정해야만 비행나 범죄 문제를 해결하는 데 적합한 방안을 찾을 수 있다.

(3) 성실한 태도로 이해

비행과 범죄를 성실한 태도로 이해해야 한다. 지금까지 우리는 비행과 범죄를 어떠한 태도로 받아들였는가? 만약 주변 사람이 어떤 사건으로 구속되었다고 했을 때 우리 각자는 모든 과정을 얼마나 성실한 마음으로 대처해왔는가? 돈이나 누구의 권력을 동원하여 해결하려 하지는 않았는가? 모든 것을 법대로 따르고 법대로 집행하려고 하는 사람은 과연 얼마나 되는가? 비행과 범죄를 성실한 태도로 받아들이지 않는다면 비행청소년과 범죄인의 일상회복 현장은 '있는 자에 의한 없는 자 착취'로 일관될 것이고, 비행청소년이나 범죄인을 위한 합당한 일상회복의 장(場)이 될 수 없을 것이다. 다음 사례는 범죄에 대한 사람들의 불성실한 태도를 보여준다.

> 영장 발부를 비롯해 형사 관련 업무를 하면서 내가 우선 놀란 것은 청탁이 실로 엄청나게 들어온다는 점이었다. 변호사는 말할 것도 없고 판사, 검사, 심지어 법원직원들까지 내게 전화를 했다. 모두 '그 사람이 나와는 이런저런 관계인데 잘 봐달라'는 이야기였다. 사법부를 신뢰하지 못하거나 우습게 보니까 결과를 보기도 전에 주위에 법조계에 닿는 사람이 있으면 사돈의 팔촌까지 연줄을 이용해 청탁을 하는 것이었고, 그런 청탁을 '판사들 그렇지 않습니다. 법대로 하니 기다려 보십시오.' 하고 거절하지 않고 판사에게 그대로 전달하는 판검사, 법원 직원이 있고, 그 청탁에 영향을 받는 판사가 있으니 사법부를 우습게 알거나 신뢰하지 못하는 악순환이 계속되는 것이었다.
>
> (배금자, 1995)

(4) 대중매체의 성실한 역할 수행

범죄에 대한 대중매체의 성실한 역할이 필요하다. 범죄에 대한 언론의 개입 방향은 대중의 여론화에 중대한 역할을 수행한다. 그럼에도 대중매체가 범죄 관련 기사를 불성실하게 꾸며 내보내는 경우가 잦다. 예컨대 정부가 기업가 이건희 씨를 평창올림픽대회를 유치하기 위해 사면한 것이 잘 한 것으로 기사를 낸 것을 들 수 있다. 범죄에 대한 여론은 곧 범죄와 관련된 정책의 입안을 담당하는 정치인에게 당장 영향을 미친다. 그러므로 대중매체는 지역사회 주민이 언론의 영향과 여론화라는 조건을 극복하고 범죄를 올바르게 이해할 수 있도록 본연의 자세로 다루어야 한다.

(5) 범죄 관련 제도 개선을 위한 대응

범죄에 관련된 부적합한 제도의 개선을 위해 적극적으로 대응해야 한다. 특히 범죄인의 인권을 무시하는 제도, 범죄인의 일상회복에 장애가 되는 교정기관의 정책과 행정을 바로잡기 위한 시민의 노력이 필요하다. 이 같은 역할을 톡톡히 해야 할 사람들이 바로 이 분야에서 활동하는 자원봉사자일 터인데 그렇지 못한 실정이다. 이런 면을 보면 좋은 제도를 위해서는 국민이 깨어있어 '시민'으로 존재해야 한다.

2. 비행과 범죄의 실상

급변하고 있는 우리 사회의 비행과 범죄는 어떤 특성을 갖고 발생하고 있으며, 이러한 비행과 범죄에 대한 시민이나 지역사회는 어떻게 반응하는지 알아보자. 덧붙여 교정복지 차원에서 비행과 범죄를 바라봐야 할 자세를 정리하였다.

1) 비행과 범죄의 동향과 실상

최근 지역사회에서 일어나고 있는 범죄의 실상은 각 언론매체나 연구자료를 통해 알려진 바와 같다. 그 동향과 실상을 몇 가지로 정리하였다.

(1) 범죄 상황의 발전

범죄가 날로 조직화, 대형화, 강력화, 기술화하고 있어 무엇보다도 우리 사회가 인간성의 상실이라는 위기 상황에 와 있음을 상기시켜 주고 있다. 예컨대 범죄의 조직화에서는 이해관계를 같이하는 자들이 집단으로 결탁하여 범죄를 더욱 분업적이고 체계적으로 이끌어 가고 있다. 실례로 폭력조직은 우리 사회의 '암' 같은 존재로 기생하면서 심각한 사회문제로 대두하고 있다. 범죄의 대형화는 범죄에 따른 피해 액수나 피해자의 수가 날로 증가함을 의미한다. 이는 크게 성장한 경제 규모 때문이기도 하겠지만 범죄가 사회의 변화과정과 매우 밀접한 관련이 있음을 보여 주는 것이다.

한편 정보기술사회에 들어서면서 범죄의 기술화가 특성으로 나타나고 있는데, 대표사례로 금융사기를 꼽을 수 있다. 여기에서 짚고 넘어갈 것은 범죄의 기술화에 대응해서도 역시 기술의 도움을 받고 있다는 사실이다. 실례로 서울시는 '묻지마' 범죄에 대비하여 휴대용 안심벨 '헬프미'를 제공했는데, 그 작동 과정은 다음처럼 처리된다.

> 헬프미는 서울시 캐릭터인 해치와 댕댕청룡 모양의 열쇠고리 형태 제품이다. 평상시에는 가방에 달고 다니다가 위험 상황이 생겼을 때 긴급신고 버튼을 누르면 경고음이 울리고 자치구 CCTV 관제센터로 신고된다. 자치구 관제센터에 상주하고 있는 경찰은 CCTV로 상황을 확인하고 인근 순찰차에 출동을 요청하고, 미리 지정한 보호자 최대 5명에게 문자메시지로 본인의 현재 위치와 구조 요청 내용이 발송된다. (매일경제, 2024년 8월 6일)

(2) 포악성

한편 범죄성향을 보면 1970~1980년대에는 범죄의 조직화와 포악성이 특징으로 나타났다. 그러나 1980년대 말부터 최근까지의 동향은 더욱 세분화되고 전문적인 기술을 동원한 범죄가 일어나 사회병리 현상의 악순환을 보여 주고 있다. 이런 현상은 청소년이나 성인이 인터넷을 활용한 비행이나 범죄에서도 볼 수 있다.

(3) 심리적 피폐

이 같은 비행과 범죄의 특성과 함께 비행청소년이나 범죄인이 지니고 있는 중요한 특성 중 한 가지는 심리적으로 피폐해 있다는 사실이다. 이런 사정을 다음 사례를 통해 엿볼 수 있겠다.

> 연인이 연인을 칼로 찔렀고 부모가 자식을 밟아댔다. 자식의 주먹질에 부모가 쓰러졌고 손자의 발길질에 노인이 의식을 잃었다. 환자들의 이야기를 들어보면 시작은 대부분 경미했다. 밀어젖히다 가볍게 주먹을 휘둘렀고 그것이 심각한 구타로 이어졌다. 폭력은 그렇게 깊어지며 번져나갔다. 밖에서 일어나는 주먹다짐과 칼부림이 집 안에서도 빈번했으나 피해자들은 대개 침묵했다. 가족이라는 이유로 그들은 상대를 벌하지 않았고, 생계가 상대에 달려 있어 벌하지 못했다. (이국종, 2018)

이러한 비행청소년과 범죄인의 실상 속에서 이를 대처해 가는 보호와 교정 당국이나 각 분야의 관계자는 얼마나 노력하고 있는지 돌아보아야 한다.

2) 비행과 범죄의 사회적 특성

앞에 본 것처럼 비행과 범죄의 특성은 현재 우리 사회의 특성과 맞물려 나타나고 있다. 최근 범죄 실상을 설명해 줄 수 있는 사회적 특성을 알아보면 다음 같다.

(1) 산업화에 따른 인간소외

기계화된 산업사회에서 우리는 인간소외와 의욕상실과 무관심이라는 함정에 빠져 있다. 이런 심리상태에서 청소년의 약물사용, 성인의 마약사용 같은 비행과 범죄가 급증하고 있는 것이다. 더 나아가 알코올중독을 포함하여 각종 약물중독, AIDS(Acquired Immune Deficiency Syndrome: 후천성면역결핍증), 정신질환 같은 증상을 중복하여 가지고 있는 범죄인이 더 늘어날 것으로 예상되고 있다. 그러므로 범죄인에 대한 이해를 위해 범죄 자체에 대해서는 물론 이 같은 사회적 특성에 관한 전문적인 이해가 필요하다. 다음 사례는 중국의 상황인데, 산업사회가 불러일으킨 범죄의 특성을 이해할 수 있다.

> 중국에서 경제 발전이 가장 빠른 광둥성(廣東省)은 앞으로 2년 안에 교도소 수감자 중 에이즈 바이러스(HIV) 감염자와 에이즈 환자를 별도로 수용하기 위해 두 곳의 특별교도소를 세울 계획이다. 중국의 영자지 차이나 데일리는 14일 성 사법청 소식통의 말을 인용해 이같이 보도했다. 성 위생국 통계에 따르면 이 지역의 에이즈 환자 수는 에이즈 바이러스 보균자까지 합쳐 4만 명을 넘을 것으로 추정된다. (중앙일보 2005년 11월 15일)

(2) 정보기술사회 지향

현대의 정보기술사회는 범죄의 기술화를 불러일으키고 있다. 과학의 발달이 가져다 준 인간생활의 풍요로움은 결국 범죄에도 적용되고 있다. 범죄의 기술화는 정보산업과 기술의 발달로 범죄에 활용할 수 있는 방법과 발맞추어 발전하고 있다. 대표적으로 보이스 피싱을 들 수 있고, 신용카드 도용범죄 같은 컴퓨터를 이용한 사이버 범죄가 그 본보기라 할 수 있다. 범죄는 늘 수사관의 생각 범주 밖에서 일어나고, 수사기술보다 앞서 일어나고 있다. 이외에도 각종 위조범행, 교통범죄 따위가 성행하고 있는 실정이다. 이 같은 비행이나 범죄에 대한 기술사회의 영향은 '인터넷이 없어지지 않는 한 인터넷 사기는 계속된다.'고 한 어느 비행청소년의 주장에서 확인할 수 있다.

(3) 민주화

과거에는 범죄로 성립되지 않았던 행동이 사회의 민주화와 남녀의 평등화(여권의 변화, 여성 전문직의 확대)로 말미암아 범죄가 되고 있다. 이에 따라 범죄에 대한 재규정이 활발히 일어나고 있다. 실례로 남녀관계에서 성희롱, 전화폭력, 성폭력 따위에 대해 강화된 처벌 따위를 들 수 있다.

3) 비행과 범죄에 대한 반응

대부분의 시민은 비행이나 범죄에 대해 희망적이기보다는 절망적이고, 긍정적이기보다는 부정적이며, 수용하려는 것보다는 배격하려는 태도를 보인다. 더욱이 범죄인을 일상회복시키는 관계 당국의 의도나 시설의 실상은 시민에게 매우 폐쇄적이므로 시민이 관심을 가질 수 있는 동기가 낮을 수밖에 없다. 비행이나 범죄에 대한 시민과 관계 당국의 반응을 살펴보면 다음 같다.

(1) 가까운 주변인의 반응

비행이나 범죄가 발생한 장소에 있었던 목격자, 비행청소년이나 범죄인의 가족이나 동료, 비행과 범죄 피해자나 이들의 가족이나 동료는 서로 다른 입장을 보일 것이다. 먼저 목격자는 가장 객관적인 입장에서 반응할 것이고, 비행청소년이나 범죄인의 가족이나 동료는 비행청소년이나 범죄인 측에서 반응할 것이고, 피해자를 비롯한 가족이나 동료는 피해를 생각하며 매우 적대적으로 반응할 것이다. 비록 이들의 반응이 서로 상반되고 자기 입장을 고수하려 하거나 다음에 볼 시민의 반응 수준이라고 할지라도 비행이나 범죄의 진상을 접해 사실에 근거하고 있다는 점에 가치를 두어야 한다.

(2) 사법 당국의 반응

비행과 범죄, 특히 강력범죄에 대한 정부의 반응은 언제나 보복주의나 보상주의에 입각하여 이루어지고 있다. 예컨대 사회적으로 크게 문제가 되는 대형 사건의 범죄인에게 국가는 사형이라는 초강수로 응하고 있다. 이외에도 각종 범죄에 대한 조치는 완화보다 억압적인 입장을 고수하고 있다. 이 같은 실상은 관계 당국의 '범죄와 전쟁'이라는 표현에서 찾아볼 수 있다.

(3) 시민의 반응

과연 비행과 범죄에 대해 시민은 어떻게 반응하고, 어떤 마음과 태도로 비행청소년과 범죄인의 일상회복이나 비행과 범죄의 예방을 위해 협력해 왔는가? 여러 반응이 있겠으나 문제가 될 수 있는 것은 무엇보다도 비행청소년과 범죄인에게 강한 적대감을 가졌다가 시간이 지나면 무관심해지는 특징일 것이다. 이런 반응은 비행과 범죄를 비행청소년이나 범죄인만의 문제로 간주하고, 오직 내 가족이 피해자가 아니면 상관없다는 이기주의적 태도에서 비롯된 것이다. 즉 시민은 범죄(인)을 매우 부정적인 시각으로 낙인을 하고, '네 범죄는 내 생활과 전혀 무관하다.'고 외면하며, 적대시했던 범죄 상황을 금방 잊어버린다.

과연 이러한 가까운 주변인과 사법 당국과 시민의 태도가 범죄를 예방하고 범죄인의 일상을 회복시키는 데 얼마나 도움이 되겠는가? 주변인, 사법 당국, 시민, 여타 주요 단체가 범죄에 올바르게 반응하는 것은 비행청소년이나 범죄인의 일상회복에 중요한 요소로 작용할 것이기 때문에 이를 위해 각계각층의 의지적인 노력이 있어야 한다. 정부가 보호감호제도를 폐지한 것이나 「범죄피해자보호법」을 제정한 것은 그러한 시민의 요구가 강해졌기 때문이다.

4) 교정복지 측면에서 보는 비행과 범죄

교정복지 측면에서 비행과 범죄를 바라보는 시각은 일반적으로 사회가 보는 것과 달라야 한다. 그만큼 비행이나 범죄를 경원시하는 사회 분위기는 비행과 범죄를 예방하거나 이들 비행청소년과 범죄인의 일상을 회복시키는 데 큰 도움이 안 되기 때문이다. 교정복지 차원에서 비행과 범죄에 대한 다음처럼 각자의 책임의식과 협력이 강조되어야 한다.

(1) 비행청소년과 범죄인의 책임

무엇보다도 비행청소년과 범죄인이 저지른 비행과 범죄에 본인이 책임을 져야 한다. 물론 정신장애인의 범죄처럼 비행청소년이나 범죄인에게 책임을 지울 수 없는 상황도 있겠지만 1차적으로 비행이나 범죄에 책임을 물어야 한다.

(2) 국가의 책임

국가는 비행과 범죄 예방을 위해 합당한 방법으로 노력해야 하고, 비행청소년과 범죄인의 일상회복을 위해 적극 개입해야 한다. 예컨대 법무부의 교정본부나 범죄예방정책국이 교도소나 소년원을 운영하는 데 최선을 다해야 한다.

(3) 지역사회의 책임

비행과 범죄의 예방이나 비행청소년과 범죄인의 일상회복은 본인과 국가가 책임을 다한다고 하여 가능한 것이 아니다. 비행청소년과 범죄인이 살고 있거나 비행과 범죄가 일어나고 있는 지역사회가 함께 책임을 져야 한다. 이를 시민연대의식이라고도 하겠는데, 비행이나 범죄가 일어난 동네 사람은 비행청소년이나 범죄인에게 어떤 영향을 미쳤는지를 따져보아야 한다. 이런 사정을 신영복의 체험을 소개한 다음 사례에서 엿볼 수 있겠다.

> 범죄를 범인 개인의 측면에서 바라볼 수도 있지만, 나는 개인적인 책임보다는 사회적인 책임이 훨씬 크다고 봐요. 그 속에서 나는 늘 경험했습니다. 만기출소하는 사람과 악수하면서 이 사람은 다시 들어오지 않겠지, 저 사람은 재소생활을 봐서 틀림없다고 생각했는데, 늘 그 예상이 빗나가곤 했습니다. 그 사람의 인간성이 문제가 아니라 그 사람이 처한 사회적 조건이 그들을 다시 교도소로 돌아올 수밖에 없게 하기 때문에 돌아오는 것이지요. 예외가 없는 것은 아니지만요. (김언호, 2020)

(4) 비행청소년과 범죄인 가족의 협력

비행청소년과 범죄인의 일상회복에 이들 가족의 협력이 뒷받침해야 한다. 비행청소년과 범죄인에 가깝게 있는 가족이 가장 크게 영향을 미치기 때문이다. 따라서 비행청소년이나 범죄인의 일상회복을 위한 개입에서 이들의 가족이 함께 참여할 수 있는 방안이 마련되어야 한다.

3. 비행청소년의 일상회복

비행청소년의 일상회복은 범죄인의 일상회복과 다르게 적용되어야 한다. 이는 비행청소년이 거치는 비행과 처분 과정이 다르고, 이들은 한층 다양하고 탄력적인 일상회복의 방안이 가능하기 때문이다. 여기에서 사회복지사는 일부 대상이 되는 '학교 밖 청소년'에게도 관심을 가져야 할 터이다. 비행청소년의 주요 생활상, 일상회복의 특성, 주요 현장, 사회복지사의 지원방안을 살펴보았다.

1) 주요 생활상

비행청소년은 어떤 생활을 꾸리고 있을까? 이들의 생활이 뭔가 특이하다는 편견은 없어야 하지만 이들이 처한 일상을 꼼꼼하게 살펴보아야 할 터이다. 비행청소년이 맞이한 주요 생활상을 다음 몇 가지로 요약했다.

(1) 가정에서 부적응

비행청소년은 가정에서 제대로 적응하지 못하며 비행으로 빠진다. 이 부적응이 다음에 보는 학교 부적응으로 이어질 수 있고, 아니면 바로 비행으로 나아갈 수 있다. 이때 「소년법」이 규정하는 10세 이상 19세 미만 청소년을 법원은 그의 비행에 따라 처분할 수 있다.

(2) 학교에서 부적응

비행청소년은 학교 부적응으로 나타나기도 한다. 이는 비행청소년이 대체로 초 · 중 · 고등학교에 재학한 상황에서 학교생활에 적응하지 못하기 때문이다. 가정에서 부적응한 학생이 학교에서 적응하기는 쉽지 않을 것이다. 결국 비행청소년은 가정과 학교에서 적응하지 못하고 비행에 젖어든다고 하겠다.

(3) 인간관계 능력 부족

대체로 비행청소년은 관계능력이 부족하다고 볼 수 있다. 앞에서도 비행청소년이 사회적응에 필요한 대처능력이 부족하다고 했는데, 인간관계능력을 발휘하지 못하고 있다. 일상에 적응하지 못하고 비행에 빠지는 것은 대부분 인간관계를 긍정적으로 맺지 못한 데서 기인한다고 보아 마땅하다. 예컨대 또래와 학교 선생님과 생산적 관계를 형성해 이를 활용한다면 비행에 빠지지 않고 닥친 문제를 해결하는 데 도움을 받을 수 있을 것이다.

2) 일상회복의 특성

비행청소년의 일상회복은 앞에 본 비행청소년의 실상에서 나타나듯, 성인 범죄인의 일상회복과 다른 점이 있어 이를 구별해야 한다. 그래야 이들을 위한 합당한 개입 방안을 모색할 수 있을 것이기 때문이다. 비행청소년의 일상회복이 지니는 특성을 다음 몇 가지로 정리하였다.

(1) 가정 보호

비행청소년은 먼저 가정으로 돌아가 보호를 받아야 한다. 이들은 가족의 도움이 절실하기 때문이다. 가정으로 돌아가 보호를 받는다는 것은 형식적으로 몸이 가정에 있는 것에 그치지 않고, 가족과 함께 소통하며 살아감을 뜻한다. 비행청소년이 가정의 소중한 구성원이 되었을 때 이들의 일상이 회복되는 데 큰 힘이 될 것이 분명하다.

(2) 학교 보호

가정으로 돌아간 비행청소년은 학교에서도 보호를 받아야 한다. 비행청소년이 초 · 중 · 고등학생의 나이라고 할 때 이들은 당연히 학교에서 배우고 익히는 시간을 충분히 가져야 해서이다. 그러므로 학교에서 만나는 교사와 친구가 이들을 보호하는 분위기를 만들어가야 한다. 이런 맥락에서 우리는 학교가 건강해야 하고, 그 안에서 여러 동아리가 운용되길 바라는 것이다. 물론 이때 사회복지사의 개입이 필요하다.

(3) 취업

비행청소년은 고등학교를 졸업하기 전이나 졸업 직후 취업할 수 있다. 상급학교에 진학하지 않는다면 이들에게 취업이 가장 큰 과업이라고 하겠다. 취업이 '급여를 받아 자립할 목적으로 일자리를 얻는 행위'라는 점에서 비행청소년에게 취업은 가정이나 학교로 돌아가는 것 이상으로 소중한 임무이자 축복이기도 하다.

3) 주요 현장

일상을 회복해야 하는 비행청소년은 어디에 있는가? 안타깝게도 이들은 자유로운 처지가 아닌 구속되거나 통제를 받으며 생활하고 있는데, 주로 법무부가 관장하는 기관(시설)에 있다. 이들 현장에 관해서는 4장에서 상세히 다룰 것이고, 여기에서는 소년원, 보호관찰소, 민간시설을 소개한다.

(1) 소년원

비행청소년은 소년원에서 생활하고 있다. 이들은 「소년법」에 따라 법원의 8-10호 보호처분을 받았다. 학령기로 치면 초 · 중 · 고등학생에 해당하는데, 비행청소년은 법원의 심리 기간에 소년분류심사원을 거쳤고, 가장 높은 단계의 처분을 받은 것이다. 이때 소년원에 근무하는 사회복지사가 적극 개입할 수 있다. 소년원에서 가퇴원으로 나온 비행청소년은 다음에 보는 보호관찰소로부터 보호관찰을 받는다.

(2) 보호관찰소

비행청소년은 보호관찰소 직원의 지도와 감독을 받는다. 이들은 2-5호 보호처분을 받고, 대체로 가정에서 지내는데, 일부 여건이 안 되는 비행청소년은 다음에 소개할 민간시설에서 생활하기도 한다. 민간시설의 대표로 「아동복지법」이 규정하는 아동복지시설을 들 수 있고, 이외 여러 유형의 민간시설이 있다. 이들 시설과 비행청소년의 보호처분에 관해서는 4장과 5장에서 자세히 살펴볼 것이다.

(3) 민간시설

비행청소년은 앞에 언급한 민간시설에서 생활을 꾸리고 있다. 앞에 언급한 바처럼 이의 대표적인 시설로 아동복지시설을 비롯해 법무부 산하 시설을 꼽을 수 있다. 특히 법무부 산하 시설로는 자립생활관 8곳과 창업비전센터 2곳이 2025년 현재 운영되고 있다. 한편 지방자치단체는 청소년쉼터를 지원해 민간이 운영하게 하는데, 쉼터가 일부 비행청소년을 받아 이들의 생활을 지원하고 있다.

4) 사회복지사의 지원방안

그러면 사회복지사가 비행청소년의 일상회복을 지원하는 방안은 어떻게 될까? 비행청소년의 일상회복을 위해서는 먼저 본인이 앞장서야 할 것이나 이들의 형편이 충분하지 않아 주변의 도움이 필요하다. 여기에 사회복지사가 적극 나서야 할 것이다. 그래서 비행청소년과 이들의 가족이 함께 사회복지사의 지원을 받아 일상회복을 꾀해야 할 터이다. 여기에서는 사회복지사의 지원방안을 대략 살펴보고, 자세한 내용은 3부에서 다루었다.

(1) 적응하기

비행청소년의 일상회복은 무엇보다도 가정이나 학교에 적응하는 것이다. 이 적응이 비행청소년의 수준에서 결코 쉽지 않은 과업이라고 하겠다. 여기에는 사회복지사를 비롯한 이웃의 도움이 필요할 것인데, 특히 사회복지사는 비행청소년의 의식주를 바탕으로 장차 이들이 스스로 적응할 수 있는 힘을 기를 수 있게 지원해야 한다. 그러므로 사회복지사는 합당한 지식과 기술을 갖추고, 나아가 경험을 쌓아야 한다.

(2) 진로 찾기

비행청소년은 자신의 진로를 찾는 데 온 힘을 기울여야 한다. 상황에 따라 학교의 (상담)교사나 지역사회의 관련인으로부터 도움을 받을 수 있다. 이때 사회복지사는 단독 혹은 협력자(Co-worker)로 지원할 수 있다. 비행청소년에게 진로는 성인으로 성장해 나아가는 길의 방향을 일컫고, 이를 바로 잡았을 때 이들은 일상의 자신감을 더욱 강화할 터이다. 그럼에도 비행청소년뿐 아니라 우리나라 모든 청소년이 자신의 진로를 찾는 데 소홀한 경향이 있는데, 이는 부모가 자녀를 출세 위주로 이끌어가려는 주장이 너무 강해서라고 생각한다. 이런 사회 전반의 분위기에서 비행청소년이 자신의 진로를 찾는 것이 쉽지 않을 것이고, 이 같은 실상을 개입하려는 사회복지사는 사전에 파악해야 한다.

(3) 멘토 만들기

사회복지사는 비행청소년이 멘토를 만들 수 있게 적극 지원해야 한다. 멘토는 곧 충실한 조언자라고 하겠는데, 비행청소년은 자신의 처지를 이해하고 조언해줄 수 있는 멘토가 절실하다. 이때 사회복지사가 멘토가 될 수도 있다. 충실한 조언자는 비행청소년뿐만 아니라 세상을 살아가는 모두에게 필요하다. 이 필요성은 논어 술이(述而) 편의 다음 내용에서도 확인할 수 있다.

> 삼인행 필유아사언(三人行 必有我師焉)
> 세 사람이 길을 갈 때에는 반드시 내 스승이 있으니, 그중에 선한 사람을 가려서는 그를 따르고, 선하지 못한 자를 가려서는 자신 속의 그런 잘못을 고쳐야 한다. (오세진 번역, 2022)

요컨대 안정된 삶을 사는 사람일수록 좋은 조언자를 가까이하고 있다고 할 수 있다. 이런 점에서 사회복지사는 비행청소년의 멘토 만들기에 신중해야 할 터이다.

4. 범죄인의 일상회복

범죄인의 일상회복은 비행청소년의 일상회복에 비해 복잡하게 이루어지고, 그 과정이 쉽지 않다. 범죄인의 상황이 복합적이기 때문이다. 예컨대 가정을 이끌어가야 할 처지에 놓이고, 나아가 이들이 수행해야 할 과업이 적지 않고, 주변의 따가운 시선 따위가 겹쳐 남다른 각오를 해야 한다. 앞서 비행청소년의 일상회복에서 살펴본 바처럼 범죄인의 일상회복에 따른 이들의 주요 생활상, 일상회복의 특성, 주요 현장, 사회복지사의 지원방안을 정리하였다.

1) 주요 생활상

범죄인의 일상회복에 관련한 이들의 주요 생활상을 망라하기보다는 교정복지 측면에서 이해하는 것으로 한정하겠다. 이들의 주요 생활상은 앞의 1절에서 범죄인의 특성이라는 작은 제목에서 일부 살펴보았고, 더욱 자세한 내용은 3장에서 소개할 것이다. 여기에서는 범죄인이 겪는 어려움 몇 가지를 정리하였다.

(1) 가정생활의 어려움

대체로 범죄인은 가정생활의 어려움을 겪는다. 가정경제의 어려움이 가장 크다고 하겠는데, 특히 가장인 경우 자녀를 비롯한 전체 가족을 온전히 보호하지 못한다. 이는 범죄인이 가장으로서 져야 할 책임을 다하지 못하기 때문이고, 결혼하지 않은 범죄인은 가족의 구성원으로서 그 역할이 부족하다고 보아야겠다.

(2) 심리적 어려움

교정복지의 대상이 되는 범죄인은 심리적으로 어려움을 겪는다고 보아 마땅하다. 이들은 범죄를 한두 번으로 그치는 게 아니라 상습 수준이라서 이들의 심리건강을 의심할 수밖에 없다. 그 대표적인 예로 정신질환에 의한 범죄는 그 내용이 치명적일 뿐만 아니라 이들의 치료가 쉽지 않아 교정 당국에서도 곤란을 겪고 있다.

(3) 관계의 어려움

범죄인은 주변인과 관계에서 어려움에 처하는 것 같다. 이 관계는 인간관계일 터인데, 가족에서 시작해 직장과 사회에서 맞는 사람과 긍정적인 관계를 맺는 데 어려움이 있는 것으로 보인다. 예컨대 가족관계가 일그러진 가정폭력, 직장동료 간 상하질서의 부적응에 따른 경제활동 중단에 이어진 재산범죄 따위를 들 수 있다. 부버(Martin Buber)가 주장했듯, 인간관계가 막막한 존재의 세계를 전폭적인 결합으로 일변시킨다는 점에서(김병익, 2023), 범죄인에게 인간관계 회복은 중요한 과업이라고 하겠다.

2) 일상회복의 특성

범죄인의 일상회복 특성은 앞에 정리한 이들의 주요 생활상에 준한다고 보면 틀림이 없다. 테일러(Charles Taylor)가 강조했듯(이연희, 2023), 사람이 꾸려가는 일상은 그 사람의 내면화를 유지하고 재창조한다고 보아서이다. 범죄인의 일상회복이 지니는 특성을 다음 몇 가지로 요약했다.

(1) 생활 안정

범죄인의 일상회복에서 주시해야 할 점은 먼저 이들 생활의 안정이라고 생각한다. 이 생활 안정은 구체적으로 가정경제의 안심과 가족의 화평이라고 하겠다. 물론 범죄인 홀로 이 과업을 달성하는 것은 쉽지 않고, 사회복지사를 비롯한 주변인의 도움이 필요할 터이다.

(2) 마음 평정

다음으로 범죄인은 자신의 마음을 평안하게 유지함으로써 일상회복에 힘이 될 것으로 본다. 이는 대체로 범죄인의 심리상태가 불안정해 일상을 안정되게 이끌어가는 데 어려움을 겪는다고 보기 때문이다. 이 같은 사정은 범죄인 스스로가 “법은 멀고, 주먹이 더 가깝다.”라고 말하는 데서 엿볼 수 있다.

(3) 관계 회복

관계 회복은 범죄인이 맺은 인간관계인데, 이들의 인간관계에 부족한 점을 만회하는 것이다. 범죄인은 앞에 언급한 바처럼 평소 평정심을 이루지 못해 상대하는 사람과 관계가 긍정적으로 형성되기보다는 일방적인 경우가 많다. 특히 상대의 도움을 받아야 할 입장에서 범죄인이 바람직한 인간관계를 형성하지 못한다면 일상회복에 또 다른 짐이 될 것이므로 이들의 관계 회복은 중요한 과업이라고 하겠다.

3) 주요 현장

범죄인은 대체로 법무부 산하 교도소 같은 교정시설에 수용되어 생활하고 있다. 이뿐만 아니라 가정과 민간시설에서 일상의 회복을 꾀하며 산다. 이들 현장에 관한 자세한 내용은 4장에서 소개할 것이다. 여기에서는 다음 3가지로 정리하였다.

(1) 교도소

교도소는 범죄인이 재판에서 금고 이상의 유죄 판결을 받아 생활하는 곳이다. 물론 구금 상태라 자유로운 몸은 아니지만 인권이 확보된 상태에서 지내고, 각자 출소 후 적응에 합당한 교육과 훈련을 받는다. 한편 20세 미만인 범죄인은 따로 수용되는데, 전국에서 유일하게 김천소년교도소가 운영되고 있다.

(2) 보호관찰소

보호관찰소는 보호관찰을 받는 범죄인을 지도, 감독한다. 보호관찰은 법원이 범죄인에게 본래 형에 부가하는 것이 있고, 교도소의 범죄인이 보호관찰을 조건으로 출소하는 경우가 있다. 예컨대 가정폭력을 행한 범죄인이 수강명령을 받아 보호관찰소 직원의 지도를 받거나 성범죄를 저질러 교도소에 수용된 범죄인이 출소하면서 보호관찰을 받기도 한다. 보호관찰에 관한 상세한 내용은 5장에서 다룰 것이다.

(3) 민간시설

범죄인이 접하는 대표적인 민간시설로 한국법무보호복지공단 산하시설을 꼽을 수 있다. 공단에서는 출소자의 일상회복을 위해 다양한 프로그램을 마련하고, 이들 프로그램을 실시할 수 있는 시설을 운영하고 있다. 예컨대 출소한 여성 범죄인을 위해 서울동부지부의 여성기술교육원은 숙식을 제공하며 이들 여성의 심리적 안정과 사회 적응력 향상에 힘쓰고 있다.

한편 법무부가 지원하는 사단법인이 운영하는 시설을 들 수 있는데, 그 대표 시설로 담안선교회를 들 수 있다. 선교회는 부설로 자활원을 운영하는데, 출소자에게 기본적으로 숙식을 제공하며 이들에게 합당한 기술훈련을 실시한다. 대부분 이들 시설은 「사회복지사업법」에 따라 지원을 받기도 한다.

대구 희망원을 방문해 출소자를 격려하는 당시 김수환 가톨릭시보 사장신부(1965년 무렵). 그는 일요일에 교도소에 가서 미사를 집전했다.
출처: 이충렬(2016a)

4) 사회복지사의 지원방안

범죄인의 일상회복을 위한 사회복지사의 지원이야말로 교정복지의 핵심이라고 하겠다. 비행청소년의 일상회복에 비해 어렵고, 그만큼 사회복지사가 갖추어야 할 기술과 경험이 남달라야 해서이다. 이에 관한 상세한 내용은 4장에서 다룰 것이다. 여기에서는 몇 가지 방안을 개괄하였다.

(1) 가정 보호

범죄인의 일상회복의 우선 과제는 가정 보호에 힘쓰는 것이라고 하겠다. 가정 보호가 뒤에 소개하는 가정경제를 포함할 것이지만 가족의 안정이 앞서야 할 것으로 본다. 범죄인이 가정을 이루고 있다면 부부관계에 어려움이 없어야 하고, 나아가 자녀가 안정되어야 한다. 일상회복을 위해 범죄인 스스로도 노력하겠지만 사회복지사의 지원을 기대할 것인데, 이때 사회복지사는 온갖 역량을 발휘해야 한다.

(2) 경제능력 확보

범죄인의 일상회복은 경제능력을 확보해야 하는데, 이는 대체로 범죄인이 경제적으로 어려움을 겪기 때문이다. 특히 범죄인은 일정한 수입을 창출하는 데 미숙해 빈곤에 처한 경우가 잦아 사회복지사는 특정 기술보다는 폭넓은 활동을 겸해야 할 터이다. 예컨대 범죄인이 경제적으로 자립할 수 있기까지 재정을 지원할 수 있는 방안을 마련해야 한다.

(3) 범죄인 자신의 변화

범죄인은 일상회복을 위해 예전에 살아온 방식에서 벗어나 새로운 생활을 꾸려야 할 것인데, 무엇보다도 자신이 변화해야 함을 인정해야 하고, 이를 위해 노력해야 한다. 자신의 변화는 곧 마음의 변화에서 시작한다고 보는데, 이를 범죄인 혼자 시도하기보다는 사회복지사 같은 전문가의 도움을 받아야 할 것이므로 사회복지사는 이에 합당한 기술과 경험을 갖추어야 한다.

(4) 인간관계 능력향상

앞에 언급한 범죄인 자신의 변화에서 구체적으로 한 가지를 꼽는다면 인간관계 능력향상이라고 생각한다. 성인이 되어 이 같은 변화를 기대하는 것이 쉽지 않으나 인간관계 능력이 일상회복에 기반을 이룬다고 보기 때문에 이를 소홀히 할 수 없다. 예컨대 범죄인이 가정을 이끌어가면서 어려움에 봉착했을 때 혼자 해결하려고 애를 쓰기보다는 가능하다면 주변인에게 도움을 요청하는 것이 필요하다. 이때 범죄인이 유지하고 있는 인간관계의 역량에 따라 그 결과가 달라질 것인데, 이를 위해 사회복지사가 적극 개입해야 한다.

01 좀 더 살펴보기

일상회복

정부가 비행청소년이나 범죄인을 대응하고, 이들을 처우한 것을 역사적으로 따져보면 현재 이들에게 일상회복이라는 용어의 적합 정도를 가늠할 수 있을 것이다. 예컨대 정부가 범죄인에게 적용한 교정이념이 보복주의에서 격리주의를 거쳐 회복주의로 전개되었는데, 이는 철저히 범죄인의 인권 확보 정도와 맞물려 발전한 것이라고 생각한다. 그래서 교정이념에 따라 범죄인이 재범을 하지 않고 사회에 제대로 적응해가는 것을 사회적응, 재사회화, 사회복귀, 재활, 회복 같은 개념이 적용되었다. 요컨대 정부의 교정이념은 사회의 변화에 따라 인권을 최대로 보장하는 방향으로 발전해왔다. 이제 일상회복으로 개념화하는 것이 필요하다고 본다.

이 자리에 소개하는 일상회복은 ① 잠시 흐트러진 생활에서 자신의 힘으로 벗어나 원래 상태로 돌아가는 것이고, ② 세상 모두는 서로 연결되어 있어 한 사람이 원래 상태로 돌아가는 것을 도와야 하고, ③ 그래서 이 한 사람의 회복이 이어져 이 사회가 회복된다는 점을 진리 삼아 강조하는 것이다. 이런 맥락에서 일상회복은 재사회화, 사회복귀, 재활 들에 비해 비행청소년이나 범죄인보다 주변인의 관심과 합당한 실천에 더 무게를 둔다고 하겠다. 물론 여기에 국가나 지방자치단체의 합당한 정책이 더해져야 할 것이다.

그러면 실제로 일상회복은 어떻게 이루어져야 할까? 교정복지를 펼치려는 사회복지사는 이 물음에 정확한 답을 찾아 적용할 수 있어야 할 터이다. 비행청소년이나 범죄인의 일상회복은 무엇보다도 이들이 접하는 주변인과 맺는 관계로부터 시작하고, 그래서 이에 관한 방안이 구체적으로 만들어져야 할 것으로 본다. 이 관계는 곧 인간관계일 것인데, 인간관계의 유형을 밝힘으로써 일상회복의 방안을 모색할 수 있겠다. 큰 틀에서 인간관계 유형을 강원룡(2005)이 소개한 것을 인용해 다음 3가지로 구분하였다.

첫째, 상호불신 갈등관계이다. 이 관계는 서로 상대를 멸시함으로써 매우 불행한 결과를 가져온다. 이 같은 관계는 백해무익한 것임에도 일상에서 흔히 목격하는 바이다.

둘째, 상호무관심 독립관계이다. 이 관계는 서로 관심 영역이 달라 각자의 길을 감으로써 서로 비방, 간섭, 관심을 갖지 않아 각자가 통합하지 못하고 분리되어 존재한다.

셋째, 상호존중 대화관계이다. 우리가 바라는 가장 바람직한 관계 유형이라고 할 수 있는데, 이 관계가 거저 되는 것이 아니라 이에 합당한 노력이 필요하다. 그 노력 중 한 가지로 도덕성을 들 수 있겠다. 이는 피히테(Johann Gottlieb

Fichte)가 강조했듯(서정혁 옮김, 2002), 도덕성이 없으면 어떤 행복도 가능하지 않다는 점에 근거해 말하는 것이다.

앞에 밝힌 인간관계 유형을 바탕으로 사회복지사는 교정복지실천의 일환으로 특정 방안을 구사할 수 있다. 그 방안은 바로 사회복지실천에서 개인, 집단, 지역사회를 바탕으로 적용되는 여러 방법인 것이다. 이들 방법을 구사하기 전에 사회복지사가 인간관계 측면에서 주목해야 할 인간관계 과정의 단계를 정리하였다.

첫 번째 서로 만남이다. 사람이 존재한다는 것은 곧 만남 속에 있다는 점에서(김동건, 2008), 만남은 더욱 강조되어야 한다. 이뿐만 아니라 이 만남은 관계의 시초인 만큼 신중하며 진실해야 한다.

두 번째 서로 앎이다. 무엇보다도 상대를 알아야 다음 단계인 신뢰 관계로 넘어갈 수 있다. 어떻게 상대를 정확히 알 수 있을까? 사회복지사에게 풍부한 경험을 요하는 대목이라고 하겠다. 그러므로 사회복지사의 신중함도 필요하지만 시행착오를 두려워하거나 실망하지 않고 오히려 교훈삼아 나아가야 할 것이다.

세 번째 서로 신뢰이다. 상대를 믿을 수 있어야 존중할 수 있기 때문이다. 이 신뢰는 상대가 내게 일방적으로 신뢰할 수 있게 하는 것이 아니라 상대가 나를 신뢰할 수 있게 처신해야 할 것이다. 그러므로 신뢰관계가 형성되지 않는다고 상대를 탓하기보다는 나를 돌아보아야 바른 길을 찾아갈 수 있을 것이다.

네 번째 서로 친목이다. 친목은 서로 주고받음이다. 이 주고받음 관계로 나아가야 이 관계는 유지되고, 발전할 것이다. 이를 위해 서로 노력해야 한다. 이기심을 지양하고, 공의와 사랑을 바탕으로 상대의 약점이나 어려운 점을 가엽게 여겨 도와줄 수 있어야 할 것이다. 이런 자세로 나아가는 것이 상대뿐만 아니라 나를 더욱 계발 · 발전시켜줄 것이다.

제 2 장

비행청소년과 범죄인 일상회복의 역사적 전개

역사의식이 없는 연구는 실속이 없고,
역사 연구는 사실을 통찰, 해석하며
진실, 충실하게 이루어져야 한다.

비행청소년과 범죄인의 일상회복에 관한 역사적 상황을 이해하는 것은 교정복지 영역에서 활동하는 사회복지사에게 중요한 과제라고 하겠다. 비행청소년과 범죄인의 일상회복에 관한 역사적 전개를 알아보는 것은 이들의 일상회복을 위해 교훈 삼을 수 있는 기회가 되고, 나아가 이 같은 교훈적 작업을 통해 비행청소년과 범죄인의 일상회복을 위한 합당한 방향을 모색할 수 있기 때문이다.

나라마다 비행청소년이나 범죄인의 일상회복을 바라보는 관점이 달라 가능하면 여러 나라의 상황을 살펴볼 수 있으면 좋겠으나 대표성을 띠는 나라에 한정할 수밖에 없겠다. 그 대표성은 비행청소년이나 범죄인의 일상회복을 위해 이들을 처우한 특성에 근거할 터이다. 그러므로 각 나라의 그 특성을 조합하면 비행청소년과 범죄인 일상회복의 실상을 망라할 수 있고, 그래서 교훈을 찾을 수 있을 것이다.

이 장에서는 범죄인 중심으로 이들의 일상회복을 대표할 수 있는 영국, 미국, 스웨덴, 일본의 역사적 전개를 살펴보려고 한다. 그래서 나라마다 범죄인의 일상회복을 위해 고민하고, 시도한 것을 통찰해 우리의 방향을 가늠해볼 수 있으면 좋겠다. 아울러 좀 더 살펴보기에서 영국이 자국의 범죄인을 식민지로 보낸 내력의 의미를 정리했다.

1. 영 국

영국은 범죄인을 식민지로 이송함으로써, 특히 미국과 호주의 범죄인 처우에 크게 영향을 미쳤다. 이런 측면에서 범죄인의 일상회복을 위한 교정 당국의 시책이나 업무가 어느 나라보다 앞서 시행되었다고 보아도 될 것이다. 영국의 범죄인 처우의 역사적 전개 과정을 살펴보자.

1) 열악한 환경

범죄인의 일상회복을 위해 필요한 환경을 충분히 갖추지 못했다. 초기의 상황을 지금과 비교해 그 열악함을 지적하는 것이 아니다. 범죄인은 비록 죄를 지었다고 하지만 사람으로서 당시 합당한 처우를 받지 못한 것이 사실이다. 초기 사정으로 다음 몇 가지를 소개한다.

(1) 옛 궁전을 개조한 최초의 교정시설

범죄인 처벌에 관한 영국의 역사는 16세기 이전으로 거슬러 올라간다. 1555년 런던에 높은 담과 철조망으로 격리된 교정시설이 세워졌는데, 바로 브라이드웰교도소(Bridewell Prison)다(Thomas, 1987).

영국의 교도소는 1580년대에 들어서면서 이미 수용자가 초과되었고, 이로 인해 교도소에 심각한 문제가 발생하게 되었다. 이 같은 문제를 해결하려고 교정 당국은 수용자가 벌목장, 제재소, 농장 같은 많은 인력이 필요한 곳에서 작업할 수 있게 정부에 건의하였다. 또 산업화에 따라 대규모 노동력을 원하는 사회적 요구가 강해지자 교정 당국은 노동력이

옛 왕궁을 개조해 병원과 함께 세운 브라이드웰 교도소. 철조망은 보이지 않음.
출처: istockphoto.com

절실한 곳에 경범죄 범죄인이나 교도소에서 수형 성적이 우수한 수용자를 선발, 고용하였다(Oldham, 1990).

당국의 이러한 의도는 우선 부족한 노동력을 해결하고 나아가 당시의 교도소 과밀수용 인원을 줄이고자 했던 것이다. 그러나 이러한 정책은 임시방편에 불과했으며 본래 의도했던 목적을 달성하지 못했다. 왜냐하면 범죄인이 교정시설에 들어 온 이후 이들을 일시적으로 취업시켜 해결하려는 정책으로 미봉책에 불과했기 때문이다.

한편 교정 당국은 오래되어 낡은 교정시설을 보수하여 사용함으로써 최신 시설이 교정의 만능은 아님을 보여주고 있다. 한국 교정본부는 2009년에 영국의 교정 당국이 1849년에 지은 버밍햄교도소(Birmingham Prison)를 수리하여 남성 수용자 1,400여 명을 수용한다고 전하였다.

(2) 교도소의 초과수용

영국의 교정 당국은 일상회복의 한 방법으로 시설 밖에서도 다양한 프로그램을 실시하였지만 범죄인을 실질적으로 처우한다는 차원에서 교도소는 오늘날까지 중요한 역할을 하고 있다(Biles, 1988). 이런 맥락에서 영국의 교도소는 교정의 중추를 이루고 있는데 수용자의 초과수용으로 난관에 부딪히게 되었으며, 열악한 시설과 수많은 수용자가 겪는 비

인간적인 처우와 교도관의 불만족한 근무 조건은 범죄인의 일상회복을 더욱 어렵게 만들었다. 결국 시설에 대한 수용자의 불만은 1970년대에 교도소 내 폭동과 격렬한 농성을 불러일으켰다(Evans, 1980).

한편 여성 수용자가 급증하는 것으로 나타났다. 한국 교정본부에 의하면 1999년에 5,800여 명이었던 여성 수용자가 2009년에 8,800여 명으로 50%나 증가하였다고 보고하였다. 이들 여성의 3분의 2는 들치기 같은 비폭력적 범죄로 들어왔고, 대부분 정신적 문제를 지니고 있고 상당수가 약물을 남용한 경험이 있다고 하였다.

(3) 범죄인의 식민지 이송

18세기에 들어오면서 범죄는 급속히 증가하였고, 교도소는 만성적인 과포화 상태가 되었다. 결국 영국 내에서는 그 해결책을 제시하지 못하고 수용자를 해외 식민지로 이주시켰다. 그 주요 대상 지역으로 당시 영국의 식민지였던 미국과 호주가 적격지로 선정되었다. 1717년부터 1775년까지 58년 동안 영국은 대략 4만 명의 범죄인을 미국으로 보냈으며, 1788년부터 1868년까지 약 16만 명을 호주로 이송시켰다(Biles, 1988).

시드니 항의 핀치거트섬(Pinchgut Island).
영국이 수형자를 호주 식민지에 보내면서 감옥(1796~1838)으로 사용하고, 이후 군사요새로 사용하고, 지금은 국립공원으로 운영되고 있다.
출처: National Archives of Australia

이 범죄인의 식민지 이송은 범죄인에 대한 재판에서 결정됨으로써 본형에 부가된 것이었다고 한다. 식민지로 이송되어 형을 치러야 하는 범죄인은 2중의 고통을 받았을 것인데, 이런 사정은 우리나라에서 소년원이나 교도소에 수용된 비행청소년이나 범죄인을 면회하기 위해 멀리 있는 타지역을 오가며 수고하는 이들 가족의 고충을 통해 짐작할 수 있겠다.

이처럼 국가가 범죄인을 활용한 사례는 그 전에나 이후에도 적지 않게 있었던 게 사실이다. 예컨대 1519년 스페인에서 출발한 마젤란(Ferdinand Magellan)의 세계일주 항해에 수용자를 무죄 석방 조건으로 대거 참여시켰고(박계수 옮김, 2003), 프랑스에서는 1555년 항해자가 각계각층으로부터 범죄인을 포함한 개척자를 모집하여 브라질의 리우데자네이루 시를 건설하도록 허락하였다(박옥줄 번역, 1998). 우리나라에서는 범죄인을 '북파공작원'으로 활용했는데(한겨레, 2004년 2월 12일), 이 비밀 특수임무 수행은 6·25전쟁을 휴전한 1953년부터 7·4남북공동성명을 발표한 1972년까지 진행되었다.

2) 개혁

영국의 열악한 교정시설은 시민단체와 이 영역에 관심을 가지고 있는 사람들에 의해 개혁되었다. 이 개혁이 교정 당국이 앞장서서 이룬 것이 아니라 시민의 힘에 의한 것임을 알아야겠다. 특히 개혁의 일환으로 범죄인의 일상회복을 위해 2004년경 교정, 보호관찰, 갱생보호 기관들을 통합한 국가범죄관리청을 설립했고, 이후 교정청으로 이름을 바꾸었다(윤영석, 2023). 먼저 하워드(John Howard)의 활동부터 소개한다.

(1) 존 하워드의 활동

18세기 영국의 교도소 시설은 범죄인을 사회로부터 격리하여 교정시킨다는 정신과는 너무나 동떨어진 상태였다. 인간을 보호하고 인간다운 생활을 할 수 있도록 한다는 차원에서 시설은 매우 미비하였다. 특히 수용자의 일상생활에 기본적으로 필요한 하수처리와 환기시설 따위가 수용자의 일상회복이라는 목표에 전혀 도움이 안 되었다.

이렇게 열악한 교도소 시설의 문제는 지속적으로 시설을 개혁하라는 교정제도 개혁가의 지적을 받아 왔다. 이들 개혁가 중 하워드는 1774년부터 1786년까지 영국 내는 물론 유럽 여러 나라의 교도소를 순회 방문하면서 각 교정시설의 실태를 파악하였다(Howard, 1929). 그의 목적은 교도소의 열악한 시설을 개선하는 것이었고, 이런 시설의 개선을 통해 수용자에게 더욱 효과적인 일상회복의 기회를 부여하는 데 있었다(Whitfield, 1991). 하워드의 이러한 노력은 잉글랜드(R. W. England)가 언급한 바 같이 영국의 지방 교도소 시설이 수용자를 인간답게 처우하려는 의지적인 노력으로 받아들일 수 있으며, 결국 이러한 작업으로 인해 영국의 교정시설은 급격히 개선되었다(Freeman, 1978).

(2) 교도소 개혁

교도소의 문제가 사회문제로 대두하면서 1978년에 교도소의 전반적인 실상을 파악하고, 나아가 대대적인 개혁을 단행하기 위해 메이조사단(May Inquiry)이 조직되었다. 이 조사단의 보고서는 교도소 내 교정사업에 대한 적절성, 유용성, 운영, 자원의 활용 따위에 관하여 언급하고 있다(Evans, 1980). 메이조사단은 당시 영국 교도소의 문제점을 해결하기 위한 대책으로 정부의 충분한 재정지원을 들었다. 그러나 교정 영역의 예산을 늘려야 한다는 견해에 관해서는 적지 않은 문제가 제기되었다. 내무부에서 지적한 것 같이(Stern, 1987), 이미 1979년 보수당의 집권 이래 당시 정부가 교정 분야에 편성, 투입한 재정이 400퍼센트 가깝게 증가해 왔기 때문이다. 이런 처지에서 최근 영국 교정 당국은 교도소의 과밀화를 해결하지 못하고, 수용자 처우의 질적 저하로 수용자가 다시 교도소로 돌아오는 회전문 현상을 면치 못하고 있다(허경미, 2024). 한국에서도 김대중 정부에서 이 같은 개혁을 위한 정책을 내세웠으나 그 임무를 맡은 우두머리를 교정 당국 출신으로 내세워 별 진전 없이 끝났다.

(3) 범죄인 분류

일반적으로 영국은 수용자를 격리 구금할 때 이들이 갖는 보안성과 안전성에 따라 A, B, C, D 네 등급으로 분류하고 있다. A급에 속하는 수용자는 시설 내 보호의 높은 안전성을 요구하므로 대개 각 지방 교도소에 수용하며, B와 C급에 속하는 수용자들은 중간 정도의 보안성을 요구하는 자들로 주로 훈련 교도소에 수감한다. D급의 경우는 보안성이 아주 경미하므로 보통 개방 교도소에 구금하고, 앞의 A, B, C급의 수용자들보다 자유스럽게 생활할 수 있으며, 생활상 많은 혜택을 주고 있다.

중구금시설에 수용된 A급 수용자는 수감기관과 수형생활 태도에 따라서 더 낮은 단계의 시설로 이감될 수 있다(Dobash et al., 1986). 예컨대 종신형을 받은 수용자는 형을 받자마자 외부와 엄격히 차단된 중구금시설에 수용되는데, 일정 기간이 지나면 수형 성적에 따라 B, C급의 수용자가 있는 훈련 교도소로 이감되고, 남은 형기의 대부분을 이곳에서 지내게 된다. 아울러 이들은 출소를 앞두고 「출소전고용규정」에 따라 개방 교도소나 기타 중간처우시설로 옮겨 사회생활을 위한 적응 훈련을 하면서 준 사회인으로서 생활한다(NACRO, 1990).

3) 자랑과 과제

영국의 열악한 교정시설 환경이 개혁되면서 자랑할거리가 생겼고, 아울러 앞으로 해결해야 할 과제가 있다. 자랑할거리가 더욱 발전하기 위해서는 역시 과제를 받을 수밖에 없어 결국 자랑과 과제가 함께 아우러져 발전해 나아간다고 하겠다. 다음 몇 가지를 자랑과 과제 삼아 정리하였다.

(1) 재활주의

19세기 말까지만 해도 영국의 교정이념은 범죄인을 일반 시민으로부터 격리시키는, 즉 피해자를 위한 보복의 개념이 주를 이루었다(Garland, 1985). 한편 범죄인에 대한 재활주의 입장은 20세기에 들어오면서 거론되기 시작하였다(Carlen et al., 1989). 이러한 양상은 이 분야와 밀접하게 관계하고 있는 인접 학문의 발달과 함께 이루어졌다.

재활주의 견해는 비행청소년이나 범죄인 개인을 이해하고 처우하는 데 의료적, 사회적, 심리적, 정신분석적 측면을 통합해 접근하려는 입장이었다. 그 예로 1969년에 제정되었던 「아동과 청소년법」을 들 수 있는데, 이 법은 비행청소년의 일상회복을 전통적인 방법으로부터 탈피하여 과학적으로 접근하려고 하였다.

(2) 보호관찰제도

영국은 비행(범죄)청소년과 여성 범죄인을 우선적으로 보호하기 위해 이들을 상대로 보호관찰제도를 세계에서 가장 먼저 실시하였다(The Home Office, 1973). 처음 보호관찰제도를 실시할 때 모든 범죄인에게 적용하지 않고 청소년과 여성에 한정한 것은 그만큼 이들이 시급하기도 하고, 다른 범죄인에 비해 수월한 점도 있어서일 것이다. 1989년에 시작한 한국 보호관찰제도 역시 비행청소년부터 실시했는데, 이렇게 비행청소년에 우선 적용한 것은 세계적 경향이다. 비행청소년과 여성 범죄인을 위한 보호관찰제도를 마련한 것은 영국의 형사제도에서 획기적이라고 할 수 있는데, 보호관찰제도가 비행청소년이나 범죄인을 교정시설에 구금하지 않고 형을 치르게 한다는 데 큰 의미를 두기 때문이다. 이 제도에 관해서는 5장에서 상세히 다룰 것이다.

(3) 세계범죄작가협회

한편 영국은 세계범죄작가협회(CWA)를 두고 있는데, 이 협회는 매년 범죄인이 쓴 문학작품을 선정하여 범죄 문학상을 수여하고 있다(시니어저널, 2000년 10월 23일). 비록 범죄인이 쓴 문학 작품이 꼭 범죄와 관련한 것은 아닐지라도 "비행과 범죄 관련 문학작품을 통해 교정 당국과 시민이 교류할 수 있다."(최옥채, 2001a)는 측면에서 이 협회의 활동에 주목이 필요하다.

(4) 교정 공무원

영국의 교정 당국이 교도관을 채용할 때 특별히 규제하는 사항은 없다. 기초적인 읽기와 셈하기를 시험할 뿐이며 과거 범죄사실이나 건강상 문제가 없으면 쉽게 교도관으로 채용될 수 있다. 채용 선발시험에 합격한 자는 12주간 교육과 훈련을 마치면 바로 교도관으로 임명되어 일선 교도소에 투입되며, 그 후 2주간 기본적인 업무파악 기간이 지나면 즉시 독자적으로 자기 업무에 임할 수 있다.

한편 교도관들은 열악한 근무 여건에 불만을 토로하고 시정을 요구해 왔으나 만족을 못하고 있는 상태다. 스턴의 주장(Stern, 1987)에 따르면 영국 교도관들은 무엇보다도 피할 수 없는 시간 외 근무로 과중한 업무량을 감수하고 있으며, 이러한 근무 조건에 비해 그들이 받는 보수에 불만이 많은 것으로 나타났다. 이 같은 문제를 해결하기 위해 1990년대에 들어서 교정 당국은 '새출발'이라는 표어를 내걸고 교도관 채용계획안을 보완하였다(Whitfield, 1991).

2. 미국

미국이 300여 년(1492~1783) 영국을 비롯한 유럽의 식민지가 됨으로써 이들 나라의 영향을 크게 받았다고 보아 마땅하다. 실제로 미국을 건국한 주인공은 유럽에서 온 사람들이었는데, 이 가운데는 투기꾼, 모리배, 협잡꾼, 해적과 약탈자 같은 이들도 있었고, 범죄인이 많았다(박정신, 2015). 영국으로부터 영향을 많이 받았던 미국 범죄인의 일상회복은 범죄인 수가 수백만 명이 넘으면서 '교정의 산업화'를 방불케 하고 있다. 미국 교정의 이런 점을 들어 역사적 전개의 특성으로 꼽을 수 있다. 이와 관련하여 다음 몇 가지를 강조했다.

1) 종교 조직의 개입

미국 범죄인의 일상회복에 초기부터 종교 조직의 개입을 강조하지 않을 수 없다. 특히 퀘이커 교도의 적극적인 개입이 있었는데, 이들 역시 영국으로부터 미국에 이주해 평화주의를 부르짖으며 범죄인의 일상회복에 적극 개입했다. 그럼에도 미국의 교정시설에서는 극심한 폭동이 끊이지 않았다. 이 실상을 자세히 살펴보자.

(1) 영국으로부터 이송된 범죄인

16세기 말부터 급증한 영국의 수용자는 당시 영국이 점령하고 있었던 식민지로 이주되었다. 영국 범죄인의 이주는 미국의 교정정책에 많은 영향을 미쳤다(Short, 1979). 영국으로부터 오는 수용자를 일반 시민과 분리하여 한데 모아둘 수 있는 수용시설이 필요하였는데, 당시 교도소의 시설은 영국의 형태를 그대로 받아들인 것이었다. 1632년 범죄인을 사회와 철저히 격리할 수 있는 시설이 보스턴에 세워졌는데, 이 시설은 매사추세츠 만 지역으로 들어오는 영국 수용자를 수용하기도 하였다(Felkenes, 1973).

미국 샌프란시스코 만에 있는 앨커트래즈연방교도소(Alcatraz Federal Penitentiary). 군사 감옥(1850년대), 군사 교도소(1861~1933년), 연방 교도소(1934~1963년)로 운영되었고, 1972년에 국립공원으로 지정되어 지금은 관광명소가 되었다.
출처: cdn.britannica.com

(2) 퀘이커 교도의 헌신

1600년대 말경 교정에 특별한 관심을 갖고 있던 펜(William Penn)과 필라델피아의 퀘이커 교도가 교정시설을 세우는 데 촉매 역할을 하였다. 한편 새로운 수용시설을 미처 세우지 못한 지역에서는 탄광 건물 같은 기존의 건물을 교도소로 개축하기도 했다(Sutherland & Cressey, 1966).

당시 미국에서 범죄인을 처벌하고 격리 수용하면서 처우했던 원칙은 기본적으로 죄에 대한 보복주의에 입각했다. 이 보복주의 입장에서 실시하는 교정 서비스는 퀘이커 교도 같이 교도소 개혁에 중대한 관심을 가졌던 종교인이 바꾸어 가기 시작했다. 1770년대에 필라델피아 위원회의 퀘이커 교도는 수용자가 받는 신체적 고통을 없애도록 하는 데 1차 목표를 두고 활동했으며, 원시적인 교정행정을 개혁하는 데 앞장섰다(Sutherland & Cressey, 1966). 아울러 이 위원회는 교도소 내 수용자에게 성경을 공급해 주었으며, 종교 상담과 함께 약간의 재정적인 도움도 주었다(McKelvey, 1974).

한편 1825년에는 종교지도자인 드와이트(Louis Dwight)가 '보스턴 교도소 규율 위원회'를 조직하여 교정정책의 개혁에 크게 기여하였다. 이 위원회는 전국에 걸쳐 행정가, 입법가, 교도관 들에게 교정제도의 안내 역할을 할 수 있는 보고서를 매년 제작해 발송함으로써 교정사업의 홍보에 힘썼다(McKelvey, 1974).

(3) 교도소 폭동

1970년대 초부터 지속적으로 발생했던 수용자의 극렬 소요사태는 당시 제기되었던 교정사업의 문제점에 대한 일반 국민의 인식을 일깨워 주었을 뿐 아니라 교도소의 운영상 제반 문제점을 고양시키는 계기가 되었다(Orland, 1975). 특히 1971년에 있었던 아티카교도소(Attica Prison)의 수용자 소요사태는 미국 교정역사 가운데 가장 비극적인 교정 사고로 43명이 목숨을 잃었다.

2) 교육행형을 위한 노력

미국의 교정 당국이 출소한 수용자의 사회적응을 촉진시킨 주요한 시책은 교육행형이라고 할 수 있다. 물론 여기에는 행형(execution)의 과학화가 뒷받침하기도 했다. 교육행형을 위한 미국 교정 당국의 노력을 다음 몇 가지로 정리하였다.

(1) 교정이념 정립

먼저 교정 당국은 교육행형을 위한 교정이념부터 정립하였다. 실제로 미국의 교정이념에 교육행형이 등장하기 시작한 시기는 19세기 후반부터였다. 그 본보기로 엘미라교도소(Elmira Prison) 측은 수용자를 선별하여 매주 6일간 저녁시간에 초등학교 과정을 공부할 수 있도록 해 주었다. 상급반 수용자 학생을 위해 대학 강사까지 투입하여 지질학과 자연과학을 가르쳤다(Thomas, 1987). 또한 교정 프로그램의 발달과 아울러 전문 기술을 익힌 교도관이 이 분야에 등장하였으며, 이들 전문가는 실시 중인 프로그램에 적당한 수용자를 참여시키기 위하여 진단 방법과 확실한 교화계획을 강조하고 나섰다. 이렇게 함으로써 이들 전문가에게 수용자를 석방시킬 수 있는 재량권이 주어지기도 했다.

(2) 적극적 조사활동

수용자에 대한 교육행형이 시작되었던 19세기 말에 미국의 교정제도에 일대 전환기를 맞이하게 되는데, 이는 교도소 노동개혁 조사위원회의 성립을 일컫는다. 이 조사위원회는 미국의 교도소 체제를 대대적으로 개혁하려고 전국의 교도소를 상대로 조사활동을 펼쳤다(McKelvey, 1974). 즉 교도소 내 수용자 노동력의 실태를 철저히 조사했으며, 수용자의 수형생활에 변화를 가져오기 위해서는 무엇보다도 이들의 노동력을 사용하지 않고는 불가능하며, 교도소를 합리적으로 운영할 수 없음도 아울러 발견하게 되었다. 이는 수용자의 직업훈련을 포함한 교도소 안에 있는 작업장의 산업을 교정실무의 주요 프로그램으로 간주했던 것이다.

(3) 비행청소년의 처우 개선

20세기 초 미국의 교정 당국은 영국과 벨기에로부터 비행청소년을 위해 현대화된 제도를 도입하였다. 이 제도는 비행청소년을 유형별로 분류하고, 가벼운 처벌을 받은 경우 학교에서 계속하여 학업에 참여토록 하는 프로그램을 포함하고 있다. 원생의 위생을 감안하여 샤워시설이나 식당 같은 기초 생활시설과 기타 부대시설을 마련하였으며, 교정 당국이 수용자를 특성별로 개별화하여 처우하려는 노력도 이 시기에 이루어졌다(Abadinsky, 1977).

3) 교정시설의 변화

교정시설의 획기적인 변화를 가져왔는데, 여기에는 교정의 산업화가 한 몫을 차지했다고 생각한다. 교정의 산업화는 교정시설의 수용자가 고도기술을 바탕으로 어느 정도 규모가 되는 산업에 관여하는 것을 의미하는데, 물론 이를 교정시설의 과학화가 뒷받침했을 터이다. 먼저 교도소 운영체계부터 확립했다.

(1) 교도소 운영체계 확립

미국 교도소는 지방, 주, 연방의 3단계로 분리하여 운영되고 있다. 행정상 교도소가 속해 있는 정부로부터 재정을 지원받아 독립적으로 운영된다(Ryan & Ward, 1989). 최하급 단위인 지방정부에 속하는 지방 교도소는 대부분 경범죄로 1년 이하의 형을 받은 범죄인만 수용하고 있다. 주정부에 소속된 교도소는 장기 수용자를 수용하고 있으며, 이곳에서 지방 교도소보다 더 다양한 프로그램을 실시하고 있다. 한편 연방정부가 운영하는 교도소는 작업, 직업훈련, 오락, 스포츠, 교육, 종교 활동 같은 진취적인 프로그램을 제공할 뿐만 아니라 의료시설, 청소년을 위한 시설, 성인을 위한 시설 같은 종합적인 수용자 보호 프로그램도 함께 실시하고 있다.

교정시설에 수용된 대부분의 미국 수용자는 시설 내의 과포화 수용, 미비한 심리상담 서비스, 부족한 재정지원, 미비한 직업훈련, 교도소에 대한 일반 시민의 부정적인 시각 따위에 의해 정상적인 처우를 받지 못했다(Berk & Rossi, 1977). 수용자가 이 같은 상황에 처할 수밖에 없는 근본적인 이유 중 하나는 지역사회 내에서 주민과 함께 할 수 있는 프로그램의 결여라고 볼 수 있다. 이와 관련해 1787년에 설립된 펜실베이니아교도소협회가 교정시설과 수용자 처우 개선을 위해 선구적 활동을 해오고 있다(정진수, 2011).

(2) 교정시설의 분위기 조성

미국의 교정 당국은 교도소의 건설적인 분위기를 만들어 내려고 상당한 노력을 기울이고 있다. 그 예로 교정 당국은 1980년대에 소위 '제3세대 시설'이라고 불리는 '기능적인 시설의 운영'에 역점을 두었다. 이 표어는 교도소 운영을 효과적으로 해낼 수 있었을 뿐 아니라 교도관과 수용자 관계를 바람직하게 조성하는 데 큰 도움이 되었다(Murphy & Dison, 1990). 이 기능적인 시설은 수용자와 교도관 관계를 더욱 밀접하게 할 수 있는 기회를 늘리고, 프로그램에 수용자의 참여도를 높이며, 교도관의 수를 줄이는 동시에 수용자의 부정행위를 예방할 수 있도록 재건축되었다(Gitchoff, 1989).

(3) 민영 교도소 운영

1980년대에 들어서면서 미국의 교정 당국은 교도소 운영의 민영화에 관한 논의를 활발히 진행하였다. 이 논의는 교정실무자, 학계인사, 언론인 들로부터 이루어졌는데, 이들은 특히 교도소의 고질병인 포화수용 문제를 해결하는 데 주안점을 두었다(Murphy & Dison, 1990). 미국에서 처음으로 운영하고 있는 민영 교도소는 1975년에 세워진 펜실베이니아 주의 위버스빌(Weavers-ville)에 있는 치료감호소이다. 특히 민영 교도소는 뒤에 소개한 교정산업을 주도하였다. 한편 "교정시설의 민영화는 교정에 관한 민간의 관심을 유도하고, 민간의 참여를 촉진하며, 열린 교정을 펼쳐 나가는 데 크게 기여할 수 있다."(최희찬, 1999)는 측면에서 민영 교도소의 설치는 교정 당국의 주요 과제라고 할 수 있다.

(4) 기업의 교정산업 참여

미국의 교정시설이 교육행형이라는 교정이념을 잇는 중요한 시책에 힘입어 교정산업으로 확장되었다. 교정산업화는 산업 현장에서 요구하는 전문기술을 익힌 수용자를 투입해 교정시설이 외부 기업과 협력해 산업체를 운영하는 것이다. 이는 민간 교정시설을 기반으로 이루어지는데, 기업이 높은 인건비를 해결하기 위한 한 가지 방안으로 교정시설 수용자의 노동력을 적극 활용하는 데 중점을 두고 있다. 미국에서는 1979년 제정된 「사법제도개선법」에 수용자의 노동력을 기업에 공급한다는 규정이 포함됨으로써 교정산업이 급물살을 탔고, 여기에 월마트, 휴렛팩커드, 맥도날드 같은 대기업이 참여했다(허경미, 2020). 한편 이 교정산업이 정치적 영향력에 밀접히 관련하여 일부 정치인과 민간 교정기업의 이해관계가 맞물려 운영됨을 지적하기도 한다(허경미, 2023).

3. 스웨덴

스웨덴 범죄인의 일상회복은 교정시설의 낮은 수용률, 교도관과 수용자 간 우호적인 관계, 시민의 관심으로 유명하다. 특히 스웨덴의 교정시설은 수용자마다 독립된 사방에 텔레비전과 컴퓨터뿐만 아니라 사우나 시설까지 제공함으로써(조선일보, 2014년 10월 28일) '호텔'로 불리기도 한다. 물론 여기에는 스웨덴이 정치이념으로 내세우는 사회민주주의가 뒷받침을 하고 있다. 이런 실상을 자세히 살펴보도록 하겠다.

1) 개혁을 위한 의지

스웨덴은 범죄인의 일상회복을 위해 다른 나라에 비해 교정시설 운영에 한층 개혁적으로 임하는 것을 엿볼 수 있다. 다음에 보는 것처럼 범죄인의 시설구금을 최대로 억제하려는 노력을 꼽아 정리하였다.

(1) 시설수용 자제

스웨덴의 교정 당국은 1930년대 초부터 범죄인을 인간적으로 처우하고 이들을 처우하는 데 드는 비용을 최소화한다는 방침 아래, 시설 내 수용을 억제하는 반면 사회 내 처우인 비구금형을 최대로 활용해 왔다(Short, 1979). 이러한 교정의 흐름에서 교정 당국은 무엇보다도 교정시설의 소규모화와 경구금시설화를 추진하였다. 아울러 비구금 시책의 하나로 범죄인을 위한 일상회복 프로그램을 다양하게 펼치고 있다.

(2) 비구금 프로그램 활성화

1971년 '교정사업 개혁위원회'가 앞장서서 범죄인의 일상회복을 위해 비구금 프로그램을 활용해야 한다고 강력히 주장하였다. 이 위원회의 보고서는 범죄인의 처우에 대한 적은 비용과 인간적인 대우에 주안점을 두었다(Short, 1979). 실제로 스웨덴 정부는 1974년에 형사적 보호에 대한 개혁의 시초라고 할 수 있는 「형사정책법」을 입안하여 통과시켰다. 이 법은 형사정책에서 범죄인의 처우를 새롭게 조명하고 있는데, 이는 스웨덴의 교정행정 역사에서 비구금시대의 발전기로 접어드는 계기가 되었다(Kaiser, 1984). 이 새 법안과 함께 스웨덴의 교정 관련 공무원과 개혁가는 여러 가지 일상회복 프로그램에 공개적으로 참여할 수 있게 되었다. 이 프로그램은 주로 범죄인이 교정시설에서 생활하는 중 일어날 수 있는 부정적인 효과를 가능한 한 최소로 줄이고, 수용자에게 주어지는 실제적인 서비스 개발에 역점을 두었다.

(3) 전문가의 적극적 개입

1960년대에 들어오면서 교정정책에 관심을 가진 각 분야의 전문가와 다수의 시민이 함께 참여하는 교도소 개혁운동이 진지하게 거론되었다(Dodge, 1979). 1966년에 '교도소 개혁을 위한 전국협회'가 조직되었는데, 이 협회는 수용자에 대한 당국의 인간적인 대우와 이들의 재사회화에 역점을 두어야 한다고 강조했다(Short, 1979). 한국에서는 이와 비슷한 현상이 1990년대 말경부터 벌어지고 있는데, 교정시설에 전문 연구자와 실천가가 자유롭게 개입하고 있다.

2) 교정시설의 합리적 운영

스웨덴 교정 당국은 앞에 살펴본 개혁의 의지에 힘입어 교정시설의 합리적 운영에 만전을 기하고 있다. 이는 교정 당국이 교정시설을 수용자 중심으로 이끌어가고 있는 것이라고 하겠다. 이를 다음 몇 가지로 정리하였다.

(1) 교정의 지방화

스웨덴은 행정구역상 전국을 13개 지역으로 분리해 다스리고 있는데, 각 지역에서는 자체적으로 교도소나 보호관찰소 같은 교정과 보호 기관을 운영하고 있다. 요컨대 교정의 지방자치제가 철저하게 지켜지고 있는 것이다. 교정시설의 유형이 다양해서 우리나라의 경찰서 유치장 같은 재판 전 수용시설도 교도소 체제와 동등하게 운영하고 있다. 특히 보호관찰과 사후보호제도는 스웨덴 교정제도의 핵심이다. 그만큼 앞에서도 언급한 바처럼 비행청소년과 범죄인의 처우를 비롯한 보호와 교정 작업을 철저히 비구금제도 원칙 아래 지방별로 실시하고 있다.

(2) 근린 교도소

교도소의 분류는 구치소를 제외하면 근린지역 교도소와 국립교도소로 구분한다. 이 두 교도소의 차이점은 국립 교도소는 '교도소와 보호관찰 감독청'에서 그 업무를 관장하고, 근린지역 교도소는 지역별 해당지역의 책임자가 운영한다는 점이다. 특히 근린지역 교도소는 교정 당국과 민간의 노력으로 법안을 개혁한 이래 가장 효과적이었던 결실 중 하나다. 근린지역 교도소는 일단 소규모로 운영되고 있어 범죄인의 일상회복에 여러 유익한 점을 보이고 있다. 예컨대 근린지역 교도소의 수용자는 자택과 최대한 가까운 거리에 있어 교도소 밖에 나가서 일하거나 공부할 수 있는 기회를 다른 어떤 교정시설에서보다 더 많이 제공받을 수 있다(Whitfield, 1991). 이뿐만 아니라 수용자는 일과 학업에 따른 비용을 지원받으며, 직원이 없는 곳에서 개인 단독으로 면회를 할 수 있다.

(3) 교정 공무원의 합리적 배치

스웨덴의 교정 당국은 충분한 수의 교정 공무원을 고용하고 있는데, 이는 수용자 수에 대한 교도관의 업무가 적당한 수준에서 이루어진다고 볼 수 있다. 예컨대 근린지역 교도소로서 폐쇄시설인 니코핑교도소(Nykoping Prison)는 1989년에 수용자 31명에 교도관 35명이 근무한 것으로 나타났다(Whitfield, 1991). 이런 사정이 가능한 것은 스웨덴이 정치이념으로 삼고 있는 사회민주주의의 힘이라고 생각한다.

(4) 교도관과 수용자 간 친밀한 관계

스웨덴의 교정실무에서 볼 수 있는 특이한 사항은 수용자의 문제해결에 교도관의 역할을 매우 강조하고 있는 점을 들 수 있다. 예컨대 교도관이 약물중독 수용자의 문제를 해결하는 데 도움을 주기 위해 적극적으로 개입하여 다양한 프로그램에 참여한다. 따라서 교도관은 교정 당국으로부터 특수기술 훈련에 따르는 명확한 권한과 책임을 부여받고 있다.

교정에 관한 문헌과 방문자의 경험에 따르면 스웨덴의 교도관이 수용자와 맺는 관계는 다른 나라의 경우와 비교해 볼 때 비교적 긍정적인 것으로 드러나고 있다. 실제로 빈슨(Anthony Vinson) 교수는 스웨덴 교도관의 임무가 수용자를 통제하는 것뿐 아니라 수용자의 긍정적인 변화와

교도소였던 스웨덴의 랑홀멘호텔(Långholmen Hotel)
출처: https://langholmen.com

발전을 독려하는 것이라고 했다(Vinson, 1988). 이러한 업무가 가능할 수 있었던 주된 방법은 교도관과 수용자 간 긴밀한 인간적 접촉과 수용자의 행동수정을 위한 교도관의 의식적인 규범화 같은 노력이라고 할 수 있을 것이다.

3) 사회민주주의의 영향

앞에서 스웨덴 범죄인의 일상회복에 크게 영향을 미친 사회민주주의를 강조했는데, 이 사회민주주의에 관하여 살펴봐야겠다. 여기에서는 사회민주주의가 형성, 적용된 결과 몇 가지를 정리하였다.

(1) 시민의 참여

범죄인의 일상회복에 시민의 참여가 남다르게 활성화되고 있다. 예컨대 교정 당국에서는 '범죄 예방위원회'를 조직하여 범죄에 대처하였는데, 일반 시민이 협력하도록 하고 범죄문제에 대한 여타 조사도 아울러 실시하게 하였다(Cole et al., 1987). 이 위원회는 교정사업 분야에 대한 폭넓은 조사보고서를 작성하고, 협회 밖에서 실시하는 조사활동에 재정적으로 뒷받침하는 것도 아끼지 않았다. 범죄를 예방하는 기관이나 조직은 이 위원회뿐 아니라 각 지방의 지역별 경찰국과 지방 사회복지기관도 참여해 협력하도록 권장하고 있다.

(2) 사회 연대의식

특별히 스웨덴은 다른 나라와 달리 대부분의 국민들이 범죄 자체에 지대한 관심을 가질 뿐 아니라 범죄인의 일상회복에 적극 참여함으로써 이 분야에 크게 봉사하고 있다. 이를 사회 연대의식이라고 하는데(Milner, 1990), 이웃의 범죄인에 대한 책임을 함께 분담한다는 태도를 의미한다. 예컨대 사회 연대의식은 이웃의 비행이나 범죄를 내 문제로 생각하고 비행과 범죄의 예방이나 비행청소년과 범죄인의 일상회복에 관심을 쏟으며 참여함을 중시한다.

한 번 더 강조하는데, 사회 연대의식 차원에서 스웨덴의 형사정책은 분명히 인본주의, 공평성, 능률성에 기초함으로써 범죄인의 일상회복에 도움을 주고 있다. 이러한 능률성은 교정시설에서 일하는 직원의 선발과 훈련과 지속적인 교육의 성과에도 적지 않게 기여하였다. 아울러 범죄인의 성격, 이들이 처한 사회적 환경, 범죄기록, 과거의 재소경험 따위에 따른 분류작업 역시 능률성에 긍정적인 영향을 미쳤다(Cole et al., 1987).

(3) 낮은 수용률

교정시설에 수감된 수용자의 수는 영국이나 미국 같은 외국에 비하여 현저하게 낮은 것으로 나타나고 있다. 낮은 수용률은 수용자의 일상회복에 긍정적임은 당연하다. 이 같은 실상은 사회민주주의를 내세운 스웨덴 정부와 국민이 함께 노력하여 이루어 낸 결실이라고 할 수 있다. 즉 교정 당국이 교도소를 범죄인을 사회로부터 격리시키는 최후의 장으로 삼아 시설수용의 남용을 최대로 억제하는 데 중점을 두고 있다. 실제로 교도소 수용을 범죄인에게 주어질 수 있는 최후의 처벌이 되도록 함으로써 1984년에는 교정시설에 수감되어 있는 범죄인보다 약 4배나 되는 범죄인이 비구금제도의 프로그램을 접하게 되었다(Cole et al., 1987).

4. 일 본

일본 범죄인의 일상회복은 우리나라에 많은 영향을 미친 것이 사실이다. 특히 일본의 교정정책은 낮은 수용률과 시민의 높은 관심 따위가 자랑거리로 세계에 소개되고 있는데, 이는 교정 당국이 홍보에도 부지런히 애쓴 결과라고 하겠다. 행형제도의 현대화부터 살펴보았다.

1) 행형제도의 현대화

일본은 에도시대에 지은 교정시설을 개축, 사용해오며 교도소 운영의 긴 역사를 지니고 있다. 예컨대 2024년 현재 후추형무소(府中刑務所)는 1790년에 세워져 한때 중범죄인을 수용하며 악명을 떨쳤다. 지금은 수용정원 대비 수용인원의 비율은 약 57.8퍼센트로 일본 교정시설의 대부분이 안정적인 수용 비율을 보이고 있다(김보성, 2024). 일본이 수용자를 교정시설에 구금해오며 현대화를 이룬 점을 살펴보자.

(1) 현대 행형의 기틀 마련

근대화한 교정 체계를 갖춘 것은 1868년의 메이지유신 직후로 거슬러 올라간다. 이 시기는 과거 도쿠가와 무신정권으로부터 천황 시대로 넘어오는 시점이다. 메이지 정부는 1870년에 만들어진 「형법」에 따라 범죄인을 구금하기 시작했으며, 1872년에는 그 이전부터 내려오던 체형을 완전히 금지하였다. 이러한 추세에 힘입어 일본 국민의 전통적인 사고와 실제는 오늘날의 교정제도에 많은 영향을 주었다(Biles, 1988).

일본은 과거에 실시해 왔던 여러 봉건적인 처벌 방법을 점진적으로 개선하거나 아예 폐지하였다. 그 예로 1880년의 「형법」은 1810년에 만들어진 프랑스의 「형법」을 전적으로 모방하여 사형, 구금, 벌금형 같은 종합적인 형사제도의 제반 체제를 갖추었다.

(2) 행형의 개혁

1934년에 「수용자처우개선법」을 시행하였는데, 이 법은 과거의 수용자 처우 방법을 표준화시키는 데 역점을 두었다. 특히 이 법의 적용은 지방법정에서 다루어지는 사건에 중점을 두었다(Biles, 1988). 이 제도는 일본 행형제도의 전반에 걸쳐 적용되면서 보호관찰을 받아 가석방으로 나가는 수용자의 수가 늘어나 매우 고무적으로 받아들여졌다. 영국은 물론 유럽지역에 확산되었던 소년법원운동의 영향으로 1922년 「소년법」이 제정되어 처음으로 보호관찰제도가 채택되었고, 1972년 개정 「형법」의 초안에서 보호관찰에 관한 규정이 확대 강화되어 「형법」상 규정을 둠으로써 영미의 제도에 가까운 보호관찰제도를 수립하였다(김양곤, 2004).

(3) 수용자 분류

제2차 세계대전 이후인 1948년에 일본 교정 당국은 수용자 분류 규정을 도입하였다. 이 제도는 수용자를 과학적인 방법으로 처우하는 데 그 목적이 있었다. 이 규정은 대체로 미국의 교정제도의 영향을 받은 것이었다(Correction Bureau, 1985). 일본의 전 수용자는 성별, 나이, 수용기간 같은 기준에 따라 열 가지로 분류되어 교도소에 수용된다. 그리고 교정 프로그램은 수용자의 교육 수준, 사회에서 경험 같은 수용자 자신의 처지에 따라 일곱 가지로 나누어 실시하고 있다(法務綜合硏究所, 1990).

한편 1980년대에 강조했던 교정시설의 개방화가 경구금 시설에서 강조되면서 이 작업은 더욱 활발하게 이루어졌다. 최근에는 특이한 교정기관으로 부인보도원을 운영하고 있다. 이 부인보도원은 「매춘방지법」을 위한 20세 이상 여성 범죄인을 수용하고 있다(이영근, 2009).

2) 식민지에서 횡포

일본은 1800년대 말부터 1945년까지 식민지 정책을 펼쳐 자원 확보와 시장 확대를 꾀하였다. 일본이 식민지에서 부린 횡포가 범죄인의 일상회복과 멀어 보이지만 우리나라의 교정정책에 적지 않은 영향을 미친 것이 사실이다.

하시마(端島), 1905년 모습
1890년부터 석탄 채굴, 1974년 폐광, 2020년 유네스코 세계문화유산으로 등록되었다.
출처: https://namu.wiki

하시마(일명 군함도), 2005년 모습
교정시설은 아니지만 한국인과 중국인이 강제 연행되어 탄광노역으로 죽어야 벗어난다는 지옥의 섬.
출처: 長崎在日朝鮮人の人權を守る会(2016)

이런 실상은 교정시설의 운영과 당시 수용자에 대한 처우에서 드러나고, 나아가 아직도 해결되지 않은 피식민지 국민을 강제로 징용해 인권을 유린하고도 제대로 화해하지 않는 일본 정부의 태도에서도 엿볼 수 있다. 앞 사진 자료는 일본이 한국인과 중국인을 노역과 열악한 처우 같은 패악으로 명성을 떨친 현장이었음에도 지금은 유네스코 세계문화유산으로 등재된 나가사키현(長崎縣)의 하시마(端島)다. 일제강점기에 조선총독부가 범죄인을 처우한 내역을 살펴보자.

(1) 수용자 학대

조선총독부 법무국은 행형과(行刑課)를 두어 시종 교정시설을 열악하게 운영하며 수용자를 학대했다. 물론 일제강점기 이전의 교정시설 역시 크게 다르지 않은 환경이었을 것이다. 어쨌든 일본은 1905년 통감부를 설치하면서부터 「기유각서」에 따라 한국의 감옥사무(행형)를 일본이 수탁해 일본의 행형을 적용했다. 김삼웅(2000)은 나카하시 마사요시(中橋政吉)의 주장을 들어 당시 수용밀도가 평당 7명이 넘었고, 그래서 수용자가 3분의 1씩 교대로 누워 자게 했다며 당시의 열악한 환경을 지적했다. 이 같은 수용자 처우는 보복주의에 가까운 행형이념이라고 하겠다. 특히 독립운동에 가담한 수용자는 더욱 극심한 학대를 받아야 했다.

(2) 수용자와 교정 공무원 간 이중관계

일제의 무자비한 교정시설 환경 이외에도 수용자는 교정 공무원과 이중관계로 심리적 압박이 더욱 가중된 것으로 볼 수 있다. 여기에서 이중관계는 수용자를 한국인과 일본인 교정 공무원이 필요에 따라 교체 대응하는 것을 일컫는다. 예컨대 수용자를 학대하는 가혹행위는 한국인이, 반대로 수용자를 배려할 때는 일본인이 관여케 함으로써 수용자를 더욱 힘들게 하는 수법을 들 수 있다. 이런 상황은 경찰에서 널리 드러나고 있는 바이다.

(3) 한국 교정정책에 영향

1905년부터 시작하면 일제의 식민통치는 40여 년에 이른다. 이 기간에 일본의 교정정책은 한국에 적지 않은 영향을 미쳤다고 보아 마땅하다. 해방 이후에도 한국 교정정책은 일본 교정정책을 알게 모르게 받아들였다고 생각한다. 그러나 최근 일본 보호관찰소를 견학한 한국 보호관찰 공무원에 의하면 한국 보호관찰제도가 일본 보호관찰제도보다 더 앞서있다고 한다. 이런 현상은 일본 보호관찰제도보다는 미국 보호관찰제도의 영향을 받았고, 나아가 한국 보호관찰 당국의 노력에 의한 것이라고 추측할 수 있겠다.

3) 교정시설 운영의 변화

일본 정부는 경제부흥과 함께 교정시설의 운영에도 큰 변화를 가져왔다. 여기에는 시민, 종교단체, 교정 당국의 협력과 노력에 힘입은 바가 크다고 하겠다. 이에 관하여 자세히 살펴보자.

(1) 시민의 참여

일찍이 일본에서는 1888년 범죄인 일상회복에 관한 시민의 자발적인 참여의 일환으로 교정협회가 창설되었다. 이 협회가 주된 관심을 갖고 활동하는 부분은 범죄 예방과 교정 실태에 관한 조사와 연구 작업이다. 1972년에는 또 하나의 민간단체인 교정복지회가 설립되었는데, 이 모임의 운영은 교정시설 중심으로 참여한 자원봉사자가 주도하였다. 이들은 범죄와 비행 예방, 범죄인의 일상회복, 나아가 비행청소년의 복지증진을 주요 목적으로 활동하고 있다. 1980년대 초반에 획기적으로 일본 수용자 조합이 결성되어 수용자의 복지와 제반 권익 향상에 지대한 영향을 미쳤다(成澤壽信, 1988). 한편 비행청소년을 위해서는 1947년에 대학생 중심으로 만들어진 조직의 BBS운동(Big Brothers and Sitters Movement)이 펼쳐지고 있는데, 이 조직은 1952년에 일본BBS연맹으로 결성, 발전을 거듭하고 있다(김안식, 2004).

대부분의 일본 지역사회에서는 지역공동체가 관심을 가지고 주위에서 어떠한 비행이나 범죄행위가 발생하기 전에 서로 감시하고 이를 예방할 수 있도록 협력하고 있다. 지역공동체 조직의 대표자는 정기적인 모임을 통해 지역사회 내에서 문제를 가진 자들과 서로 건설적인 관계 형성을 위해 노력하고 있다(Dodge, 1979). 나아가 이들이 직면하고 있는 문제를 해결하기 위한 도움과 조사연구도 함께 하고 있다.

(2) 종교단체의 개입

1984년 수용자의 일상회복을 위해 목회자 연합회가 전국 1,500여 자원 목회자로 결성되었다. 이 자원봉사자 조직은 전국 각지에 있는 교정시설의 수용자에게 종교적인 전도뿐 아니라 교육 서비스도 제공해 주고, 나아가 이들이 출소하여 생활하는 데 도움이 되도록 여러 가지를 지원하고 있다. 이들의 프로그램은 주로 범죄인의 재범을 방지하는 데 주력하고 있다.

(3) 교정 당국의 노력

기본적으로 일본의 교정 당국은 이 분야에 관한 국민의 이해와 공동참여의 중요성을 항상 인식하고 있을 뿐 아니라 일반 국민과도 매우 밀접한 관계를 형성하고 있다. 수만 명이 넘는 자원봉사자가 범죄 예방과 범죄인의 일상회복에 참여하고 있으며, 실질적으로 교정 당국의 여러 사업에 지대한 도움을 주고 있다(Biles, 1988). 이러한 국민의 정서를 감안할 때 일본 교정정책 시행은 전반적으로 지역사회의 협력을 많이 받고 있음을 알 수 있다. 한 가지 더 강조할 것은 교정 당국이 솔선하여 범죄인 일상회복의 실상을 외국에 널리 알린 점이다. 그래서 외국에서는 일본의 교정정책이 앞선 것으로 이해하고 있는데, 그 진위는 연구를 통해 밝혀져야 할 터이다.

5. 교 훈

영국, 미국, 스웨덴, 일본의 범죄인 일상회복에 관한 역사적 흐름을 통해 다음 몇 가지 중요한 교훈을 발견할 수 있었다. 이러한 교훈을 타산지석(他山之石)으로 삼아 앞으로 우리나라 범죄인 일상회복의 발전에 참고해야 할 것이다.

1) 교정 당국의 노력

무엇보다도 교정 당국이 범죄인의 일상회복을 위해 앞장서야 한다. 물론 여기에는 뒤에 소개하는 국민의 관심과 협력이 뒷받침해야 할 터이다. 교정 당국의 노력으로 다음 몇 가지를 강조했다.

(1) 충실한 개혁을 통한 발전

열악했던 비행청소년과 범죄인 일상회복 현장은 개혁을 통해 발전하고 있음을 알 수 있다. 앞에 소개한 나라의 비행청소년이나 범죄인을 위한 제도나 기관의 운영 상황이 매우 열악하였다. 그럼에도 비행청소년이나 범죄인의 일상회복을 위한 현장은 공통적으로 구태를 벗어나 타의나 자의로 개혁함으로써 합당한 체제를 갖추기 위해 노력하였다. 잘못된 것을 숨기지 않고 스스로 뼈를 깎는 고통을 감수함으로써 이 분야가 진정으로 발전했을 것으로 본다.

(2) 비행청소년과 여성 범죄인을 위한 노력

비행청소년의 처분과 범죄인의 처벌에서 비행청소년과 여성 범죄인의 일상회복에 각별히 임했음이 확인되었다. 요컨대 비행청소년과 범죄인의 일상회복을 위한 시책은 공통적으로 일상회복 현장의 청소년과 여성의 일상회복에 더욱 중점을 두어 성립, 발전되었다. 이는 비행청소년과 범죄인의 일상회복 현장에서 비행청소년과 여성 범죄인을 교정복지의 주요 쟁점으로 다루어야 함을 시사한다.

(3) 국가 간 상호 교류의 활성화

우리나라의 교정사업을 외국 여러 나라와 상호 교류하는 데 적극적이어야 할 것이다. 그럼으로써 여러 나라와 비교하여 우리의 장점은 더욱 강화하고, 부족한 점을 보완할 수 있기 때문이다. 이 같은 교류를 위해, 예컨대 보호 · 교정 공무원을 외국에 파견하여 외국의 실상을 연구케 하고 있는 시책을 한층 더 강화해야 한다. 아울러 한국교정학회 같은 학술단체가 실시해온 것처럼 정치 이념이 다른 중국을 비롯한 여러 나라의 교정 당국과 이들 국가의 연구자와 지속적으로 교류해야 한다. 덧붙여 한국형사 · 법무정책연구원이 주도하여 외국의 교정제도를 연구하는 것은 매우 고무적인 일이라고 하겠다.

(4) 민영 보호 · 교정시설의 확대

민영 보호기관과 교정기관의 확대를 위해 교정 당국과 관련 민간단체가 적극적으로 나서야 하겠다. 대체로 민영 교도소의 운영에 대한 평가가 긍정적으로 나타나고 있는 만큼 우리나라도 단 한 곳뿐인 민영 교도소에 만족하지 않고 앞으로 민영 교정시설뿐만 아니라 비행청소년을 위한 민영 보호시설도 설립, 운영되어야 할 것이다. 특히 민영 교도소를 발판으로 전체 교정기관에 사회복지사 같은 전문 인력을 투입할 수 있는 기반을 마련해야 한다. 이런 측면에서 볼 때 2010년에 문을 연 우리나라 최초 민영 소망교도소는 향후 교정제도는 물론 교정복지실천에 크게 영향을 미칠 것이다.

(5) 보호와 교정의 지방화

보호와 교정의 지방화가 비행청소년의 보호와 범죄인의 일상회복에 적용되고 있음이 드러났다. 이는 지방정부가 비행과 범죄에 더욱 관심을 쏟게 할 수 있을 뿐만 아니라 주민을 적극적으로 참여토록 할 수 있다는 맥락에서 교훈적이다. 예컨대 지방자치단체장이 자기 지방에 있는 소년원이나 교도소에 관심을 두지 않고, 외려 혐오시설로 보는 것은 그 지방의 비행과 범죄를 해결하는 데 결코 바람직하지 않다. 그러지 말고 비행과 범죄의 일정 부분을 해당 지방정부가 책임을 지고 참여하는 것이 비행과 범죄 문제를 해결하는 지름길이라고 생각한다.

2) 범국민적 협력

비행청소년의 보호와 범죄인의 일상회복을 발전시키기 위해 정부와 교정 당국 이외에도 범죄인 가족을 비롯한 모든 국민이 협력하여 이루어 왔음을 알 수 있다. 이렇게 국민 모두의 협력을 강조하는 것은 이는 비행이나 범죄가 비행청소년이나 범죄인만의 문제가 아니고 사회문제이기 때문이다.

(1) 종교기관의 개입

비행청소년이나 범죄인의 일상회복에 종교기관이 중요한 역할을 수행했다는 점을 알 수 있다. 특히 종교기관은 범죄인을 위한 인간적인 처우, 합리적인 일상회복 방법, 필요 자원의 제공 같은 협력에 적극적이었다. 이는 종교기관이 빈곤문제에 개입하면서 비행청소년이나 범죄인을 위해 눈을 돌리기 시작했다고 보아야 옳다. 그만큼 당시 비행이나 범죄가 빈곤과 밀접히 관련했기 때문이다.

(2) 시민단체의 활약

시민의 관심과 협력이 없는 교정정책의 발전은 없다고 보아도 지나치지 않다고 본다. 이는 외국의 사례에 나타난 바처럼 앞에 언급한 교정 당국의 노력이 절로 이루어지는 것이 아니고 시민의 대응으로 가능하기 때문이다. 이런 실상은 우리나라에서도 언론을 통해 접하는 사례가 적지 않은데, 대표적으로 1985년에 만들어진 민주화실천가족운동협의회를 들 수 있다. 이 협의회는 민주화운동 관련 구속자와 양심수 가족이 만든 순수 민간단체로 교정시설의 '숨은 실상'을 세상에 알리는 데 크게 기여했다.

(3) 비행청소년과 범죄인 가족의 관심과 대응

우리나라 교정정책을 비롯한 교정시설의 비행청소년과 범죄인의 가족이 한층 더 관심을 가져야 한다. 이뿐만 아니라 교정 당국의 부적절한 태도가 드러난다면 이에 적극 대응해야 한다. 이때 이들의 가족은 앞에 언급한 여러 시민단체나 언론과 연합할 수 있다. 이렇게 강조하는 것은 보호 · 교정 당국이 비행청소년이나 범죄인을 처우하는 실태를 가족이 가장 신속하고 정확히 접할 수 있기 때문이다.

(4) 보호 · 교정 공무원의 헌신

1980년대 초에 교도관과 수용자 관계가 수용자의 일상회복에 크게 영향을 미친다는 연구 결과가 있었다(Choi, 1992). 이런 연구 결과를 상기할 때 비행청소년이나 범죄인을 상대하는 관련 공무원의 역할과 노력이 중요하다. 이는 자석에서 가장 가까운 쇠붙이가 가장 강하게 달라붙는 것처럼 비행청소년이나 범죄인이 시설에 수용되었을 때 보호 · 교정 공무원이 가장 강하게 영향을 미치고, 이때 국민의 일원으로서 이들 공무원의 헌신이 필요하기 때문에 강조하는 것이다.

02 좀 더 살펴보기

영국이 범죄인을 식민지로 보낸 내력의 의미

왜 영국은 자국의 범죄인을 식민지로 보냈을까? 물론 영국 정부가 범죄인을 식민지로 보낸 절차는 합법적이었다. 영국이 범죄인을 식민지로 보낸 시책을 어떻게 해석해야 할까? 그 내력과 의미를 살펴봄으로써 각 나라가 수행하는 비행청소년과 범죄인 일상회복 관련 정책을 한층 더 깊게 이해할 수 있을 것으로 본다. 영국이 자국의 식민지로 범죄인을 보낸 내력을 정리하고, 이들 각기 내력이 지니는 의미를 살펴보자.

교정시설의 과밀수용 해결

영국은 18세기 중반 산업혁명을 맞이하면서 식민지를 이용한 삼자무역을 실시할 정도로 산업의 부흥을 가져온 이면에 교도소가 넘쳐나게 수많은 범죄를 불러왔다. 그래서 영국 정부는 교정시설의 과밀수용을 해결하기 위해 범죄인을 식민지로 보냈던 것이다. 이는 앞에서 밝힌 바이고, 문헌에 이미 드러난 것이다. 그럼에도 여기에서 짚고 넘어갈 것은 교정시설의 과밀수용을 해결하기 위한 조처라고 하지만 다음에 보는 3가지 내력을 포괄하고 있다는 점이다. 어쨌든 식민지로 간 범죄인은 희생양이었음을 짐작할 수 있겠다.

● 범죄인에 대한 처벌 강화

교정시설의 과밀수용을 걱정함과 동시에 범죄인을 한층 더 엄하게 처벌하려는 의도가 함께 작용했다고 보아야 할 터이다. 비록 이 처벌이 합법적인 절차를 밟았다고 하지만 범죄인의 인권을 유린한 것으로 보아야겠다. 인권이 거론되지 않은 시기라고 하지만 뒤에 보는 내력과 함께 자국의 안녕만을 위한 조처였다. 이런 점에서 우리나라가 IMF를 벗어나면서 수용자의 인권을 보장하려는 정부의 노력은 높이 평가되어야 하겠다.

● 범죄인의 해외 격리

영국 사회에 부적응하는 범죄인을 해외로 좇아낸 것이다. 이는 앞에 언급한 범죄인에 대한 처벌 강화와 연결되고 있다. 사회에 해를 끼치는 범죄인을 몰아냄으로써 영국 사회의 안녕을 꾀할 수 있다는 점을 생각했을 것이다. 우리나라에서도 이런 사례가 있었는데, 바로 「사회보호법」이다. 이 법은 재범을 우려해 범죄인에게 보호처분을 부가하기 위해 1980년 전두환 정부 때 제정되어 2005년 노무현 정부 때 폐지되었다.

● 식민지를 위한 범죄인의 활용

영국은 차지한 식민지를 개발하기 위해 범죄인을 적극 활용하려는 욕구가 강했다. 영국은 유례가 없는 국가 욕망으로 식민지에 자국의 범죄인을 보내 이익을 추구했다. 여기에는 국가뿐만 아니라 기업을 운영한 개인도 함께 했던 것이다. 이에 범죄인은 식민지에서 가장 힘이 들고 위험한 일을 떠맡아야 했고, 범죄인이라는 이유로 받아들일 수밖에 없었다. 이렇게 범죄인을 학대한 일은 영국뿐 아니라 지금 문화유산이랍시고 자랑하는 대부분의 나라에서 자행되었다.

결국 아펜젤러(Henry Appenzeller)가 강조했듯(이만열 옮김, 2015), 사람의 본성은 어디서나 똑같다는 점에서 영국은 범죄인을 식민지로 보냄으로써 국가 이익을 위한 새로운 지평을 열었다고 하겠다. 국가가 법치국가답게 되기 위해 모든 국민이 자신의 정당한 권리를 적극적으로 행사해야 한다고 하듯(권기철 옮김, 2019), 영국이 범죄인에게 저지른 또 다른 범죄를 영국 국민이 돌아볼 수 있으면 좋겠다.

제3장

교정복지에 관한 이해

몸으로 익히지 않고 머리로 배운 지식은
전장에서 아무 쓸모도 없었다.
(방현석, 2023)

사회복지와 사회복지실천이 다른 것처럼 교정복지와 교정복지실천은 구별되어야 한다. 대체로 사회복지는 사회복지의 제도에 중점을 두고, 사회복지실천은 이 제도를 집행하는 구체적인 활동에 초점을 맞추고 있다. 이런 측면에서 이 장의 제목을 교정복지에 관한 이해보다는 교정복지실천에 관한 이해라고 해야 더 정확할 터이다. 실제로 교정복지는 사회복지의 2차 현장에서 이루어지고, 궁극적인 목표가 비행청소년이나 범죄인의 일상회복에 두고 있어 제도보다는 실천적 성격이 더 강하다. 요컨대 교정복지 자체가 당초 실천에 중점을 두고 있어 사회복지실천의 한 영역으로 자리를 잡고 있다고 보아야 옳다. 이에 관한 자세하고 분명한 이해를 4장과 7장에서 다룬 내용에서 꾀할 수 있을 것이다.

교정복지는 사회복지사의 독특한 방법과 기술을 바탕으로 비행청소년과 범죄인의 일상회복을 위해 개입하는 데 중점을 둔다. 물론 여기에서 강조하는 방법과 기술은 사회복지학 내용에서 온 것이고, 나아가 사회복지학에서 강조하는 지식에 근거한다.

이 장에서는 교정복지의 이해를 돕기 위해 교정복지의 개념, 역사, 주요 대상, 주요 내용, 교정복지에 관련하는 사회복지사의 임무와 덕목을 정리하였다. 여기에 좀 더 살펴보기에 사회복지학에서 **교정복지론**이 차지하는 위상을 덧붙였다.

1. 교정복지의 개념

교정복지의 교정(矯正)은 법무부 산하에서 일컬어지는 교정행정에서 가져온 것이다. 여기에서 교정복지가 사회복지의 주요 중앙부처인 보건복지부가 아님을 알 수 있고, 그래서 2차 현장인 법무부 산하 기관이나 시설에서 교정복지가 이루어지는 것이다. 교정복지의 개념을 이해하기 위해 먼저 관련 개념과 교정복지를 살펴보고, 사회복지학에서 접근해야 하는 필요성과 사회복지사의 주요 역할과 익혀야 할 사항을 정리하겠다.

1) 관련 개념과 교정복지

교정복지의 개념을 명확히 이해하기 위해 교정복지 관련 현장에서 사용하고 있는 유사한 용어도 함께 이해하는 것이 바람직하다. 따라서 비행청소년과 범죄인 일상회복의 주요 현장이라고 할 수 있는 소년원, 보호관찰소, 교도소 따위에서 사용하는 '보호'와 '교정'을 정리한 후 교정복지의 개념을 살펴보도록 하겠다.

(1) 보호

보호(保護)는 비행청소년의 일상회복과 관련하고 있는 소년원, 소년분류심사원, 청소년비행예방센터, 보호관찰소 따위에서 주로 사용하는 용어다. 이들 현장을 관할하는 법무부의 부서가 보호국에서 범죄예방정책국으로 바뀌었지만 보호라는 용어를 그대로 사용하는 것이 합당하다.

여전히 비행청소년은 형사처벌이 아닌 보호처분을 받고 있어 보호가 품는 의미는 처벌보다 양육의 성격이 강하기 때문이다. 따라서 보호는 비행청소년이 바르게 성장할 수 있도록 제반 생활을 돌보면서 비행으로부터 빠져나올 수 있게 돕는 제반 사업을 일컫고, 이를 보호사업이라고 칭할 수 있다.

(2) 교정과 교정사업

교정(矯正)은 교도소 같은 교정시설에서 사용하는 용어로 범죄인의 범죄 성향을 바로잡아 일상을 회복할 수 있도록 돕는 것이다. 따라서 교정은 보호보다 엄한 통제의 성격을 띤다. 이의 구체적인 사업을 교정사업(矯正事業, correctional services)으로 칭하고 있다. 교정사업은 범죄인의 일상회복을 위해 관여하는 제반의 업무를 의미한다. 특별히 이 교정사업은 교정시설에서 실무자가 범죄인에게 제공하는 프로그램과 범죄인을 위한 관련 업무까지 총괄한다.

(3) 교정복지

교정복지(矯正福祉, correctional social work)는 사회복지학을 바탕으로 한 비행청소년과 범죄인의 일상회복, 나아가 비행과 범죄의 예방에 중점을 둔 사회복지실천을 의미한다. 이 분야의 주요 내용은 관련 대학이나 기관에서 연구와 사회복지사의 현장활동으로 이루어진다. 비행청소년과 범죄인의 보호나 교정은 어떤 특정 한 분야의 일이 아니라 심리학, 정신의학, 교정학, 사회복지학 같은 여러 분야의 전문 인력이 협력하여 이루어지는 것이다. 그러므로 교정복지 역시 보호사업이나 교정사업 안에서 실천 활동에 초점을 두고 비행청소년과 범죄인의 일상회복을 비롯한 비행과 범죄의 예방에 직접 개입한다.

요컨대 교정복지란 개별실천(Casework), 집단실천(Group Work), 지역사회실천(Community Work), 사례관리(Case Management) 같은 기초적인 사회복지실천방법론을 활용하여 비행청소년이나 범죄인이 심리사회적으로 가장 편안한 상태를 유지하면서 사회에 적응해 갈 수 있도록 돕는 활동이다. 그러므로 비행청소년과 범죄인의 일상회복을 위해 정상적이고 원칙적인 활동에 참여하려는 사회복지사는 사회복지실천에 관한 전문 지식과 기술을 익혀야 하고, 나아가 비행청소년이나 범죄인의 처지와 당국의 정책을 이해해야 한다. 또한 비행청소년과 범죄인의 가족을 위한 지원, 비행과 범죄 예방에도 앞장서야 한다. 한편 '교정복지'와 같은 의미로 '교정사회복지'라는 용어를 사용하기도 하는데, 한국사회복지교육협의회가 낸 **사회복지학 교과목 지침서**가 규정한 바에 따라 '교정복지'로 통일하는 것이 바람직하다.

2. 교정복지의 역사

교정복지 역사는 곧 비행청소년과 범죄인의 일상회복에 개입한 사회복지사의 활동 역사를 의미한다. 따라서 교정복지의 역사를 이해하는 것은 사회복지사가 보호시설이나 교정시설과 지역사회에서 비행청소년이나 범죄인의 일상회복을 위해 행한 전문적인 개입이 어떻게 이루어져 왔는가를 알아보는 것이다. 여기에서는 외국의 사례로 영국과 미국의 역사에 한정해 살펴보고, 우리나라의 역사를 다루었다. 영국과 미국의 역사를 살펴보려는 것은 이미 소개한 바처럼 이 분야와 관련한 영국과 미국의 실상은 서로 밀접한 관계를 가지고 있으면서 나름대로 특성이 있고, 나아가 교정복지를 효시적으로 이루었기 때문이다. 실제로 이들 나라에서는 UN이 1955년에 채택하여 교정시설의 사회복지사 활동을 권고하는 「국제연합 수용자처우에 관한 최저기준 규칙(United Nations Standard Minimum Rules for the Treatment of Prisoners)」을 받아들였는데(박찬운 외, 1993), 이는 보호와 교정 현장에서 사회복지사의 활동이 가장 먼저 이루어졌다는 것을 보여주는 것이라고 하겠다. 영국의 교정복지 역사부터 정리하였다.

1) 영국

역사적으로 영국과 미국의 제도를 비교할 때 대부분 영국 제도가 미국으로 건너가 미국 제도의 근간이 되었다. 특히 보호·교정사업을 비롯한 형사정책의 사정이 교정복지의 사정과 크게 다르지 않아 교정복지의 연원 역시 영국에서 찾을 수 있겠다.

(1) 개요

지역사회에서 비행청소년이나 범죄인의 일상회복을 위한 사회복지사의 대표적인 활동은 보호관찰에서라고 할 수 있다. 이렇게 교정복지의 시점을 지역사회에서 찾으려는 것은 보호·교정시설에 사회복지사가 근무하기 전에 지역사회에서 활동하는 사회복지사가 비행청소년이나 범죄인의 일상회복에 먼저 접했기 때문이다.

영국은 1907년에 보호관찰 제도를 도입함으로써(이무웅, 1992) 일찍이 지역사회 중심 교정복지를 실시하였다. 그러나 역사적으로 사회복지학(Studies in Social Work)이 자리를 잡게 된 것은 1920년 이후의 일이므로 지역사회에서 교정복지는 1920년대 중반 이후부터로 보아야 한다. 즉 1907년에 만들어진 보호관찰제도가 자리를 잡아가는 동시에 사회복지학에서 강조하는 지식과 기술을 바탕으로 한 사회복지사의 교정복지 활동이 1920년대에 성사되었다고 하겠다. 이를 기점으로 영국에서는 교정복지가 빠른 속도로 확장되었다고 생각한다. 왜냐하면 비행청소년이나 범죄인의 일상회복을 위한 사회적 관심이 사회복지실천(Social Work)과 맥을 같이 했다고 보아서이다. 이에 관한 자세한 내용은 이 장의 마지막에 나오는 좀 더 살펴보기에서 설명하겠다.

(2) 전개

몇 가지 문헌(박수환, 2000; 정우식 외, 2000)을 보면 영국의 보호관찰제도를 집행하는 보호관찰관은 대부분 사회복지사였음을 확인할 수 있다. 실제로 사회복지사 자격을 갖춘 실무자가 보호관찰소는 물론 법원이나 교정시설에 근무하면서 주로 개별실천 방법을 활용하여 보호관찰 대상자, 피의자, 출소 예정자에게 서비스를 제공하였다. 그러나 1995년 영국의 내무성은 보호관찰관을 선발하는 기준을 사회복지학에서 탈피하여 사회학, 심리학, 아동학 같은 다양한 영역으로 확대하는 지침을 발표하였다. 이 같은 제도의 변화는 보호관찰관의 임무와 역할이 다양해질 수밖에 없는 시대적 상황을 반영한 예라고 할 수 있다.

한편 교정시설에서 교정복지는 1960년대에 들어와서야 드러나고 있다. 교도소에 '복지요원(Welfare Officer)'을 채용하여 수용자에게 서비스를 제공하도록 하였는데, 이들은 대부분 사회복지학을 전공한 사람이었다(Shaw, 1974). 1970년대에는 복지요원의 업무에 사회복지실천 측면에서 접근할 필요성에 관한 연구가 쏟아져 나왔다. 요컨대 1960년대부터 교정시설에서 사회복지사가 앞에 언급한 개별실천을 바탕으로 범죄인의 일상회복을 위해 활동하였고, 이후 사회복지사는 지역사회에서 활동하고 있던 사회복지사와 함께 함으로써 비행청소년과 범죄인의 일상회복에 교정복지의 전문성을 한층 더 강화했다.

1980년대 중반에 비행청소년과 경미한 초범 범죄인을 대상으로 다이버전(Diversion) 프로그램이 사회복지사의 협력으로 시행되면서 각광을 받았다(www.ojp.gov). 이 프로그램은 경찰 단계에서 사회복지기관에 의뢰함으로써 실시되고 있는데, 이의 역사는 1940년대 후반에 수립된 '리버풀 청소년 연계 계획(Liverpool Juvenile Liaison Scheme)'으로 거슬러 올라간다. 이 시기는 사회복지와 가족복지가 명백히 국가적 우선순위로 여겨졌던 시점이었다(Smith, 2021). 우리나라에서는 2003년부터 경찰이 다이버전 프로그램과 비슷한 '전문가 참여제'를 실시하고 있고(세계일보, 2007년 11월 19일), 여기에 사회복지사가 적극 개입하지는 않고 있다.

2010년대 무렵 교정시설에 수용자를 위한 사회적 돌봄이 강조되고, 이때 지역사회 사회복지기관이 협력해 시행되었다(www.communitycare.co.uk). 사회적 돌봄이 개인 차원에서 해결하기 어려운 돌봄을 사회적 차원에서 해결하려는 것이고, 대상자의 신체 · 정신 · 경제적 기능을 원활하게 하는 데 필요한 사회적 보호 · 지원 · 돌봄을 포괄하는 서비스라고 할 때(박정선, 2023), 이는 영국 교정시설에 사회적 돌봄의 주요 대상이 되는 고령 수용자의 증가에 따른 대응책이라고 하겠다.

(3) 특성

영국의 교정복지가 앞서 자리를 잡아 발전해왔는데, 이의 특성으로 다음 몇 가지를 강조할 수 있겠다.

첫째, 사회복지사가 개입하는 교정복지 프로그램이 교정시설 안팎에서 매우 다양하게 진행되고 있다.

둘째, 교정복지는 교정시설 안에서보다 지역사회에서 먼저 실시되었다. 이는 미국에서도 같은 상황일 것인데, 교정시설에 사회복지사가 근무하기 전에 이미 지역사회에서 비행청소년이나 범죄인을 접한 사회복지사의 활동에 의한 것이다. 아마도 교정 당국이 이들의 지역사회 활동을 긍정적으로 받아들임으로써 교정시설에 사회복지사가 근무할 수 있게 되었을 것이다.

셋째, 교정시설에서 교정복지는 사회복지사 이전에 있었던 복지요원의 활동을 시작으로 교정복지의 체계를 잡았다. 이는 제도화의 과정을 보여주는 것인데, 대부분 제도가 일정 기간 '시범사업'을 실시하고, 이의 결과를 반영해 본 제도로 자리를 잡는 이치와 같다고 하겠다.

넷째, 교정시설에 사회적 돌봄이 강화됨으로써 지역사회에서 활동하는 사회복지사의 교정복지가 더욱 활성화되고 있다. 즉 교정시설의 보건과 복지 서비스를 조율하고, 나아가 고령 수용자를 위한 장기 계획을 세워 개입하는 과정에서 사회복지사가 주도적인 활동을 하고 있다.

2) 미국

대부분 제도가 영국에서 옮겨와 미국에서 꽃을 피워 크게 번성했음은 부인할 수 없는 사실이다. 교정복지 역시 다른 여타 제도 같은 양상으로 전개된 것으로 소개되고 있다. 이 같은 양상은 일제강점기를 거친 한국의 제도가 일본의 것에서 영향을 받았을 것이라는 추측을 하게 한다. 미국 교정복지의 개요, 전개, 특성을 살펴보자.

(1) 개요

1920년대 미국의 사회복지실천 발달사에서 보는 바처럼 당시 사회복지실천 현장은 빈민 지역사회가 주류를 이루었다. 이 현장의 주요 클라이언트는 비행청소년과 범죄인이었고, 여기에 이들의 가족이 포함되었다. 따라서 이 시기에 미국의 사회복지실천은 빈민을 위한 개입에 주력하면서 아울러 비행청소년과 범죄인의 일상회복에 중점을 두었다. 이런 사실은 미국 사회복지 조직이 비행청소년과 범죄인의 일상회복을 위해 교정협회와 늘 함께 해온 것을 통해 드러나고 있다.

(2) 전개

미국은 영국에 이어 1925년에 성인 범죄인을 포함한 실질적인 보호관찰을 법제화하였다(이무웅, 1992). 미국은 1960년대 중반부터 교정 현장을 포함한 형사제도 분야에서 사회복지사의 필요성을 인식하고 이들의 훈련과 채용의 확대를 위해 노력했다(Skidmore et al., 1991). 즉 교정시설에서 사회복지사는 수용자가 편안하게 생활하고, 나아가 생산적 관계를 형성하도록 돕는 데 초점을 두었다.

실제로 미국은 교정시설에서 근무하는 직원을 계호담당 직원과 치료담당 직원으로 구분하고 있다. 사회복지사 중에서 개별사회복지사(Social Caseworker)가 치료담당 직원의 부류에 속하며, 개별사회복지사는 보호관찰과 가석방담당 직원으로 활동하고 있다(Carlson et al., 1999). 이외에도 중간처우시설이나 드물게는 경찰서가 사회복지사를 고용해 비행청소년이나 범죄인은 물론 이들의 가족에게 서비스를 제공하게 하고 있다(Zastrow, 2004).

1990년대 말에 비행청소년 영역에서 회복적 사법(Restorative Justice)이 강조되었는데, 이는 1970년대 후반과 1980년대에 있었던 피해자-가해자 중재 노력이 긍정적인 결과를 얻어 1990년에 처음 저술을 통해 회복적사법 이론이 제시되었다(Dorne, 2008). 여기에서 한 가지 주목할 것이 있는데, 회복적사법은 당초 피해자와 가해자 간 문제해결과 인권 침해에 대한 평화적 접근을 제도화하기 위해 사회운동으로 시작해 비행청소년이나 범죄인의 일상회복을 위한 프로그램을 거쳐 지금은 교정이념으로까지 발전했다는 점이다. 이런 점에서 회복적사법을 청소년비행에서 가해자와 피해자의 일상회복을 위한 프로그램으로서 '화해 프로그램', 이념으로서 '회복주의' 정도로 규정하면 좋겠다. 아울러 회복적사법은 형사정책의 한 제도로 자리를 잡지 못하고 대안정책으로 제안되고 있을 뿐이다(최우철 · 노승국, 2024).

2010년대에 들어와 미국사회복지사협회는 교정시설에 있는 사회복지사의 표준업무를 개발, 제공하였다(NASW, 2010). 즉 사회복지사협회의 전문가와 타 영역의 전문가가 협력해 교정시설 사회복지사의 자격과 검증된 프로그램을 개발하기 위해 장기 계획을 세워 시행한 것이다. 그럼으로써 교정시설 사회복지사의 역할과 업무를 한층 더 강화하는 계기가 되었는데, 그 주요 역할은 ① 교정복지를 포함한 형사정책에서 필요한 정신건강서비스의 전국 표준을 개발하는 주도자, ② 정신건강서비스의 전국 표준을 제공하는 공인된 절차를 규정하는 주도자, ③ 비행청소년과 범죄인을 위한 보호 · 교정시설의 사회복지사의 자격 기준 개발자 들이었다.

(3) 특성

초기 미국의 교정복지는 영국의 것을 근간으로 형성되었으나 차차 자체 시책을 개발한 것으로 드러나고 있다. 미국의 교정복지 특성으로 다음 몇 가지를 강조했다.

첫째, 여러 비영리 단체를 비롯해 민간 기업이 참여함으로써 비행청소년과 범죄인의 일상회복을 위한 사회복지사의 활동에 크게 기여하고 있다. 물론 여기에서 사회복지사가 주도적인 과업을 수행하고, 나아가 교정복지실천 현장 사회복지사의 전문성을 한층 강화하고 있다고 하겠다.

둘째, 정부나 보호와 교정 당국이 비행청소년의 일상회복을 위한 다양한 프로그램을 개발, 적용에 관심을 쏟아 바라던 목적을 달성하였다. 이 대표 사례로 앞에 소개한 회복적사법을 들 수 있고, 이 영역에서 사회복지사의 역할과 과업의 확장을 꾀하고 있다. 한국에서는 2000년대 초에 청소년비행의 가해자와 피해자 간 화해 프로그램이 적용되었고, 성인에게는 2019년 경찰이 회복적사법 프로그램을 실시했고, 2020년에 들어와 가족 간 용서 · 화해 프로그램이 개발되어 교도소에서 외부 전문가에 의해 활용되고 있다(김영식 · 변상해, 2024). 다만 아쉬운 것은 이들 화해 프로그램을 사회복지사가 주도하지 않는다는 점이다.

셋째, 교정시설에서 정신건강서비스가 강화되고 있는데, 이는 교정시설 수용자의 정신건강이 크게 대두하고 있는 실상을 보여주는 사례라고 하겠다. 결국 교정시설에서 사회복지사의 역할과 과업이 더욱 강조될 수밖에 없을 터이다.

3) 한국

우리나라의 교정복지 역사는 보호 · 교정사업과 밀접한 관계를 가지고 있다. 그러므로 개요로서 보호와 교정 당국이 수행하고 있는 보호 · 교정사업의 최근 동향을 알아본 후 우리나라 교정복지의 전개와 특성을 살펴보도록 하겠다.

(1) 개요

먼저 보호사업은 1942년 「조선소년령」이 제정 · 공포되면서 우리나라 근대 소년보호제도를 근간으로 기틀을 마련하는 가운데, 1958년 「조선소년령」을 폐기하고 지금의 「소년법」을 제정하였다(법무부, 2004). 결국 해방 이후에도 「조선소년령」을 집행했던 것이다. 이후 법무부는 비행청소년을 위한 교육 · 치료적인 접근을 위해 꾸준히 노력한 결과 2006년까지만 해도 대전의료소년원, 대덕체육소년원, 안산예능소년원을 운영하였고, 3개 소년분류심사원을 운영하였다. 이뿐만 아니라 법무부는 당시 교육부 · 노동부와 협력하여 이들 기관을 중 · 고등학교나 직업전문학교로 발전시켜 비행청소년에게 학교교육과 직업훈련을 강화해오고 있다. 한편 청소년인구의 감소와 사법개혁의 영향으로 비행청소년을 수용하는 기관에도 큰 변화가 있었다. 이 같은 변화는 청소년의 수가 줄고 불구속 위주의 사법제도로 바뀌면서 수용된 비행청소년의 수가 줄어든 이유도 있고, 아울러 구조조정이 있었다고 보아 마땅하다. 이는 노무현 정부에서 이루어진 것으로 소년원과 소년분류심사원의 수가 대거 줄고, 청소년비행예방센터가 신설되었고, 소년보호직 공무원과 보호관찰직 공무원이 보호직으로 통합되기도 하였다. 최근에는 소년원과 보호관찰소에 소수지만 사회복지사가 근무하고 있다.

한편 우리나라의 교정사업이 활기를 띤 것은 정부가 이 분야에 특별한 관심을 갖기 시작한 1980년대 초반이라 할 수 있다(최옥채, 1986). 실제로 교정시설에 근무하는 교정직 공무원의 열악한 근무 여건을 개선하기 위해 1981년에 경비교도대를 창설했고, 1987년에는 범법정신장애인과 범법약물중독자를 위한 국립법무병원을 신설하였으며, 1988년에 수용자에게 개방처우 서비스를 실현하려고 천안개방교도소를 운영하기 시작하였다(법무연수원, 1989). 이뿐만 아니라 1989년부터 비행청소년을 상대로 비구금 형사제도이자 교정복지의 주요 지역사회 중심 프로그램인 보호관찰제도를 실시하였다(이무웅, 1992). 아울러 교정사업에 민간단체의 참여도 활발하게 이루어지고 있다. 특히 1장에 언급한 것처럼 한국형사·법무정책연구원이 비행과 범죄에 관하여 집중 연구하고 있으며, 한국교정교화사업연구원과 한국범죄방지재단은 주로 실천 활동에 참여했었다. 또 학술단체로는 한국형사정책학회, 한국교정학회, 한국소년보호학회, 한국보호관찰학회, 한국교정복지학회가 운영되고 있다.

보호사업이나 교정사업에 종교단체가 참여하는 것도 높이 평가되어야 한다. 예컨대 비행청소년을 비롯한 수용자와 출소자의 일상회복을 위해 기독교세진회, 한국기독교교정복지선교회, 한국불교교정복지선도회, 빠스카교화복지회, 담안선교회 들이 법무부로부터 사단법인을 허가받아 활동하고 있고(교정국, 1997), 최근에 설립된 천주교 소속의 사단법인 양지뜸은 소년원에서 나와 보호관찰을 받고 있는 남자 청소년을 위해 전주에 천사의집을 운영하고 있다.

(2) 전개

사회복지실천기술을 익힌 사회복지사가 비행청소년이나 범죄인의 일상회복에 개입한 최초의 시기는 분명하지 않고, 확인할 수 없다. 다만 1970년대에 박종삼 교수가 광주(光州)에 미인가 시설인 보이스타운을 설립하여 주로 보호자가 없는 비행청소년의 일상회복을 도왔음을 알 수 있다.

보이스타운은 주로 미국의 후원자가 재정을 지원해 운영되었으며, 1980년대 말에 문을 닫았다. 이 시기를 전후로 교정복지의 필요성과 전문성을 강조한 문선화 교수가 1977년부터 법무부와 협력하여 보호관찰 제도를 도입하는 데 크게 기여하였다(법무부, 1999).

1984년에는 가정에 적응하지 못하는 청소년과 법원으로부터 보호처분을 받은 비행청소년을 위해 대전에 효광교호직업보도원이 설립되었고, 이후 전국에 5개 시설이 추가로 세워졌다. 특히 이들 시설은 보건복지부 산하 아동보호치료시설로서 사회복지사가 이들 청소년의 일상회복을 위해 개입하였다.

1986년에는 정우식 교수가 주도하여 한국교정교화사업연구소(뒤에 한국교정교화연구원으로 바뀜)를 설립하였는데(한국교정교화사업연구소, 1988), 이 연구소는 우리나라 교정복지의 실제와 연구에 크게 기여하였다. 한국교정교화사업연구소의 초기 활동은 사회복지실천적 개입에 초점을 맞춰 새 바람을 일으켰고, 2000년에 한국보호관찰학회를 설립하였다.

1987년부터는 정부에서 사회사업학과나 사회복지학과 전공자를 특별히 채용하여 교정시설에 근무하도록 하였다. 그러나 이들은 교정시설에서 사회복지사로서 전문성을 살려 활동하지는 않았고, 이 특별 채용은 약 5년간 지속된 후 중단되었다. 현재 사회복지학을 전공하고 교정 관련 시설이나 기관에 근무하기 위해서는 보호직이나 교정직 시험에 합격해야 한다. 이 무렵 보호관찰제도가 실시되기도 하였다.

한편 1990년대 초부터 지역사회의 사회복지관 중심으로 부적응 아동과 비행청소년을 위한 치료 프로그램을 사회복지사가 시작하였다. 현재 이런 프로그램은 기업이 사회공헌을 중시하면서 기업의 복지재단이 적극적으로 참여하고 있으며, 사회복지공동모금회에서도 기획사업으로 지원함으로써 지역사회에서 자리를 잡아 가고 있다. 이 같은 프로그램을 위해 고용된 사회복지사는 비행청소년을 위한 미국의 다양한 프로그램에서도 찾아볼 수 있다(Zastrow, 2004).

1994년에는 최옥채 교수가 교도소와 보호관찰소의 실무자를 비롯한 사회복지관의 사회복지사와 교정사회사업연구회를 조직하여 광주(光州)

지역의 교정 현장을 중심으로 연구와 활동을 했다(교정사회사업연구회, 1994). 이 연구회는 보호 · 교정시설과 지역사회의 교류를 꾀하였고, 나아가 소년원이나 교도소를 포함한 민간시설에 사회복지실천 기술을 바탕으로 한 프로그램을 제공하는 데 주력하였다.

2000년대에 접어들면서 교정복지는 다소 활성화 국면을 보이고 있다. 예컨대 담안선교회 같은 민간시설이 확장되고 있는데, 이들 시설을 보건복지부가 지원할 수 있게 「사회복지사업법」이 규정하고 있어 매우 고무적이라고 하겠다. 이런 실상은 교정복지 관련 연구가 꾸준히 진행되고, 사회복지 관련 기관과 단체가 보호시설이나 교정시설과 연계하여 실시하는 프로그램이 증가하고 있음을 통해 확인할 수 있다. 이 같은 현상은 근본적으로 관련 기관 측이 사회복지의 전문성을 이해하고, 이의 효과를 인정하기 때문이라고 보아 마땅하다.

특히 2010년에는 민영 교도소가 문을 열어 우리나라의 교정사업은 물론 교정복지의 새로운 역사를 장식하였다. 앞으로 민영 교도소의 효과성은 심도 깊게 평가해야 하겠지만 이를 통해 보호 · 교정사업 현장에 사회복지사가 취업하는 문이 넓혀져 교정복지의 제도화에 촉매 역할을 한다면 민영 보호 · 교정시설까지 확대를 기대할 수 있겠다.

한편 2010년대 중반부터 보호 · 교정시설에 사회복지사를 간헐적으로 채용함으로써 교정복지의 활성화가 가능하게 되었다. 이보다 앞서 정신건강사회복지사가 국립법무병원에서 활동하기 시작했고, 이후 소년원과 교도소에 사회복지사를 채용하였는데, 그 규모는 만족할 수 없는 실정이다.

(3) 특성

앞에서 우리나라 교정복지의 전개 내용을 간략하게 살펴보았지만, 이 내용에서 특이한 점을 발견할 수 있다. 우리나라 교정복지의 특성을 다음 같이 몇 가지로 요약하였다.

첫째, 비행청소년과 범죄인의 일상회복을 위한 현장에 사회복지실천적 개입이 부족한 상태다. 이는 이들 현장에 교정복지가 전면 제도화되어 있지 않아 사회복지사가 규모 있게 개입할 수 없기 때문이다. 따라서 보호관찰 공무원을 포함하여 현장의 교정직과 보호직 공무원이 활동하는 교정복지의 전문 분야가 강조되어야 함에도 이에 합당한 사회복지사의 개입이 쉽지 않은 실정이다.

둘째, 현재 우리나라의 교정복지실천은 아동보호치료시설과 사회복지관에서 명맥이 끊어지지 않을 정도로 이루어지고 있다. 아동보호치료시설에서는 부적응하거나 비행에 빠진 청소년을 위해 사회복지사가 개입하고 있으며, 사회복지관은 보호관찰소나 소년원과 협력하여 프로그램을 운영하고 있다.

셋째, 사회복지 기관과 시설이 교정복지실천을 단독으로 수행하지 못하고 소년원, 보호관찰소, 각급 학교 들과 공동으로 실시하고 있다. 이 같은 프로그램은 기업의 복지재단이나 사회복지공동모금회를 비롯한 사회복지 관련 단체로부터 재정을 지원받아 운영되고 있다.

넷째, 보호·교정시설에 사회복지사의 활동이 점진적으로 확대될 것으로 예상한다. 장담할 수 없어 아쉽지만 민영 교도소, 민간시설, 보호·교정시설에서 사회복지사가 활동하며 전문성을 인정받고 있기 때문이다. 이런 점에서 앞으로 교정복지의 민관 현장에서 사회복지사의 개입은 크게 확장될 것으로 전망한다.

3. 교정복지의 주요 대상

비행이나 범죄가 전혀 없는 사회나 국가는 기대할 수 없다. 오직 비행과 범죄의 피해를 최소화하거나, 이의 예방과 비행청소년과 범죄인의 일상회복에 힘쓸 뿐이다. 어쨌든 비행이나 범죄가 중요한 사회문제로 대두하고 있는 것은 부인할 수 없는 사실이다. 결국 우리는 사회의 필요악인 범죄를 어떻게 이해하고, 어떻게 대처해 나갈 것인가? 하는 도전을 받고 있다. 이런 중대한 과제를 사회복지학 측면에서 수행해 나아가기 위해서는, 먼저 교정복지의 대상자를 분명히 알아야 하겠다. 그래야 여법한 개입 방안이 가능할 것이기 때문이다.

여기에서 한 가지 분명히 짚고 넘어갈 것은 교정복지의 대상이 직접 서비스를 받는 사람뿐만 아니라 교정복지에 함께 참여하는 사람도 포함해야 한다는 점이다. 이렇게 강조하는 것은 비행청소년이나 범죄인의 일상회복이 이들 당사자만의 노력뿐만 아니라 외부의 협력이 뒷받침해야 가능해서이다. 교정복지의 주요 대상자로 다음 몇 가지를 강조했다.

1) 비행청소년과 범죄인

비행청소년과 범죄인을 주요 대상으로 꼽는 것은 비행과 범죄에 대한 1차적 책임이 비행청소년이나 범죄인 자신에게 있기 때문이다. 비행이나 범죄의 원인이 비행청소년 혹은 범죄인이 처하고 있는 환경으로부터 큰 영향을 받은 것이라고 할지라도, 비행과 범죄의 피해를 주목하면 비행청소년이나 범죄인은 궁극적으로 자신의 행동에 따른 결과를 책임져야 함을 알 수 있다. 이런 점에서 국가는 적법한 절차에 따라 범죄인을 사회로부터 격리하고 처벌할 수 있는 명분을 갖는 것이다. 이들 대상자를 구별해 좀 더 자세히 정리하였다.

(1) 비행청소년

교정복지의 주요 대상이 되는 비행청소년은 「소년법」에 따라 가정법원이나 법원의 소년부로부터 처분을 받은 소년을 일컫는다. 이들은 10세 이상 14세 미만으로 범죄를 했을지라도 「형법」의 처벌을 받지 않는다. 흔히 범죄소년(범죄를 한 14세 이상 19세 미만 소년)과 10세 미만 범법소년과 구별해 촉법소년(觸法少年)이라고 하는데, 이런 '무거운' 용어보다는 비행청소년이라는 용어가 더 바람직하다고 생각한다. 1장에서도 강조한 바처럼 비행과 범죄를 분별해야 한다고 강조한 점을 상기해서이다. 특히 비행청소년은 인생주기의 초기를 맞이하고 있어 각별한 관심을 쏟아 이들의 일상회복에 한층 신경을 써야 할 것이다.

(2) 범죄인

범죄인은 범죄를 한 14세 이상인 사람으로 「형법」에 따라 법원에서 처벌을 받는다. 19세 미만 범죄소년은 성인 범죄인과 달리 소년교도소에 수용된다. 이렇게 구분하는 것은 앞에 언급한 바처럼 범죄를 저질렀더라도 소년은 20세 이상 성인에 비해 일상회복의 과정이 다르다고 보아 이들의 처우를 달리 해야 하는 필요성 때문이다.

(3) 기타 부적응 청소년

기타 부적응 청소년으로 학교 밖 청소년과 다문화청소년을 예의주시해야겠다. 그렇다고 이들 청소년을 비행에 빠질 수 있다는 선입견을 가지고 낙인을 해서는 절대 안 되고, 이들이 무사히 일상에 적응할 수 있게 관심을 갖자는 생각에서 강조하는 것이다. 그래서 정부는 학교 밖 청소년을 9~24세로 규정한 「학교 밖 청소년 지원에 관한 법률」을 시행하고, 「다문화가족지원법」과 '다문화가족정책 기본계획'을 통해 다문화청소년뿐만 아니라 중도입국청소년을 지원하고 있다. 이런 틈에서 이들 청소년이 혹시라도 비행에 빠질 수도 있음을 경계해야 할 것이다.

2) 비행청소년과 범죄인의 가족과 관련인

비행청소년이나 범죄인의 일상회복을 위해 이들의 가족이 적극적으로 나서야 한다는 점에서 이 가족은 교정복지의 대상이 되어야 한다.

이는 이들의 가족이나 지역사회가 비행청소년이나 범죄인의 일상에 가장 밀접히 영향을 미치기 때문이다. 물론 이들 가족은 때로 교정복지 서비스를 받기도 한다.

(1) 부모

비행청소년이나 범죄인의 대표 가족으로 부모를 꼽는다. 그러나 이들의 부모가 교정복지의 대상이 되어 도움을 받거나 협력하는 것은 결코 쉽지 않다. 무엇보다도 이들의 처지가 어려운 형편이기도 하고, 교정복지에 함께 하려는 의지가 약하기 때문이다. 예컨대 비행청소년을 둔 부모는 자녀의 비행 상황을 전전으로 받아들이지 못해 이들의 일상회복에 걸림돌이 되기도 한다. 이뿐만 아니라 정신장애범죄인이 부모 품으로 돌아오는 것을 반대하기도 하고, 범죄인은 물론 이들의 가족을 따돌리는 지역사회의 분위기도 방해요인으로 작용하기도 한다.

(2) 친인척

비행청소년과 범죄인의 부모가 부재하거나 부모로서 충분한 기능이 어려운 경우에는 부모 이외의 친인척이 대신한다. 이때 친인척은 비행청소년의 조부모를 비롯해 방계가족을 들 수 있다. 방계가족은 비행청소년과 범죄인 부모의 형제자매나 사촌, 비행청소년과 범죄인 당사자의 형제자매나 사촌 같은 사람이라 할 수 있다. 현장에서 활동할 때면 이들 친인척이 부모보다 더 적극적인 사례를 적지 않게 접하기도 한다.

(3) 기타 관련인

기타 관련인으로 비행청소년과 범죄인의 이웃을 들 수 있고, 여기에는 종교기관의 주요 인물이 적극적으로 참여하기도 한다. 이런 형편은 비행청소년과 범죄인 본인의 생태도를 통해 확인할 수 있다. 한편 유흥업소 주인과 직원도 포함될 수 있다. 예컨대 청소년의 비행에 관련하는 유흥업소의 주인이나 직원이 교정복지에 도움을 줄 수 있고, 특히 청소년의 비행을 예방하는 데 크게 도움이 될 수 있다.

3) 시민

최근 교정시설과 보호시설은 열린 마음으로 시민과 교류하고자 노력하고 있다. 왜 교정 당국은 지금까지 폐쇄적이었던 자신들의 태도를 바꾸어 시민들에게 개방하려 하는가? 국민의 욕구는 정부가 먼저 나서서 충족시켜 주지 않고, 제도나 정책은 실상을 뒤따른다는 점에서 당국은 시민에게 기대는 것이라고 생각한다. 요컨대 보호와 교정 당국이 지역사회에 문을 여는 것은 당국의 힘만으로는 범죄인의 일상회복이나 범죄예방이 불가능함을 깨닫고, 교정 현장을 개방하여 시민의 참여를 유도하려는 것이다. 이런 시민으로 다음 세 부류로 구별해 살펴보았다.

(1) 지역사회 주민

앞에 기타 관련인이라고 언급한 이웃을 포함해 지역사회 주민을 들 수 있다. 보호와 교정 당국이 비행청소년이나 범죄인의 합리적인 일상회복을 위해 시민의 활동을 요구한다고 할 때 지역사회 주민은 매우 중요한 대상자라고 할 수 있다. 이는 비행청소년이나 범죄인이 보호와 교정시설 못지않게 지역사회가 큰 역할을 떠맡아 이들의 일상회복에 힘이 되어야 해서이다. 지역사회 주민의 이 같은 협력을 매우 바람직하게 보는 것은 지역사회 주민이 비행청소년과 범죄인의 일상회복을 돕는 것뿐만 아니라 이런 행동이 교정 당국을 독려하는 분위기를 만들기 때문이다. 요컨대 지역사회 주민은 시민으로서 비행과 범죄에 따른 피해만 따지지 말고 비행청소년과 범죄인의 일상회복에 적극적으로 참여해야 한다. 결국 비행과 범죄의 예방과 범죄인의 일상회복을 위해 지역사회 주민이 이 분야에 관심을 가져 적극 참여해야 할 것이다.

(2) 1차 현장의 실무자

1차 현장의 실무자라면 당연히 보호와 교정시설의 실무자를 일컫는다. 여기에는 사회복지사가 근무하기도 하지만 이들의 수는 미미하고, 아직은 여타 실무자가 관련하고 있어 모든 실무자가 대상이 되어야 한다. 이들 실무자는 실제로 교정복지를 실천하면서도 사회복지학에 기반한 교정복지에 관한 이해가 부족해 안타깝기도 하다. 예컨대 소년원의 실무자가 소년원생을 지도하는 것은 대체로 사회복지사의 과업이라고 하겠다. 이런 점에서 이들 실무자는 교정복지의 대상이 되어야 마땅하다.

(3) 자원봉사자

교정복지의 대상으로 자원봉사자는 교정복지의 실제 과정에 개입하는 사람을 일컫는다. 따라서 이들 자원봉사자는 경찰을 비롯해 비행청소년이나 범죄인이 거치는 국가 기관에서 활동한다. 어떤 면에서 이 자원봉사자가 각기 활동하고 있는 현장에서 사회복지사보다 한층 더 깊은 경험을 할 수도 있다. 그럼에도 이들은 교정복지의 대상이 되어 자신의 전문성을 강화해야 할 터이다. 이들 자원봉사자에 관해서는 11장에서 상세히 다룰 것이다.

4. 교정복지의 주요 내용

교정복지에서 강조하는 내용은 무엇일까? 이 내용을 살펴봄으로써 교정복지에 관한 이해는 물론 이곳 현장에서 활동하는 사회복지사의 능력을 갖추는 데 도움이 될 것이다. 교정복지가 이루어지는 곳이 2차 현장이고, 나아가 그 현장이 광범위하여 다루어야 할 내용의 폭 역시 넓다. 이 내용을 다음 몇 가지로 구분, 정리했다.

1) 교정복지 제도

교정복지가 2차 현장에서 이루어지는 만큼 1차 현장의 활동을 규정하는 교정 제도와 2차 현장에 적용되어야 하는 사회복지 제도가 바탕이 되어 명실상부한 교정복지 제도가 될 터이다. 교정복지만을 규정하는 제도를 누구나 인정할 수 있을 정도로 기반이 이루어지지 않아 임의적일 수 있는데, 그간 기울였던 현장 활동과 연구한 결과를 기반으로 다음 몇 가지를 강조할 수 있겠다.

(1) 교정사업 제도

교정복지의 내용으로 가장 먼저 교정사업 제도를 들 수 있다. 교정사업 제도는 법무부 범죄예방정책국과 교정본부가 관장하는 정책, 행정, 실무 따위를 일컫는다. 여기에서 범죄예방정책국이 관장하는 것은 보호시설에 적용되는 것으로, 대체로 청소년의 비행 관련 내용을 의미한다. 이렇게 강조하는 것은 이미 언급한 바처럼 교정복지가 2차 현장에서 이루어지기 때문이다. 이 교정사업 제도의 구체적인 내용은 5장 교정복지 관련 제도에서 소개할 것이다.

(2) 사회복지 제도

교정복지의 주요 내용으로 사회복지 제도를 꼽는다. 이 사회복지 제도를 바탕으로 교정복지의 실천이 이루어지기 때문이다. 예컨대 소년원에서 생활하는 비행청소년은 보호 당국에서 제공하는 서비스에 그치지 않고, 「아동복지법」이 규정하는 서비스도 함께 고려되어야 당사자에게 한층 더 도움이 될 터이다.

(3) 교정복지 제도

결국 앞에 언급한 교정사업과 사회복지 제도가 결합되어 교정복지 제도가 마련될 것인데, 아직 여기에 관해 합의, 결정된 바가 없다. 따라서 보호와 교정 당국의 교정사업 제도와 사회복지 당국의 사회복지 제도를 조합해 비행청소년과 범죄인의 일상회복에 필요한 교정복지 제도를 이루어 내야 한다. 예컨대, 보호와 교정 당국에서 입안한 여러 시책에 지역사회의 사회복지사 참여를 규정할 수 있다.

2) 교정복지실천 현장

교정복지실천 현장을 이해하는 것은 곧 사회복지사가 접하는 클라이언트를 이해하는 지름길이라고 할 수 있다. 왜냐하면 사회복지사가 교정복지실천 현장을 이해함으로써 비행청소년이나 범죄인의 심리사회적인 측면에서 충분히 이해할 수 있고, 이를 토대로 이들의 일상회복을 위해 개입하는 데 기초를 다질 수 있기 때문이다. 이런 측면에서 교정복지실천 현장은 교정복지의 주요 내용이 되어야 할 것이다. 이들 현장은 4장에서 상세히 다룰 것이므로 여기에서는 다음 몇 가지로 개괄하였다.

교정복지 측면에서 사회복지사가 개입하여 활동할 수 있는 현장을 주요 현장과 관련 현장으로 나누어볼 수 있다. 주요 현장으로 경찰, 검찰, 법원, 보호 · 교정기관, 민간시설, 취약 지역사회를 들 수 있고, 관련 현장으로는 각급 학교, 주민자치센터, 사회복지관, 민간 교화 단체를 들 수 있다. 그러나 현재의 활동 가능성을 고려하면 교정 관련 사회복지사의 주요 활동 현장은 보호 · 교정기관으로 좁혀지는데 이들 현장에 관해서는 4장에서 자세히 다루도록 하겠다.

(1) 간접 현장

교정복지실천의 간접 현장으로 경찰, 검찰, 법원을 들 수 있다. 이들 현장은 비행청소년이나 범죄인이 밀접히 관계하며 거쳐가는 곳이다. 경찰은 이들의 비행이나 범죄를 수사하고, 검찰은 이 수사 결과에 따라 심리나 재판 여부를 결정하고, 법원은 경찰이나 검찰이 송치나 기소한 사건을 심리나 재판을 한다. 그러므로 이들 현장은 교정복지에 관여하는 사회복지사에게 심리적 압박으로 다가올 수도 있다.

(2) 2차 현장

교정복지실천 2차 현장으로는 보호시설, 교정시설, 민간시설이 포함된다. 이곳은 비록 2차 현장이라고 하지만 교정복지실천이 직접 이루어지는 중심 현장이다. 보호시설은 비행청소년을 수용하는 소년분류심사원과 소년원을, 교정시설은 구치소와 교도소를, 민간시설은 법무보호복지공단 산하 시설을 비롯한 사단법인 시설을 들 수 있다. 이들 시설은 비행청소년과 범죄인의 일상회복에 직접 개입한다.

(3) 1차 현장

1차 현장은 사회복지시설, 취약 지역사회라고 하겠다. 사회복지실천이 전속으로 이루어진다는 점에서 1차 현장으로 불리는 것이고, 실제로 비행청소년이나 범죄인의 일상회복을 위해 주체적으로 개입하는 것은 아니다. 특히 취약 지역사회는 평소 비행이나 범죄를 예방하는 데 중요하고, 나아가 비행청소년이나 범죄인이 가정에 돌아와 꾸리는 생활을 지원하는 주된 현장이라고 하겠다.

3) 교정복지실천을 위한 지식, 기술, 방안

교정복지의 주요 내용으로 교정복지실천을 위한 지식, 기술, 방안을 강조해야겠다. 물론 이들 내용은 사회복지학의 내용에서 크게 벗어나지 않겠지만 교정복지실천이 2차 현장에서 이루어지는 만큼 부가되어야 할 것이다. 이에 관하여 다음 몇 가지를 살펴보았다.

(1) 지식

교정복지실천을 위한 지식은 뒤에 보는 기술이나 방안을 뒷받침하는 '바탕 지식'이라는 점에서 사회복지학에서 다룬 것을 그대로 차용한다. 여기에 비행과 범죄에 관한 지식이 강조되어야 할 것인데, 예컨대 범죄이론이나 범죄유형 같은 지식이 더해져야 할 터이다. 아울러 기술을 뒷받침하는 지식으로 비행청소년이나 범죄인 상담의 근간이 되는 상담 이론은 교정상담이론으로 응용, 소개되어야 하겠다. 예컨대 교정상담 이론으로 정신분석이론, 행동수정이론, 인간관계이론, 가족치료이론, 의사소통이론 따위를 들 수 있는데, 이들 이론은 교정복지실천 현장의 특성(비행청소년과 범죄인의 환경과 개인적 특성)을 반영해 적용되어야 하는데, 이는 많은 경험과 끊임없는 노력으로 개발될 수 있을 것이다. 한편 교정조직화 관련 개념이나 이론으로는 조직, 지역사회, 연계망, 연계망교환이론, 사회성격이론 따위를 꼽을 수 있다. 어떤 이론을 강조하느냐 하는 것은 이를 활용하려는 사회복지사의 성향에 따라 다를 것이고, 이들 개념이나 이론 역시 교정복지실천 현장의 특성을 반영해 적용되어야 한다.

(2) 기술

교정복지실천을 위한 기술은 크게 교정상담 기술과 교정조직화 기술이라고 생각한다. 이는 사회복지실천에서 상담과 조직화 기술로 구분한 점을 따른 것이다. 다만 사회복지실천에서 적용하는 기술을 교정복지실천 기술로 변형, 적용할 수 있는 내용으로 담겨져야 마땅하다. 비행청소년과 범죄인을 상대로 실시하는 교정상담 기술, 대체로 비행과 범죄 예방에 필요한 교정조직화 기술이 절실한 상황이다. 이런 점에서 비행청소년과 범죄인의 일상회복을 위한 교정상담 기술론이나 교정조직화 기술론 같은 자료가 시급히 개발되어야 한다.

(3) 방안

교정복지실천 방안은 사회복지실천에서 강조하는 것으로 실천을 위한 모델이나 모형을 일컫는다. 즉 교정복지실천 모델 혹은 모형이라고 하겠는데, 예컨대 비행청소년의 일상회복을 위한 연계보호 모형(Networked Care Model) 따위를 들 수 있다. 이들 방안은 앞에 언급한 교정복지실천 기술과 함께 7장에서 자세히 다룰 것이다.

5. 교정복지 관련 사회복지사의 주요 임무와 덕목

교정복지, 즉 비행청소년이나 범죄인의 일상회복을 위해 활동하는 사회복지사가 수행해야 할 임무와 갖추어야 할 덕목은 어떻게 될까? 임무는 구체적인 역할과 과업으로 설명할 수 있을 것이고, 덕목은 지향해야 할 가치라고 볼 수 있다. 이 같은 사회복지사의 주요 임무와 덕목을 알아봄으로써 교정복지에 관한 이해를 한층 더 꾀할 수 있을 것이다. 사회복지사의 역할, 과업, 덕목을 정리하였다.

1) 사회복지사의 역할

앞에 언급한 바처럼 교정복지의 영역을 한계지어 교정사회복지사를 규정하는 제도는 없다. 다만 사회복지실천 현장에서 교정복지 관련 사회복지와 보호와 교정시설에 취업해 있는 사회복지사를 염두에 두어 이들의 역할을 소개하려고 한다. 다음 장에서 다룰 교정복지실천 현장을 통해 현장별 사회복지사의 역할을 논의할 것이므로 여기에서는 사회복지사의 역할을 개괄, 정리했다.

(1) 상담가와 치료자 역할

교정복지실천 현장에서 사회복지사는 범죄인이나 비행청소년을 위하여 상담 · 치료할 수 있다. 특히 수용시설에 있는 수용자나 소년원생에게 이들의 일상회복을 위해 필요한 제반 사항에 관해 상담할 수 있다. 이 역할은 보호와 교정기관의 실무자나 비행청소년 혹은 범죄인 어느 한 편의 일방적인 욕구로 이루어지기보다는 상담의 원칙을 지키면서 정기적이고 지속적으로 수행되어야 한다. 요컨대 상담가나 치료자의 역할은 비행청소년이나 범죄인이 수용되어 있는 만큼 이들의 비자발적인 만남에 의한 상담이나 치료는 지양해야 가능할 터이다.

이외에도 상담가나 치료자 역할에 중재자, 안내자, 교육자, 변호자 역할을 포함한다. 예컨대 사회복지사는 수용시설의 수용자들 간 관계, 이들과 실무자 간 생산적인 관계, 수용자와 그의 가족 간 관계를 위해 중재자 역할을 맡을 수 있다. 나아가 사회복지사는 교정시설의 수용자나 지역사회의 비행청소년을 위해 갖가지 정보를 제공하고, 이들이 앞으로 나아가야 할 방향을 제시하는 안내자 역할을 해내야 한다. 아울러 비행청소년을 포함한 범죄인의 마음의 변화를 위해 이들에게 부족한 지식을 채워 주는 교육자 역할도 할 수 있다.

이뿐만 아니라 사회복지사는 대체로 자신의 권리를 자유롭게 주장할 수 없는 처지에 놓인 비행청소년과 범죄인을 위해 변호자 역할을 수행할 수 있다. 특히 비행청소년과 범죄인의 가족도 인간적 대우를 받을 수 있도록 관계 기관과 관계인에게 이들의 사정을 대변하는 역할을 수행해야 한다.

(2) 조직가 역할

교정복지실천에는 비행청소년과 범죄인의 일상회복을 위해 지역사회의 다양한 인적 · 물적 자원이 필요하다. 특히 이들 비행청소년과 범죄인의 욕구가 다양해지면서 사회복지사는 주변의 자원을 체계화하여 활용하는 지혜가 필요하다. 이 같은 지혜는 경험이 쌓여가며 얻어질 것이다. 이뿐만 아니라 사회복지사는 비행·범죄 예방과 교정복지운동을 위해 시민의 조직화가 절실하다. 따라서 사회복지사는 교정복지실천 현장에서 조직화 기술을 바탕으로 지역사회 주민, 나아가 모든 시민을 상대로 조직가 역할을 수행해야 한다.

(3) 개혁가 역할

교정복지실천 현장에서 실무가 원칙적으로 이루어지기 위해서는 현재 우리의 상황이 대대적으로 변화해야 한다. 예컨대 비행청소년과 범죄인을 주요 대상으로 하는 보호와 교정 정책의 변화를 주요 쟁점으로 꼽을 수 있다. 사회복지사는 사회정의를 실현한다는 맥락에서 이의 변화와 발전을 위해 합당한 전략을 세워 당국에 적절히 대응하는 개혁가 역할을 수행해야 한다.

2) 사회복지사의 과업

교정복지 관련 사회복지사가 맡아야 할 과업으로 무엇을 강조할 수 있을까? 교정복지실천 현장에서 사회복지사가 이 분야의 전문가로서 비행청소년과 범죄인의 일상회복을 위해 수행해야 할 과업을 살펴보았다.

(1) 비행청소년과 범죄인의 적응을 위한 도움

비행청소년과 범죄인의 일상회복은 먼저 수용시설이나 지역사회 내에서 이들이 안정된 생활을 하는 데 중점을 두어야 한다. 범죄인의 일상회복을 위한 초점은 범죄의 유형과 그들의 형편에 따라 달라질 수 있다. 그러나 비행청소년과 범죄인은 언제든지 변화가 가능하다는 점을 인정하고 이들의 현재의 생활 안정과 사회 적응에 치중해야 한다. 특별히 수용시설에 있는 소년원생과 수용자의 적응은 크게 다음 세 가지 차원에서 볼 수 있다. 이 세 가지 내용은 상호 보완적이므로 순환적으로 잘 이루어져야 수용자의 생활이 더욱 안정될 수 있다.

하나, 시설 내 작업과 여타 활동이 안정되어야 한다. 특히 교정시설에 수용된 범죄인은 특별한 경우를 제외하고는 모두 규정된 작업을 해야 한다. 수용자를 각 작업장에 배치하는 기준은 그들의 특성에 따라 알맞게 이루어져야 하는데, 이 일을 분류심사과에서 주로 하고 있으므로 이에 사회복지사는 외부에서 수용자가 자신에게 적합한 작업을 선택할 수 있도록 협력해야 한다. 나아가 이들이 각 작업장에서 작업 활동에 생산적으로 임할 수 있도록 도와야 한다.

둘, 동료 간 원활한 관계를 위해 도와야 한다. 수용자가 교정시설에서 늘 관계하는 상대는 동료 수용자와 교도관이다. 이들과 관계가 긍정적이고 건설적으로 형성되지 않으면 수용자의 일상회복에 장애가 된다. 특히 동료 수용자와 관계는 서로를 이해할 수 있는 가장 가까운 상대라고 할 수 있기 때문에 이 점을 자신의 일상회복에 최대로 활용할 수 있어야 한다. 예컨대 수용자들 간 대립이나 새로운 범죄기술을 주고받는 것보다는 서로 협력하며 어려움을 함께 나눌 수 있는 관계를 형성하여 이들의 생활이 일상회복의 길이 될 수 있게 유도해야 한다. 이렇게 수용자가 긍정적 상호 인간관계를 유지할 수 있도록 사회복지사는 전문 프로그램을 통해 도울 수 있다. 이 같은 상황은 소년원에 있는 비행청소년에게도 적용된다.

셋, 수용자와 실무자 간 돈독한 관계를 위해 지원해야 한다. 교정복지 실천 현장의 실무자와 수용자가 '지배자와 지배받는 자', '있는 자와 없는 자', '아는 자와 모르는 자' 같은 관계를 벗어나야 한다. 그래서 상호 협력자나 동반자 같이 더불어 사는 관계를 유지함으로써 수용자의 일상회복은 물론 실무자의 일상에도 유익해야 한다. 이러한 관계 형성은 양자가 공동으로 노력해야 가능한 것이며, 사회복지사는 바로 이들이 긍정적이고 생산적인 관계를 위해 개입해야 한다. 교도관과 좋은 관계를 맺을 수 있는 수용자는 동료 수용자와도 좋은 관계를 유지할 수 있다는 선행 연구(최옥채, 1994) 결과를 볼 때 수용자가 상대와 바람직한 인간관계를 만드는 것은 하나의 기술로 볼 수 있다. 수용자에게 이러한 기술을 익힐 수 있는 기회가 교정시설 내에 있는 동안 주어져야 한다. 소년원에서도 비행청소년과 실무자 관계는 이들 청소년이 변화를 시도할 수 있는 계기를 마련하는 토대가 된다는 맥락에서 중요하게 다루어져야 한다.

(2) 범죄인의 특정 질병 치료에 개입

비행청소년과 범죄인의 특성이 날로 다양해지면서 알코올중독, 약물중독, 후천성면역결핍증(AIDS), 기타 정신질환 따위의 치료가 중요한 과제로 등장하고 있다. 이런 문제로 어려움을 겪고 있는 비행청소년과 범죄인의 일상회복에 사회복지사가 팀을 이루어서나 단독으로 개입해야 한다. 특히 알코올중독이나 약물중독은 정신질환의 일종으로 간주하여 치료하고 있는 실정이므로 이들을 비행청소년이나 범죄인으로서 처우할 것이 아니라 정신질환자로서 접근해야 하는 과제도 중요하게 대두하고 있다. 나아가 우리나라에도 앞으로는 교정시설에서 에이즈를 앓는 수용자가 예상되므로, 이들을 대할 수 있는 전문 인력이 필요하다. 아울러 난치병에 걸려 있는 수용자가 스스로 대처할 수 있는 능력을 키울 수 있도록 사회복지사가 개입해야 한다.

(3) 비행과 범죄 예방

교정복지에서 비행청소년이나 범죄인이 일상을 회복하는 것도 중요하지만 비행과 범죄를 예방하는 데도 적극적으로 개입해야 한다. 비행이나 범죄에 빠진 사람의 일상을 회복시키는 것보다 예방하는 것이 재정적인 면뿐만 아니라 비행청소년이나 범죄인 당사자와 이들의 가족과 사회에도 크게 유익하다는 점은 잘 알려진 사실이다. 특히 비행과 범죄의 예방은 비행과 범죄에 따른 피해를 막을 수 있다는 점에 중요성을 두어야 한다. 이를 위해 사회복지사는 비행과 범죄를 예방하기 위한 개입방법이나 구체적인 프로그램을 개발, 적용하는 데 주력해야 한다.

(4) 비행청소년과 범죄인 가족을 위한 도움

교정 현장의 실상을 볼 때 수용시설에 있는 대부분의 비행청소년이나 수용자와 이들의 가족 간 관계는 갈등상태에 있다. 나아가 특별한 비행청소년이나 범죄인을 제외하면 대부분 가난으로 가정형편이 매우 어렵다는 점이 드러나고 있다. 덧붙여 이들 가정의 가족은 친인척을 포함하여 지역사회의 주변인으로부터 범죄인 가족이라는 낙인을 받고 있는 실정이다. 이러한 비행청소년이나 범죄인의 가정과 주변인의 실상을 고려하면 이들 가족이나 주변인이 비행청소년이나 범죄인을 올바르게 이해하고 나아가 포용할 수 있는 환경이 조성되어야 할 것이다. 아울러 범죄인 가족들 간 유대관계와 사후관리가 강조되어야 하므로 이를 위해 사회복지사가 적극 개입해야 한다.

(5) 교정자원봉사자 관리

지방자치제가 전면 실시되고 있으므로 교정복지에도 변화가 있어야 한다. 특히 지방화 시대를 맞이하여 비행이나 범죄 문제 역시 지방별 책임을 강화하지 않을 수 없다. 아울러 중앙정부는 '작은 정부'를 지향하면서 '재정의 축소화'와 '재정의 지방 이양화'를 강조하고 있다. 이런 상황에서 정부는 보호 · 교정 당국에 효율적인 재정 운영을 요구하고, 이들 당국은 교정 현장의 자원봉사 인력을 대폭 확대할 수밖에 없다. 이뿐만 아니라 지방정부의 책임이 커질 것이다.

보호 · 교정 당국이 비행청소년과 범죄인의 일상회복을 위해 자원봉사자를 대거 참여시킬 것이라고 전망하는 이유로 크게 두 가지를 꼽을 수 있다. 첫째는 부족한 자원을 지역사회로부터 제공받는다는 점이며, 둘째는 지역사회의 인력이 교정 현장에 참여함으로써 지역사회가 비행청소년과 범죄인을 이해하고 함께 할 수 있는 기회가 주어진다는 점이다. 이 분야의 자원봉사자는 전문 교육을 받아 성실히 과업을 수행할 수 있도록 노력해야 한다. 이 인력을 조직하고 교육하여 활용하는 일은 곧 사회복지사의 몫이다. 이에 관한 자세한 내용은 11장에서 다룰 것이다.

(6) 협력단체와 조직의 관리

사회복지사는 어느 현장에서나 '조직의 명수'가 되어야 하고, '조직의 명수'는 곧 조직을 관리하는 능력이 뛰어나야 한다. 앞에서 강조한 바처럼 비행청소년과 범죄인의 일상회복은 여러 분야의 사람들이 협력하여 이루어진다. 비행청소년과 범죄인을 위해 종교인, 사업가, 법률가, 기타 민간단체 같은 수많은 조직과 개인이 관련되어 도움을 주고 있는 것이다. 이러한 도움의 효율성과 지속성을 높이기 위하여 사회복지사는 자신의 조직관리 능력을 발휘해야 한다. 그러기 위해서 사회복지사는 먼저 도움을 받으려는 대상자와 도움을 주려는 개인이나 단체에 대한 특성을 파악하고, 나아가 이들 양자가 효과적으로 관계를 형성하도록 지원해야 한다.

3) 사회복지사의 덕목

교정복지 관련 사회복지사가 지향하는 가치, 즉 덕목을 규정하는 것은 쉽지 않다. 저마다 강조하는 바가 달라 주관적일 것이기 때문이다. 따라서 여기에서는 사회복지사로서 갖추어야 할 덕목을 기반으로 교정복지실천 현장의 특성을 고려하고, 나아가 내 경험을 바탕으로 다음 몇 가지를 강조했다.

(1) 남다른 직업의식

교정현장 관련 사회복지사는 무엇보다도 남다른 직업의식을 갖추어야 한다. 사회복지사가 특별히 남다른 직업의식 없이 비행청소년이나 범죄인과 함께 일하려는 태도는 바람직하지 않다. 정력과 시간을 투자한 만큼 결과를 얻기는커녕 오히려 개입하지 않은 것만도 못한 결과를 가져올 수 있기 때문이다. 이럴 때는 비행청소년이나 범죄인과 함께 일해 온 삶을 잠시 후회하기도 한다. 심지어 주변 사람으로부터 비행과 범죄에 가담하고 있다는 볼멘소리를 듣기도 한다. 이런 점을 생각할 때 사회복지사에게 확고한 직업의식이 필요하겠다.

(2) 정신적 무장

이뿐 아니라 비행청소년이나 범죄인을 위한 수용시설의 근무 여건은 공무원이나 민간시설의 실무자로서 비슷한 수준의 다른 어느 곳보다 열악하다. 따라서 사회복지사는 이러한 제반 조건을 감수하고 전문가로서 활동하기 위해 남다른 정신으로 무장해야 한다. 예컨대 사회복지사에게 인간존중 정신, 함께 일하는 정신, 공의를 실천하는 정신 따위를 강조할 수 있다. 특히 수용시설의 수용자나 소년원생을 상대하는 사회복지사나 실무자는 전문 지식과 기술보다 인간 존중의 가치를 한층 더 중시할 수 있어야 한다.

아울러 비행과 범죄를 분명히 이해하고 이를 대처하는 정신이 필요하다. 다음 사례를 통해 이 분야에서 활동하는 사회복지사는 정신적으로 단단히 무장해야 함을 알 수 있다.

> 법원으로부터 사회봉사명령을 선고받은 사람들에게 돈을 받고 사회봉사활동을 한 것처럼 처리해 준 사회복지사가 경찰에 붙잡혔다. 경기 수원 중부경찰서는 14일 사회봉사활동 관련 서류를 거짓으로 꾸며 주는 대가로 돈을 받은 혐의로 사회복지사 ○아무개 씨의 구속영장을 신청했다. 경찰은 또 ○씨에게 돈을 건넨 12명을 뇌물공여 혐의로 불구속 입건했다.
>
> (한겨레, 2005년 4월 15일)

(3) 투철한 사명의식

사회복지사는 정부와 보호 · 교정 당국의 교정복지 관련 제도의 개선에 기여한다는 투철한 사명의식을 갖추어야 한다. 사회복지사는 자신이 맡은 비행청소년이나 범죄인의 일상회복에 일차적으로 관심을 쏟아야 하겠으나 이 일 역시 보호 · 교정 제도라는 틀에 따라 좌우될 수밖에 없다. 그러므로 사회복지사는 보호와 교정 관련 제도가 적법하게 만들어져 운용될 수 있도록 이의 개선에 기여해야 한다. 이를 위해 사회복지사는 시민운동 차원에서 모든 시민이 교정복지를 이해하고 보호와 교정 활동에 참여할 수 있도록 유도하는 과업을 수행해야 한다. 이렇게 강조하는 것은 이 현장에서 활동하는 사회복지사가 제반 상황을 어느 누구보다 정확히 인지할 것이기 때문이다.

03 좀 더 살펴보기

사회복지학에서 교정복지론의 위상

교정복지론은 사회복지학에서도 사회복지실천의 한 분야다. 사회복지학의 하위 교과목이 사회복지학에서 저마다 차지하는 중요함이 강조되어야 할 것인데, 유독 **교정복지론**이 제 평가를 받지 못하고 있다. 이런 사실은 한국사회복지교육협의회가 낸 **사회복지학교과목 지침서**를 통해 확인할 수 있다. 이뿐만 아니라 **교정정복지론**을 개설한 대학교의 사회복지학과가 손에 꼽을 정도로 소수에 불과하다. **교정복지론**의 위상은 2가지 측면에서 강조할 수 있는데, 바로 사회복지학과 타 전문 분야다. 요컨대 사회복지학 안팎에서 **교정복지론**의 위상을 살펴보려고 한다. 이 작업을 통해 교정복지를 한층 더 깊게 이해할 수 있을 것으로 생각한다. 교정복지의 위상을 사회복지 역사, 사회, 전문성 3가지 측면에서 정리했다.

Social Work과 함께한 역사

미국에서 1920년대에 Social Work이 태동할 무렵 주요 대상은 지역사회의 비행청소년이었고, 당시 활동의 주체는 목회자를 비롯한 종교인이었다. 그래서 Social Work이 교정복지와 함께 자리를 잡았다고 볼 수 있고, 이후 미국의 사회복지는 항상 교정협회의 협력 속에 이루어졌다. 최근 사회복지에서 교정복지의 영역은 빼놓을 수 없는 처지가 되었다. 이런 사정을 정리했다.

● Social Work 초기 주요 대상

미국에서 목회자가 주도한 Social Work이 태동할 때 주요 대상은 가난한 동네의 주민이었다. 특히 비행과 범죄에 빠진 사람이 표적을 이루었는데, 이런 사실은 '예수의 가장 가까운 친구가 범죄인, 이방인, 여성, 고아, 과부, 어린이, 천한 직업을 가진 사람'(정성욱, 2005) 들이라고 한 점이 뒷받침한다.

● 사회복지와 함께한 교정협회

미국교정협회(American Correctional Association)는 1870년에 설립된 미국교도소협회가 1954년에 바뀐 것으로 민간 비영리 비정부 무역협회와 교정산업을 인가하고, 나아가 오랜 역사와 함께 광범위한 활동을 하고 있다(http://yoda.wiki).

● 사회복지의 빼놓을 수 없는 영역

범죄인 층의 다양화, 비행이나 범죄 수법의 다양화, 비행과 범죄 동기의 다양화, 범죄의 기술화 따위는 비행청소년과 범죄인의 일상회복을 더욱 어렵게 만들고 있다. 예컨대 과거의 '없는 자'와 남성 위주 범죄에서 '있는 자'와 여성의 범죄가 늘고 있고, 단순 사고의 흉악 범죄가 고도의 기술과 복잡한 생각으로 저지른 대형 범죄로 전개되고 있다. 아울러 빈곤 탈피라는 범죄 동기에서 인간관계의 갈등이나 정신장애 따위 같은 범죄 동기도 증가하고 있는 실정이다. 이러한 범죄의 양상은 앞으로 더욱 심화하여 나타날 것으로 예상하는데, 이는 사회의 안녕이나 안정을 뒤흔들어 뒤에 보는 피로사회로 이끌고 있다. 이런 사회 상황에서 비행청소년이나 범죄인의 일상회복을 위한 **교정복지론**은 사회복지의 필수 영역이 되고 있다. 이뿐만 아니라 아동 · 청소년복지, 장애인복지, 노인복지, 여성복지 같은 대부분 사회복지 영역에서 비행과 범죄가 기반을 이루고 있어 사회복지 영역 측면에서도 주목해야 할 영역으로 확장되고 있다.

엄격한 전문성 지향

개인과 사회 요인이 복잡하게 얽혀 범죄가 발생하는 상황에서 과연 범죄인의 일상회복을 위한 개입방법은 합당한 수준으로 발전하고 있는가? 실제로 비행청소년과 범죄인의 일상회복을 위해 필요한 기술은 심리학, 사회학, 정신의학, 교정학, 사회복지학 따위 전문 분야에서 출발한다. 이에 비행청소년과 범죄인의 일상회복에 개입하는 타 전문 영역에 비해 **교정복지론**이 지니는 위상을 사회복지학에 근거하여 다음 몇 가지로 설명할 수 있다.

● 인간존엄과 사회정의에 중점

교정복지론은 인간의 존엄성과 변화의 능력을 인정하고 인간을 도우면서 사회정의를 실현하려는 사회복지의 숭고한 가치를 바탕으로 비행청소년과 범죄인의 일상회복을 위한 방안을 마련하고 있다. 따라서 사회복지사는 어느 전문가보다 인간다운 정신과 기술을 익혀 비행청소년이나 범죄인의 일상회복에 엄격한 참여를 꾀하고 있다.

● 개인과 환경 중시

교정복지론에서 중시하는 기술은 비행청소년이나 범죄인 개인은 물론 그의 가족을 포함해 관련인과 지역사회를 동시에 조망할 수 있게 개발, 적용되고 있다. 그러므로 사회복지사의 역할은 어떤 분야의 전문가보다 비행청소년이나 범죄인의 일상회복에 이들 개인뿐 아니라 이들의 가족과 관련인과 지역사회를 함께 변화시켜야 한다는 데 더욱 중점을 두어 실천에 임하고 있다.

● 심층 심리적 접근

교정복지론은 사회복지사 자신의 능력 정도에 따라 비행청소년이나 범죄인의 심리적인 문제까지도 접근할 수 있는 기술을 준비하고 있다. 그러므로 정신건강을 비롯한 심리적인 이유로 비행이나 범죄에 빠진 비행청소년이나 범죄인의 일상회복에 단독으로 혹은 타 영역의 전문가와 협력하여 개입할 수 있다. 특히 정신장애로 어려움을 겪고 있는 비행청소년이나 범죄인의 일상회복을 위해 사회복지사는 **정신건강사회복지론**을 익혀 개입할 수 있다.

● 지역사회자원 활용

사회복지사는 지역사회의 유용한 자원을 끌어들이고 활용하는 데 뛰어난 기술을 겸비하고 있다. 비행청소년이나 범죄인의 일상회복을 위해서는 지역사회의 다양하고 많은 자원이 동원되어야 한다는 점에서 그렇다. 사회복지사는 평소 여러 형태의 연계망을 구축하고 있어 지역사회 안의 자원을 조직하고 활용하는 데 유능할 뿐 아니라 그렇게 활동할 수 있는 여건을 충분히 마련하고 있다.

회복사회를 위한 협력

회복사회는 한병철이 2010년에 낸 **피로사회**라는 저술에 나타난 개념이다. 이 저술은 성과주의 세상에서 사람이 지치고 사회구조가 훼손되는 피로사회에 대응하는 방안을 제시하고 있다(김태환 번역, 2012). 앞에 언급한 바처럼 비행과 범죄로 인한 피로사회를 회복하는 데 교정복지가 일단의 협력을 꾀하고 있다. 이런 사실을 다음 몇 가지를 통해 엿볼 수 있겠다.

● 형사정책의 마지막 현장으로서

교정복지실천 현장으로 소년원이나 교도소를 꼽는데, 이 현장은 비행청소년이나 범죄인이 거치는 마지막 거처이다. 이들 현장은 비행청소년과 범죄인의 일상을 회복시키는 곳이라는 점에서 회복사회를 위한 협력의 현장으로 강조되어야 한다. 특히 이 현장은 비행청소년과 범죄인이 거치는 경찰, 검찰, 법원에 비해 절대적으로 이들의 일상회복에 앞장선다는 점에서 높이 평가되어야 한다.

● 비행청소년, 범죄인, 이들의 가족을 위한 개입으로

교정복지는 비행청소년과 범죄인은 물론 이들의 가족을 위해 사회복지학의 지식과 기술을 바탕으로 개입한다. 최근 출생률 저하에도 비행의 발생 건수는 좀체 잡히지 않고 있어 회복사회의 장애가 되고 있다. 예컨대 법원행정처 사법연감에 의하면 보호소년(만 10살 이상 만 19살 미만) 가운데 14살 미만은 2011년 3,924명으로 전체 보호소년의 11.2%였는데, 2020년에는 14살 미만이 3,465명으로 전체 보호소년의 13.6%로, 10년간 그 수와 구성비(%)는 증감을 반복하고 있다(한겨레, 2022년 4월 18일). 이런 처지에서 교정복지는 전체 비행청소년과 범죄인에서 가장 소외된 10~15%를 대상으로 이들의 일상회복에 집중하고 있다.

● 모든 국민을 대상으로 삼음으로써

비행이나 범죄의 예방과 비행청소년이나 범죄인의 일상회복을 위한 충실한 개입이 절실함은 누구도 부인할 수 없다. 결국 교정복지가 모든 국민을 대상으로 회복사회를 위해 펼쳐진다는 점에서 그 위상을 짐작할 수 있을 터이다.

제2부

교정복지 기반

제 4 장 교정복지실천 현장
제 5 장 교정복지 관련 주요 제도
제 6 장 비행과 범죄 관련 이론
제 7 장 교정복지실천의 방법, 모형, 기술, 전략

학습목표

1. 교정복지실천 입장에서 다음 내용을 이해한다.
   - 보호 · 교정기관을 비롯한 교정복지실천 현장
   - 보호관찰을 비롯한 교정복지 관련 제도
   - 비행 · 범죄 사정론을 비롯한 비행과 범죄 관련 이론
   - 교정복지실천의 방법, 모형, 기술, 전략
2. 다음 사항의 의미를 살펴본다.
   - 사회복지실천의 2차 현장
   - 보호 · 교정기관에 알려야 할 주요 사회복지제도
   - 정약용의 **흠흠신서**와 형벌의 종류
   - 교정복지실천의 특성

그물을 만들고 수리하듯, 교정복지 기반 익히기

출처: https://www.bing.com/images

제 4 장

교정복지실천 현장

사람들의 인연이 맺어지면
관계가 점점 확장되어 나갔다.
(오재식, 2012)

사회복지실천 현장에 관한 이해의 중요성은 클라이언트를 이해하고, 개입 계획을 세우며, 현장 실무자가 서로 교류·연대하는 데 도움이 되고, 나아가 삶의 현장으로서 교훈 삼을 수 있다는 데 있다(최옥채, 2024). 따라서 사회복지사는 자신이 활동하는 현장을 철저히 이해하는 작업이 필요하다. 교정복지실천의 주요 현장을 거치는 기관, 보호기관, 교정기관, 민간 보호·교정기관, 사회복지기관으로 구분하여 살펴보려고 한다. 이렇게 주요 현장을 분류하는 것은 다음 같은 이유에 근거해서이다.

첫째, 거치는 기관으로 경찰과 검찰과 법원은 비행청소년과 범죄인이 자신의 비행이나 범죄로 인하여 접하기 때문이다.

둘째, 보호기관과 교정기관은 우리나라에서 비행청소년과 범죄인의 수용과 관리를 각기 법무부의 범죄예방정책국과 교정본부가 구분해 맡고 있기 때문이다.

셋째, 민간 보호·교정기관은 운영체제가 정부기관과 달라 이를 구분하는 것이 바람직하기 때문이다.

넷째, 사회복지기관은 전적으로 사회복지사가 근무하는 1차 현장이라는 점에서 형편이 다른 2차 현장 기관과 구분해야 해서이다.

이 장에서는 현장마다 조직, 비행청소년과 범죄인의 처우, 사회복지사의 개입과 역할 3가지로 나누어 정리하였다. 덧붙여 좀 더 살펴보기에서는 사회복지실천의 2차 현장에 관하여 알아보았다.

1. 거치는 기관

교정복지실천 현장의 거치는 기관으로 경찰, 검찰, 법원을 들 수 있다. 이들 기관은 비행청소년과 범죄인이 수사, 기소, 재판을 받으며 접하는 곳이라 주요 교정복지실천 현장으로 소개되어야 마땅하다. 사회복지사가 비행청소년이나 범죄인이 거치는 현장을 이해하는 것이 이들의 처지를 이해하는 첫걸음이라고 생각해서이다.

1) 경찰

경찰의 주요 기능은 범죄의 예방, 진압, 수사 같은 치안유지라고 할 수 있다. 그러나 비행이나 범죄의 수사는 대체로 경찰 단독으로 이루어지나 특별한 사건에 대해서는 검찰의 지휘와 감독을 받기도 한다. 최근 경찰은 '국민의 지팡이'가 되기 위한 노력으로 '유치인면담제'를 도입했고, 경찰서에서는 '청소년고충상담실'과 '시민경찰학교'를 운영하고 있으며, '명예경찰 사례발표회'와 '행정발전위원회'를 활성화하고 있다. 특히 2000년부터 사이버경찰청(http://www.police.go.kr/frame.jsp)을 운영함으로써 모든 경찰의 기능을 망라하는 '제2의 경찰청'으로 발돋움하고 있다(경찰청, 2005). 아울러 2021년에 경찰청과 전국 18개 시·도 경찰청에 '경찰수사심의위원회'를 두어 경찰 수사의 공정성과 투명성을 높이고 있다. 이 위원회는 기존 경찰수사정책위원회와 수사심의신청심사위원회를 통합한 민간 전문가들로 구성되었다. 한편 해양경찰청이 5개 지방청, 20개 해양경찰서, 97개 파출소로 조직되어 있는데, 해양수산부에 소속하고 있어 여기에서는 생략한다.

(1) 조직

경찰 조직에서 최고 기관은 경찰청이다. 경찰청은 1992년에 내무부에서 독립하여 운영되고 있다. 과거의 지방경찰 행정에서 경찰국장이 시장이나 도지사의 지휘를 받아야 했던 경우와는 달리 독자적으로 활동하고 있다. 즉 지방경찰청은 경찰청장의 지휘 · 감독만 받고 여타 행정부서로부터 독립됨으로써 지방경찰청장의 지위나 권한이 대폭 상향 조정되었다.

경찰청 산하에는 대체로 시 · 도에 지방경찰청이 있으며, 지방경찰청 아래 경찰서, 경찰서 밑에는 파출소를 설치하는 체제였으나 2003년 지역경찰제를 도입하면서 2~3개나 3~5개 파출소를 묶어 중심치안활동을 벌이는 지구대로 전환한 곳도 있다. 그러나 일부 지역에서는 지구대의 한계를 지적하면서 예전의 파출소를 부활하려는 움직임이 일었고, 2010년 지구대에서 파출소 체제로 전환한 곳도 있다.

경찰청이나 지방경찰청은 일선 경찰관의 활동을 위한 기획업무를 주로 맡고 있고, 지구대나 파출소는 경찰서에서 파견된 경찰관의 근무지다. 그래서 실질적인 경찰업무의 중추를 이루고 있는 단위조직은 경찰서라고 할 수 있다.

경찰서는 인구 5만 명을 단위로 설치하고 있다. 경찰서의 규모에 따라 조직단위는 다르게 나타나는데, 예컨대 2025년 현재 서울남대문경찰서는 청문감사관(감사실, 청문 · 민원관리팀), 경무과(경무계, 경리계, 정보화장비계), 범죄예방대응과(범죄예방계, 범죄예방질서계, 112치안종합상황팀), 여성청소년과(여성청소년계, 여성청소년수사팀, 여성청소년강력범죄수사팀), 수사과(수사지원팀, 유치관리팀, 수사팀, 지능범죄수사팀), 형사과(형사지원팀, 형사팀, 강력팀, 실종수사팀, 마약범죄수사팀), 경비과(경비작전계), 교통과(교통관리계, 교통안전계, 교통범죄수사팀, 교통조사팀), 치안정보안보과(치안정보계, 안보계)로 조직되어 있다. 이 같은 조직은 비행이나 범죄의 상황과 시대의 흐름에 따라 변화하는데, 예컨대 컴퓨터 관련 기술을 이용한 범죄에 대응하기 위해 사이버수사를 전담하는 지능범죄수사팀을, 인권침해 사건을 비롯한 주민의 불편·불만을 상담하고 해결하기 위해 1999년에 청문감사관 제도를 도입했다. 이뿐만 아니라 여성의 인권보호와 인권신장에 부응하기 위해 여성청소년수사팀을 운영하고 있다.

(2) 비행청소년과 범죄인의 처우

경찰 단계에서 범죄인이라 하면 현행범을 지칭하는 것이고, 대부분이 단계에서는 피의자라고 해야 옳다. 피의자는 경찰서에 출두해 사실에 근거하여 담당 경찰관의 조사를 받아야 하는데, 이를 이른바 '조서를 꾸민다.'고 한다. 그러므로 도주의 염려나 재범의 우려가 없는 한 피의자는 불구속 상태로 자유롭게 활동하면서 경찰의 조사에 응할 수 있다. 그러나 위험한 경우나 현행범처럼 범죄의 사실이 확실한 경우는 경찰서의 유치장이나 보호실에 격리되어 조사를 받는데, 이를 구속수사라 하고 이들은 구속피의자로 불린다.

구속수사를 행할 경우 경찰은 48시간 또는 72시간 안에 법원으로부터 구속영장을 발부받아야 한다. 이 기간 동안 피의자를 경찰서의 유치장에 구금하는데, 유치장에는 10일 동안 있을 수 있다. 그러므로 규정기간 이상 유치장에 구금할 수 없고, 1회에 한하여 10일을 연장할 수 있다. 경찰은 보통 구속수사의 경우 1주일 정도면 피의자를 검찰로 송치한다. 이러한 구속수사는 인권보호 차원에서 법조계의 상당한 비판을 받고 있는 실정이다. 조사를 받는 중 사건 당시를 더욱 정확히 하고자 참고인을 선정할 수 있고, 참고인의 의견을 조사에 반영할 수 있는데, 이때 사회복지사가 비공식적으로 개입할 수 있다.

소년사건은 가해자의 연령이 20세 미만으로, 우선 사건을 경중으로 구분하여 형사처벌이 부득이한 경우 성인의 경우와 똑같은 절차로 검찰에 송치한다. 만약 사건이 경미하다고 인정할 때는 경찰서장의 권한으로 법원의 소년부로 직접 송치할 수 있다. 한편 10~13세의 비행청소년도 경찰서장이 직권으로 소년부에 송치할 수 있다.

(3) 사회복지사의 개입과 역할

경찰 단계에서 사회복지사가 개입하는 것은 제도적으로 마련되어 있지 않다. 그러나 현재 운영하고 있는 경찰의 업무를 파악해 보면 사회복지사가 개입하여 활동할 수 있는 몇 가지 방법을 찾을 수 있다. 즉 전문가참여제위원을 비롯한 행정발전위원, 명예경찰, 방범대원으로 활동하면서 경찰과 밀접한 관계를 유지함으로써 상황에 따라 개입할 수 있다. 아울러 경찰관의 관할 지역이 정해져 있으므로 지역사회 내 담당 경찰관과 관계를 유지하면서 지역사회의 클라이언트와 관련한 사건에 대해 조언할 수 있다. 이 같은 개입에서 사회복지사의 역할을 요약하면 다음 같다.

첫째, 사회복지사가 전문가참여제위원, 행정발전위원, 명예경찰, 방범대원으로 활동하면 청소년비행을 예방하는 데 참여할 수 있다. 나아가 지역사회의 범죄 예방을 위한 지역사회주민 조직가로도 활동이 가능하다.

둘째, 사회복지사는 관할 지역 담당 경찰관을 알고 지냄으로써 지역사회 내 비행청소년이나 범죄인을 위한 옹호자 역할이나 경찰관과 이들 사이에서 중재자 역할을 할 수 있다.

2) 검찰

검찰은 경찰의 지원을 받아 자체 수사활동과 경찰의 수사업무를 지휘·감독한다. 최근 검찰의 수사권이 경찰에 대거 이관되어 검찰의 수사권은 약화된 실정이다. 일단 피의자가 경찰의 조사를 받고 검찰로 송치되면 검찰은 보강조사와 아울러 수사를 마무리하여 법원에 공소제기를 한다. 이때부터 피의자는 피고인으로 바뀌게 되며 구치소에 수감되어 재판을 받는다. 검찰에 관한 이해를 위해 구체적으로 살펴보면 다음 같다.

(1) 조직

검찰청은 검사의 업무를 총괄하는 기관으로 법무부장관 아래 소속하며 단계별로 대검찰청, 고등검찰청, 지방검찰청을 두고 있다. 이들은 행정상으로 법무부 검찰국과 관계하고 있으며, 이들 기관의 대응법원으로 대법원, 고등법원, 지방법원이 각각 설치되어 있다. 한편 지방검찰청은 지역적 안배를 고려하여 지방검찰지청을 두고 있다.

검찰청을 대검찰청, 고등검찰청, 지방검찰청과 같이 단계별로 설치하고 있지만 검찰의 조직과 업무를 살펴보면 결국 지방검찰청이 일선에 대치하고 있다. 따라서 검찰의 일반적인 업무를 맡고 있는 것은 지방검찰청이라 하겠다. 실질적으로 각급 검찰청의 인적 규모나 업무 양을 보더라도 단연 지방검찰청이 으뜸이다.

지방검찰청의 조직은 지방검찰청별로 규모에 따라 차이가 나는데, 예컨대 부산지방검찰청은 2025년 현재 2개 지청을 관할하고, 지검장 아래 인권보호관과 제1차장검사와 제2차장검사를 두고 있다. 제1차장검사가 중요경제범죄조사단, 인권보호부, 서민다중피해범죄전담부(형사 제1부), 조세·보건범죄전담부(형사 제2부로 조사과를 따로 운영함), 해양·강력범죄전담부(형사 제3부), 여성아동범죄조사부를 지휘하고 있다. 제2차장검사는 공공·국제범죄수사부, 반부패수사부(수사과를 운영함), 강력범죄수사부(조직범죄수사과, 마약수사과를 운영함), 공판부(공판과를 둠), 사무국(총무과, 사건과, 집행과를 둠)을 감독하고 있다. 이 조직을 통해 모든 검찰이 인권을 강조하고, 해양범죄와 국제범죄에 관심을 두는 것은 부산의 특성을 고려하고 있음을 알겠다.

한편 검찰은 선도조건부기소유예제도에 따른 소년선도보호 업무를 위해 선도상담실을 운영하고, 매년 범죄 없는 마을을 선정하여 현판식을 설치해왔다. 이제는 이 같은 업무가 약화되고, 특히 범죄 없는 마을은 경찰이 감독하는 지역 방범대가 적극적으로 나서는 것으로 보인다.

(2) 비행청소년과 범죄인의 처우

검찰에 접수된 사건은 이미 경찰 단계에서 알아본 바처럼 경찰이 송치한 경우와 검찰에 직접 고소·고발된 경우가 있다. 어쨌든 피의자는 검사의 최후조사를 받고, 검사가 그 피의자를 공소제기하며, 이때 피고인으로서 구치소나 교도소에 수감된다. 즉 검찰의 구속과 교정시설에 수감하는 것이 동시에 이루어지고 있어 범죄인의 형기가 이날로부터 시작되는 것이 상례이다.

검사가 공소제기를 위해 작성하는 공소장의 내용은 당연히 사실을 근거로 한 것이나 형사사건의 경우 담당검사는 피의자의 유죄를 위해 노력할 것이다. 실제로 유·무죄를 결정하는 재판과정에서 가장 신빙성 있고 재판의 결과를 좌우할 수 있는 자료는 바로 검사가 작성한 공소장의 내용이라고 할 수 있다. 그러므로 검사의 조사과정이 범죄인에게는 중대한 일이다.

검찰에 사건이 접수되어 기소되기까지 기간은 구속사건의 경우 「형사소송법」에 명시한 대로 10일 이내에 이루어져야 한다. 그러나 판사가 수사기간 연장을 허락하면 1회에 한하여 10일간 연장하여 최고 20일까지 허용된다. 단 「국가보안법」에 관한 사건은 30일을 규정하고 있다. 불구속사건은 특별히 규정을 두지 않으나 일반적으로 3개월 이내에 끝내도록 하고 있다.

검찰은 경찰이 송치한 사건에 대해 일단 경찰관이 작성한 조서 내용을 기초 자료로 활용하는데, 결정에 대한 최종 권한은 절대적으로 담당검사에게 있다. 이런 실정은 검찰이 과도한 권력을 지녀 많은 비판을 받아왔고, 최근에는 그 권력이 경찰로 넘어가 경찰과 검찰 간 권력 배분의 균형을 이루어가고 있다.

(3) 사회복지사의 개입과 역할

사회복지사는 비행청소년이나 범죄인을 위해 경찰 단계에서 같이 검찰 단계에도 비행청소년이나 범죄인의 참고인으로 출석하여 그의 환경이나 개인적인 사정을 알려 줄 수 있다. 그러나 이러한 개입은 제도화되어 있는 것이 아니기 때문에 사회복지사의 개입을 크게 기대할 수 없을 뿐 아니라 공식적인 활동이라고 할 수 없다.

한편 검찰에서 사회복지사가 유일하게 전문적인 활동을 할 수 있는 제도가 있는데, 바로 선도조건부기소유예제도다. 이 제도에 따라 기소유예기간 동안 범죄예방자원봉사위원이 맡아 활동하는데, 이들은 지방검찰청의 검사장이 위촉한다. 여기에 사회복지사가 참여할 수 있지만 이는 봉사활동에 불과한 것이지 직업적인 활동이라고는 할 수 없다. 사회복지사의 역할을 살펴보면 다음 같다.

첫째, 사회복지사는 피의자를 위해 검찰에 대변자나 옹호자 역할을 할 수 있다. 즉 비행청소년이나 범죄인이 검사로부터 조사를 받을 때 그의 담당 검사가 미처 알지 못하고 있는 사정을 상세히 알려 줄 수 있다.

둘째, 범죄예방자원봉사위원으로 활동한다면 비행청소년의 지도·감독을 통해 상담가나 예방자의 역할을 할 수 있다.

3) 법 원

법원은 비행청소년과 범죄인을 처분과 처벌을 하는 기관이므로 중요한 교정 현장이라고 할 수 있다. 교정복지와 관련하여 법원의 조직, 비행청소년과 범죄인의 처우, 사회복지사의 개입과 역할을 정리하면 다음 같다.

(1) 조직

법원은 검찰에서 언급한 바처럼 대검찰청, 고등검찰청, 지방검찰청에 대응하여 단계별로 대법원, 고등법원, 지방법원이 설치되어 있다. 그러나 규모가 큰 서울중앙지방법원에는 예외로 가정법원이 독자적으로 있고, 형사지방법원과 민사지방법원을 분리하여 두고 있다.

지방법원에는 지방법원지원을 설치하여 운영하고, 이 지원에 소년만 다루는 소년부지원도 포함하고 있다. 예외로 서울의 경우는 가정법원에 소년부지원을 두고 있다. 1995년부터 순회심판소를 폐지하고 시·군법원을 각 지역의 등기소에 설치하여 지원이 없는 지역 주민을 위해 운영하고 있으며, 2001년부터 각 지방법원에 무료법률상담소를 설치·운영하고 있다. 아울러 가정법원이나 가정법원지원을 설치한 곳에는 조사관을 두고 있다.

검찰 같이 대법원은 서울에만 있으며, 고등법원은 서울, 부산, 대전, 대구, 광주에 있다. 참고로 법무부는 이들 고등법원에 대응하여 사형장이 있는 교정시설을 설치하고 있다. 지방법원이나 지방법원지원도 검찰 같은 규모로 설치되어 있다. 검찰 조직과 마찬가지로 가장 방대하고 법원의 일선 업무를 담당하는 곳은 지방법원이라고 할 수 있다. 덧붙여 2005년에 사법제도개혁추진위원회는 비슷한 범죄인데도 판사마다 다르게 판결하는 형량 선고를 막기 위해 대법원에 '양형위원회'를 설치하기로 결정하였다.

지방법원의 조직 역시 규모에 따라 다른데, 대체로 재판부, 사무국, 등기국을 두고 있다. 예컨대 대구지방법원은 4개 시·군법원과 8개 지원을 관할하고, 재판부(파산부, 행정부, 민사단독, 영장단독, 형사단독을 포함한 21개 부서), 사무국(총무과, 종합민원실, 민사단독과를 비롯해 12개 부서), 등기국(등기운영과, 등기조사과)을 설치·운영하고 있다. 법정관리, 화의, 파산 같은 도산사건이 급증하고, 이를 효율적으로 처리하기 위해 파산재판부를 설치한 것이다. 지방법원의 우두머리는 지방법원장이며, 그 밑에 지방법원 부장판사가 접수된 사건을 분류하여 각 담당판사에게 배당한다.

(2) 비행청소년과 범죄인의 처우

법원에서 범죄인을 처우하는 과정을 알아보기 위해 재판절차를 살펴보면, 부장판사로부터 기소된 사건을 배정받은 담당판사는 재판 일정을 잡아 이를 피고인과 담당검사와 변호사에게 알려 준다. 엄밀히 따지면 이 단계에서는 범죄인이 아니라 피고인이라 해야 옳고, 피고인은 구속피고인과 불구속피고인으로 구별한다.

한편 담당판사가 피고인을 소환하여 재판에 참고할 만한 사항을 물어보는 것은 사사로운 관계로 인정하여 법정 외에서 담당판사와 피고인의 대면은 허락하지 않고 있다. 그러므로 구속된 경우 법정에 출두하여 최후진술을 하는 것이 피고인의 유일한 권한이고 기회다. 만약 판결에 대한 불만이 있을 경우는 7일 이내에 상급법원인 고등법원이나 지방법원 합의부에 항소할 수 있다.

특별히 「소년법」에 따라 보호처분을 받는 비행청소년은 소년부(지원)가 담당하고 있는데, 여기에 자원봉사자로 소년자원보호자가 관계하고 있다. 즉 1호 처분을 받은 소년이 가정으로 돌아가 한층 안전하고 원만하게 지낼 수 있도록 자원보호자가 연결되어 개입하고 있다.

(3) 사회복지사의 개입과 역할

우리나라의 사법제도 중 특히 재판 과정에서 사회복지사가 공식적으로 개입할 수 있도록 제도화된 창구는 없다. 지방법원의 소년부(지원)에 소년자원보호자협의회가 1989년부터 결성되어 지역사회의 자원봉사자 자격으로 활동하고 있을 뿐이다. 그러므로 법원에서도 비록 비행청소년에 한정하고는 있지만 사회복지사의 개입이 가능하다.

한편 체계적이거나 지속적인 활동이라고 할 수는 없지만 지역사회의 비행청소년이나 범죄인을 위해 법원과 관련하여 활동할 수 있는 여지가 전혀 없는 것은 아니다. 예컨대 담당판사에게 피고인을 위해 탄원서나 진정서를 제출할 수 있다. 이는 재판일 이전에 이루어져야 하는데, 특별한 사건이 아니라면 담당판사의 결정에 영향을 미치는 것은 드물다고 한다.

소년사건 이외에도 가사부에서는 사건의 상황을 상세히 이해하기 위해 조사관에게 판결전조사를 의뢰하고 있다. 이 과정은 사회복지사의 개입이 절실히 요구되는 부분이다. 바로 이 사전조사 때문에 법원에서 사회복지사 활동의 가능성이 높다고 할 수 있다. 이 제도는 재판 전에 담당판사가 사건의 정황이나, 특히 피고인 개인은 물론 그의 사회환경 측면을 알아보기 위한 것이다.

현재 청소년 경우 소년분류심사원이나 소년원에 있는 분류심사관이 한 사전조사가 심리에 상당한 영향을 미치고 있으며, 법원 측에서도 이를 적극적으로 수용하고 있는 실정이다. 이 사전조사제도가 일반화하여 특별한 범죄를 제외한 모든 재판에 적용된다면 이 일은 보호관찰관이 할 수 있게 된다. 물론 이런 경우는 현재의 보호관찰제도를 획기적으로 보완해야 하는데, 이때 지역사회의 사회복지사가 보호관찰 업무에 개입하여 법원의 재판과정에서 전문적인 기술을 가지고 활동할 수 있다. 법원에서 사회복지사의 역할을 굳이 찾는다면 재판 전 사전조사 업무를 위한 조사자나 판결을 위한 정보제공자 역할을 들 수 있다.

2. 보호기관

법무부의 범죄예방정책국은 매우 다양한 보호기관을 운영하고 있다. 실제로 보호관찰소, 소년원, 소년분류심사원, 청소년비행예방센터, 솔로몬 로파크(Law Park), 국립법무병원을 관장하고 있다. 이들 보호기관의 조직, 비행청소년과 범죄인 처우, 사회복지사의 개입과 역할을 살펴보자.

1) 조직

앞에 언급한 보호기관은 대체로 법무부 범죄예방정책국에 소속해 전국에 설치 · 운영되고 있다. 가능하면 지방검찰청과 지방법원이 있는 곳에 대응해 설치하려고 하나 아직 미흡하다. 보호관찰소부터 살펴보자.

(1) 보호관찰소

보호관찰소는 전국의 주요 지역에 설치되어 지소를 운영하고 있다. 보호관찰소는 보호사건으로 2호(수강명령), 3호(사회봉사명령), 4 · 5호(보호관찰) 처분을 받은 비행청소년을 단기 1년에서 장기 2년(판사 결정에 의해 1년 연장 가능) 동안, 성인 형사범은 집행유예기간이나 보호관찰 기간 동안 집행하고 있다. 이를 담당하는 보호관찰 실무자는 기본적으로 대상자를 관리하고, 이외에도 수강명령, 사회봉사명령, 판결전조사를 맡고 있다.

보호관찰소는 법무부 범죄예방정책국 보호관찰과 소속으로 소장 아래 규모에 따라 과를 달리 설치 · 운영하고 있다. 예컨대 광주보호관찰소는 목포 · 순천 · 해남지소를 두고, 행정지원과, 관찰과(성인1팀, 성인2팀, 소년팀), 전자감독과(범죄예방팀, 신속수사팀), 집행과(사회봉사팀, 수강팀), 조사과를 두어 운영하고 있다. 이처럼 조직의 변화를 가져온 주요인은 보호관찰소의 업무가 확장되어서인데, 예컨대 전자감독과는 성범죄 같은 최근 범죄 동향을 적극 반영한 것이다. 이런 변화와 함께 보호관찰 본연의 업무를 한층 더 효과 · 효율적으로 이끌어갈 수 있어야 할 것이다. 한편 보호관찰소는 비행청소년이나 범죄인을 상대함으로써 주민이 가질 수 있는 혐오감을 방지하기 위해 '준법지원센터'로 병행해 불리고 있다.

(2) 소년원

소년원은 비행청소년을 수용한다. 전국의 소년원은 소년원생의 성별, 비행유형별, 비행의 정도 따위와 그 특성에 따라 운영되고 있다. 요컨대 소년원은 원생의 직업훈련이나 학과 교육에 중점을 두는 기관으로 특성화되고 있다. 한편 법무부 보호 당국은 지식정보화를 강조하면서 2000년에 소년원을 중·고등학교에서 정보통신 중·고등학교로 특성화하였고, 2002년 이후 약물남용 관련 비행청소년의 집중치료를 위한 의료소년원을 비롯하여 체육소년원, 예능소년원을 설치·운영하였다.

소년원은 범죄예방정책국의 소년과에 소속되어 행정지원과(인사·서무, 급식, 피복, 보안 등), 교무과(교과 편성, 교과 교육 등, 사회복지사가 근무함), 분류보호과(신상조사, 심리검사, 분류처우심사, 취업알선, 사후지도 등), 호송과, 의무과로 구성되어 있다.

한편 법무부는 2007년 7월부터 소년분류심사원을 서울에만 두고 청소년비행예방센터와 2008년에 솔로몬 로파크를 설치했다. 당초 청소년비행예방센터는 대안교육센터로 시작해 중간에 청소년키움센터로 바뀌기도 했다. 이들 기관은 범죄예방정책국의 법교육진흥팀이 관장하도록 하였다.

(3) 소년분류심사원

소년분류심사원은 1977년에 소년감별소라는 이름으로 처음 설치된 이후 오늘에 이르고 있으며, 법원이 위탁하거나 가정이나 학교 혹은 청소년 보호단체가 의뢰한 청소년을 보호·수용하면서 이들을 과학적으로 진단함으로써 이들의 보호에 도움을 주고 있다. 한편 소년분류심사원이 없는 지역에서는 해당 소년원의 분류보호과에서 이 업무를 수행하고 있다. 이곳에서는 MMPI-A, 특수지능적성검사, 특수인성검사, 재비행 예측 프로그램 들을 사용하여 비행청소년을 검사하고 있다. 한편 2007년부터 대거 조정을 통해 소년원과 소년분류심사원 수를 줄이고, 앞에 언급한 바처럼 청소년비행예방센터와 솔로몬 로파크를 설치·운영하고 있다.

(4) 청소년비행예방센터

청소년비행예방센터는 청소년의 비행을 시설 중심에서 벗어나 지역사회와 함께 대응하자는 차원에서 2007년에 처음 설립되었다. 이 센터는 학교·법원·검찰에서 의뢰한 위기 청소년 대안교육, 법원 상담조사, 검사 결정전조사, 보호자교육, 찾아가는 법교육, 진로체험, 심리검사, 심리상담, 청소년 회복캠프, 교원 직무연수, 청소년 비행진단, 희망도우미 프로젝트 같은 다양한 프로그램을 실시하고 있다. 요컨대 청소년비행예방센터는 법무부 소속으로 청소년 전문 교육기관으로 자리를 잡았고, 2025년 현재 전국에 19개 센터가 운영되고 있다.

(5) 솔로몬 로파크

솔로몬 로파크는 법무부가 운영하는 법교육 테마공원으로 어린이와 청소년이 시민과 함께 법에 관한 다양한 체험과 연수 프로그램을 무료로 제공하고 있다. 솔로몬 로파크는 2008년에 처음 설치되어 2025년 현재 부산, 광주, 대전 3곳이 운영되고 있다.

(6) 국립법무병원

국립법무병원은 「사회보호법」에 따라 1987년 공주에 공주치료감호소(500병상)로 문을 열었고, 1995년에 500병상을 증축했으며, 1997년에 국립감호정신병원으로 명칭을 병행, 사용했다. 한편 2005년에 「사회보호법」이 폐지되면서 새로 제정된 「치료감호법」에 따라 정신질환이나 정신지체로 인하여 범죄를 일으킨 자들을 수용하여 이들의 치료에 주력하는 기관으로 자리를 잡았다. 2006년 국립법무병원으로 변경하고, 2008년 인성치료재활센터(100병상)를 개관하고, 이 센터는 2011년에 200병상을 신축했다. 2015년 부곡법무병원(50병상)을 개원했다. 전문 인력이나 운영의 방법을 고려할 때 국립법무병원은 범죄의 교정·교화보다는 정신질환의 치료에 중점을 두고 있다. 따라서 국립법무병원에서는 이에 버금가는 수준의 치료 기술이 적용되고, 실제로 정신건강사회복지사 같은 전문요원이 근무하고 있다. 아쉽게도 정신건강사회복지사의 인원이 부족해 사회복지사로서 기량을 충분히 발휘하지 못하고 있는 실정이다.

국립법무병원은 범죄예방정책국의 보호법제과에 소속하고 있다. 조직은 서무과와 감호과와 의료부로 구성되어 있다. 의료부에는 일반정신과, 사회정신과, 특수치료과, 감정과, 신경과, 일반진료과, 간호과, 약제과를 설치하고 있다. 2004년 부설로 약물중독재활센터를 설치하여 약물중독범죄인을 집중 치료하고 있다.

2) 비행청소년과 범죄인의 처우

보호관찰소에서는 비행청소년과 범죄인을 함께 다루고 있어 다른 보호기관과 구별되어야 한다. 아울러 소년분류심사원과 소년원에서 비행청소년을 처우하는 내용이 달라 따로 구분하여 살펴보았다.

(1) 보호관찰소

보호관찰소는 대상자를 지도·감독하는 데 중점을 두고 있다. 그러므로 보호관찰소 실무자의 능력에 따라 대상자의 일상회복 정도가 결정될 수 있다. 예컨대 보호관찰 대상 청소년을 음성 꽃동네, 고흥 소록도, 인도 선교지 들에서 실시하는 여러 체험활동 프로그램에 참여케 함으로써 이들의 일상회복에 유익한 기회를 제공할 수 있다. 이뿐만 아니라 가정폭력 가해자를 대상으로 사이코드라마를 실시함으로써 이들 가해자의 변화를 꾀할 수도 있다. 이 같은 프로그램을 운용하는 데 보호관찰소의 실무자가 직접 나설 수 없다면 외부의 전문가를 활용해야 할 터이다.

(2) 소년원

소년원에 있는 비행청소년은 소년부 판사로부터 9호와 10호 받은 자들이다. 9호 처분을 받은 자는 단기로서 6월 이내 수용되며, 10호 처분을 받은 자는 2년 이내 수용된다. 수용되어 있는 동안 이들은 특성에 따라 학과교육이나 직업훈련을 받는다. 이들의 퇴원은 단기의 경우 기간이 만료되면 조건 없이 퇴원하나, 장기는 보호관찰을 부과하여 퇴원하는 경우가 대부분이다. 한편 보호자가 없는 소년원생은 법무보호복지공단에 의뢰하여 적절한 서비스를 받게 하고 있다.

(3) 소년분류심사원

소년분류심사원에서 분류심사를 받은 비행청소년에 대한 처분은 법원의 소년부 판사가 주재하는 심리에서 결정된다. 예전에는 이들의 상당수가 경찰과 검찰을 거치면서 구치소나 교도소의 생활을 경험하기도 했다. 연령의 제한은 20세 미만이며 보호사건에 준하는 청소년이다. 보통 이들이 분류심사를 받는 기간은 2~3주 정도 소요되며, 사정에 따라 그 기간은 1회 연장할 수 있다. 소년분류심사원에 있는 동안 비행청소년의 분류심사는 분류심사과에서 이루어지는데, 그 영역은 신상관계, 신체적 측면, 심리적 측면, 환경적 측면, 행동적 특징으로 구분된다. 분류심사 방법으로 신체검사와 진찰법, 면접조사, 현지 확인과 추적조사법, 심리검사법, 정신의학적 진단법이 활용되고 있다.

(4) 국립법무병원

국립법무병원에서는 정신질환 같은 질병으로 어려움을 겪는 범죄인을 치료하는 데 중점을 둔다. 그러므로 정신과 전문의를 비롯한 의료진의 개입이 주를 이루고, 여기에 정신건강사회복지사가 협력하고 있다. 아쉽게도 이곳에 몇 가지 어려움이 있는데, 질병에 의한 범죄인의 수가 지속적으로 늘고 있다는 점과 이들이 퇴원했을 때 원 가정으로 돌아가는 것이 쉽지 않다는 점이다.

3) 사회복지사의 개입과 역할

보호기관은 사회복지사를 적극 채용하고 있어 사회복지사의 개입이 다른 어떤 기관에 비해 원활하고, 여러 역할을 수행할 수 있다.

(1) 보호관찰소

보호관찰소에서 사회복지사의 활동은 교정복지 측면에서 큰 의미를 둘 수 있다. 비행청소년의 일상회복을 위한 전문 서비스로써 사회복지사의 개입을 강조하지 않을 수 없다. 특히 사회복지사는 비행의 유형에 따른 전문 상담기술과 다양한 프로그램으로 개입할 수 있다.

(2) 소년원, 소년분류심사원, 청소년비행예방센터

소년원과 소년분류심사원에서 사회복지사는 교육자, 조사자, 상담자, 치료자 따위의 역할을 할 수 있다. 이 같은 역할은 각 분야의 분류심사 실무자와 합동으로 참여하여 할 수 있다. 아울러 수용기간 동안 이들의 일상회복을 위해 개입할 수 있으며, 특히 비행청소년의 환경조사는 사회복지사의 중요한 임무라고 할 수 있다.

(3) 국립법무병원

앞에 언급한 바처럼 국립법무병원에는 정신건강사회복지사가 근무하고 있다. 이들은 병원 안팎에서 정신장애 범죄인의 일상회복에 개입하고 있고, 특히 퇴원한 사람이 가정이나 지역사회의 사회복지시설에 안착하도록 돕고 있다. 이렇게 정신건강사회복지사가 업무에서 인정을 받고 있으나 충분한 수를 확보하지 못해 안타까울 뿐이다.

3. 교정기관

교정기관은 범죄인에 대한 처벌을 집행하는 곳으로 법무부 교정본부의 지휘·감독을 받는다. 이들 기관의 주요 업무가 범죄인의 일상회복이라는 점에서 교정복지실천의 중요한 2차 현장이라고 할 수 있다. 특히 김대중 정부가 들어서면서 1998년부터 교정기관의 신·개축이 활발하게 이루어졌다. 유형별로 구치소, 교도소, 여자교도소, 소년교도소, 개방교도소, 직업훈련교도소로 구분할 수 있고, 이들 기관은 수용자의 특성에 따라 각각 수용하고 있다. 예컨대 여성 수용자, 20세 이하의 소년 수용자, 특정 환자 수용자, 모범 수용자 들로 구분할 수 있다. 아울러 교정 당국은 군산교도소에 장애수용자를 위해 재활직업 훈련관을, 수용자의 직업훈련을 강화하기 위해 경북북부직업훈련교도소(청송군)와 화성직업훈련교도소를 설치·운영함으로써 교정의 획기적인 변화를 시도하고 있다. 한편 외국인 범죄인은 대전교도소와 천안교도소에 따로 수용하고 있다. 한편 검찰청사 내에 있는 구치감은 수용자가 재판이나 검사로부터 조사를 받을 때 대기하는 장소로 활용되고 있다.

1) 조직

전국의 교정기관을 지역별로 관장하기 위하여 1991년 서울, 대전, 대구, 광주 네 곳에 지방교정청을 설치하여 운영하고 있다. 2025년 현재 서울지방교정청이 12개 교도소(민영 교도소 1곳, 지소 1곳 포함)와 5개 구치소를, 대구지방교정청이 13개 교도소와 6개 구치소를, 대전지방교정청이 10개 교도소(3개 지소 포함)와 1개 구치소를, 광주지방교정청이 9개 교도소를 관할함으로써 모두 56개 교정기관이 설치·운영되고 있다. 여기에 민영 교도소를 포함했으나 이곳은 뒤에 볼 민간 보호·교정기관에서 다루었다. 4개 지방교정청을 둔 것이 교정행정의 효율성과 관련하여 일장

일단이 있겠으나 앞으로 교정사업이 법무부로부터 독립하여 운용되기 위해서는 바람직한 전략이라고 하겠다. 교정기관의 핵심은 구치소나 교도소라고 할 수 있는데, 여기에서는 교도소, 구치소, 소년교도소, 여자교도소로 한정해 살펴보겠다.

(1) 교도소

교도소의 조직은 그 규모와 특성에 따라 차이가 있다. 대체로 교도소는 소장과 부소장 아래 총무과와 보안과를 비롯해 10개 안팎의 과를 두고 있다. 예컨대 대전교도소는 총무과(인사, 행사, 홍보, 참관 등), 보안과(수용자 상담 · 생활지도 같은 수용자관리 전반), 출정과(법원재판과 검찰 소환에 관한 업무, 법정 내 수용자 계호), 분류심사과(수용자 분류심사, 교육과 작업의 적성 판정, 가석방), 직업훈련과(교도작업운영, 수용자 직업훈련, 작업장려금 등), 민원과(접견, 보관금품, 전자민원업무, 변호인 접견), 사회복귀과(수용자 교육 · 교화, 종교 · 교정위원, 귀휴 같은 사회적 처우), 복지과(예산 집행, 물품출납, 시설물 관리, 직원과 수용자 주부식 관리), 의료과(수용자 보건과 의료, 소 내 위생)를 두고 있다. 이 조직은 2010년대에 들어서면서 수용자 처우에 한층 합당한 조직으로 확장 · 발전하였고, 특히 의료과는 의사와 간호사를 확보해 의원 못지않은 시설을 구비하게 되었다. 한편 각 교정기관은 특성에 따라 차이가 있으나 소장 아래 분류처우위원회, 급식관리위원회, 귀휴심사위원회, 징벌위원회를 두어 관련 업무를 처리하고 있다.

(2) 구치소

구치소는 교도소와 달리 재판을 받고 있는 피고인을 수용한다. 그래서 유죄가 확정된 수용자 일부를 제외한 수용자를 범죄인이라고 할 수 없다. 구치소에는 교도소에 본 작업훈련과가 없는 대신 수용기록과(수용자의 수용 · 석방 · 소송 업무, 구속기간과 형기 계산)를 두고, 여기에 더해 시설과를 둔 곳도 있다. 예컨대 부산구치소에는 수용기록과를 두고, 서울구치소는 수용기록과에 시설과를 더해 총 10개 과를 설치하고 있다. 이는 서울구치소의 규모와 전현직 대통령을 비롯한 유명 정치인을 수용하기 때문에 시설에 관한 업무가 다른 구치소에 비해 중요하게 다루어져야 할 수도 있겠다. 시설과의 업무는 보통 복지과가 맡고 있는 시설유지와 관리, 국유재산과 에너지 관리 들이다.

(3) 소년교도소

교정 당국은 소년교도소로 김천소년교도소 1곳을 설치 · 운영하고 있다. 김천소년교도소는 총무과, 보안과, 분류심사과, 직업훈련과, 사회복귀과, 복지과, 의료과 7개 과를 두고 있다. 김천소년교도소는 1921년 대구감옥 김천분감으로 문을 열었고, 1961년 김천소년교도소로 이름이 바뀌었다. 19세 미만 수년수형자, 19세 이상 소년처우자, 대구지방법원 김천지원 제1심미결수용자를 수용한다. 여기에서 19세 이상 소년처우자는 재판 중인 소년 피고인을 일컫는다. 아울러 형이 확정된 소년 수용자를 대상으로 검정고시, 대학진학준비반, 방송통신 고등학교와 대학교 교육과정을 실시하고 있다. 이뿐만 아니라 자동차정비, 한식조리, 제과제빵 같은 직업훈련과 소년인성교육, 제로캠프 같은 맞춤형 문화프로그램을 제공하고 있다.

(4) 여자교도소

우리나라에는 여자교도소로 청주여자교도소 1곳이 설치 · 운영되고 있다. 교정 당국은 1989년에 여성 범죄인의 수용을 위해 신설했고, 2003년에 신축 · 이전했다. 청주여자교도소는 앞에 본 김천소년교도소 같이 7개 과를 두고, 과의 업무 역시 동일하게 맡고 있다. 한편 여성 수용자의 심리적 특성을 적극 반영하여 헤어디자인, 한식조리 같은 다양한 직업훈련을 실시하여 이들이 출소해 실효성 있는 취업과 창업을 위해 주력하고 있다.

2) 범죄인의 처우

교정기관 내 범죄인 처우는 우선적으로 이들의 구금확보다. 범죄인을 사회로부터 격리 · 수용하여 사회의 안전에 기여하는 것이다. 이런 안전장치 속에서 교정기관은 범죄인의 일상회복에 힘쓰고 있다. 그러나 "감옥은 한낱 외로움과 괴로움의 공간만은 아니고, 서로의 사랑과 믿음, 연대를 확인하고 굳히는 공간이기도 하다."(정수일, 2004), "감옥은 인간성을 닦는 최상의 대학입니다."(이원규, 2006)라고 한 것처럼 각자의 마음가짐에 따라 달리 받아들일 수 있다. 교정기관 별로 색다른 점이 있는데, 예컨대 청주여자교도소는 여성 수용자를 위해 보통 교정기관과 달리 시설을 갖추고 있다. 이에 관해서는 12장에서 자세히 다룰 것이다. 아울러 천안교도소는 외국인 남자 범죄인을 위해 국제협력과를, 남자 피보호감호자와 심리센터 교육 대상 수형자를 위해 심리치료과(정신질환과 성폭력사범 재범방지교육 · 치료 등)를 설치하고 있다. 범죄인이 교정기관에 수용되면서부터 출소할 때까지 주요 처우실태를 살펴보면 다음 같다.

(1) 분류처우와 누진처우

분류처우는 수용자의 개성과 환경에 대한 광범한 조사를 하고, 과학적인 방법과 인간관계에 관한 전문방법으로 얻어진 자료를 토대로 분류, 처우하는 것이다. 이뿐만 아니라 각종 검사를 통해 각자의 적성과 기술에 따라 교정시설 내 작업장에서 활동하게 한다. 이 분류처우는 분류심사과에서 실시하는 지능검사, 직업적성검사, 교정심리검사를 토대로 이루어진다.

누진처우는 누진계급을 4급, 3급, 2급, 1급 4단계로 나누고, 범죄인이 교정기관에 들어오면 먼저 4급을 부여한 다음, 각 계급마다 일정한 책임점수를 부여하여 매월의 소득점수(행동, 작업, 상훈)로 이를 공제하도록 하고, 자신의 책임점수를 완전 만회했을 때 상위 급에 진급하게 한다. 단

집행할 형기가 6개월 미만인 자, 환자, 임산부, 고령자 들은 급외자로 규정하고 급외의 등급을 가급, 나급, 다급으로 구분하여 등급에 따라 단계적인 처우를 한다. 급외자의 등급별 처우기준은 가급은 제2급, 나급은 제3급, 다급은 제4급과 각각 동일하게 처우하고 있다.

(2) 작업활동

특별한 경우를 제외하고 징역형을 받은 수용자는 수용 중 의무적으로 일을 해야 한다. 교도소는 수용자의 작업을 위해 대규모의 작업장을 확보, 운영하고 있다. 작업에 참여한 수용자는 임금이 아닌 소액의 상여금을 받는다.

(3) 혼거 수용

원칙적으로 수용자는 독거 수용하도록 하고 있으나 형편상 10여 명 안팎으로 혼거 수용하고 있다. 이는 수용자들 간 범죄 전염에 가장 위험한 영향을 미치는 주요 원인이라 할 수 있다. 그러나 수용자는 독거 수용보다는 4~5명 정도의 혼거 수용을 원하고 있다(최옥채, 1994).

(4) 시설 내 범죄에 대한 처벌

수용자가 교정기관에 수용 중 다른 범죄를 행하면 사법교도관의 조사를 받아야 한다. 이 조사에 의한 보고에 따라 교도소 바깥에서와 동일한 절차를 밟아 재판을 받고 형기가 추가된다.

(5) 외국인 범죄인의 처우

외국인 범죄인은 천안교도소에 수용하고 있다. 일부 한국인 수용자를 포함해 40여 개 나라 외국인 수용자의 한국 문화 이해를 돕기 위해 국제협력과를 신설해 '굿모닝코리아'라는 강좌를 운영하고 있다. 이 국제협력과는 의사소통문제, 국제관계 관련 업무, 한미행정협정(SOFA) 행정 업무, 고충처리 사항 처리 들을 맡고 있다. 천안교도소의 전신은 1938년 문을 연 인천소년형무소이고, 1990년과 2009년에 각기 천안소년교도소와 천안교도소로 바뀌고, 2010년에 외국인 전담 시설로 지정되었다. 한편 범죄인 처우 관련해 우리나라 근대 초기 외국인을 수용했던 교정시설의 실상을 소개한 자료가 있어 소개한다.

> 그 범인[미국 시민의 살인 혐의자]은 유죄판결을 받았다. 미국의 연방 법원에서 사형이 폐지되었기 때문에 그에게 종신형을 선고했다. 그 범인은 공사관 뜰에 있는 작은 건물 속에 3년간 징역을 살았다. 그 건물은 간수의 숙소와 유치장이 차지하고 있었다. 한번은 그 범인이 도주했지만 너무 춥고 배고파서 그는 기꺼이 체포되어 따뜻하고 간수들이 식사를 잘 시켜 주는 유치장으로 돌아왔다. 그러다가 국회에서 해외의 범인을 본국으로 송환하라는 법이 통과되어 그 범인은 캘리포니아주 샌 퀀틴(San Quentin)으로 호송되었다. 이곳에서 그는 어느 기념일인 1906년 4월 18일에 사면되어 샌프란시스코에 나타나도 좋다는 허락을 받았는데 바로 그 순간에 그는 거기에 도착한 것이다. 그는 나에게 편지를 보내 말하기를, 이 세상의 종말을 보려는 순간 살아있는 송장 같은 상태에서 벗어났다고 했다. (신복룡 역주, 1999)

(6) 출소

출소에는 만기출소와 가석방 가출소가 있다. 가석방에는 매달 실시하고 있는 일반 가석방과 특정한 날(국가 기념일)에 있는 특별 가석방과 보호관찰부 가석방이 있다.

(7) 범죄인을 위한 주요 프로그램

교정시설에서 실시하는 프로그램에 대해서는 8장에서 자세히 살펴보도록 하겠다. 이들 프로그램을 위한 시설 내 여건은 수용자의 인권보장이라는 차원에서 날로 변화하고 있다. 집필과 공중전화 허락, 면회 사전 예약제도, 부부만남의 집 운영 따위가 그 대표적인 예라고 할 수 있다. 이뿐만 아니라 정보지식사회에 걸맞은 컴퓨터와 외국어 교육 프로그램을 강화하고, 교도소 내에 대학 분교를 설치하여 운영하고 있다. 최근에는 수용자의 선거권이 논의되고 있다.

3) 사회복지사의 개입과 역할

교정시설에서 사회복지사가 핵심적으로 개입할 수 있는 부서는 분류심사과와 사회복귀과라고 할 수 있다. 특히 사회복귀과의 교회직 공무원이 담당하는 대부분의 업무는 사회복지사가 개입할 수 있는 일들이다. 나아가 분류심사과에서 하는 수용자 분류심사나 복지지원 업무에도 사회복지사가 개입하여 활동할 수 있다. 사회복지사가 교정시설에서 할 수 있는 일을 요약하면 다음 같다.

(1) 수용자의 생활적응 지원

수용자가 교도소 생활에 적응할 수 있도록 돕는다. 이 분야의 초보자는 자칫 수용자의 재범방지에 전념할 가능성이 높다. 그러나 재범방지보다 더욱 중요한 것은 수용자의 수형생활을 한층 편안하게 해 주는 것이다. 그러므로 사회복지사는 수용자의 생활이 일차적으로 안정될 수 있도록 도와야 한다. 예컨대 동료 수용자와 발전적 관계 형성, 담당 직원과 좋은 관계 형성, 작업장에 잘 적응하는 일 따위에 관여할 수 있다.

(2) 수용자와 직원 관계 향상

수용자와 직원의 관계가 향상되도록 돕는다. 수용자의 일상회복을 위해서 무엇보다 중요한 것은 수용자와 직원의 협력적인 관계라 할 수 있다. 직원은 수용자와 가장 가깝게 있는 공인으로서 수용자와 관계를 긍정적이고 생산적으로 유지해야 하는데, 이를 적극 도와야 한다.

(3) 수용자의 상담과 심리치료

수용자의 범죄유형에 따라 심층적 치료에 개입한다. 범죄의 정도가 심각한 경우 수용자의 일상회복을 위해 정신과의사, 임상심리사 들이 공동으로 참여하여 해결하는 데 원조할 수 있다. 예컨대, 알코올중독으로 인한 범죄, 마약범죄, 상습 범죄 따위를 꼽을 수 있다.

(4) 수용자 가족 지원

수용자 가족을 지지하고 돕는다. 수용자의 일상회복에 큰 영향을 미치는 중요한 인물 중 하나로 수용자의 가족을 들 수 있다. 수용자 가족의 안정화는 수용자가 교정기관에 수용 중일 때도 출소하여 생활할 때도 중요한 변수가 된다. 사회복지사는 이들 가족의 안정을 위해 지역사회의 인적·물적 자원을 동원하여 도울 수 있다.

(5) 지역사회자원 개발과 활용

교정시설에 필요한 자원을 개발·관리하는 데 집중해야 한다. 수용자와 그의 가족을 위해 활동할 수 있는 자원봉사자를 발굴하여 이들을 교육시키고 활동하도록 지원해야 한다. 특히 사회복지사는 지역사회에서 성실함을 인정받는 사람을 알아내어 좋은 자원을 확보하는 데 전력해야 한다.

(6) 수용자를 위한 프로그램 개발

수용자를 위한 새로운 프로그램을 수시로 개발해야 한다. 인간의 욕구가 날로 변화하듯 수용자의 욕구도 변화한다. 클라이언트의 욕구 변화는 결국 개입자의 접근기술이 변화·발전해야 함을 암시하는 것이다. 그러므로 사회복지사는 같은 유형의 수용자를 대하더라도 늘 새로운 기술을 익혀 적용해야 한다.

(7) 교정정책자문위원회 참여

사회복지사는 교정 당국이 운영하는 교정정책자문위원회에 참여해 교정정책의 전반적인 사항에 관하여 의견을 냄으로써 교정정책 발전에 기여할 수 있다. 이는 비행청소년이나 범죄인의 일상회복을 위한 직접 활동은 아니지만 간접 영향은 물론 교정정책에 사회복지사의 존재감을 불러일으킨다는 점에서 중요한 개입이라고 할 수 있다. 이 교정정책자문위원회는 기존 교정정책자문단과 교정개혁위원회를 통폐합해 2023년에 새로 출범했는데, 여기에 학식과 경험이 풍부한 외부 전문가를 참여시키고 있다.

4. 민간 보호 · 교정기관

비행청소년이나 범죄인을 위한 공식적인 민간 보호 · 교정기관은 한국법무보호복지공단, 법원위탁시설, 범죄피해자지원센터, 한국소년보호협회, 민영 교도소, 기타 시설을 들 수 있다. 이들 기관은 법원위탁시설과 한국소년보호협회가 민간 보호기관이고, 민영 교도소가 민간 교정기관이며, 나머지는 비행청소년과 범죄인을 대상으로 해서 보호와 교정기관의 혼합이라고 할 수 있다. 한 가지 분명히 할 것은 이들 현장에 사회복지사의 활동이 온전히 제도적으로 마련되지 않아 이들 기관을 전적인 교정복지실천 현장이라고 할 수 없다는 점이다. 앞으로 이의 제도화를 기대하며 살펴보자.

1) 조직

민간 보호 · 교정기관의 조직은 기관에 따라 공식화된 곳도 있고, 임의로 기관 자체가 규정한 곳도 있다. 앞의 경우로 한국법무보호복지공단을 들 수 있고, 뒤의 사례로 법원위탁시설을 꼽을 수 있다. 여기에서는 각 기관에 관한 소개와 함께 조직을 정리하였다.

(1) 한국법무보호복지공단

한국법무보호복지공단은 예전의 갱생보호회가 1995년에 한국갱생보호공단으로 설립되고, 2009년 현재의 이름으로 바뀌어 업무에도 변화가 있었다. 실제로 2025년 현재 전국에 20개 지부와 6개 지소를 거느리고, 7개 기술교육원과 3개 허그상담소를 설치 · 운영하고 있어 공단의 확장과 발전 상황을 알 수 있다. 허그상담소는 법무보호 대상자가 일자리 마련을 지원하는데, 예컨대 2023년에 문을 연 통영허그상담소는 대상자에게 조선업 관련 분야에 취업을 도모하고 있다.

한국법무보호복지공단은 당초 「갱생보호법」에 따라 설립되었고, 1995년 1월에 「보호관찰 등에 관한 법률」에 흡수 · 통합되고, 같은 해 6월에 공단으로 발전했다. 갱생보호제도의 자세한 내용은 5장의 보호관찰제도에서 다룰 것이다. 이 공단은 민간의 참여로 사업을 실시하고, 나아가 규모가 커서 일선 보호관찰소와 밀접한 관계를 유지하고 있다. 장차 보호관찰에서 독립되어야 할 것으로 본다. 이를 위해서는 법무보호복지공단이 법무부의 재정 지원 부담을 덜 수 있는 방안이 마련되고, 그래서 순수한 민간기관으로 발전해야 한다.

법무보호복지공단은 이사장 아래 사무총장이 지부를 총괄 지휘하고, 지부 조직은 단순하다. 예컨대 인천지부 경우 법무보호과(보호사업 총괄, 창업 등)와 취업지원과를 두어 운영되고 있다.

(2) 법원위탁시설

법원위탁시설은 아동보호치료시설과 소년보호시설로 구분하고 있는데, 아동보호치료시설은 「아동복지법」에 따른 아동복지시설로서 보건복지부 인구 · 아동정책관의 감독을 받으며, 일선에서는 시 · 군 · 구의 여성청소년과나 가정복지과 따위가 관장한다. 한편 소년보호기관으로 구분되는 위탁시설은 법원이 감독하고 있으며, 비인가 시설로 운영되고 있다. 이들 시설의 특징은 민간이 주체가 되어 운영된다는 점을 들 수 있다. 여기에 수용되어 있는 청소년은 「소년법」에 따라 법원의 6호 처분이나 보호자의 요청으로 시설보호를 받고 있다. 6호 처분을 받은 경우 6개월간 수용되며, 판사가 1회 연장할 수 있다.

법원위탁시설은 조직이 체계화되어 있지 않고, 대체로 원장 이하 단일 조직으로 운영되고 있다. 아울러 대부분 시설이 정부의 지원을 받으며 법원보다는 보건복지부나 여성가족부와 더욱 가깝게 관계함으로써 법원위탁시설이라는 특성이 퇴색하고 있다. 예컨대 성바오로 청소년의 집이나 전북소청원은 1990년대까지만 해도 법원위탁시설로 명성이 자자했었다. 이 시설에 관해서는 12장에서 자세히 소개하겠다.

(3) 범죄피해자지원센터

범죄피해자지원센터는 2004년부터 각 지방검찰청 중심으로 형편에 따라 시차를 두고 설립되었다. 2005년 「범죄피해자보호법」이 제정되면서 전국으로 확산되어 자리를 잡았고, 이 법은 센터의 운영을 위해 일부 재정을 지방정부가 지원하도록 하였다. 주요 사업으로 범죄피해 관련 상담을 비롯하여 피해자를 위한 응급치료와 의료비 지원, 고소인과 피고인의 중재, 법정 동행 같은 다양한 것이 있다. 한편 2009년 여성가족부 산하 재단법인 한국여성인권진흥원이 경찰과 협력해 디지털성범죄 피해자지원센터를 운영하고 있다.

범죄피해자지원센터는 전국 지방검찰(지)청 60곳에 설치되었고, 서울에 중앙센터가 운영되고 있다. 이들 센터의 조직은 단일조직이고, 서울의 중앙센터가 상담분과위원회, 의료지원분과위원회, 법률지원분과위원회, 홍보지원분과위원회 4개 위원회를 두고 있다.

(4) 한국소년보호협회

한편 한국소년보호협회는 민간단체로 비행청소년을 위한 선도에 참여해 왔던 중소기업인이 주도한 단체다. 이 단체는 한층 전문적이고 체계적인 사업을 위해 1998년에 재단법인으로 설립되었고, 1999년 한국소년보호학회를 만들어 학술대회를 열어 그 전문성을 제고하였다. 이 같은 학술대회는 2009년까지 있었고, 이후에는 시설 확충에 중점을 둔 것 같다. 요컨대 협회는 설립 이후 줄곧 가출이나 무의탁 같은 처지의 취약계층 청소년의 거택보호와 취업지원과 자립지도에 중점을 두고 있다.

이 협회는 이사장 아래 보호사업팀과 행정지원팀을 둔 협회본부가 전국에 8개 청소년자립생활관, 2개 청소년창업비전센터(화성과 안산에 각기 남자청소년과 여자청소년을 위한 센터)를 관장하고 있다. 특히 2025년 현재 카페 중심의 3개 창업보육기업을 운영하는 희망드림비즈니스라는 조직을 두고 있다.

(5) 민영 교도소

민영 교도소 소망교도소는 교회가 중심이 된 재단법인 아가페가 주도해 2010년 말 수용자 300명을 시작으로 문을 열었다. 민영 교도소 설립 근거는 2001년 제정된 「민영 교도소 등의 설치 · 운영에 관한 법률」이고, 민영 교도소는 이 법에 따른 명령과 위탁계약 내용의 적합 여부에 관하여 법무부장관의 검사를 받아야 한다. 아울러 제반 교정업무는 국영 교도소와 마찬가지로 「형의 집행 및 수용자의 처우에 관한 법률」에 의하고 있다. 2015년에 위탁계약기간을 20년 연장했다. 2017년 현재 400명으로 보고하는데, 이는 2014년의 최대수용인원 380명을 초과한 것이다.

2014년 현재 소망교도소는 우리나라 최소규모 교정시설로 운영에 필요한 재정을 정부가 약 90퍼센트를 지원함으로써 연간 국가재정 6~8억원을 절감하고 있다(이장영, 2014). 아울러 교정본부가 파견하는 교정직 공무원과 교정법인 아가페가 임명한 직원이 근무하고, 여러 전문 분야의 자원봉사자가 참여해 국영 교도소보다는 훨씬 다양한 프로그램을 제공하고 있다. 그럼에도 정부가 재정의 부담을 완화하기 위해 민영 교도소를 설치한 목적에는 미치지 못하고, 기독교 조직이 운영함으로써 한쪽으로 치우친 종교성을 면치 못하고 있다.

소망교도소 조직은 소장 아래 총무과(인사, 급여, 정책연구, 예산기획 들), 보안과(수용자 관리, 계호, 출정 · 호송, 심리치료, 고충처리, 교육 · 훈련 들), 복지과(시설의 유지와 관리, 수용자 일상용품과 음식물 지급, 타 부서지원 들), 사회복귀과(종교행사, 교회 · 문화행사, 수용생활지원, 가족관계회복 프로그램, 귀휴 들), 의료과(진료, 건강검진, 개인위생관리 들)를 두고 있다. 한편 소장은 퇴직한 교정직 공무원 중에서 선발하고, 이하 직원 중 교정본부가 파견한 사람은 없다. 2025년 현재 전체 직원 약 120명 중 약 10퍼센트가 퇴직한 교정직 공무원이라고 한다. 중요한 것은 사회복지사의 공식 채용 여부인데, 사회복지사를 선발하지 않고, 현직에 근무하는 중 사회복지사 자격을 취하는 사례가 있다고 한다. 교정복지 입장에서 볼 때 소망교도소의 이런 사실은 매우 안타까운 처사라고 생각한다.

(6) 기타 시설

비행청소년과 범죄인을 위해 법무부에서 허가하고 있는 시설과 비인가 시설이 전국에서 운영되고 있다. 대표적인 인가 시설로는 빠스카교화복지회가 출소자를 위해 운영한 대구빠스카의 집, 담안선교회가 운영한 서울 성애원을 들 수 있다. 한편 비인가 시설로는 전북 사랑의 집, 충북 하늘빛자리, 경기 밝음터, 서울 아브라함의 집 들이 운영되었다. 이들 시설은 출소자의 생활안정과 취업을 지원하며 명성을 높였고, 대부분 종교인이 교정그룹홈으로 운영했던 것이 특성이라고 하겠다. 한편 가출 청소년을 위한 쉼터도 여기에 포함되는 곳도 있는데, 이들 시설은 지방자치단체가 재정을 지원하고 있다.

2) 비행청소년과 범죄인의 처우

민간 보호 · 교정기관에서 비행청소년이나 범죄인을 처우하는 데 가장 크게 기대하는 것은 사회복지사의 활동이라고 보는데, 만족할 수 없어 유감이다. 한국법무보호복지공단부터 살펴보았다.

(1) 한국법무보호복지공단

법무보호복지공단에서 서비스를 받는 출소자나 소년원 가퇴원자는 대부분 무의탁자로 생활관에 있으면서 여러 가지 도움을 받고 있다. 위탁시설에서는 시설의 특성과 청소년의 성향에 맞추어 교육이나 직업훈련을 실시하고 있다. 특히 직업훈련을 받은 청소년은 외부에서 실시하는 각종 기능대회나 자격시험에 응시할 수 있고, 자격을 취득하면 사회진출을 쉽게 할 수 있다. 그러나 이들은 합당한 심리사회적 서비스를 전문적으로 충분히 받지 못하고 있다.

법무보호복지공단에서는 교도소와 소년원에서 나온 이들을 수용 · 보호하면서 직업훈련, 취업알선, 합동결혼식 같은 서비스를 제공하고 있다. 특히 보호관찰소와 긴밀한 관계를 맺고 보호관찰 대상자에게도 같은 서비스를 제공하고 있다. 이곳에서는 6개월간 생활할 수 있으며, 1회 연장하여 1년간 살 수 있다. 한편 사회적 차별로 취업기회를 잃어 사회적응에 어려움이 있는 출소자에게 소자본 창업에 필요한 임차보증금을 최대 4,000만 원까지 지원하고 있다.

최근에는 앞에 소개한 바처럼 여러 지부와 지소는 물론 기술교육원과 허그상담소를 설립해 대상자의 취업을 위해 노력을 기울이고 있다. 소년원을 나온 청소년이나 성인 출소자를 위한 활동이 매우 고무적이라고 하겠다. 비행과 범죄에 관한 관심이 커지고 있는 사회 분위기에서 앞으로도 계속 확장, 발전할 것으로 예상한다.

(2) 법원위탁시설

법원위탁시설에서는 수용 청소년에게 학업과 직업훈련을 실시하고 있다. 대표적인 시설로 서울 살레시오근로청소년회관과 대전 효광직업훈련원을 들 수 있다.

한편 가출청소년쉼터의 특성은 보호기간에 따라 2주 이내 일시보호, 2개월 이내 단기보호, 6개월 이내의 중기보호를 실시하고 있다. 이뿐만 아니라 18세까지 대상자를 보호하는 장기보호 시설도 있다.

(3) 범죄피해자지원센터

범죄피해자지원센터의 주요 목적은 범죄피해자가 사건이 일어나기 전 상태로 회복하는 것이다. 아울러 범죄피해자를 각자 맞은 위기로부터 구하는 것만이 아니라 범죄 피해로 인해 발생하는 스트레스에 대처하고, 나아가 같은 피해를 당하지 않도록 돕고 있다.

(4) 한국소년보호협회

한국소년보호협회는 전국에 지회를 설치하여 보호대상 청소년을 위한 사업, 청소년비행 예방, 비행청소년 관련 공무원과 교사를 위한 교육프로그램을 실시하고 있다(한국소년보호학회, 1999). 이외에도 이 협회는 청소년유해환경감시단, 청소년독서실, 청소년쉼터, 학회 따위를 부설로 운영한다고 하나 활발하지 않은 것으로 나타나고 있다.

(5) 민영 교도소

앞에 언급한 바처럼 민영 교도소는 수용자의 일상회복을 위해 여러 프로그램을 운영하고 있다. 초기에는 수용자의 개별 특성에 맞게 설계된 종합 프로그램을 단계별로 실시하였다. 예컨대 변화로의 첫걸음(1단계), 여럿이 함께(2단계), 치유와 회복(3단계), 레인보우 프로젝트(4단계), 새로운 시작(5단계)을 실시하였다(이장영, 2014). 2020년에는 예능인성 프로그램을 비롯해 공감인성, 전인회복, 아버지학교 같은 프로그램을 실시함으로써(천정환, 2021) 수용자를 위한 프로그램의 유연성을 보이고 있다.

(6) 기타 시설

기타 시설은 기본적으로 출소자의 숙식을 제공하고, 이들이 취업할 수 있게 적극 지원하고 있다. 시설에 따라서는 사업체를 직접 운영하며 출소자의 취업을 자연스럽게 연결하기도 한다. 앞에 언급한 바처럼 기타 시설은 대체로 종교기관이 운영하고 있는데, 재정의 어려움을 겪는 곳이 많다.

3) 사회복지사의 개입과 역할

사회복지사는 비행청소년과 범죄인을 이해하고 나아가 함께 어울릴 수 있으며 이들의 치료에도 개입할 수 있다.

(1) 한국법무보호복지공단

한국법무보호복지공단의 생활관과 위탁시설에 수용되어 있는 성인이나 청소년은 대부분 직계 보호자가 없으므로 사회복지사가 이들의 일상회복에 필요한 자원을 평소 관계하고 있는 연결망을 활용하여 도울 수 있다. 직접 사회복지사로 취업해 개입할 수 있고, 나아가 각자의 노력에 따라 자원봉사자의 명분으로 접근할 수 있다. 예컨대 법무보호복지공단에서는 범죄예방자원봉사위원(취업알선과 재정지원위원)을 위촉하므로 자원봉사자로서 참여할 수 있다.

(2) 법원위탁시설

법원위탁시설에서는 사회복지사로서 직접 근무할 수 있다. 나아가 후원자나 협력자로서 활동할 수 있다. 한편 사회복지사의 전문적인 활동은 선도보호소와 가출청소년쉼터의 청소년에게 큰 도움을 주고 있다.

(3) 범죄피해자지원센터, 한국소년보호협회, 기타 시설

이 현장은 사회복지사가 근무하는 경우가 많고, 그렇지 않은 곳은 사회복지기관과 연계해 여러 사업을 실시할 수 있다. 한 가지 안타까운 점은 범죄인과 상대하는 것을 부담스러워하거나 꺼려 함께 하는 사업을 피하는 사회복지기관이 적지 않다는 사실이다. 이는 사회복지기관 측이 아직도 비행청소년이나 범죄인에 관한 이해와 이들을 대응하는 경험이 부족하기 때문이라고 생각한다.

(4) 민영 교도소

선행연구에서 민영 교도소가 교정복지의 전문성이 확보되어야 한다고 강조함에도(천정환, 2021), 이를 위해 합당한 수의 사회복지사를 채용하지 않고 있다. 한편 소망교도소 내부 자료에 의하면 2017~2020년 3년간 재범률이 6.9퍼센트임을 내세워 국영 교도소의 30퍼센트 재범률과 비교해 자랑하는데(천정환, 2022), 이는 정확한 판단은 아니라고 생각한다.

5. 사회복지기관

대표적인 사회복지기관으로 앞에 언급한 법원위탁시설을 비롯해 아동복지시설, 가출청소년쉼터, 사회복지관, 기타 「사회복지사업법」이 규정하는 시설 들을 꼽을 수 있다. 특히 가출청소년쉼터는 사회복지사가 시설운영에 대거 참여하고 있으나 가출청소년이 비행으로 빠지기 쉬운 측면이 있기 때문에(이민희 외, 1998) 주요 교정복지실천 현장으로 보아야 한다. 이들 시설은 정부(보건복지부, 여성가족부, 지방자치단체)의 재정 지원과 순

수 민간시설로 구분할 수 있다. 이 중에서도 가장 중요한 기관으로 사회복지관을 들 수 있다. 따라서 사회복지관 중심으로 살펴보겠다.

1) 조직

사회복지관은 교정복지실천 현장으로서 비행(청소년) · 범죄(인)와 밀접한 지역사회와 관련한다는 점에서 강조할 수 있다. 낙인해서는 안 되는데, 특히 청소년의 비행이 잦게 발생하는 지역사회에 대체로 사회복지관이 설치 · 운영되고 있다. 그래서 사회복지관을 거점으로 부적응청소년을 관리하거나 이들의 비행을 예방하는 차원에서 활동하는 사회복지사가 적지 않다.

(1) 전국 규모

사회복지관은 전국에 널리 설치되어 사회복지기관으로는 가장 큰 규모이다. 2024년 현재 483개소가 설치 · 운영되고 있다. 각 사회복지관의 규모에 따라 가형(건평 2,000㎡ 이상), 나형(건평 2,000㎡ 미만), 다형(건평 1,000㎡ 미만)으로 구분하고 있다. 이렇게 전국 규모 기관임에도 이를 규정하는 법이 따로 마련되지 않은 것이 한국 사회복지의 모순이라고 하겠다.

(2) 유연성

개별 사회복지관의 조직이 유연성을 띤다는 것은 2가지 측면에서이다. 한 가지는 규모가 큰 몇 곳을 제외하고는 5개 안팎의 부서를 두어 부서들 간 업무를 서로 공유하는 정도가 높다는 측면이다. 예컨대 여수문수종합사회복지관은 관장 아래 소통화합과(운영지원), 행복나눔과(사례관리, 서비스지원, 지역조직사업), 희망복지과(재가노인, 노인맞춤돌봄) 3개 부서를 두었는데, 이들 부서 이름에서 조직의 유연성을 느낄 수 있겠다.

다른 한 가지는 기관별 조직의 규모가 달라 기관의 자체 업무가 자유롭게 적용된다는 측면이다. 예컨대 태화기독교사회복지관은 1921년 태화여자관으로 문을 열어 100년이 넘는 역사를 지니고, 관장 아래 부장을 두고, 부장 아래 경영지원팀, 시설관리팀, 복지사업1팀(후원사업, 자원봉사자관리, 홍보사업, 시설개방지원사업 등), 복지사업2팀(사례관리, 지역사회보호사업, 한부모가족지원사업 등), 복지사업3팀(아동청소년심리정서지원사업, 교육복지네트워크사업, 돌봄가족지원사업 등), 평생학습팀을 두고 있다. 아울러 부설 센터로 태화기독교사회복지실천센터, 태화해뜨는샘, 태화함께키움센터를 운영하고 있다.

(3) 자율성

개별 사회복지관의 조직은 대체로 소규모이면서 성원이 자율적으로 근무한다고 보아 크게 틀리지 않을 것이다. 물론 직원이 맡은 사업에 따라 실적을 내야 하는 압박을 받기도 하지만 다른 공공조직에 비하면 자율성이 강하다고 하겠다. 이 같은 조직의 특성은 사회복지관뿐만 아니라 다른 사회복지기관에서 보는 일반적 사례라고 생각한다.

2) 비행청소년과 범죄인의 처우

사회복지관에서 비행청소년과 범죄인을 직접 접하는 경우는 거의 없다고 하겠다. 다만 연계 기관으로 교정복지실천에 참여하는 곳이 있다. 굳이 사회복지관이 비행(청소년)과 범죄(인)를 접하며 실시하는 업무는 다음 몇 가지로 요약할 수 있겠다.

(1) 예방

사회복지관은 비행과 범죄 예방에 협력하고 있는데, 이는 2가지 방법으로 이루어지고 있다. 그중 하나는 사회복지관이 비행이나 범죄에 취약한 곳에 위치함으로써 일상에 부적응하는 청소년이나 범죄에 취약한 성인을 수시로 지원함으로써 이들이 비행이나 범죄를 예방하고 있다. 이런 실상에 관한 연구가 나와야 할 터이다.

(2) 연계 사업

사회복지관은 비행청소년이나 범죄인의 일상회복을 위한 연계사업에 참여하고 있다. 실제로 1990년대 초 사회복지기관으로는 가장 먼저 보호관찰 청소년을 대상으로 보호관찰소가 펼치는 연계사업에 참여했다. 이에 관해서는 5장에서 소개하였다.

(3) 생필품 지원

사회복지관은 비행이나 범죄의 전력을 가지고 있는 주민에게 생필품을 직접 지원한다. 사회복지관이 사전에 서비스를 받는 대상자가 소년원이나 교도소에서 나온 사실을 알고 개입한 것이 아니라 서비스를 제공하면서 드러난 것이다. 특히 비행청소년과 범죄인의 가족에게 제공하는 사례가 더 많기도 하다. 사회복지관은 으레 주민에게 서비스를 제공하며 대상자의 신분을 구별하지 않아 이런 현상은 매우 자연스럽고, 이런 상황은 사회복지관을 비롯한 사회복지기관의 강점이라고 할 수 있다. 이런 점을 살려 사회복지관은 비행청소년과 범죄인을 비롯해 이들 가족에게 제공하는 서비스에 한층 더 적극적으로 임하면 좋겠다.

3) 사회복지사의 개입과 역할

사회복지관의 사회복지사는 평소 주변 청소년에 대한 개인적 성향, 가족관계, 학교생활 같은 다양한 정보를 접하고 있어 다른 어떤 전문 인력보다 이들에게 쉽게 접근할 수 있다. 요컨대 사회복지관의 사회복지사에게 비행과 범죄의 예방 관련하여 다음 같은 핵심적인 임무를 강조할 수 있다.

(1) 주민에게 사법 서비스 제공

지역사회 주민에게 사법 서비스를 제공할 수 있다. 비행과 범죄에 관련하고 있는 제반 제도와 범죄인에게 유용한 정보가 적지 않다. 예컨대 사회복지관에서 변호사를 자원봉사자로 투입하여 법률상담 서비스를 제공하듯 비행과 범죄에 관한 상담 서비스를 얼마든지 제공할 수 있다. 사법 서비스를 위한 사회복지사의 활동은 현재 법무사에 버금가는 역할이라고 할 수 있다.

(2) 비행과 범죄 예방 프로그램 운영

지역사회 자원을 동원하여 비행과 범죄 예방을 위한 실제적인 프로그램을 운영할 수 있다. 사회복지사는 자신이 근무하고 있는 기관의 자원은 물론 지역사회 내 유용한 자원을 동원하는 데 익숙하다. 따라서 사회복지사는 지구대나 파출소, 자율방범대 따위와 연계함은 물론 여타 필요한 자원을 지역사회로부터 발굴하여 원활하게 개입할 수 있다.

(3) 현장들 간 교류

지역사회의 사회복지사는 제반 교정복지실천 현장과 교류함으로써 비행청소년이나 범죄인과 이들 현장 간 중개자 역할을 할 수 있다. 비행과 범죄를 망라하는 경찰, 검찰, 법원, 보호 · 교정기관 들의 실무자 중심으로 관련 여러 기관이 교류하며 서로 유익한 활동을 펼칠 수 있다. 이를 위해 사회복지사는 평소 크게 신경을 쓰지 않고 자연스럽게 이들 기관의 실무자와 관계를 형성해 두어야 한다.

04 좀 더 살펴보기

사회복지실천의 2차 현장

사회복지실천에서 1차 현장은 대체로 「사회복지사업법」이 규정하는 여러 사회복지법에 따른 기관이나 시설을 일컫고, 2차 현장은 사회복지사가 필요해 사회복지사를 협업 인력으로 채용한 기관이나 시설을 뜻한다고 보면 될 것이다. 2차 현장에서 활동하는 대표 사회복지사로 정신건강사회복지사, 의료사회복지사, 학교사회복지사(교육복지사)를 꼽을 수 있다.

사회복지사가 활동할 수 있는 제도가 날로 확장되어야 할 것인데, 바로 이 2차 현장이 확대, 발전해야 한다. 이는 2차 현장이야말로 사회복지사가 타 전문가와 협업하면서 사회복지사로서 전문성을 발휘하고, 나아가 전문성을 한층 더 강화할 수 있는 터전이기 때문이다. 이런 사실은 누구도 부인할 수 없을 터이다. 이 같은 사회복지실천의 2차 현장을 기억하며 우리 사회복지사가 준비, 각오해야 할 사항을 다음 몇 가지로 정리했다.

첫째, 사회복지사로서 전문성을 강화해야 한다. 이 전문성은 타 분야 전문가가 갖춘 것을 따지며 사회복지사로서 고유성과 독창성을 주장할 수 있어야 한다. 그래서 타 분야 전문가로부터 인정을 받아야 한다.

둘째, 사회복지사로서 활동에 한계가 있음을 알아야 하고, 그래서 타 전문가와 진정한 협업을 해야 한다. 진정한 협업은 각자 자신의 전문성을 터득하고, 상대의 전문성을 정확히 이해함으로써 가능할 것이다. 아울러 사회복지사는 타 전문가에게 자신의 전문성을 명확하게 알리고, 그 전문성이 현장에 적용될 수 있게 분위기를 만들어야 한다. 내가 경험한 바를 소개하면, 2000년 전까지만 해도 교도소에 근무하는 교정직 공무원이 수용자의 일상회복을 위한 전문 인력이라고 주장한 것에 대응하느라 어려움이 있었다. 나는 수용자의 계호를 맡은 교정직 공무원이 수용자의 일상회복을 위한 상담가나 지원가가 되는 것은 오히려 수용자에게 혼돈만 가져오게 할 뿐이라고 강조했다. 이는 중·고등학교의 특정 교과목을 맡은 교사가 상담가로 활동하는 것 같은 이치라고 할 수 있다.

셋째, 2차 현장에서 적용되는 제도(법)와 실무를 뒷받침하는 지식을 익히고, 이곳 실무자가 활용하는 기술의 속성을 파악해야 한다.

넷째, 사회복지실천의 2차 현장은 제도적으로 더욱 확장되어야 한다. 예컨대 초·중·고등학교에 학교사회복지사가 온전히 투입되게 제도가 보완되어야 한다. 이뿐만 아니라 종합병원의 의료사회복지사의 활동이 정상 가동되어야 하고, 군(軍)에 군사회복지사가 활동할 수 있는 환경이 마련되어야 한다.

제 5 장

교정복지 관련 주요 제도

정의는 오직 법으로서 현실화되거나 실행될 수 있다.
(서규환, 2017)

교정복지의 클라이언트인 비행청소년과 범죄인은 여러 제도(법)들과 관계하고 있다. 즉 사회복지사가 상대하는 비행청소년과 범죄인은 관련 제도에 따라 이들이 받는 처우가 달라진다. 따라서 사회복지사는 이들 제도를 충분히 익혀야 한다. 대체로 비행청소년과 범죄인은 비행이나 범죄로 인하여 수사부터 구금까지 과정에서 교정복지 관련 제도에 따르고, 지역사회로 돌아와서는 사회복지제도도 함께 적용 받는다.

한편 교정복지에서 관심을 두는 대상은 성인 범죄인보다 비행청소년을 비롯한 청소년 범죄인이라고 보는 것이 어느 정도 합당하다. 그만큼 성인 범죄인에게 교정복지 차원에서 개입하는 데 한계가 있기 때문이다. 반면 비행청소년이나 청소년 범죄인에게는 개입의 여지가 많고, 성과 면에서도 한층 크다고 하겠다.

이 장에서는 소년보호처분, 선도조건부기소유예, 소년자원보호, 치료감호, 보호관찰, 법무보호복지, 가정보호처분, 범죄피해자지원, 법률구조 제도를 다루겠다. 이들 제도는 각 제도의 소개, 교정복지 맥락, 논의라는 틀로 소개하겠다. 아울러 좀 더 살펴보기에서는 보호·교정기관에 알려야 할 주요 사회복지제도를 소개하였다.

1. 소년보호처분

소년보호처분은 「소년법」이 명시하고 있는 소년보호사건에 대한 처분을 규정한 것이다. 여기에서는 소년보호처분에 대한 내용이 사회복지사의 활동에 매우 유용할 것으로 보고 소년보호처분의 내용과 절차 중심으로 알아보겠다.

1) 소개

일제의 구 「소년법」에 따른 「조선소년령」이 1942년에 공포되었고, 1958년에 「소년법」을 제정했으며, 1963년과 1977년에 일부 규정을 개정한 후 1988년에 전면 개정하였다(법원행정처, 1997). 이 전면 개정은 독립된 기관인 보호관찰소의 설치를 규정하였고, 소년원송치처분을 장·단기로 구분함으로써 소년보호사건의 새로운 전기를 마련한 계기가 되었다. 이 제도의 주요 내용과 절차를 살펴보면 다음 같다.

(1) 주요 내용

「소년법」(오세경 편, 1996)에 따르면 소년부 판사는 20세 미만의 소년사건에 대한 심리 결과 보호처분이 필요하다고 인정한 때는 다음처럼 10가지 처분 중 하나를 내릴 수 있다.

첫째, 보호자나 보호자를 대신하여 소년을 보호할 수 있는 자에게 감호를 위탁하는 결정을 한다. 이를 1호 처분이라고 하고 처분 받은 소년은 바로 가정으로 돌아가 보호자의 감독을 받는다.

둘째, 2호 처분과 3호 처분으로 보호관찰소에서 각기 100시간 이내의 수강명령과 200시간 이내의 사회봉사명령을 받는다.

셋째, 4호와 5호 처분으로 보호관찰 실무자로부터 각기 1년간 단기보호관찰과 2년간 장기보호관찰(1년 연장 가능)을 받는다. 이때 대상 청소년은 보호관찰 실무자의 감독과 지도를 받고, 범죄예방보호위원의 도움을 받는다.

넷째, 「아동복지법」상 아동복지시설인 보호치료시설과 기타 소년보호시설에 감호를 위탁하는 결정을 할 수 있다. 이는 6호 처분으로 대부분 대상 소년의 가정에 어려움이 있는 경우에 해당한다.

다섯째, 병원과 요양소에 위탁하는 결정을 할 수 있다. 이는 7호 처분으로 비행청소년 중 정신적인 어려움을 가지고 있는 대상 청소년으로 마약 혹은 약물 사용자나 정신질환자가 받는다.

여섯째, 8호 처분, 9호 처분, 10호 처분으로 각기 1개월 이내, 6개월 이내, 2년 이내 소년원에 들어가 생활한다. 6개월 이내는 단기 소년원 송치, 2년 이내는 장기 소년원 송치라고 한다.

(2) 절차

소년보호사건에서 보호처분을 받는 절차는 조사, 심리, 처분으로 구분하여 정리할 수 있다.

① 조사

소년보호사건의 대상 청소년은 소년분류심사원이나 소년원에 수용되어 심리를 위해 조사받는다. 조사는 의학, 심리학, 교육학, 사회학 기타 전문적인 지식을 활용하여 소년과 보호자나 참고인의 성행, 경력, 가정 상황, 기타 환경 따위를 규명하는 것이다.

이 조사는 소년분류심사원이나 소년원의 분류심사관이 하는데, 이때 정신과의사, 심리학자, 사회복지사, 교육자 들의 의견을 참작할 수 있다. 소년분류심사원에서는 이 결과를 토대로 분류심사회의를 개최하고, 그 결과를 소년부 법원에 통보하여 담당판사가 심리하는 데 직접적인 도움이 되도록 하고 있다.

② 심리

소년부 판사는 소년보호사건에 대한 심리 일정을 소년 본인과 보호자에게 알려야 한다. 심리는 친절하고 온화하게 해야 하고 공개하지 않음을 원칙으로 한다. 심리에서 분류심사관 혹은 조사관, 보호자, 보조인은 의견을 진술할 수 있다.

③ 처분

소년부 판사는 심리 결과를 1호 처분에서 10호 처분 중 한 가지를 선택하여 결정한다. 판사는 보호처분을 할 수 없거나 불필요할 때는 불처분 결정을 내릴 수 있다. 소년보호처분 결정에 대해 법령의 위반이 있거나, 사실에 잘못이 있거나, 처분이 부당한 때는 본인, 보호자, 보조인이나 그 법정 대리인은 관할 가정법원이나 지방법원 본원 합의부에 항고할 수 있는데, 7일 이내에 해야 한다.

2) 교정복지 맥락

소년보호처분에서 교정복지실천은 다음 같은 맥락에서 중요하다.

(1) 심리에 필요한 정보수집에 협력

사회복지사는 심리를 위한 정보수집으로서 실시하는 조사에 협력할 수 있다. 이는 매우 바람직한 일로 지역사회 내 사회복지사는 평소 비행청소년에 관한 정보를 누구보다도 다양하고 상세하게 접하고 있어 이를 적극 활용할 수 있다. 이러한 정확한 정보를 분류심사관이나 조사관에게 제공하면 합당한 심리에 크게 도움이 될 것이다.

(2) 직접 개입

지역사회 내 사회복지사는 처분 받은 대상 청소년을 위해 지도·감독할 수 있다. 특히 사회복지사는 지역사회 자원 동원을 위한 구축망을 형성하고 있어 처분 대상자에게 한층 원활하게 개입할 수 있다.

3) 논의

소년보호처분 관련하여 교정복지 차원에서 다음 몇 가지를 논의에 부친다.

(1) 사전조사의 강화

소년분류심사원이나 소년원 측이 실시하고 있는 조사과정에서 심리 대상자의 가정과 지역사회에 관한 조사가 충분히 이루어지지 못하고 있다. 이는 업무상 분류심사관이 대상자의 가정과 지역사회에 찾아가 적극적으로 활동할 수 없기 때문이다.

(2) 사회복지사의 공식적 개입

소년보호처분에서 조사, 심리, 처분 관련하여 사회복지사가 공식적으로 개입할 수 있는 여건이 마련되어야 한다. 그래서 심리 대상자의 가정이나 지역사회를 잘 알고 있는 사회복지사의 도움을 받을 수 있도록 제도가 개선되어야 한다.

2. 선도조건부기소유예와 소년자원보호

선도조건부기소유예란 대체로 청소년의 비행이 가볍고 이들의 가정환경이 안정된 경우, 검찰이 위촉한 범죄예방자원봉사위원협의회 내 상담지도분과위원의 지도를 받도록 검사가 내리는 처분이다. 한편 소년자원보호제도는 1985년 서울가정법원의 판사, 소년과 직원, 자원보호자 들의 협력으로 비행청소년의 재비행 방지와 예방에 상당한 성과를 거두면서 1987년 소년자원보호자협의회를 정식으로 구성하면서 오늘에 이르고 있다. 이 두 제도를 구분해 소개와 교정복지 맥락과 논의 내용을 정리하였다.

1) 선도조건부기소유예

선도조건부기소유예제도는 1978년 광주지방검찰청에서 20세 미만의 비행청소년을 대상으로 처음 시험 실시하였다. 그 결과 반응이 좋아 1981년부터 「소년선도보호지침」을 제정하여 전국에 확대 실시하였다. 선도조건부기소유예제도의 소개, 교정복지 맥락, 논의 사항을 살펴보자.

(1) 소개

이 제도의 필요성과 절차를 광주지방검찰청 자료(광주지방검찰청 소년선도위원연합회, 1995)를 바탕으로 소개한다.

① 필요성

검찰이 강조하는 선도조건부기소유예제도의 필요성을 다음 같이 요약할 수 있다.

첫째, 청소년은 인격적으로 미완성체이므로 지역사회에서 선도하면 개선의 가능성이 높기 때문에 굳이 교도소나 소년원에 수용시키지 않아도 된다. 이들을 시설에 수용할 경우 교정보다는 오히려 악성 범죄에 감염될 수 있기 때문에 사회 내 처우가 바람직하다.

둘째, 형사절차 중간 단계에서 석방이 예상되는 경우라면 검찰 단계에서 비행청소년의 반성 태도와 사회복귀 의지가 퇴색되기 전에 조기 석방함으로써 선도 효과를 극대화하고 수용기간의 단축으로 국가 예산도 절감할 수 있다.

셋째, 범죄예방자원봉사위원을 비롯한 여타 자원봉사자의 참여와 범죄 예방 활동을 활성화함으로써 민간화합을 도모하고 비행청소년을 포용하는 지역사회 분위기를 확산시킬 수 있다.

② 절차

선도유예의 절차는 대상자 선정, 범죄예방자원봉사위원 선정, 선도보호 위탁, 사후관리로 구분해 볼 수 있다.

● 대상자 선정

비행 내용의 경중을 가려 재비행 가능성이 희박한 18세 미만의 비행청소년을 주요 대상자로 선정한다. 단 공안사범, 마약사범, 흉악범, 조직적이거나 상습적인 폭력배, 치기배, 현저한 파렴치범은 제외함을 원칙으로 한다. 선정은 담당검사가 소년사건의 비행성 예측자료표와 비행청소년의 환경조사서를 참작하고, 유예소년의 보호자, 교사, 직장상사의 의견, 피해보상 여부와 피해자 감정, 유치장 행장기록을 참작하여 비행동기, 수단, 결과, 비행 후의 정황, 피해자와 관계 따위를 바탕으로 선별하고 있다.

● 범죄예방자원봉사위원 선정

담당검사는 대상 청소년의 주거지나 가까운 곳에 거주하는 범죄예방자원봉사위원을 선정하여 위탁해야 한다. 그러나 더욱 효과적으로 선도할 수 있는 보호자, 학교교사, 직장상사가 있을 때는 이들을 비상임범죄예방자원봉사위원으로 위촉하여 위탁할 수 있다.

● 선도보호 위탁

담당검사는 범죄예방자원봉사위원을 선정하여 대상 청소년을 「범죄예방자원봉사위원 수칙」이 정하는 바에 따라 선도보호해 줄 것을 위탁한다. 이때 대상소년의 인적사항, 범죄사실, 선도시 유의사항을 첨부한 소년선도보호위탁서를 범죄예방자원봉사위원에게 교부한다.

● 사후관리

범죄예방자원봉사위원은 대상 청소년을 월 1회 접촉하고 이에 따른 경과 통보서를 작성해 검찰청에 통보해야 한다. 대상 청소년의 유예기간은 1급이 1년, 2급이 6개월이나 3개월씩 2차에 걸쳐 각각 연장할 수 있다. 한편 담당검사는 유예 청소년이 다시 비행이나 범죄에 빠지지 않고 준수사항을 지키면서 선도기간을 넘기면 담당 범죄예방자원봉사위원의 의견을 참고해 선도보호조치를 해제하고 이를 유예 청소년과 보호자에게 알려야 한다.

(2) 교정복지 맥락

선도조건부기소유예제도는 비행청소년의 지역사회 내 처우로서 교정복지 측면에서 매우 중요한 의미를 갖는다. 그 중요한 의미를 다음 같이 정리할 수 있다.

● 자원봉사자로서 참여

지역사회에서 비행과 범죄 관련하여 활동하고 있는 사회복지사는 자원봉사자로서 범죄예방자원봉사위원 활동에 참여할 필요가 있다. 이 활동을 통해 사회복지사는 검찰과 관계하면서 지역사회의 비행이나 범죄와 관련하는 활동에 검찰을 지원체계로 활용할 수 있다.

● 프로그램 실시

예컨대 지역사회의 사회복지관에서 선도유예 대상 청소년 중심으로 집단활동, 캠프, 체육활동 같은 교정복지 프로그램을 실시할 수 있다. 이런 프로그램은 그 실적에 따라 차후 검찰의 협조를 얻어 재정적인 지원도 가능하게 될 것이다.

(3) 논의

교정복지의 맥락에서 선도조건부기소유예제도의 활성화를 위해 검찰은 다음 같은 사항을 검토해야 한다.

● 실무자로서 사회복지사 활동

검찰은 현재 선도조건부기소유예제도를 운용하는 데 사회복지사를 실무자로 채용하는 안을 신중히 검토해야 한다. 이는 청소년의 비행이나 범죄와 관련하여 지역사회에서 가장 적합한 활동 여건을 갖춘 전문 인력으로 사회복지사를 꼽을 수 있기 때문이다.

● 자원봉사자의 철저한 관리

검찰은 범죄예방자원봉사위원으로 활동하고 있는 자원봉사자를 검증해야 한다. 아울러 활동이 불성실하거나 유명무실한 위원은 해촉함으로써 분위기를 쇄신하는 작업이 필요하다.

2) 소년자원보호

소년자원보호제도는 「소년법」에 의거한 1호 처분에 중점을 두고 있다. 이는 '보호자 또는 보호자를 대신하여 소년을 보호할 수 있는 자에게 감호위탁하는 것'에 해당하는 소년보호사건의 대상자를 위한 것이다. 이들 중 보호자가 없거나 있어도 그 역할이 미흡할 때 사회적으로 덕망 있고 청소년에게 관심과 애정을 가진 자원보호자를 지정하여 1차에 한해 6개월 동안 상담 · 지도 · 보호하도록 하고 있다. 이 제도의 소개, 교정복지 맥락, 논의를 살펴보자.

(1) 소개

이 제도에 대한 자세한 내용을 신규태(법원행정처, 1997)와 이정남(광주지방법원 소년자원보호자협의회, 1994)의 자료를 참고로 정리하였다.

● 필요성

소년자원보호자제도의 필요성은 다음 두 가지로 요약할 수 있다.

첫째, 1호 처분 대상자의 원만한 적응을 위해서는 지역사회의 자원봉사자가 개입하여 도움을 주는 것이 바람직하다. 왜냐하면 1호 처분을 받은 청소년은 자신의 가정환경 개선이나 생활상 제약 없이 이들의 부모에게 돌아감으로써 재비행 억제가 약해지기 때문이다.

둘째, 1호 처분 대상자 중에는 심리상담 같은 심리심층적 서비스를 받아야 하는 경우가 많기 때문에 지역사회 전문 자원봉사자의 도움이 필요하다. 훈육만으로도 건전한 청소년으로 변화할 수도 있으나 이들의 성격상 문제점이나 가정교육 기능의 미흡과 불량 교우관계 따위의 개선을 위해서는 전문 자원봉사자의 도움이 필요하다.

● 절차

보호처분 대상자를 자원보호자에게 위탁하여 보호하는 절차를 다음처럼 정리할 수 있다.

첫째, 소년부 판사가 보호처분 대상자를 자원보호자에게 감호위탁처분을 결정하면 청소년과 보호자는 소년자원보호자협의회에 알려야 한다.

둘째, 협의회에서는 청소년의 비행정도, 가정환경, 주거환경과 자원보호자의 직업, 경력 따위를 참고하여 적당한 자원보호자를 선정하여 처분결정서와 소년감호일지를 보낸다.

셋째, 위탁감호는 6개월이며 이 기간 동안 소년자원보호자는 소년감호일지를 작성하여 3개월마다 협의회를 거쳐 법원에 제출해야 한다.

넷째, 대상 청소년이 자원보호자의 지시에 따르지 않거나 이를 회피하면 법원은 자원보호자의 통보에 따라 6개월간 감호 기간을 연장하거나 처분을 변경할 수 있다. 보호기간이 끝나면 종결을 알리는 감호일지를 제출함으로써 보호소년에 대한 감호를 종결한다.

(2) 교정복지 맥락

교정복지 맥락에서 소년자원보호자제도는 다음 같은 몇 가지 중요성을 띤다.

● 사회복지사의 참여

소년자원보호자제도는 교정복지 측면에서 매우 중요한 지역사회 중심 프로그램이다. 그러므로 사회복지사는 적극적으로 개입하여 법원으로부터 위탁감호처분을 받은 비행청소년을 지도·감독할 수 있다.

● 사회복지사의 법원과 교류

소년자원보호자제도는 지역사회 내 사회복지사가 비행청소년과 관련하여 법원과 교류할 수 있는 유일한 통로를 제공하고 있다. 지역사회의 사회복지사는 법원과 밀접한 관계를 형성하고 있기 때문에 청소년비행이나 범죄와 관련하여 상호 도움을 주고받을 일이 많다. 이런 경우를 대비하여 사회복지사가 소년자원보호자로 활동하면서 법원과 관계를 돈독히 하고 정보를 교류하는 것이 필요하다.

(3) 논의

소년자원보호자제도는 교정복지실천과 관련하고 있는 제도 중 가장 역사가 짧다. 이 제도는 앞으로 사회복지사들이 법원과 관계할 수 있다는 맥락에서 큰 호응을 받을 수 있다. 그러나 이 제도가 과연 독립하여 시행되어야 하는가 하는 의문이 없지 않다. 이는 앞에서 언급한 것처럼 대상 청소년을 변화시킬 수 있는 상담기술을 갖춘 자원봉사자가 적극 참여해야 하나 실상은 그렇지 못하고, 나아가 청소년비행이나 범죄와 관련하여 자원봉사자가 개입하는 제도가 많아 이들을 통합·운영하는 것이 바람직하다고 생각하기 때문이다.

3. 치료감호

치료감호제도에서 사회복지사가 개입해야 할 부분이 전적으로 사회복지사의 업무라고 할 수는 없다. 그러나 국립법무병원에 있는 클라이언트의 특성을 고려하면 정신건강사회복지사의 업무 역시 강조되어야 한다. 치료감호제도에 사회복지사가 개입해야 하는 이유는 법무병원의 수용자가 범죄로 처벌을 받았기 때문이다. 특히 임상활동에 치중하는 정신건강사회복지사는 치료감호처분을 받은 범죄인의 일상회복을 위해 임상사회사업적 접근이 얼마든지 가능하다. 여기에서는 교정복지 측면에서 치료감호제도의 의의를 다루고 치료감호의 현장을 이해하기 위해 치료감호제도를 소개하려고 한다. 나아가 치료감호에서 사회복지사가 주도적으로 이끌어 가야 할 일과 앞으로 이 제도가 풀어 나가야 할 과제를 살펴보도록 하겠다.

1) 소개

사회복지사로서 치료감호의 현장을 이해하는 것은 필수적이므로, 장규원 · 진희권(1994)의 연구와 현장조사 자료와 최근에 새로 제정된 「치료감호법」을 토대로 치료감호 제도에 관한 전반적인 내용을 소개한다.

(1) 치료감호제도의 태동 배경

서구와 일본에서는 1970년대 초반 이전에 심신장애나 마약류와 알코올 · 약물 중독 상태에서 범죄행위를 하여 범죄에 책임을 질 수 없거나 제한적 책임을 질 수밖에 없는 자를 위한 제도를 운영하였다. 우리나라에서는 1980년 「사회보호법」이 제정되면서 책임능력이 없거나 부족한 범죄인을 형벌 위주의 처우보다는 치료에 중점을 두고 1981년부터 치료감호처분을 시행하였다. 이후 각 교도소나 의료기관에 피치료감호자를 분산 수용해 오다가 1987년 국립법무병원을 개원하여 피치료감호자에게 적절한 서비스를 하게 되었다. 한편 「사회보호법」은 치료감호와 보호감호를 함께 규정해 왔는데, 보호감호제도가 범죄인의 인권을 유린한다는 이유로 폐지됨에 따라 2005년에 「사회보호법」을 폐지하고 치료감호만을 규정하는 「치료감호법」을 제정하여 오늘에 이르고 있다.

(2) 치료감호의 필요성

범죄행위에 대한 처벌은 범죄에 대한 책임을 질 수 있는 자에 한하여 가능한 것이다. 이에 반하여 그 책임능력이 없는 자에게 형벌만 고집하는 것은 일상회복의 의도에서 벗어난 접근이며, 이들의 재범은 당연한 것이 된다. 그러면 사회의 불안은 갈수록 증대할 것이다. 그러므로 치료감호의 필요성은 형벌만으로는 모든 범죄인을 올바르게 변화시킬 수 없다는 이유에 근거하고 있다. 결국 범죄를 행한 심신장애인이나 약물중독자에게는 범죄에 대한 처벌보다 이들의 질환을 먼저 치료할 수 있는 치료감호를 실시해야 한다.

(3) 치료감호의 절차와 기간

심신이 미약한 자가 죄를 범하였을 경우 경찰이나 검찰의 조사과정에서 검사는 감호 요건에 해당하는지 파악한다. 즉 정신감정을 해당 기관에 의뢰하여 피의자의 전과, 감호경력, 상습성, 재범의 위험성, 심신장애의 정도, 마약류 사용 정도 따위를 조사한다. 치료감호의 청구는 검사가 관할 법원에 하며, 이때 판사는 심신상실자는 치료감호만을, 심신미약자와 약물이나 알코올중독자에게는 형과 함께 치료감호를 판결할 수 있다.

치료감호 선고를 받은 자는 검사의 지휘에 따라 국립법무병원에 수용되며 정신장애나 중독을 집중적으로 치료받는다. 한편 형과 동시에 치료감호를 받은 자는 치료감호의 집행기간이 형의 집행기간으로 간주되어 치료감호가 끝나면 나머지 형기는 교도소에서 마쳐야 한다. 한편 치료감호대상자의 치료 촉진과 이들의 인권 강화를 위해 정신장애인의 입소 기간을 최대 15년 미만으로, 마약류 사용자나 중독자와 알코올 중독자는 2년 미만으로 제한하고 있다.

법무병원장은 6개월마다 피감호자의 동태, 행장의 양부(良否), 치료 정도, 기타 필요한 사항을 치료감호심의위원회에 보고하고, 치료감호의 종료나 치료의 위탁을 인정할 때는 검사에게 통보하여 치료감호심의위원회가 심사할 수 있다. 치료감호 기간은 제한이 없으나 치료감호 기간이 2년을 넘었거나 형기의 3분의 1 이상 치료감호가 집행되었을 때는 피치료감호자를 친족에 위탁하여 치료할 수 있는데, 이때 보호관찰을 받도록 하고 있다. 이 경우 보호관찰 기간은 3년으로 규정하고 있다.

치료감호의 종료나 가종료는 ① 치유가 된 때, ② 충분히 치유되어 재범의 위험성이 없을 때, ③ 통원치료만으로도 치료가 가능한 때 가능하다. 치료감호심의위원회는 6개월마다 피치료감호자의 종료나 가종료를 심의 · 결정한다.

피치료감호자가 ① 형의 집행으로 건강을 해쳐 생명이 위독할 때, ② 70세 이상인 때, ③ 임신 6개월 이상인 때, ④ 출산 후 60일을 경과하지 않은 때, ⑤ 직계존속이 70세 이상 또는 불구자로 보호할 다른 친족이 없는 때는 치료감호를 정지할 수 있다. 치료감호의 모든 절차와 규정은 「형사소송법」과 비슷하나 「치료감호법」은 보석, 재구속의 제한, 구속적부심사청구를 적용하지 않고 있다.

(4) 주요 프로그램

공주의 국립법무병원에서 피치료감호자를 위해 실시하고 있는 주요 프로그램을 살펴보면 다음 같다.

① 분류심사

피치료감호자는 입소하여 검사병동에 약 4주간 있으면서 정신의학적 진단과 검사를 받는다. 동시에 진료심사위원회로부터 분류심사를 받는다. 이 위원회의 분류심사는 분류심사표를 작성하고, 정신감정서와 임상심리검사 같은 8가지 검사기록과 검사병동에서 행동 따위를 감안하여 이루어진다. 이 결과에 따라 피치료감호자를 위한 치료방법과 담당의사를 결정한다. 증상에 따라 경증, 중증, 정신지체, 완치, 양호로 분류하여 각 병동에 수용한다. 즉 완치와 양호자는 개방병동에, 경증과 중증자는 폐쇄병동에, 정신지체인은 특수병동에 분리 · 수용하고 있다.

② 치료

피치료감호자의 신속한 사회복귀를 위해 정신과 치료를 실시하는데, 정신과 외의 합병증으로 치료감호소 내에서 치료가 불가능할 때는 외부병원에 위탁, 치료하고 있다. 치료방법에는 약물요법, 정신요법, 활동요법 따위가 있다. 약물요법은 주치의의 처방에 따라 정신과용 약물을 투여한다. 정신요법은 주치의, 정신건강전문요원이 합동으로 피치료감호자의 증상을 파악하여 피치료감호자가 자신의 문제점을 깨닫게 하는 치료방법이다. 한편 활동요법은 사회복지사의 개입을 요구하는 방법으로 특수치료와 재활치료로 구분하고 있다. 특수치료는 수용자의 대인관계기술 향상, 자아실현 강화, 정신활동 활성화, 사회적응력 향상 따위로 재활의지를 강화할 수 있도록 돕는 것이다. 이를 위해 사이코드라마, 등공예, 지점토, 수직염색, 그림 그리기, 서예, 음악감상, 연극, 운동경기 같은 다양한 방법을 활용하고 있다. 재활치료는 사회복귀를 준비하고 있는 피치료감호자를 대상으로 실시하는데, 주로 직업훈련, 가족상담, 사회기술훈련 따위를 통해 사회적응력을 높이는 데 목적을 두고 있다.

③ 직업훈련

진료심사위원회로부터 양호나 완치 판정을 받은 피치료감호자에게는 직업훈련을 실시하고 있다. 직업훈련의 종목은 창호 제작, 벽돌 쌓기, 타일, 도배, 인쇄, 컴퓨터 따위가 있다. 이들 직업훈련에서는 기능사 자격을 취득할 수 있도록 훈련시키고 있다.

④ 사회적응훈련

사회적응훈련은 치료감호가 끝나는 피치료감호자를 대상으로 사회적응력을 향상시키는 데 목적을 두고 있다. 이 훈련에는 사회생활훈련, 가족교육과 면담, 사회견학 같은 프로그램이 있다. 보호자가 없는 치료감호 종료자를 위해서는 연고자 찾기, 사회보호시설과 연계 따위 사업을 통해 이들의 원활한 사회복귀를 꾀하고 있다. 이를 위해 종교단체, 중소기업, 사회복지시설, 법무보호복지공단 들을 참여시키고 있다.

⑤ 외래활동

피치료감호자가 퇴소하여 재범에 빠지지 않고 사회에 적응하기는 이들의 특성상 매우 어려운 일이다. 이런 점을 고려하여 국립법무병원은 1990년부터 퇴소한 자들에게 합당한 서비스를 제공하기 시작하였다. 물론 외래진료는 본인이 원하는 경우에 한해서 실시할 수 있다. 외래진료는 퇴소자에 한하여 재소당시 담당 의사가 진료하는 것을 원칙으로 하고 의료부장이 정하는 의사가 실시하고 있다. 이뿐만 아니라 국립법무병원에서는 외래활동으로 대전의료소년원에 수용 중인 약물사용 청소년의 일상회복을 위해 서비스를 제공하고 있다.

2) 교정복지 맥락

1991년부터 국립법무병원에 사회복지사가 근무하기 시작하였다. 이들은 피치료감호자의 일상회복을 위해 타 분야의 전문 직원과 합동하거나 단독으로 일하고 있다. 그러나 그 수가 절대적으로 부족한 상태이므로 사회복지사의 수를 합당한 수준으로 늘려야 한다.

(1) 정신건강사회복지사의 개입

한편 치료감호제도의 서비스를 받고 있는 범법 장애인과 범법약물 중독자의 일상회복을 위한 사회복지적 접근은 정신건강사회복지사가 주도할 수 있겠으나 사회복지사의 개입 역시 무시할 수 없다. 그 이유는 이들 피치료감호자가 범죄인으로서 격리되고 생활의 자유를 박탈당한 상태이고, 퇴원해 사회복지시설로 갈 수 있기 때문이다.

(2) 정신건강사회복지사의 교정복지 맥락 이해

나아가 사회가 이들을 순수하게 정신질환자나 약물중독자로 보지 않고 범죄인이라는 시각에서 대하기 때문에 이들의 일상회복을 위해서는 장애요인의 치료와 범죄의 이해가 함께 이루어져야 한다. 그러므로 치료감호 현장에서 일하고 있는 정신건강사회복지사가 교정복지의 맥락을 이해하고 정신건강사회복지 기술을 익힌다면 한층 훌륭한 사회복지적 접근이 가능할 것이다. 요컨대 국립법무병원에 있는 정신장애나 약물중독 범죄인의 일상회복에 참여하기 위해 정신건강사회복지사는 정신치료 같은 고급 임상 기술을 익혀 대응하고 있다.

3) 논의

치료감호제도가 교정복지에서 반드시 다루어야 할 분야라면 이 제도와 교정복지와 관계를 규명해야 한다. 이 관계를 규명하기 전에 치료감호의 주요 대상자는 정신장애나 약물중독으로 인한 범죄인이므로 이들의 실상에 관한 이해가 있어야 하겠다.

(1) 정신장애인과 약물중독자의 범죄에 관한 이해

정신장애나 약물중독으로 인한 범죄인을 형사처벌 위주로 다루어야 하는가? 1980년 이전에는 정신장애나 약물중독으로 인한 범죄라 할지라도 이들에게 특별한 처우 없이 죄의 대가를 치르도록 하였다. 특히 약물중독자로서 마약을 사용한 범죄인은 마약사용 자체가 범죄가 되어 가중 처벌을 받아야 했다. 이제 사법 당국은 자신의 이성적 판단이 어렵고, 심신이 쇠약한 상태에서 죄를 범한 자들에게 형사처벌보다는 치료 서비스를 제공함으로써 이들의 일상회복에 새로운 전기를 마련하게 되었다. 즉 정부 당국은 심신장애와 약물중독으로 인한 범죄인을 위해 치료감호제도를 운용하여 이들의 일상회복에 박차를 가하고 있다. 치료감호제도의 중요성을 강조하기 위해 먼저 심신장애와 약물중독으로 인한 범죄인의 특성(시초적 범죄, 순간적이고 잔인한 범죄, 생활의 심리적 불안정, 가족과 사회로부터 소외 따위)을 밝힘으로써 이 제도의 정당성을 규명할 수 있다.

(2) 국립법무병원의 소형화와 분산

정신질환의 치료를 받아야 할 범죄인을 위한 시설이 국립법무병원에 의존하는 것은 우리나라 교정사업의 한계점을 보여 주는 본보기다. 심신장애나 약물중독에 따른 범죄가 늘어나고 있는 추세에서 앞으로 법무부 당국이 국립법무병원을 고집하여 이곳만을 확장한다면 시설의 대형화로 문제를 대두시킬 가능성이 있다. 이뿐만 아니라 한 곳에만 시설이 있어서 피수용자의 가족이 접근하는 데도 어려움이 많고, 피치료감호자의 사회복귀를 위한 직원이 활동하기도 힘든 실정이다. 이러한 어려움을 해결하기 위해서는 현재의 시설 규모를 줄이고 다른 지역으로 분산시키는 것이 바람직한데, 부곡법무병원이 본보기라고 하겠다.

(3) 중간시설의 운영

피치료감호자의 신속한 사회복귀를 위한 중간시설이 있어야 한다. 이러한 시설은 피치료감호자가 사회복귀에 필요한 적응력을 향상시킬 수 있을 뿐 아니라 이 제도에 대한 지역사회의 이해와 관심을 더욱 높일 수 있다. 실제로 국립법무병원은 서울의 성애원, 경기의 법무보호복지공단 삼미출장소 들과 긴밀한 관계를 형성해 정신장애 범죄인의 사회복귀를 위해 이들 기관을 활용하고 있다.

(4) 지역사회자원의 활용과 연계망 구축

국립법무병원이 포화 상태로 허덕이고 있는 시점에서 당국은 지역사회의 자원을 최대로 활용하여 피치료감호자가 신속하게 사회로 복귀할 수 있도록 해야 한다. 이를 위해 전국에 퍼져 있는 관계 시설이나 단체의 도움을 쉽게 받을 수 있도록 연계망을 구축하여 활용할 수 있다. 특히 장기 수용자가 증가하는 추세에서 이들을 신속히 사회에 복귀시키기 위해 연계망의 활용이 절실하다. 예컨대 피치료감호자와 가족이 가깝게 지낼 수 있는 지역의 정신요양병원, 산업체, 기타 사회복지시설과 연계를 통해 피치료감호자의 사회복귀 성공률을 높일 수 있다. 이러한 연계망은 퇴소 후 사후 서비스에도 크게 이로울 것이다.

(5) 전문 인력과 기술 확대

전문 인력의 적당한 수를 현장에 배치해야 한다. 치료감호제도의 클라이언트가 전문적인 질환으로 죄를 범했다면 당연히 전문가가 개입하여 해결해야 한다. 그러므로 최상섭(2002)도 강조한 바처럼 전문 인력의 수가 수요에 알맞게 조정되어야 한다. 한편 전문 인력의 기술도 늘 새롭게 발전해야 한다. 이를 위해 전문가 스스로 노력해야 할 것이며, 현장의 부족한 환경도 개선되어야 할 것이다.

(6) 피치료감호자의 가족과 시민의 관심 유도

피치료감호자 가족의 생활상을 고려하면 피치료감호자가 자신의 '피붙이'임을 외면할 수도 있다. 그러나 정부의 책임 아래 피치료감호자의 고통을 먼저 이들의 가족이 함께 나눌 수 있도록 해야 한다. 이를 위해 피치료감호자를 포함하여 이들의 가족이 함께 행복할 수 있게 시민의 관심이 커지도록 모두의 노력이 필요하다.

4. 보호관찰

보호관찰제도는 사회복지실천에서 중요한 영역을 차지하고 있다. 특히 교정복지 측면에서 보호관찰 관련 세부 집행 내용에는 지역사회 중심 프로그램이 많아 사회복지사는 이 제도에 적극 협력하는 것이 바람직하다. 비록 우리나라는 보호관찰제도의 역사가 짧아 교정복지의 개입이 활발하지 못하나, 외국의 경우 보호관찰 역사가 곧 교정복지의 역사라고 할 수 있을 정도로 이 제도는 사회복지실천에서 중요한 위치를 차지하고 있다. 보호관찰에 관한 내용은 매우 복잡한데 여기에서는 실무상 토대가 될 만한 사항 중심으로 소개하겠다.

1) 소개

보호관찰에는 Probation과 Parole 두 가지 유형이 있다. 형의 유예제도와 결부하여 적용되는 Probation은 보호관찰부 선고유예나 집행유예를 내포하는 것이고, Parole은 보호기관이나 교정기관에 수용된 자가 가퇴원이나 가석방 혹은 가출소로 사회에 복귀할 때 일정 기간 실시하는 보호관찰을 일컫는다. 보호관찰제도에 관한 이해를 돕기 위해 보호관찰제도의 역사, 조직, 주요 내용 중심으로 정리하였다.

(1) 보호관찰제도의 역사

보호관찰제도는 미국의 아우구스투스(John Augustus)가 재범 방지 활동을 한 것이 그 효시라고 할 수 있다. 그는 보스턴 시 법원 근처에서 구둣방을 경영하면서 1841년에 알코올중독자를 교화하기 위한 '워싱턴 금주협회'에 가입하여 활동하였고, 이때 재판 중인 한 알코올중독자를 자신의 보증으로 석방시켜 직접 선도하였다. 아우구스투스는 18년간 같은 방법으로 보호관찰에 헌신하여 약 2,000명에 달하는 범죄인을 선도했는데, 그중 10명만이 재범하는 놀라운 실적을 거두었다. 그는 활동 중에 최초로 보호관찰(Probation)이라는 용어를 사용했고, 법원에 범죄인 보호관찰 처분을 건의하기 전에 해당 범죄인에 대한 사회적 조사를 실시함으로써 오늘날 판결전조사제도의 선례를 남기기도 했다(신진규, 1990).

우리나라 법무부에서는 보호관찰 시험실시 지침에 따라 1983년 2월부터 부산지방검찰청 관내 일부 가석방자를 대상으로 보호관찰을 시험적으로 실시하였다. 보호관찰 시험 실시는 같은 해 9월에 대전과 전주지방검찰청 관내로 확대되면서 보호관찰 대상자의 관리를 강화하기 위해 「중점 보호관찰 대상자 관리 요령」까지 제정하였다(법무부, 1989). 이어서 1985년에는 보호관찰 시험실시 대상자를 비행청소년 중 가퇴원자에게까지 넓히고 전담검사와 집단 처우제를 설치 · 운영하면서 가퇴원자 전원에 대한 사전조사를 실시하였다.

보호관찰 시험 실시의 좋은 성과에 힘입어 당국은 1988년 5월부터 보호관찰제도 도입방안에 관한 세미나를 열어 사회 각계각층의 의견을 수렴하였다. 이후 1988년 12월 「보호관찰법」이 제정 · 공포되었다. 이 같은 과정을 거쳐 1989년 7월 보호관찰소와 보호관찰심사위원회를 개청함으로써 본래 의미의 보호관찰을 실시하였다.

보호관찰제도는 보호관찰 관련 법령의 제정과 개정을 통하여 형사사법절차상 빠질 수 없는 법적인 제도로 정착했다. 1994년 「성폭력범죄의 처벌 및 피해자보호 등에 관한 법률」을 시행함으로써 성폭력범을 위한 보호관찰을 실시한 것이다. 1995년에는 법무부 훈령으로 기소유예자를 위한 보호관찰을 실시하였고, 덧붙여 「형법」 개정을 통하여 전체 형사범에 대한 보호관찰의 확대 실시와 사회봉사명령과 수강명령 조건부 형집행유예제도 따위의 보호관찰 관련 조항을 신설하였다.

한편 보호관찰의 확장과 함께 1995년 「갱생보호법」을 흡수하면서 「보호관찰 등에 관한 법률」로 전부 개정하였으며, 1997년 성인범까지 전면 확대 · 실시하였다. 덧붙여 1998년에 「가정폭력방지 및 피해자보호 등에 관한 법률」이 제정되면서 가정폭력사범에 대한 보호관찰을 실시하였다. 그럼으로써 보호관찰제도는 전체 형사절차상 광범위하게 적용 · 시행하게 되었다.

(2) 조직

보호관찰기관을 지휘 · 감독하는 중앙기관은 법무부 범죄예방정책국으로 예전에는 보호국으로 칭하였다.

① 보호관찰심사위원회

보호관찰심사위원회는 보호관찰에 관한 사항을 심사 · 결정하기 위해 「보호관찰 등에 관한 법률」에 따라 법무부장관 아래 설치하고 있다. 이 법이 규정하는 보호관찰심사위원회는 고등검찰청 소재지나 대통령이 정하는 곳에 설치하고 있다.

보호관찰심사위원회의 구성은 위원장을 포함하여 5인 이상 9인 이내 위원으로 구성하며, 위원장은 검사장이나 고등검찰관인 검사 중에서 법무부장관이 임명한다. 보호관찰심사위원은 판사, 검사, 변호사, 보호관찰소장, 교도소장, 소년원장, 보호관찰에 대한 지식과 경험이 있는 자 중에서 임명하거나 위촉한다. 보호관찰심사위원을 상임위원과 비상임위원으로 나누어 위원 중 3인 이내의 상임위원을 둘 수 있다. 상임위원이 아닌 위원은 명예직으로 참여한다. 심사위원의 임기는 상임, 비상임 모두 2년이고, 연임이 가능하며 공무원인 비상임위원은 그 직에 있는 동안을 임기로 규정하고 있다.

보호관찰심사위원회에서 심사 · 결정할 사항은 수형자의 가석방과 취소에 관한 사항, 소년원생의 가퇴원과 취소에 관한 사항, 보호관찰의 가해제와 취소에 관한 사항, 보호관찰의 정지와 취소에 관한 사항, 가석방자의 부정기형 종료에 관한 사항, 성인 수형자에 대한 보호관찰사안조사 따위다.

이 같은 사항을 처리하기 위하여 심사위원회 위원장은 회의를 소집할 수 있고, 모든 심사사항은 심사위원회의 재적위원 과반수의 출석과 출석위원 과반수의 찬성으로 의결한다. 보호관찰심사위원회는 신청으로 하는 심사결정이나 직권으로 하는 결정을 막론하고 가석방에 한해서는 법무부장관의 최종 허가를 받아야 하는 한계적 결정기능과 그의 소관 심사사항을 전권으로 결정하는 최종 결정기능을 가지고 있다.

② 보호관찰소

「보호관찰 등에 관한 법률」에 따르면 보호관찰의 실시에 관한 사무를 관장하기 위하여 법무부 장관 아래 보호관찰소를 설치하고, 업무의 광역성과 대상자 발생 분포 따위를 감안하여 보호관찰소 관할지역 내에 지소를 두어 사무의 일부를 처리하고 있다. 보호관찰소의 명칭, 위치, 관할구역은 대통령령에 위임하고 있다.

「보호관찰 등에 관한 법률」에 따른 보호관찰담당자는 보호관찰 대상자의 주거지를 관할하는 보호관찰소 소속 보호관찰관으로 규정하고 있는데, 보호관찰관은 5급인 보호관찰사무관 이상을 말한다. 범죄인에 대한 보호관찰은 보호관찰관의 책임 아래 실시되는 것이기 때문에 보호관찰소의 업무는 보호관찰관 중심으로 추진하고 있다.

③ 범죄예방자원봉사위원

갱생보호, 선도조건부기소유예, 보호관찰에서 활동하는 자원봉사자 조직을 통합하면서 범죄예방자원봉사위원이라고 하였다. 이 범죄예방자원봉사위원 안에 보호관찰제도에 참여하는 자원봉사자 조직인 보호관찰분과위원회를 설치하고 있다. 이들 범죄예방자원봉사위원은 지역사회의 덕망과 신망이 있는 각계 인사를 위촉하는데, 명예직으로 활동한다. 범죄예방자원봉사위원은 보호관찰 대상자의 생활 근거지 중심으로 보호관찰관을 도와 직접 지도하거나 원호하는 것이므로 관련 업무를 수행할 수 있는 조건을 갖춘 자를 선발한다. 이런 측면에서 범죄예방자원봉사위원이 되려는 자는 그 지역사회에서 인격과 행동에 신망이 있고 사회봉사에 열의가 있어야 한다. 한편 국가공무원법상 공무원임용 결격사유가 있는 자는 위촉대상에서 제외함으로써 범죄예방자원봉사위원의 자격을 제한하고 있다. 지역사회에서 조건을 갖추고 보호관찰 활동을 희망하는 자가 있을 때는 법무부장관의 위촉을 받아 활동하도록 한다. 특별히 보호관찰소장은 직권으로 특별범죄예방자원봉사위원을 위촉하여 각 보호관찰소의 특성에 맞게 운영할 수 있다.

범죄예방자원봉사위원의 직무는 보호관찰 대상자의 지도, 원호, 수용중인 자에 대한 환경조사, 개선활동, 기타 보호관찰심사위원회나 보호관찰소장으로부터 보호관찰과 관련하여 지시나 요청받는 사항의 조치 따위로 규정하고 있다. 범죄예방자원봉사위원은 지정받은 보호관찰 대상자에 대한 활동사항을 별정서식인 보호관찰경과 통보서를 작성하여 매월 1회 이상 담당 보호관찰관에게 통보해야 한다.

(3) 주요 내용

교정복지 측면에서 보호관찰의 주요 내용으로는 보호관찰 실시, 사회봉사명령과 수강명령 집행, 갱생보호 실시, 검찰의 선도유예자에 대한 선도 실시, 범죄예방자원봉사위원 교육훈련, 업무지도, 범죄예방활동, 기타 법령에 의하여 규정된 사항들로 판결전조사, 환경조사, 환경 개선활동을 들 수 있다.

① 보호관찰 실시

보호관찰은 법원의 판결확정이나 보호처분의 결정일이 확정된 때나 가석방, 가퇴원, 가출소된 때부터 개시되며 보호관찰 대상자는 개시일로부터 10일 이내에 주거지를 관할하는 보호관찰소에 출석하여 서면으로 신고해야 한다. 대상자는 보호관찰 기간 동안 보호관찰관의 지도 · 감독에 순응하며 주어진 일반 · 특별 준수사항을 성실하게 이행해야 한다. 보호관찰 실무자는 대상자의 개별적인 분류를 바탕으로 일반 · 주요 · 추적조사 대상자 따위로 분류하여 지도 · 감독의 차별화를 통해 대상자 관리의 효율성을 도모하고 있다. 그 방법으로 근접적인 접촉위주의 실질적인 지도 감독이 있는데, 이는 수시 생활 현장방문, 접촉지도, 불시점검, 필요시 소환조사, 전화 따위를 이용한 통신지도 들이 병행된다. 이외에 대상자의 사회적응을 위한 각종 교육적인 활동, 원호활동, 부상 · 질병과 긴급한 일이 벌어졌을 때 응급구호활동이 있다. 한편 보호관찰집행에 성실히 응한 대상자에 대한 은전조치(가해제 따위)와 준수사항 위반자에 대한 강제적인 조치(구인, 유치 따위)로서 수용시설에 구금시키는 활동도 강조하고 있다.

② 사회봉사명령 집행

「소년법」에 따라 소년부 판사는 심리결과 보호관찰을 결정할 때 보호관찰 대상자에게 사회봉사명령을 동시에 부과할 수 있다. 한편 형사법원은 집행유예 판결을 내릴 때 사회봉사만을 독립적으로 명령하는 경우와 집행유예기간 동안 보호관찰과 사회봉사명령을 함께 결정하는 경우가 있는데, 이때 500시간 이내에서 선고할 수 있다.

법원으로부터 보호관찰 처분과 함께 사회봉사명령을 받은 자가 보호관찰소에 신고하면 보호관찰관은 사회봉사명령 이행사항을 알리고, 보호관찰 대상자의 비행 · 범죄 기타 특성 따위를 고려하여 사회봉사 분야를 선정하여 적절한 집행계획을 수립한다. 사회봉사활동으로는 공공기관 업무보조, 근로봉사, 자연보호, 교통정리, 안내, 사회복지시설 봉사, 농어촌 봉사 따위가 있다.

③ 수강명령 집행

수강명령제도 역시 사회봉사명령과 마찬가지로 법원이 「소년법」 적용 대상자에게 보호처분으로 보호관찰을 결정할 때 같이 내리는 명령으로 대상자에게 명할 수 있다. 역시 법원은 집행유예 판결 시 수강명령만을 독립적으로 명령하거나 집행유예기간 동안 보호관찰과 수강명령을 결정할 수 있는데, 200시간 이내에서 선고할 수 있다.

수강명령의 집행 역시 대상자의 특성에 따라 사회적응을 위한 일반소양, 지능개발, 준법교육, 인성개발, 성격조정, 악습교정을 위한 특수교육, 정신교육, 약물사용 금지를 위한 치료적인 각종 전문 교육 따위를 적절하게 실시할 수 있다.

④ 판결전조사 실시

판결전조사는 법원이 보호관찰을 조건으로 하는 형의 선고유예와 형의 집행유예를 선고할 경우 필요시 해당 법원의 소재지나 피고인의 주소지를 관할하는 보호관찰소장에게 요구하여 실시하고 있다. 법원으로부터 판결전조사를 요구받은 보호관찰소장은 소속 보호관찰관이나 직원이 조사 대상 피고인에 대한 범행의 동기, 직업, 생활환경, 교우관계, 가족상황, 피해회복 여부 따위를 조사하도록 한 후, 그 결과를 서면으로 당해 법원에 지체 없이 통보해야 한다. 보호관찰 대상자를 결정하기 위한 선고과정에 이 같은 판결전조사제도 시행은 보호관찰제도의 본질상 중요한 의미를 갖는다. 즉 법원의 양형이나 보호관찰 판결의 적법절차에 필요한 제도일 뿐 아니라 피고인에게 부당한 판결을 받지 않게 하는 인권보장 차원에서도 유익한 제도라고 할 수 있다.

⑤ 환경조사와 환경개선

가석방이나 가퇴원 한 청소년을 보호관찰로 대처하기 위해 보호시설이나 교정시설에 수용되어 있는 청소년 중 변화의 가능성이 높고, 사회복귀를 위한 귀주환경 따위가 좋은 자를 조기에 석방시켜 보호관찰을 실시함으로써 개인과 공공의 복지를 도모하는 데 의의가 있다. 「보호관찰 등에 관한 법률」에 따르면 교도소, 소년원 같은 수용시설의 장은 청소년 수형자나 소년원에 송치처분을 받은 청소년을 수용한 때는 그들의 거주 예정지를 관할하는 보호관찰소장에게 신상조사서를 송부하여 환경조사를 의뢰해야 한다. 환경조사를 의뢰받은 보호관찰소장은 보호관찰관을 지명하여 의뢰받은 자에 대한 출소 후 인수인, 가족관계, 주변상황, 비행동기, 수용 전 직업, 생활환경, 교우관계, 장래취업, 생계전망 따위를 조사한 후 해당 시설장에게 통보해야 한다.

덧붙여 수용자를 위한 보호관찰 대상자 선정과 사회복귀를 위한 사전작업으로 이들의 환경을 개선하는 활동은 필요에 따라 본인, 가족, 관계인의 동의하에 실시된다. 이를 위해 수용자와 면접이나 통신, 가족, 관계인과 협의, 수용시설, 기타 관계 기관과 협조가 계속되어야 하고, 시설의 장은 보호관찰심사위원회와 보호관찰소가 이 같은 활동에 적극 협조하도록 해야 한다.

2) 교정복지 맥락

보호관찰제도는 처음부터 사회복지실천의 한 방법론인 개별실천과 결부하여 발전하였고, 이미 19세기 후반 영국과 미국에서는 단순한 자선사업의 영역을 벗어나 지역사회 전체의 입장에서 이루어졌다. 보호관찰제도는 대상자의 치료와 자립갱생운동으로 발전하면서 사회학적 · 심리학적 단계를 거쳐 사회복지실천의 분야로서 그 영역을 넓혀 왔다(차용석, 1989). 그러므로 보호관찰은 성질상 사회복지학에서 내용, 방향, 기법 따위를 제공해야 한다. 즉 보호관찰 활동은 사회복지실천의 방법론으로부터 보호관찰 대상자의 치료적 측면과 각종 매개적 · 변호적 기능으로 확대하고 대상자가 처해 있는 불충분하고 불공정한 사회상황에 대하여 접근할 수 있다. 교정복지 맥락으로 다음 몇 가지를 정리하였다.

(1) 지역사회 중심 교정복지

보호관찰이 '교정복지의 꽃'(최옥채, 2000: 109)이라고 하는 것은 바로 보호관찰 대상자를 자신이 살고 있는 지역사회 안에 두고 개입하기 때문이다. 범죄인의 일상회복을 위해 교정시설 같은 수용시설이 아니라 지역사회 중심으로 사회복지사가 접근할 수 있다는 것은 몇 가지 주요한 의미를 갖는다.

첫째, 보호관찰 대상자가 지역사회 안에 있으므로 자신의 사회생활을 지속할 수 있다.

둘째, 보호관찰을 위한 제반 경비가 어떤 수용시설의 서비스보다 덜 든다.

셋째, 비행청소년이나 범죄인의 일상회복에 지역사회 주민이 함께 할 수 있다.

이러한 주요 의미는 이 제도가 지역사회 중심 프로그램이라는 점에 기인하고 있다. 이는 비행과 범죄를 예방하는 차원에서 강조할 수 있고, 이를 위해 사회복지사가 지역사회 자원을 동원해야 해서이다. 따라서 보호관찰제도상 비행청소년이나 범죄인의 개별적 개선교육 자체도 중요하지만 그를 위한 지역사회 자원을 발굴하고 관리 · 평가하는 데 관심을 기울여야 한다. 나아가 사회복지사가 보호관찰 대상자를 위해 공공기관, 사회복지관, 여타 사회복지기관을 포함하는 연계망을 구축하여 이용할 수 있도록 해야 한다.

(2) 시민연대의식을 강조하는 교정복지

보호관찰은 지역사회를 바탕으로 재범 방지와 비행청소년과 범죄인이 일상회복을 위한 활동이므로 그 사회를 구성하고 있는 각계각층의 협력은 필수적이다. 보호관찰을 위한 시민의 협력방안은 개인, 집단, 기관이나 기술적, 이론적, 물질적 협력 같은 여러 가지 형태가 가능하다. 그 가운데 가장 대표적인 인적 협력 형태로서 자원봉사를 들 수 있는데, 바로 범죄예방자원봉사위원이 개입하여 활동하고 있다. 요컨대 보호관찰제도에서 사회 각계각층의 자원봉사활동은 그 활동의 정도에 따라 보호관찰의 실효성 문제가 좌우될 만큼 중요한 부분을 차지한다. 이 같은 지역사회 자원을 동원하여 보호관찰 대상 범죄인이나 비행청소년을 재활시키는 것은 시민연대의식을 강조하는 것이다. 이는 범죄인의 일상회복이나 범죄 예방에 시민의 적극적인 참여가 없다면 이 사회문제의 해결은 요원하다고 보기 때문이다. 그런 의미에서 보호관찰의 활성화를 위해 범죄문제를 해결하려는 시민연대의식이 확산되어야 한다.

3) 논의

보호관찰제도가 역사적으로 교정복지와 밀접히 관계하고 있는 만큼 이 제도의 발전을 위해 교정복지 측면에서 다음 같은 사항이 강조되어야 한다.

(1) 사회복지사의 정기 채용

보호관찰 업무를 맡고 있는 보호관찰직 공무원으로 훈련된 사회복지사가 채용될 수 있도록 제도를 개선해야 한다. 보호관찰소는 보호관찰 대상자를 위해 다양한 프로그램을 제공해야 하는데, 이들 프로그램은 대상자의 욕구와 지역사회의 특성과 보호관찰소의 역량을 고려하여 만들어져야 한다(최옥채, 2002a). 이런 점에서 사회복지사의 역할은 과소평가될 수 없다.

(2) 사회복지기관과 연계

보호관찰 당국은 보호관찰의 활성화뿐만 아니라 보호관찰의 의의를 만족시키기 위해 사회복지기관과 적극적으로 연계해야 한다. 예컨대 보호관찰 대상자의 수강명령과 사회봉사명령을 원활히 집행하기 위해 지역사회 내 사회복지기관은 보호관찰소 측과 긴밀한 관계를 형성하고 이 업무에 협력해야 한다.

(3) 사회복지기관의 협력

지역사회의 사회복지기관은 보호관찰소와 연계하여 보호관찰 대상자 중심으로 다양한 프로그램을 실시해야 한다. 보호관찰제도의 역사가 오래되고 비구금제도가 발달한 나라에서는 사회복지사가 전문가로 개입하고 있다. 특히 서구의 보호관찰제도에서는 사회복지학을 전공한 자가 거의 보호관찰관으로 활동하고, 보호관찰은 어느 전문 분야보다 사회복지학과 밀접한 관계를 맺고 있다. 따라서 사회복지사는 효과적인 보호관찰 운용을 위하여 시설 내 비행청소년이나 범죄인을 충분히 파악해야 한다. 나아가 지역사회로 나와 보호관찰을 받고 있는 비행청소년과 범죄인의 원활한 적응을 위해 개입해야 하고, 지역사회의 사회복지 관련 기관에 근무하는 사회복지사는 이들 기관과 보호관찰소가 협력적인 관계를 바탕으로 공동 프로그램을 실시할 수 있도록 양자의 교류를 주도해야 한다.

5. 가정보호처분

우리는 가부장적 의식 때문에 가정 내 폭력에 대하여 대체로 관용적인 견해를 유지해 왔다. 그러나 가정은 인간 활동의 가장 기본적인 조직이라는 점에서 폭력으로 파괴되는 가정의 문제는 국가의 문제로 그 중요성이 강조되고, 나아가 여성인권운동이 가정폭력에 대한 입법운동을 펼치면서 「가정폭력범죄의 처벌 등에 관한 특례법」이 제정되었다(서홍란, 2000). 이 제도는 가정폭력 행위자를 형사 처벌하지 않고 가정보호사건으로 처리하기 때문에 교정복지 관련 주요 제도라고 할 수 있다.

1) 소개

1997년에 제정된 「가정폭력범죄의 처벌 등에 관한 특례법」은 가정폭력 가해자에 대하여 환경의 조정과 폭력행위의 교정을 위한 보호처분을 행함으로써 가정폭력으로 파괴된 가정의 평화와 안정을 회복하고 건강한 가정을 육성하는 데 목적을 두었다. 이전까지는 가정폭력의 피해가 크더라도 대체로 여성에 대한 남성의 폭력이 가정에서 공공연하게 묵인되어 온 것이 사실이다. 이 제도에 관한 이해를 돕기 위해 가정폭력범죄의 개념, 가해자의 오해, 가정보호처분의 유형을 살펴보도록 하겠다.

(1) 가정폭력범죄의 개념

가정폭력이란 가족구성원 간 신체적, 정신적, 재산상 피해를 수반하는 행위를 의미한다. 이 법에서 규정하는 가족구성원의 범위는 사실상 혼인관계에 있는 배우자, 양친자, 동거 중인 친족을 포함한다. 이 같은 가족구성원 상호 간 발생하는 「형법」상 폭행, 상해, 협박, 학대, 재물손괴 같은 다양한 형태의 폭력범죄를 가정폭력범죄라고 한다.

(2) 가해자의 오해

한편 가정폭력 가해자의 일반적인 시각에 대한 문제점을 지적하고 넘어가야겠다. 가정폭력 가해자에게 가정보호처분을 집행하고 있는 관련 직원들에 따르면, "가해자들 대부분은 가정폭력이 발생했지만 그 동기와 원인이 오히려 피해자에게 있다고 보기 때문에 가해자의 법적인 처리가 쉽게 이루어지지 않고, 나아가 그들의 변화가 어렵다."고 호소하고 있다. 이 같은 실상을 감안하면 앞으로 이 제도가 제대로 운용되기 위해 폭력을 대수롭지 않게 보는 남성의 사고가 변화하여야 할 것이다.

(3) 가정보호처분의 유형

가정폭력범죄에 대한 가정보호처분은 가정법원이 조사와 심리를 거쳐 다음처럼 8가지 처분을 내릴 수 있다.

첫째, 1호 처분으로 가정폭력 행위자가 피해자에게 접근하는 것을 제한한다.

둘째, 2호 처분으로 가해자가 피해자나 가정구성원에게 전기통신을 이용하여 접근하는 행위를 제한한다.

셋째, 3호 처분으로 친권자인 행위자가 피해자에 대한 친권행사를 제한토록 한다. 특히 1, 2호 처분의 이행 여부에 따라 처분을 이행하지 않을 경우 '보호처분 불이행 죄'로 처벌받게 된다.

넷째, 4호 처분으로 「보호관찰 등에 관한 법률」에 따른 사회봉사나 수강명령을 받도록 조처한다.

다섯째, 5호 처분으로 「보호관찰 등에 관한 법률」에 따라 보호관찰을 받도록 한다.

여섯째, 6호 처분으로 「가정폭력방지 및 피해자보호 등에 관한 법률」이 정하는 보호시설에 감호위탁시킨다.

일곱째, 7호 처분으로 의료기관에 치료위탁시킨다.

여덟째, 8호 처분으로 상담소에 상담위탁시킨다.

위 처분은 서로 병과할 수 있으며, 보호처분 기간은 6개월을 초과할 수 없고, 사회봉사와 수강명령은 각각 100시간을 넘을 수 없다.

2) 교정복지 맥락

가정보호처분제도는 소년보호처분 제도 같이 사회복지사의 활동과 밀접한 관련을 가질 뿐 아니라 사회복지사의 활동에 정당성을 부여하고 있다. 그 정당성을 다음 몇 가지로 요약할 수 있다.

(1) 사회복지학의 지식과 기술 활용

가정법원이 가해자에 관한 조사와 심리를 할 때 사회복지학의 지식을 활용하도록 규정하고 있다.

(2) 사회복지법의 관여

가정폭력 행위와 가해자의 처분에 관한 규정에 「아동복지법」, 「노인복지법」, 「성폭력범죄의 처벌 및 피해자보호 등에 관한 법률」, 「가정폭력방지 및 피해자보호 등에 관한 법률」이 관련하고 있다.

(3) 사회복지실천 현장의 참여

가정보호 4호, 5호, 6호, 8호 처분을 받은 가정폭력 가해자를 위한 서비스에 사회복지사가 일하고 있는 가정폭력상담소, 보호시설 들이 전적으로 관여하고 있다.

3) 논의

교정복지 측면에서 다음 같은 관한 논의가 필요하다.

(1) 가정보호처분 대상자의 증가

가정폭력 행위가 증가하고 있어 앞으로 이 제도는 크게 확대될 것으로 예상된다. 특히 일선 근무자 중에는 "이 제도가 효율적으로 운용되기 위해서는 가정보호처분을 집행하는 보호관찰소 같은 국가기관과 이에 협력하는 가정폭력상담소 같은 민간기관의 협력이 중요하다."고 강조하기도 한다.

(2) 사회복지사의 개입 확대

가정보호처분제도의 활성화와 함께 가정폭력상담소나 보호시설에 종사하는 전문 인력으로서 사회복지사가 적극 투입되어야 한다. 아울러 이 현장에 근무하는 사회복지사는 상담기술은 물론 가정폭력 관련법과 가해자의 처우에 대한 사항을 숙지하고, 주변 자원을 적절히 활용할 수 있어야 한다.

6. 법무보호복지, 범죄피해자지원, 법률구조

교정복지 차원에서 법무보호복지, 범죄피해자지원, 법률구조를 아울러 살펴보겠다.

1) 법무보호복지

법무보호복지제도는 한국법무보호복지공단이 실시하는 제반 시책을 일컫고, 이는 대체로 출소자의 일상회복을 지원한다. 이 제도는 이미 언급한 바처럼 갱생보호제도로부터 시작했는데, 교정복지 측면에서 중간처우시설의 성격을 띤 지역사회 중심 프로그램에 중점을 두고 있다. 비행청소년과 범죄인이 수용시설에서 나와 재비행이나 재범에 빠지지 않도록 선도하고, 이들이 자립하여 선량한 사회인으로 복귀할 수 있도록 지원하는 국가적 사업이라고 하겠다.

(1) 소개

당초 갱생보호제도에 뿌리를 둔 법무보호복지제도는 민간에서 비행청소년이나 범죄인에게 물질적 · 정신적 도움을 주어 이들이 사회에 복귀할 수 있도록 함으로써 재비행이나 재범을 방지하고, 나아가 사회적 응력을 증진시키는 일련의 범죄인을 위한 사회내처우이다(정진연, 1995). 주체는 한국법무보호복지공단이고, 갱생보호사업의 대상은 교정시설 출소자나 보호처분을 받은 자이며, 수단은 대상자의 신청을 전제로 하므로 거부할 수도 있는 임의적인 것이고, 방법은 물질제공이나 프로그램 실시, 경제적 지원, 지도 · 감독 따위로 다양하다(유병철, 2013).

현재 갱생보호사업을 효율적으로 추진하기 위하여 특수법인으로 1995년에 「보호관찰 등에 관한 법률」이 전부 개정되면서 「갱생보호법」이 「보호관찰 등에 관한 법률」에 통합되는 획기적 변화가 있었고, 이를 계기로 한국갱생보호공단을 설립하여 갱생보호사업을 추진해 오면서 오늘에 이르고 있다.

(2) 교정복지 맥락

교정복지 맥락에서 법무보호복지제도가 지니는 주요 내용 중 다음 몇 가지를 강조할 수 있겠다.

첫째, 비행청소년이나 범죄인의 일상회복을 위한 중간처우라는 특성이 강조되어야 한다. 공단에서 운영하는 생활관은 중간처우시설의 성격을 지니는데, 이는 몇몇 교정그룹홈에 비교하면 그 규모나 운영 면에서 강점을 가지고 있다. 특히 공단은 법무부가 관장하고 있으므로 대상자는 물론 사회적으로 상당한 신임도를 지닌다.

둘째, 비행청소년이나 범죄인의 일상회복에 사회복지적 접근이 강화되고 있다. 예컨대 지역별 특화 서비스를 실시하고 있는데, 최근에는 출소자에게 긴급지원 사업이 실효를 얻고 있어 화제가 되고 있다. 2019년부터 실시한 이 사업은 출소자 1인에게 약 15만 원을 지원했고, 시행 5년 만에 1만 명을 돌파한 것으로 나타났다. 법무보호복지공단은 이 사업의 의의를 다음처럼 알렸다.

> 출소 직후 직면한 '경제적 빈곤'이 재범 확률을 높일 수 있다는 점에 착안했다. 공단 측에 다르면 출소자의 재범 위험성이 가장 높은 시기는 출소 직후다. 그러나 보건복지부의 긴급복지 혜택 등을 받으려면 신청 후 약 1개월을 기다려야 한다. 공단 관계자는 "교통비, 생계비 등을 지원해 이 같은 '복지사각지대'를 해소하는 역할을 하고 있다"고 설명했다.
>
> (국민일보, 2024년 7월 13일)

셋째, 공단에 한층 더 많은 사회복지사가 채용되어 활동할 수 있어야 한다. 현재 공단은 사업에 대학생의 참여를 독려하며 이 분야에 관심 있는 대학생을 끌어들이고 있는데, 나아가 이들의 취업까지도 확장해야 한다. 아울러 대학생을 활용하여 퇴원자나 출소자의 일상회복을 위한 프로그램을 활성화할 수 있다. 예컨대 대학생 자원봉사자를 활용한 수용자 자녀의 학습지원은 매우 유용한 프로그램이라고 할 수 있다.

(3) 논의

교정복지의 클라이언트가 사회에 적응하는 데는 많은 어려움이 따르기 마련이다. 클라이언트가 이 어려움을 극복할 수 있도록 돕는 갱생보호의 목적을 바탕으로 다음 몇 가지를 강조할 수 있다.

첫째, 퇴원자나 출소자를 위한 중간처우의 보호로 이들이 변화한 사회를 일시 경험케 하고, 이 경험을 바탕으로 사회복귀 계획을 세우는 데 특정의 원조가 필요하다.

둘째, 사회적 기반이 약한 퇴원자와 출소자는 대체로 생활기반이 없어 재범의 유혹을 쉽게 받는다. 이때 임시 생활을 위한 배려와 재정적 지원이 필요하다.

셋째, 퇴원자와 출소자는 스스로 소외감과 자괴감을 갖는 경우가 많아 사회의 낙오자로 규정되는 상태에 쉽게 빠질 수 있다. 이때 이들에게 심리적인 지지가 필요하다.

넷째, 공단을 완전 민간 기구로 독립시켜 충분한 재정으로 운영될 수 있게 공단의 위상을 정립해야 한다. 이를 위해 한영선(2021)도 강조한 바처럼 1995년 「보호관찰 등에 관한 법률」에 흡수된 것으로부터 분리되어 법무보호복지공단이 독자적으로 운영될 수 있는 법을 마련해야 한다.

2) 범죄피해자지원

범죄인의 인권을 보호하는 것이 형사정책의 중요한 임무로 인식되어 오다가 1950년대에 범죄피해자에게 관심을 갖게 되었다. 우리나라는 1987년에 「범죄피해자구조법」을 제정하여 자격요건을 갖춘 범죄피해자에게 국가적 보상과 지원을 구체화하였다(이건호, 1999). 나아가 2000년대에 들어와 범죄피해자를 위한 심리적 · 재정적 지원이 강조되면서 전국에 범죄피해자지원센터를 설치 · 운영하게 되었고, 2005년 「범죄피해자 보호법」이 제정되어 오늘에 이르고 있다. 특히 국가로부터 보상과 지원을 받는 범죄피해자는 사회복지실천 클라이언트와 밀접한 관계를 가지고 있기 때문에 교정복지 관련 주요 제도라 할 수 있다. 최근 '범죄피해자복지'라는 용어가 나돌 정도로 이 분야가 대두하고 있다.

(1) 소개

범죄피해자지원제도에 관한 개념, 의의, 주요 용어를 정리함으로써 이 제도의 소개를 대신한다.

① 개념

범죄피해자지원은 범죄행위로부터 사망한 자의 유족이나 심한 장해를 당한 피해자에게 국가가 구조금을 지급하여 범죄피해자를 지원하는 것을 의미한다. 즉 경제 · 사회적으로 곤란에 처한 범죄피해자를 구제하기 위한 국가보상제도다. 최근 노인의 범죄피해를 비롯하여 성폭력과 가정폭력에 따른 피해자가 늘고 있어 앞으로 사회복지실천에서도 중요하게 다루어야 할 제도라 할 수 있다. 이 같은 범죄피해에 대한 국가보상제도는 성격에 따라 크게 손해배상형과 생활보호형으로 구분하고 있다. 손해배상형을 실시하는 대표적인 나라로는 뉴질랜드로 1964년 범죄피해자를 지원하기 위한 범죄피해자보상 프로그램을 제도화하였고(이건호, 1999), 한국은 1988년부터 생활보호형인 「범죄피해자구조법」을 시행하여 범죄피해자에게 물질적 보호 방안의 하나로 적용하고 있다(박광섭, 2000).

② 의의

범죄피해자지원의 의의는 한마디로 범죄피해자의 인권보호에 중점을 두고 있다. 이 인권보호는 다음 같은 맥락에서 구체화되고 있다.

첫째, 범죄피해자지원 대상자의 경제적 안정에 기여하고 있다. 비록 충분한 금액은 아니지만 현재 우리나라 「범죄피해자보호법」은 적법한 절차를 거친 범죄피해자에게 피해상황에 따라 국가 구조금을 지급하고 있다.

둘째, 범죄피해자지원은 범죄피해자에게 심리사회적 서비스를 제공함으로써 이들의 2차, 3차 피해를 방지하는 데 기여하고 있다. 특히 사건이 종료된 후 범죄피해자의 심리·사회적 안정을 위해 상담소나 쉼터로부터 적절한 서비스를 받게 하고 있다.

③ 주요 용어

「범죄피해자보호법」에서 다루고 있는 주요 용어를 소개함으로써 이 제도의 운용에 관한 이해를 돕고자 한다.

● 범죄피해

범죄피해란 사람의 생명이나 신체를 해하는 죄에 해당하는 행위로부터 사망이나 중장해를 입은 경우를 말한다. 나아가 중장해란 범죄피해자가 입은 부상이나 질병이 치유되었으나 신체상으로 지속되는 상태이고, 이를 1~3급으로 구분하여 규정하고 있다. 한편 「범죄피해자보호법」에서는 범죄피해자를 '타인의 범죄행위로 피해를 입은 사람과 그 배우자, 직계 친족 및 형제자매'로 규정하고 있다.

● 구조금

구조금은 유족구조금과 장해구조금으로 구분하며, 일시금으로 지급한다. 유족구조금은 피해자가 사망한 경우에 제1순위 유족에게 지급하고, 같은 순위의 유족이 2인 이상인 경우는 균등 분할하여 지급한다. 장해구조금은 피해자에게 지급한다. 한편 「범죄피해자보호법」에서는 범죄피해자 보호·지원을 범죄피해자의 피해회복, 정당한 권리행사와 복지증진에 기여하는 행위로 규정하고 있다.

● 범죄피해구조심의회

구조금의 지급에 관한 사항을 심의 · 결정하기 위해 지방검찰청에 범죄피해구조심의회를 두어야 한다. 심의회는 법무부장관의 지휘 · 감독을 받으며, 심의회가 설치된 지방검찰청의 차장검사가 위원장이 되고, 위원으로 당해 지방검찰청 소속 공무원, 법관의 자격을 가진 자와 의사 중에서 법무부장관이 4명을 임명한다. 심의회는 구조금 지급에 관한 사항을 심의하기 위해 필요한 때는 신청인, 기타 관계인을 조사하거나 의사의 진단을 받게 할 수 있고, 행정기관이나 공 · 사 단체에 조회하여 필요한 사항을 보고하게 할 수 있다. 한편 「범죄피해자보호법」은 범죄피해자보호위원회를 구성하여 범죄피해자보호 · 지원을 위한 주요정책을 수립하고, 범죄피해자보호 · 지원 단체를 지원 · 감독하는 사항을 심의토록 하고 있다. 위원회는 법무부장관 소속하에 두며 위원장을 포함하여 20인 이내의 위원으로 구성된다.

(2) 교정복지 맥락

범죄피해자지원제도와 교정복지와 밀접한 관계를 다음 몇 가지로 요약할 수 있다.

첫째, 범죄피해자구조 대상자는 곧 사회복지실천 클라이언트다. 이는 범죄피해자지원제도가 갖는 의의를 교정복지 측면에서 정당화할 수 있다는 데 초점을 두고 있다. 즉 국가는 범죄피해자를 지원해야 하는 인도주의적인 책임이 있다(이건호, 1999).

둘째, 범죄피해자지원제도의 운용은 범죄 예방에 기여할 수 있다. 이는 피해자학에서 박광섭(2000)이 강조하는 바처럼 범죄 예방을 위해서도 피해자의 역할이 매우 중요하다는 입장으로부터 확인할 수 있다. 즉 범죄의 통합예방 차원에서 범죄인의 처벌만으로 범죄로 인한 사회적 갈등을 적절하게 해결할 수 없다.

셋째, 범죄피해자지원제도가 규정하는 범죄피해자를 위한 심리·사회적 지원은 곧 사회복지서비스다. 「범죄피해자보호법」이 시행된 이후 「사회복지사업법」에 속하는 「성폭력범죄의 처벌 및 피해자보호 등에 관한 법률」과 「가정폭력방지 및 피해자보호 등에 관한 법률」이 제정되어 일부 범죄피해자에게 심리사회적 서비스를 제공하고 있다.

(3) 논의

범죄피해자지원제도 관련하여 교정복지 측면에서 다음 몇 가지를 논의에 부칠 수 있겠다.

첫째, 범죄피해자의 인권이 한층 더 강조되어야겠다. 과거 형사정책은 범죄인이나 피의자를 사회약자로 취급하고 이들의 권리를 옹호하는 데만 관심을 집중하여 범죄피해자의 인권은 뒷전이었다. 그러나 페미니즘운동의 영향에 따른 사회적 흐름의 변화와 함께 특히 성범죄피해자에 대한 태도가 바뀌었다(宮澤浩一, 2000). 이런 만큼 교정복지와 관련하는 사회복지사는 범죄피해자의 인권에 주목해야겠다.

둘째, 교정복지실천에 참여하는 사회복지사도 범죄피해자지원제도에 관한 이해는 물론 이 제도가 규정하는 내용을 교정복지실천에 충분히 이용할 수 있어야 하겠다. 다만 이 과정에서 사회복지사가 딜레마에 빠질 수도 있다. 예컨대 범죄피해자를 위해 활동하는 중에 자칫 그 범죄의 가해자에 대해 부정적인 태도를 가질 수 있다는 점을 들 수 있다. 이 같은 사례에서 사회복지사는 범죄인이나 피해자 어느 한쪽으로 치우쳐서는 안 되며, 양쪽 모두에게 줄 수 있는 서비스를 최대화하려는 노력을 기울여야 한다. 이런 맥락에서 외국에서 시행되고 있는 피해자-가해자 대화 프로그램(오영근, 2005) 따위를 우리나라에서도 시행하고 있는데, 피해자가 손해를 회복하는 데 기여할 수 있을 뿐만 아니라 서로 화해를 꾀할 수 있어 다행이다.

셋째, 범죄피해자를 지원하는 법과 현장은 복잡하게 얽혀 있어서 이의 조정이 절실하다. 예컨대 대한법률구조공단 이외에도 경찰과 검찰이 범죄피해자를 위해 적극 개입하고 있고, 「성폭력범죄의 처벌 및 피해자보호 등에 관한 법률」과 「가정폭력방지 및 피해자보호 등에 관한 법률」에 따라 민간기관이 운영되고 있다. 이들 기관이 사업을 겹치게 펼침으로써 개입기관은 물론 범죄피해자 본인도 혼란에 빠지는 사례가 적지 않다.

3) 법률구조

법률구조제도는 경제적으로 어렵거나 법에 관한 지식이 부족하여 법의 보호를 충분히 받지 못하는 사람들에게 법률상담, 변호사에 의한 소송대리, 기타 법률사무 따위의 서비스를 제공하는 사회복지제도의 하나다. 그러므로 교정복지에서도 중요하게 다루어야 할 제도다. 대한법률구조공단에서 발행한 자료(대한법률구조공단, 1997)와 법무부에서 이 제도를 다루고 있는 자료(법무부, 1997)를 토대로 정리하였다.

(1) 소개

법률구조사업은 1972년 법무부 산하에 재단법인 대한법률구조협회를 설립해 시작되었다. 이 사업이 열기를 더하면서 정부가 1986년 「법률구조법」을 제정하여 오늘에 이르고 있다. 이 제도의 필요성과 의미, 조직, 주요 서비스 내용을 알아보겠다.

① 필요성과 의미

법률구조제도의 필요성은 다음의 두 가지 맥락에서 강조할 수 있다.

첫째, 법률구조사업은 국가의 보호를 받아야 하는 사회적 약자들에게 공공 서비스로서 필요하다. 경제적으로 빈곤하고 법률에 관한 지식이 없는 사람에게 모든 부분에서 공공 서비스가 필요하겠으나, 특히 사법서비스는 이들의 생활에 큰 비중을 차지하므로 다른 어떤 서비스보다 중요하다.

둘째, 법률구조사업은 평등사회를 실현하는 데 필요로 하는 중요한 공공 서비스다. 따라서 사회정의 실현 차원에서 사회약자에게 공공 사법 서비스가 주어진다면 '없는 자'와 '있는 자' 간 사회·경제적 격차가 줄어들어 평등사회로 가는 데 부분적으로 도움이 될 것이다.

이러한 법률구조 서비스는 실제로 사회약자의 기본적 인권을 옹호하고, 나아가 법률복지의 증진에 이바지할 수 있을 것이기 때문에 큰 의미를 가지고 있다(대한법률구조공단, 1997).

② 조직

법률구조사업을 추진하고 있는 대한법률구조공단은 경북 김천시에 본부를 두고, 법원과 검찰청에 대응하여 전국에 지부와 출장소를 설치하고 있다. 공단의 조직은 본부와 지부와 출장소로 구분되어 있는데, 지부의 조직은 구조부와 고객지원부로 구성되어 있다. 공단에는 변호사와 변호사 자격등록을 하지 않은 공익법무관을 두어 실질적인 법률구조 업무를 맡도록 하고 있다.

③ 주요 서비스 내용

법률구조공단은 국민의 기본권 옹호와 법률 관련 사회복지의 증진을 위해 다음 같은 사업을 실시하고 있다.

● 법률상담

전 국민을 대상으로 민사, 가사, 형사, 행정사건 관련 법률문제 전반에 대하여 상담을 무료로 실시하고 있다. 이를 위해 법률상담전용 전화 '132'를 운영하고 있고, 서울 지역에는 차량이동법률상담을 실시하고 있다. 한편 통신시대를 맞이하여 인터넷이나 전화자동법률상담 방법으로 직접 법률상담을 받을 수 있게 조치하고 있다.

● 법률구조

법률구조 대상은 원칙적으로 일정한 요건을 갖춘 사람에 한하고 있다. 구조 내용은 크게 민사·가사사건과 형사사건으로 구분하고 있다.

민사와 가사사건의 법률구조 대상자는 농어민, 「국민기초생활보장법」의 수급자, 6급 이하의 공무원, 위관급 장교 이하의 군인, 국가보훈대상자 들로 한정하고 있다. 소송비용은 소송이 종료된 후에 공단에서 지출한 인지대 따위의 법정 소송비용과 그 사건의 승소가액을 기준으로 상환받도록 하고 있다.

형사사건 대상자는 농어민, 국가보훈대상자, 「국민기초생활보장법」의 수급자, 소년소녀가장, 장애인으로 규정하고 있다. 소송비용은 모두 공단이 부담하고 보석보증금이나 보석보증보험증권 수수료만 의뢰자가 부담하도록 하고 있다.

● 농어민 무료법률구조

공단은 1995년부터 농협과 연계하여 생업으로 공단을 찾아오기 어려운 농어민을 위하여 가까운 농협에 법률구조 서비스를 신청할 수 있게 하고 있다. 아울러 농어민에게 비용의 상환을 면제해 주는 무료법률구조사업을 실시하고 있다.

● 도시 저소득자 무료법률구조

1997년부터 신한은행(당시 조흥은행)과 공동으로 「국민기초생활보장법」의 수급자, 소년소녀가장, 장애인, 국가보훈대상자 들에게 무료로 소송을 대행해 주고 있다.

(2) 교정복지 맥락

법률구조사업은 최근 농어민과 도시 저소득자에게 무료 서비스를 실시하면서 사회복지의 새로운 서비스로 대두되고 있다. 이러한 실상은 사회복지 전담 공무원이 국민기초생활보장사업에서 법률구조제도를 이용하도록 안내하고 있음을 통해 확인할 수 있다. 즉 법률구조제도는 사회복지의 중요한 영역을 차지하고 있다. 이런 현상은 사회복지사가 사법 서비스와 관련하여 법조계와 상호 교류를 돈독히 할 수 있는 계기를 마련할 것으로 본다.

(3) 논의

법률구조사업이 효율적인 사회복지 서비스로 자리를 잡기 위해서는 다음 같은 노력이 필요하다.

첫째, 법률구조 서비스가 필요한 클라이언트와 자주 상대하는 사회복지사는 이 제도와 관련하고 있는 지식을 갖추고, 나아가 이 서비스를 널리 활용할 수 있도록 해야 한다. 즉 저소득층과 함께 하는 사회복지 전담 공무원과 사회복지기관의 사회복지사는 민사소송법, 형사소송법, 교정사업을 이해하고 있어야 한다.

둘째, 대한법률구조공단의 실무자와 사회복지사 간 교류가 빈번하게 이루어질 수 있도록 양자가 노력해야 한다. 이를 위해 서로가 먼저 정보 교류와 법률구조 업무에 협력하는 분위기를 만드는 것이 바람직하다.

05 좀 더 살펴보기

보호 · 교정기관에 알려야 할 주요 사회복지제도

「사회복지사업법」이 적시한 사회복지제도를 2차 현장의 실무자와 수용자에게 알려야 한다. 이렇게 강조하는 것은 2가지 측면에서 의의가 있다고 보는데, 한 측면은 서로 상대의 주요 제도를 알아야 한다는 점이고, 다른 한 측면은 2차 현장에 있는 비행청소년과 범죄인은 물론 이들의 가족이 알고 있어 지원을 적극적으로 받을 수 있다는 점이다.

2024년에 일부 개정된 「사회복지사업법」은 총 27개 사회복지법을 제시하고 있는데, 이 중에서 교정복지실천 2차 현장의 실무자와 수용자가 시급히 알아야 법 몇 가지를 소개한다. 여기에서는 법의 목적과 주요 사항만을 다루고, 자세한 내용은 각자 필요에 따라 자세히 학습하면 되겠다.

● 국민기초생활보장법

이 법은 생활이 어려운 사람에게 필요한 급여를 실시하여 이들의 최저생활을 보장하고 자활을 돕는 것을 목적으로 한다. 이 법에 따른 급여 종류는 생계급여, 주거급여, 의료급여, 교육급여, 해산급여(解産給與), 장제급여(葬祭給與), 자활급여가 있다.

● 아동복지법

이 법은 아동이 건강하게 출생하여 행복하고 안전하게 자랄 수 있도록 아동의 복지를 보장하는 것을 목적으로 한다. 아동은 18세 미만으로 한정하고, 아동복지란 아동이 행복한 삶을 누릴 수 있는 기본적인 여건을 조성하고 조화롭게 성장 · 발달할 수 있게 하는 경제적 · 사회적 · 정서적 지원을 말한다.

● 노인복지법

이 법은 노인의 질환을 사전예방 또는 조기발견하고 질환상태에 따른 적절한 치료 · 요양으로 심신의 건강을 유지하고, 노후의 생활안정을 위하여 필요한 조치를 강구함으로써 노인의 보건복지증진에 기여함을 목적으로 한다. 특히 국가 또는 지방자치단체는 노인의 주거에 적합한 기능과 설비를 갖춘 주거용 시설의 공급을 조장하여야 하며, 그 주거용 시설의 공급자에게 적절한 지원을 할 수 있다. 이 법이 규정하는 노인의 나이는 65세 이상이다.

● 장애인복지법

이 법은 장애인의 인간다운 삶과 권리보장을 위한 국가와 지방자치단체의 책임을 명백히 하고, 장애발생 예방과 장애인의 의료 · 교육 · 직업재활 · 생활환경개선에 관한 사업을 정하여 장애인복지대책을 종합적으로 추진하며, 장애인의 자립생활 · 보호와 수당지급에 관하여 필요한 사항을 정하여 장애인의 생활안정에 기여하고, 장애인의 복지와 사회활동 참여증진을 통하여 사회통합에 이바지함을 목적으로 한다. 이 법이 규정하는 장애 유형은 신체적 장애(주요 외부 신체 기능의 장애, 내부기관의 장애)와 정신적 장애(발달장애 또는 정신 질환으로 발생하는 장애) 2가지이다.

● 한부모가족지원법

이 법은 한부모가족이 안정적인 가족 기능을 유지하고 자립할 수 있도록 지원함으로써 한부모가족의 생활 안정과 복지 증진에 이바지함을 목적으로 한다. 아울러 한부모가족에 대한 국민의 이해와 관심을 제고하기 위하여 매년 5월 10일을 한부모가족의 날로 규정하고 있다.

● 성매매방지 및 피해자보호 등에 관한 법률

이 법은 성매매를 방지하고, 성매매피해자와 성을 파는 행위를 한 사람의 보호, 피해회복과 자립 · 자활을 지원하는 것을 목적으로 한다. 아울러 국가와 지방자치단체는 성매매를 방지하고, 성매매피해자와 성을 파는 행위를 한 사람의 보호, 피해 회복과 자립 · 자활을 지원하기 위하여 법적 · 제도적 장치를 마련하고 필요한 행정적 · 재정적 조치를 해야 함을 규정하고 있다.

● 정신건강증진 및 정신질환자 복지서비스 지원에 관한 법률

이 법은 정신질환의 예방 · 치료, 정신질환자의 재활 · 복지 · 권리보장과 정신건강 친화적인 환경 조성에 필요한 사항을 규정함으로써 국민의 정신건강증진과 정신질환자의 인간다운 삶을 영위하는 데 이바지함을 목적으로 한다. 나아가 정신질환자를 망상, 환각, 사고(思考)나 기분의 장애로 인하여 독립적으로 일상생활을 영위하는 데 중대한 제약이 있는 사람으로 규정했다. 아울러 정신건강증진사업을 정신건강 관련 교육 · 상담, 정신질환의 예방 · 치료, 정신질환자의 재활, 정신건강에 영향을 미치는 사회복지 · 교육 · 주거 · 근로 환경의 개선을 통하여 국민의 정신건강을 증진시키는 사업으로 규정하고 있다.

● 의료급여법

이 법은 생활이 어려운 사람에게 의료급여를 함으로써 국민보건의 향상과 사회복지의 증진에 이바지함을 목적으로 한다. 이 법은 보건복지부장관, 특별시장 · 광역시장 · 도지사, 시장 · 군수 · 구청장은 수급권자의 건강관리 능력 향상과 합리적 의료이용 유도를 위하여 사례관리를 실시할 수 있음을 규정하고 있다.

● 기초연금법

이 법은 노인에게 기초연금을 지급하여 안정적인 소득기반을 제공함으로써 노인의 생활안정을 지원하고 복지를 증진함을 목적으로 한다.

● **긴급복지지원법**

이 법은 생계곤란 같은 위기상황에 처하여 도움이 필요한 사람을 신속하게 지원함으로써 이들이 위기상황에서 벗어나 건강하고 인간다운 생활을 하게 함을 목적으로 한다.

● **다문화가족지원법**

이 법은 다문화가족 구성원이 안정적인 가족생활을 영위하고 사회구성원으로서 역할과 책임을 다할 수 있도록 함으로써 이들의 삶의 질 향상과 사회통합에 이바지함을 목적으로 한다.

● **노숙인 등의 복지 및 자립지원에 관한 법률**

이 법은 노숙인(露宿人) 같은 이의 인간다운 생활을 할 권리를 보호하고 재활과 자립을 위한 기반을 조성하여 이들의 건전한 사회복귀와 복지증진에 이바지하는 것을 목적으로 한다.

● **보호관찰 등에 관한 법률**

이 법은 죄를 지은 사람으로서 재범 방지를 위하여 보호관찰, 사회봉사, 수강(受講)이나 갱생보호(更生保護) 같은 체계적인 사회 내 처우가 필요하다고 인정되는 사람을 지도하고 보살피며 도움으로써 건전한 사회복귀를 촉진하고, 효율적인 범죄예방 활동을 전개함으로써 개인과 공공의 복지를 증진하고, 아울러 사회를 보호함을 목적으로 한다. 이 목적을 위해 모든 국민은 그 지위와 능력에 따라 협력해야 하고, 국가와 지방자치단체는 죄를 지은 사람의 건전한 사회 복귀를 위하여 보호선도사업을 육성할 책임을 지고, 국가는 이 법의 집행과정에서 보호관찰 대상자의 인권이 부당하게 침해되지 않도록 주의하여야 한다.

● **청소년복지 지원법**

이 법은 「청소년기본법」에 따라 청소년복지 향상에 관한 사항을 규정함을 목적으로 하고, 이를 위해 국가 또는 지방자치단체는 그가 운영하는 수송시설 · 문화시설 · 여가시설 등을 청소년이 이용하는 경우 그 이용료를 면제하거나 할인할 수 있다. 아울러 특별자치시장 · 특별자치도지사 또는 시장 · 군수 · 구청장은 9세 이상 18세 이하의 청소년에게 청소년증을 발급할 수 있음을 규정하고 있다.

제 6 장

비행과 범죄 관련 이론

실천 없는 이론이 공허한 것이라면
이론 없는 실천은 더욱 생각할 수 없다.
(김우창, 2013)

비행청소년과 범죄인의 일상회복을 위한 개입 방향은 비행과 범죄를 이해하는 시각에 따라 달라질 수 있다. 이 시각은 평소 국가가 지향하는 비행청소년과 범죄인의 일상회복을 위한 철학(교정이념), 개입자가 추구하는 비행과 범죄의 원인에 따른 관점(비행 · 범죄 원인론), 비행과 범죄의 유형에 따른 특성(범죄 유형론)에 관한 이해에 따라 형성된다고 할 수 있다. 아울러 실제 개입 활동은 비행청소년과 범죄인을 조사한 결과(비행 · 범죄 사정론)를 기초로 이루어진다고 보아 마땅하다.

물론 이들 이론을 바탕으로 한 비행 · 범죄에 관한 시각의 형성은 당시의 사회적 상황과 정부 정책의 영향을 받는 것이 당연하다. 왜냐하면 이론은 실천과 연관되어야 한다고 보기 때문이다. 교정이념, 비행 · 범죄 원인론, 비행 · 범죄 유형론, 비행 · 범죄 사정론 들이 사회복지사에게 토대가 되는 이유를 다음처럼 정리할 수 있다.

첫째, 사회복지사는 비행과 범죄를 합리적으로 이해할 수 있다. 사람의 행위를 합리적으로 규명하고 어느 특정 원리를 모든 행동에 적용한다는 것은 불가능한 일이다. 마찬가지로 비행과 범죄도 사람의 행위이므로 이를 과학적으로 규명한다는 것은 쉬운 일이 아니다. 그러나 비행이나 범죄를 일관성 있게 설명하고, 여러 사람이 납득할 수 있는 정도로 객관화시키는 일은 매우 중요하다. 비록 어려운 일이지만 비행과 범죄를 한층 합리적으로 이해할 수 있다면, 사회복지사로서 비행청소년이나 범죄인의 일상회복을 위한 방안을 모색하는 데 실마리가 될 수 있다.

둘째, 사회복지사에게 합당한 개입 방안을 모색하는 데 도움이 될 뿐만 아니라 논리적 근거가 된다. 앞에서 언급한 비행이나 범죄의 과학적 이해와 비행청소년이나 범죄인의 일상회복을 위한 사회복지사의 입장을 정립함으로써 사회복지사는 비행청소년과 범죄인의 일상회복을 위해 합당한 방안을 모색할 수 있다. 예컨대 사회복지사는 범죄의 주요 원인을 범죄인의 기질적인 측면에 두었다면 범죄인의 개인적 요인 변화에, 환경적 측면에 두었다면 그의 환경 변화에 초점을 맞추어야 한다. 비행 · 범죄 원인론과 범죄 유형론에 관한 이해가 비행청소년과 범죄인의 일상회복이나 비행 · 범죄 예방을 위한 '만병통치약'은 아니나 부분적으로는 해결의 실마리를 제공해 준다.

셋째, 사회복지사가 합당한 교정제도를 위해 대응할 수 있는 기반 지식이 될 수 있다. 특별히 교정이념은 당시 사회적 상황을 반영하므로 교정 당국은 교정이념을 토대로 교정제도를 만들어 집행한다. 따라서 사회복지사는 교정이념에 관한 이해를 토대로 교정 당국이 추구하고 있는 교정이념과 교정제도의 일치를 위해 대응할 수 있다.

이 장에서는 사회복지사가 비행청소년과 범죄인의 일상회복을 위해 합당한 관점을 형성하는 데 토대가 될 수 있는 국가 차원의 교정이념을 비롯해 비행 · 범죄 원인론, 범죄 유형론, 비행 · 범죄 사정론을 정리하였다. 아울러 정약용의 **흠흠신서**와 형벌의 종류를 좀 더 살펴보았다. 이 내용은 교정복지실천에 들어가기 전 사회복지사가 갖추어야 할 주요 지식이라고 하겠다.

1. 교정이념

교정복지실천에서 교정이념의 중요성을 알아보기 위해 교정이념과 교정복지실천 관계에 관하여 정리하겠다.

1) 교정이념과 교정복지실천 관계

교정이념과 교정복지실천 관계를 살펴보기 전에 먼저 교정복지실천 측면에서 교정이념의 개념을 살펴보자.

(1) 교정이념의 개념

이념이란 사회체제의 편성원리(최재현, 1992)로서 제도의 토대라고 할 수 있다. 나아가 이념은 최고를 추구하는 사람의 근본적인 생각(두산동아 사전편찬실, 1997)이라고 풀이되고 있다. 따라서 교정이념은 비행청소년과 범죄인의 일상회복과 비행 · 범죄의 예방을 위해 합당한 교정제도를 세워 이를 실천하려는 숭고한 정신이나 철학이라고 정의할 수 있다.

(2) 교정이념과 교정복지실천 관계

교정제도는 교정이념을 반영하므로 교정이념은 사회복지사가 당시 사회적 상황에 따라 활동하도록 유도한다. 즉 사회복지사가 비행청소년이나 범죄인을 위한 개입의 수준을 정하고, 나아가 이 수준은 시기에 따라 달라질 수 있음을 시사한다.

2) 주요 교정이념

행형사상(行刑思想)이나 교정이념의 구분과 설명은 학자마다 다양하다. 대체로 처벌, 무력화, 억제, 사회복귀의 네 가지로 구분하기도 하고(이백철 · 양승은, 1995), 응보주의(應報主義), 격리주의(隔離主義), 재활주의(再活主義) 3가지로 분류하기도 한다. 여기에서는 기존 교정이념 3가지에 더하여 새롭게 등장한 회복주의를 소개하겠다.

(1) 응보주의

응보주의는 범죄인이 자신의 죄로 일어난 피해에 대해 처벌받아야 한다는 보복원칙에 초점을 두고 있다. 이는 고전적 교정철학으로 범죄인의 인격이나 권리를 완전히 무시한 처벌 위주의 교정이념이라고 할 수 있다. 그러므로 응보주의 교정이념을 받아들인 시대에는 범죄인에게 상당히 가혹한 신체적 · 심리적 고통을 가하였다.

(2) 격리주의

격리주의는 응보주의보다 발전한 교정철학으로 범죄인의 행위를 차단하여 사회의 질서를 바로잡는 데 중점을 두고 있다. 이 교정이념은 범죄인에게 범죄에 상응하는 보복은 하지 않고 단순히 시설에 구금하는 데 중점을 두며, 이 구금 역시 범죄인에게는 심리적 고통이 따른다. 격리주의를 강조하는 국가는 범죄인을 위해 최소한의 노력으로 개입한다고 볼 수 있다.

(3) 재활주의

재활주의는 범죄인을 위한 권리보장과 인간적인 처우를 바탕으로 이들의 재사회화에 중점을 두는 교정이념이다. 이 같은 입장은 예컨대 "사람은 기성품이 아니라 향상되는 도중에 있고, 참 자기 발견과 실현을 기대하고 있다."(죽재 서남동 목사 유고집 편집위원회 엮음, 1999)는 점이 뒷받침한다고 하겠다. 뒤에 보는 회복주의 입장도 마찬가지라고 하겠다. 재활주의를 위해 전문적 개입과 교정 당국의 의지적 노력이 필요하며, 무엇보다도 이 같은 교정철학이 펼쳐질 수 있도록 교정 현장의 여건이 구비되어야 한다.

(4) 회복주의

회복주의는 비행청소년이나 범죄인이 피해자와 서로 화해함으로써 함께 변화를 꾀하는 데 중점을 둔다. 이 과정을 지역사회가 협력하여 중재자의 역할을 수행하기도 한다. 회복주의는 회복적 사법(Restorative Justice)이라고도 불리며, ① 범죄인이 범죄 피해와 법률규정의 의미를 깨닫게 하고, ② 범죄 피해자와 적극적인 화해를 통해 자신의 책임을 인정하고, ③ 범죄 피해자는 신체적 · 물리적 피해를 보상받아 두려움으로부터 벗어나고, ④ 지역사회는 범죄문제 해결을 위해 적극적으로 개입하는 것으로 정의하고 있다(허경미, 2007).

우리나라에서는 2005년 학교폭력이 한창 떠들썩할 때 서울보호관찰소가 학교폭력의 가해자와 피해자가 함께 만나는 '화해의 장'을 열어 서로 어울리며 대화하는 시간을 마련했다(중앙일보, 2005년 4월 2일). 이후 학교에서도 학교폭력학생과 피해학생이 공동으로 참여하는 회복 프로그램을 실시하였다. 이때 지역사회의 사회복지관에서는 화해를 상징하는 의미에서 참여 학생에게 상징적으로 사과를 나누어주기도 했다. 그러나 회복 프로그램은 비행이나 범죄의 유형에 따라 달라질 수 있고, 우리나라 상황에서 가해자와 피해자가 쉽게 자리를 함께 할 수 없음을 고려해야 한다.

한편 회복주의를 교정이념으로 간주해야 하는가 하는 물음에는 분명한 답을 내리는 게 쉽지 않다. 왜냐하면 회복주의에서 강조하는 것이 앞에 언급한 재활주의에서도 다루어질 수 있고, 나아가 회복주의를 교정이념보다는 특정 교정이념을 실천하는 전략이나 구체적 목표로 삼을 수도 있기 때문이다.

어쨌든 이 같은 개념이 등장하게 된 것은 범죄 피해자의 권익을 강조하고, 아울러 범죄인의 진정한 일상회복을 위해 범죄 피해자도 변화해야 하고, 여기에 지역사회가 함께 해야 함을 강조하면서라고 보아야 옳다. 결국 회복주의는 비행이나 범죄에 의한 피해가 피해자뿐만 아니라 가해자와 지역사회와 정부가 함께 받는다고 전제한다.

2. 비행 · 범죄 원인론

비행과 범죄의 원인에 관한 이론은 분리하여 정리하는 것이 수월하다. 그러나 여기에서는 "오늘의 비행이 내일의 범죄가 된다."(Shoemaker, 1990)는 점을 고려하여 범죄 원인론에 중점을 두고 비행의 원인을 부가하여 살펴보도록 하겠다. 범죄 원인에 관한 이론은 학자별로 다양하게 분류 · 소개하고 있어 복잡한 면이 없지 않다. 이 같은 복잡함을 피하기 위해 여러 이론을 고전이론, 사회학적 이론, 생물학적 이론, 심리학적 이론으로 대분하여 몇 가지 참고문헌(박광배, 1995; 이윤호 · 공정식, 1995; 홍성열, 2000)과 교정 현장의 실상을 바탕으로 정리하겠다.

1) 고전이론

고전이론은 범죄이론으로 낱낱이 정리하기보다는 철학자가 범죄 원인을 규명한 철학적 접근이라고 할 수 있다. 여기에서는 고전이론의 주요 이론가, 주요 주장, 전제 사항을 살펴보겠다.

(1) 주요 이론가

고전이론은 범죄행위를 유발하는 구성 개념의 관련성을 기술하기보다는 전반적인 철학적 범죄관이나 인간관을 형성하는 포괄적인 개념 틀이라고 할 수 있다. 따라서 고전이론을 한두 개의 용어로 적절히 표현하는 것이 쉽지 않다. 고전이론의 대표적인 이론가로는 이탈리아의 범죄학자 베카리아(Cesare Beccaria)와 영국의 철학자 벤담(Jeremy Bentham)을 꼽을 수 있다.

(2) 주요 주장

이들 고전이론가는 범죄행위는 그 행위의 득과 실을 비교하는 합리적인 자유의지에 따른 선택이라고 생각한다. 아울러 이들은 개인은 각자 처지에 따라 자유의지를 발동하여 얻을 수 있는 쾌락을 위해 적합한 방법을 동원하여 행동한다고 전제한다. 고전이론에 따르면 범죄가 행해지는 이유는 한 개인이 목적달성을 위해 취할 수 있는 범죄 수단이 다른 비범죄 수단보다 정신적·물리적 노력과 에너지를 적게 요구하고, 아울러 즉각적인 결과를 가져다주기 때문이라는 것이다.

그러므로 고전이론에서는 범죄인의 교정이나 갱생의 가능성을 높이 평가하지 않는다. 왜냐하면 범죄행위는 합리적인 경제행위라는 점에서 다른 행위와 그 본질이 다르지 않고, 범죄인도 득과 실을 가늠하는 경제적인 일반인과 다르지 않다고 보기 때문이다. 즉 범죄인이 일반인과 본질에서 다르지 않고, 득과 실을 따지는 합리적인 경제성은 교정의 대상이 될 수 없으므로, 고전이론에 따르면 처벌의 대상은 범죄행위이고 범죄인이 아니라는 것이다. 이 같은 입장은 전과 10범의 흉악범이 10원짜리 사탕을 훔치다 붙잡혔다면 그 사람에 대한 처벌은 10원짜리 사탕을 훔친 죄에 합당한 것이어야 하며, 전과 10범이고 흉악범이라는 사실에 부합해서는 안 된다는 것이다. 결국 이 이론은 교정의 가능성을 평가절하하고, 범죄행위를 처벌의 대상으로 보기 때문에 범죄인에 대한 재판에서는 응보적 처벌을 강조한다.

한편 고전이론이 강조하는 범죄의 유형은 비행청소년이나 범죄인이 힘을 들이지 않고 쉽게 즉각적인 결과를 얻으려는 충동적 욕구에 의한 비행과 범죄에 중점을 두고 있다. 예컨대 청소년의 약물사용, 4~5범 이상의 범죄인, 절도, 사기 따위를 들 수 있다.

(3) 전제 사항

범죄 원인에 관한 고전이론은 다음에 보는 바처럼 몇 가지 전제에 기초하고 있다.

첫째, 폭력과 부정은 특이하거나 비정상적인 인간행동이 아니라 동서고금을 막론하고 인간의 생활에 상존하는 일반적인 인간행위다.

둘째, 범죄성을 지닌 사람과 그렇지 않은 사람이 존재하는 것이 아니라 누구나 정도의 차이가 있을 뿐 범죄성을 갖고 있다.

셋째, 범죄행위를 비롯한 인간의 모든 행위를 지배하는 원리는 고통회피와 쾌감 추구다.

따라서 범죄행위의 주된 동기는 본질적으로 모든 인간 행위의 동기와 다르지 않다. 나아가 각기 다른 종류의 범죄도 인간의 가장 일반적이고 범세계적인 욕구를 충족하기 위한 것이라는 점에서 본질적으로 같다고 본다. 인간은 고통을 회피하고 쾌락을 추구하기 위한 합리적인 선택에 따라서 범죄를 행하거나 행하지 않는 결정을 자유의지로 내리고, 어떤 범죄를 행하느냐는 어떤 범죄가 가장 노력을 덜 요구하고 실행하기 쉬우냐에 달려 있다는 것이다.

2) 생물학적 이론

생물학적 이론은 범죄가 유전, 뇌구조, 호르몬, 신경계 이상 같은 요인에 근거한다고 보았다. 이런 입장은 사회학적 이론과 대치하고 있다. 생물학적 이론에서 강조하는 바를 알아보자.

(1) 생래적 원인

생래적 원인은 초기의 범죄생물학에 기반한다. 스스로 통제할 수 없는 타고난 조건이 그 사람의 행동유형에 영향을 미쳐 범죄에 빠진다는 데 중점을 두고 있다. 즉 생물학적 결함에 의한 것으로 보았는데, 대표

이론가로 롬부르조(Cesare Lombroso)를 든다. 그는 범죄인이 생물학적으로 원시적인 형질을 가지고 태어난다고 보았다.

(2) 신체 유형에 따른 범죄

한편 범죄 원인에 관한 생물학적 이론은 신체조건이론에 중점을 두고 있다. 신체조건이론은 셸던(William Sheldon)과 코츠(Juan Corte's)로 대표되는 초기의 생물학적 이론으로서, 유럽의 롬부르조와 가로팔로(Raffaele Garofalo)의 범죄관을 체계화한 것이라고 볼 수 있다. 셸던은 범죄인의 신체적 유형을 다음 세 가지 특징을 들어 구분하였다.

첫째, 비만형으로 유쾌한 성격과 사회성을 지닌 경우가 많다.

둘째, 근육형으로 대담하고 주장이 강한 성격을 가지는 경우가 많다.

셋째, 두뇌형으로 내성적이고 예민한 성격의 소유자가 많다고 하였다.

이들 학자는 신체적 특성이 범죄를 위한 필요조건 혹은 충분조건이나 원인이 된다고 믿었던 것은 결코 아니다. 다만 이들은 이 특성이 범죄행위의 수행에 뭔가 중요한 역할을 한다고 보았다. 실례로 험상궂거나 외골수이거가 벽창호 같은 성격의 폭력범을 들 수 있다. 특히 비행청소년의 옷차림, 걸음걸이, 두발 같은 외형적 특성도 부분적으로 적용될 수 있다. 그러나 비행청소년 중에는 근육형의 신체적 조건을 가지지 않은 사람도 대단히 많다는 사실이 보고되고 있다. 따라서 범죄에 대해서는 신체적 조건보다 다른 특성이나 성향이 더 중요하다고 인식하기 시작한 이후 현대의 범죄 이론가는 이 신체조건이론을 중시하지 않는다.

(3) 유전이론

유전이론은 사람을 비롯한 생물체가 지닌 유전 정보가 세대를 통해 전달되는 과정을 설명하는 과학적 원리를 일컫는다. 이런 점에서 범죄의 원인을 주장하는 유전이론은 앞 세대로부터 물려받은 유전자의 영향으로 본다. 이 이론은 19세기 중반 멘델(Gregor Mendel)의 완두콩 실험을 통해 발견된 유전의 기본 원리 이후, 20세기에 들어와 DNA 구조의 발견으로 급격한 발전을 보였다. 요컨대 범죄의 원인을 앞선 세대의 유전 정보를 전달하는 유전자에 둠으로써 환경 요인을 배제하고 있다.

3) 심리학적 이론

범죄에 관한 고전이론, 사회학적 이론, 생물학적 이론 따위가 특별히 범죄행위를 설명하는 데 분명한 목적을 가지고 발전했다고 볼 수 있다. 반면 대부분의 심리학적 이론은 범죄행위 자체에 특별한 관심을 가지고 체계화된 것이 아니다. 다만 일반적인 인간의 행동, 인지, 정서, 정신병리를 설명하기 위한 심리학이론이 범죄행위를 심리학적으로 이해하기 위해 활용하고 있을 뿐이다. 그러나 현대 심리학에서는 범죄행위에 대해 매우 활발한 연구와 논의를 계속하고 있다. 범죄를 설명하고 있는 대표적인 심리학적 이론으로 정신분석이론, 성격이론, 인지이론, 사회심리이론을 들 수 있다.

(1) 정신분석이론

정신분석이론에 따르면 범죄행위는 이드(id)의 반사회적 충동을 이고(ego)와 수퍼이고(superego)가 통제하지 못하기 때문에 발생한다고 본다. 이러한 이드의 반사회적 충동은 오이디푸스 콤플렉스로 대표되는 근친상간에 대한 욕구와 그 욕구에 대한 죄책감과 벌을 받으려는 욕구에서 유래한다고 한다. 그 증거로 청소년은 비행이나 범죄를 행하기 전부터 막연한 죄책감, 벌 받기를 원하는 욕구 따위를 표현하는 경우가 많다고 한다. 실례로 청소년의 가출, 성인의 자해나 자살 따위를 들 수 있다. 그러나 프로이트(Sigmund Freud)의 이 이론은 대부분의 범죄인이 벌을 받지 않기 위해 수단과 방법을 가리지 않고 도피하는 경우도 많아 비판을 받고 있다.

한편 정신분석학자인 알렉산더(Franz Alexander)는 즉각적인 욕구충족을 지연하는 능력과 현실원칙에 따라 행동하는 능력을 항문기에 터득하지 못한 사람이 범죄행위를 하게 된다고 하였다. 나아가 애착이론을 대표하는 볼비(John Bowlby)는 성격적으로 굳어진 기질적인 반사회성의 경우는 어린 시절에 어머니로부터 격리되거나 부모로부터 배척받은 경험에 따라 반사회적 행동을 설명할 수 있다고 보았다. 덧붙여 할렉(Seymour Halleck)은 청소년은 억압받고 있다는 느낌과 무력감에서 벗어나기 위해 흥분을 유발하고, 자신의 솜씨를 시험해볼 수 있으며, 물질적인 이득도 생길 수 있는 범죄를 시도한다고 주장하였다.

(2) 성격이론

범죄인의 성격 중 가장 많이 논의되는 것이 반사회성 성격이다. 성격이론가는 반사회성의 성격 특질을 지닌 사람은 불안 수준과 각성 수준이 일반인보다 낮아서 늘 새로운 자극을 추구하고, 한 가지 자극에 대하여 더 빨리 실증과 지루함을 느낀다고 주장한다. 반사회성 성격은 뇌의 좌반구의 결함 때문에 유발된다는 견해에 지지를 받고 있다.

이러한 기질적인 설명 이외에 부스(David Buss)는 환경적 요인에 따라 반사회적 성격이 형성된다고 보았다. 특히 부스는 부모가 아동을 지나친 냉정함과 거리감을 가지고 대하거나 아동의 행동에 대해 상과 벌을 일관하지 않게 행사하는 경우 아동에게 이러한 성격이 형성된다고 보았다. 반사회적 성격의 특질을 토대로 하는 성격이론이 범죄 원인론으로서 가지는 취약성은 이러한 성격 특질을 보이지 않는 범죄인이 너무 많다는 사실에 있다. 따라서 이 이론은 범죄 원인에 대한 전반을 설명하는 이론이 아니라 특정한 범죄인의 속성을 이해케 하는 이론으로 간주되고 있다.

이에 해당하는 중요한 성격 특질로서 자기통제력을 제시하고 있으며, 이것을 '범죄성'을 가진 사람과 그렇지 않은 사람을 구별하는 주된 기준의 특질로 제시하고 있다. 흔히 범죄성이라고 불리는 인성 특질은 자기통제력의 결여를 의미하고, 이 자기통제력의 결여가 범죄행위를 유발한다는 것이다. 실례로 인내하는 것보다는 쉽게 가는 길을 선택하는 소년원의 청소년, '한탕주의'에서 벗어나지 못하고 그 수렁에서 맴도는 교도소의 수용자를 들 수 있다.

자기통제력의 결여가 중요한 범죄 유발 요인이라는 이들의 결론은 범죄인과 범죄행위의 속성에 대한 분석으로부터 도출되었다. 이들에 따르면 모든 범죄행위의 공통된 속성은 ① 즉각적인 만족을 가장 적은 노력으로 손쉽게 얻으려는 행위이고, ② 흥분과 모험, 스릴을 동반하는 행위이며, ③ 특별한 기술이나 계획을 요하지 않고, ④ 피해자에게 고통과 불편을 초래하는 것 들이다.

나아가 범죄인의 공통된 특징으로 첫째, 한 범죄인이 특정한 유형의 범죄를 전문적으로 행하기보다는 여러 가지 범죄를 동시에 범하는 경향이 강하고, 둘째, 어린 시절에 범죄성격을 가진 사람은 평생동안 반복적으로 범죄를 행하는 경향이 있다는 점을 들고 있다.

(3) 인지이론

세임나우(Stanton Samenow)는 범죄인의 중요한 특징 중 하나가 비합리적이고 무책임한 사고방식이라고 강조하였다. 사고방식이나 사고과정에 결함이 있어 범죄행위가 유발된다고 보는 인지이론은 정보처리과정의 결함과 비합리성에 관심을 모으고 있다. 즉 범죄는 보고 배우고, 스스로 터득함으로써 가능하다는 입장이다. 범죄 관련 인지이론을 세분하면 학습이론, 지능이론, 도덕성추론이론을 들 수 있다.

학습이론은 인간의 행위는 선행하는 사건의 영향을 받아 이루어진다고 강조하고 있다. 아이젠크(Hans Jurgen Eysenck)는 생산적이지 못한 반사회적인 범죄와 비행은 영향을 주고받는 사건 간 양심이 제대로 형성되지 못해 일어난다고 강조하였다. 학습이론으로 설명할 수 있는 범죄인의 사례는 '바늘 도둑이 소 도둑 된다.'는 말처럼 반복되는 재범인이나 재비행청소년을 들 수 있다. 특히 잦은 비행력이 있는 청소년이 상습범죄인이 되는 경우가 학습이론으로 설명될 수 있다.

지능이론은 비행청소년과 범죄인이 일반인에 비해 언어성 지능이 평균적으로 낮다는 입장을 취하고 있다. 이 지능이론을 바탕으로 비행청소년이 복잡한 생각을 피하려고 하거나 반복된 학습에도 불구하고 큰 성과가 없는 청소년을 이해할 수 있다.

퀼베르크(Lawrence Koelberg)는 사람이 옳고 그른 것을 구별하고 타인의 권리와 감정을 존중하고 이해할 수 있는 것은 성장 단계에 맞추어 형성되는 도덕성추론 능력에 따라서 가능하다고 주장하였다. 예컨대 비행청소년은 도덕성이 발달할 수 있는 단계에 접근하지 못했기 때문에 비행에 빠진다는 것이다. 이 이론에 따르면 비행청소년이나 범죄인의 가정과 지역사회가 지니는 특이한 문화를 잘 이해할 수 있다.

(4) 사회심리이론

범죄를 설명하는 사회심리이론 중 대표적인 것은 사회학습이론과 사회정보처리 모형이다. 고전적인 학습이론이 조건화 과정을 거쳐서 이루어지는 학습을 강조하는 반면, 사회학습이론은 조건화 과정을 거치지 않고 관찰과 모방을 통해서 새로운 행동을 습득할 수 있다는 점을 강조한다. 이 이론에 적용할 수 있는 실례로 소년원이나 교도소 같은 시설이 '범죄대학'으로 불리는 점을 들 수 있다.

사회정보처리 모형은 사회적인 자극에 대한 범죄인이나 비행청소년의 정보처리 양상이 일반인과 다르다는 것을 강조하고 있다. 즉 상황에 대한 인간의 대응은 ① 지각, ② 해석, ③ 반응 모색, ④ 반응 결정, ⑤ 실행의 정보처리 단계를 거쳐 이루어진다. 그런데 이 견해에 따르면 비행청소년이나 범죄인은 이 과정에 결함이 있어 올바른 반응을 할 수 없다는 것이다. 이 이론은 범죄인이나 비행청소년이 주변인으로부터 받는 충고를 소화하지 못하고 자신의 방식으로 모든 상황을 이해하고 반응하는 점을 잘 설명해 주고 있다.

4) 사회학적 이론

범죄 원인에 관한 사회학적 이론은 고전이론과 달리 범죄행위는 행위자 자신의 이해관계보다는 그가 속한 집단이나 조직 안의 맥락 속에서 이루어지는 것으로 간주하고 있다. 따라서 범죄동기도 쾌락의 추구와 고통의 회피 같은 개인적 · 자연적 근원을 가지는 것이 아니라 사회적 근원을 지닌다고 본다. 이 이론의 대표적인 학자로 페리(Enfico Ferri)를 꼽을 수 있다. 이러한 사회적 이론은 크게 문화이탈이론, 사회긴장이론, 사회혼란이론으로 나뉜다.

(1) 문화이탈이론

범죄행위는 사회가 어떤 행위를 이탈한 것으로 규정하느냐에 따라서 범죄가 되기도 하고, 그렇지 않기도 한다는 전제에서 출발한다. 이 관점에 따르면 본질적이거나 절대적인 범죄행위란 존재하지 않고 모든 범죄행위는 특정한 사회의 규범에 따라서 상대적인 것이므로 이것을 '사회학적 상대론'이라고 부르기도 한다. 같은 행위가 어떤 사회에서는 범죄이지만 다른 사회에서는 그렇지 않을 수 있고, 따라서 범죄는 개인이 유발하는 것이 아니고 사회가 창조해낸다는 것이다. 그 예로 친고죄를 들 수 있는데, 우리나라는 한때 친고죄에 해당하는 범죄를 엄하게 처벌하고 파렴치범으로 다스렸는데, 서구의 여러 나라에서는 죄로 취급하지 않았다.

문화이탈이론을 주장하는 학자는 범죄성의 개인차를 인정하지 않는다. 예컨대 청소년이 범죄인이 되는 것은 도발적 행위를 높이 평가하는 하위문화나 또래집단과 접촉을 통해서라고 주장한다. 덧붙여 범죄인의 자녀가 자라서 범죄를 행하는 것은 그들의 가정환경이 범죄행위를 조장하고 정당화하는 하위문화를 가지기 때문이며, 유전이나 성격형성에 따른 것이 아니라고 본다. 이러한 이론에 따라서 이해할 수 있는 사례로 영구임대아파트 단지 내 청소년의 비행을 들 수 있다.

(2) 사회긴장이론

문화에 따른 이상적인 삶과 현실적인 삶 사이에 괴리가 존재하고, 이 괴리가 긴장이나 스트레스를 유발하며, 이러한 긴장을 해소하기 위해 범죄가 이루어진다고 주장하는 관점이다. 문화에 따른 이상적인 삶이란, 특히 산업화가 이루어진 사회에서 평균적인 사람이 누리는 물질적, 정신적 풍요를 의미한다. 이 이론은 이런 사회에서 평균적인 사람이 누리는 풍요로부터 배제된 사람은 이상과 현실 사이에 괴리와 긴장을 경험하게 되고, 이 괴리와 긴장상태로부터 벗어나 긍정적인 삶을 영위할 수 있는 방도가 없을 때 아노미(anomie) 현상이 발생한다고 본다.

뒤르켐(Emile Durkheim)이 정의한 아노미의 개념은 모든 사회문화적인 가치관과 인습, 규칙, 법 따위를 신뢰하지 않는 몰가치적 상태를 의미한다. 사회긴장이론은 아노미를 탈규범의 상태로 간주하며 이 상태는 자살이나 범죄를 유발할 수 있다고 본다. 특히 이 이론은 사회가 빈부의 차이를 고착화하는 구조적인 결함을 지닌 경우 아노미 현상을 경험하는 개인이 긴장상태에서 적응하려는 노력의 일환으로 범죄를 행한다고 본다. 따라서 이 관점에서는 범죄를 구조적인 결함을 지닌 사회 속에 사는 개인이 자신의 적응을 위해 마지막으로 할 수 있는 노력이라고 보고 있다.

(3) 사회혼란이론

사회통계적 사실에서 유추한 범죄이론이다. 19세기 프랑스의 통계학자였던 퀘텔레(Adolphe Quetelet)는 특정한 지역에서 수집한 범죄에 관한 통계가 오랫동안 거의 그대로인 사실에 주목하고, 범죄는 지역의 특성과 관계가 있을 것이라고 추론하였다. 그 이후 같은 사실을 쇼(Clifford

Shaw)와 맥카이(Henry Mckay)가 미국의 시카고에서 재확인하였다.

실례로 시카고 시의 여러 지역은 각종 범죄 발생률에서 서로 큰 차이를 보이지만, 한 지역 내에서는 오랜 기간 거의 같은 발생률과 양상이 유지되었다. 즉 특정한 지역의 교육수준, 경제수준, 실업률, 지역적 기반을 둔 사회단체의 숫자가 변화하지 않는 한 그 지역 내의 범죄발생 양상도 변화하지 않는다는 것이다. 이 이론에 적용될 수 있는 대표적인 사례는 사창가나 빈민 지역사회에서 일어나는 여러 가지의 비행과 범죄를 들 수 있다.

사회혼란이론은 이러한 사실로부터 범죄의 양은 그 지역의 조직화 정도나 안정도에 따라 결정된다고 강조하고 있다. 지역사회가 조직화되고 안정될수록 사회와 개인 간 유대가 강화되고, 그 강화된 유대를 통해 사회가 개인의 범죄를 예방하고 단속할 수 있는 수단과 기능이 증가하여 범죄가 감소할 것이라는 추론이다. 따라서 지역사회는 우선 개인을 교육시키고 사회화시킬 수 있는 능력과 역량이 있어야 하며, 교육과 사회화 이후에도 계속 감시, 감독, 통제의 기능을 수행할 수 있어야 한다는 것이 이 관점의 핵심이다.

(4) 기타

기타 사회학적 이론으로 하위문화이론, 표류이론, 낙인이론, 통제이론들이 있다(김상균, 2004; 이만종, 2002). 하위문화이론은 모든 사회는 구성원의 계층에 따라 주류문화와 하위문화가 있다는 전제 아래 범죄행위를 특정한 하위문화에서 나온 것으로 간주한다. 표류이론은, 예컨대 비행청소년이 특정 하위문화에 휩쓸려 비행을 일삼는 것이 아니고 비행과 일상생활을 넘나들며 표류하는 청소년으로 본다. 낙인이론은 비행이나 범죄가 처음부터 있는 것이 아니라 사회가 그것을 비난하고 낙인하여 생긴 것이라고 본다. 통제이론은 누구든 비행이나 범죄에 빠질 수 있음에도 그렇지 않은 것은 사회의 규칙을 따르려는 데 있다고 본다.

이외에도 차별접촉이론은 비행이나 범죄가 무엇보다도 접촉한 개인이나 집단으로부터 익히고 터득하여 일어난다는 것이다. 이는 본인이 선호하는 규범이나 문화에 접촉하기 때문에 가능하다고 보는 입장이다. 이의 대표적인 예로 인터넷을 이용한 비행이나 범죄를 들 수 있는데, 이런 입장은 다음처럼 이미 우리가 접한 고전을 통해 이해하고 있다.

> 명심보감에 "근주자적(近朱者赤) 근묵자흑(近墨者黑)"이라는 말이 나온다. "붉은 것을 가까이 하면 붉은 물이 들고, 먹을 가까이 하면 검은 물이 든다."는 말이다. (노치준, 2022)

한편 비행을 규명하는 이론은 아니지만 주요 개념으로써 지위비행이 있다. 흡연이나 음주처럼 성인이 아니고 청소년이기 때문에 비행에 속하는 것이다.

3. 범죄 유형론

범죄 유형론은 범죄별로 분류하여 각 범죄의 개념, 특성, 원인, 세부 유형 따위에 관한 설명이다. 범죄 유형론 역시 범죄 원인론처럼 그 분류 방법이 다양하다. 예컨대 범죄 유형을 전통적 범죄(살인, 강간, 강도)와 특수범죄(조직범죄, 화이트컬러범죄, 정치범죄, 밀수 같은 피해자 없는 범죄)로 구분하기도 하고(이윤호, 2002), 재산범죄(절도, 사기, 횡령, 배임, 장물, 손괴), 강력범죄(살인, 강도, 강간, 방화), 교통범죄, 보건범죄(식품사범, 의약사범, 환경사범), 마약류범죄, 경제범죄(관세사범, 조세사범, 외환관리사범, 부정수표단속사범, 건축사범, 수산업사범, 산림사범)로 구분하기도 한다(법무연수원, 2000).

한편 범죄 유형론과 관련하여 범죄 유형 자체보다는 범죄인을 유형별로 구분하여 설명하기도 한다(법무연수원, 2000; 지광준, 2001). 어쨌든 우리가 범죄 유형론에서 중점을 두는 것은 지광준(2001)도 밝힌 것처럼 범죄인을 과학적으로 규명하고 그에 따라 합리적인 범죄 관련 대책과 범죄인의 일상회복을 위한 방안을 세우는 것이다. 여기에서는 모든 범죄 유형을 다루기보다는 우리나라 형사사법 실무에서 분류한 범죄 유형 중심으로 살펴보았다.

1) 우발 범죄

우발 범죄는 미리 범죄를 계획하지 않고 우연한 기회에 범행한 자를 일컫는다. 이 같은 우발 범죄는 여러 범죄 유형에서 찾아볼 수 있고, 특히 뒤에 보는 상습 범죄와 비교되고 있다. 보호관찰 가이드(https://probationguide.tistory.com)에 의하면 우발 범죄는 다음 몇 가지 특성을 지닌다.

(1) 일회성 범행

우발 범죄는 범죄가 계획되지 않고, 범죄 행위는 대체로 감정적 반응 또는 상황에 따라 발생한다. 즉 우발 범죄인은 범죄에 관한 사전 계획을 거의 세우지 않고, 순간적으로 범죄를 저지른다.

(2) 일시적 동기

우발 범죄의 특성으로 범죄의 동기가 우발적이며, 습관적이지 않고, 범죄성이 약하다는 점을 들 수 있다. 범행 동기는 다양한데, 감정과 환경과 상황에 따라 달라진다. 그래서 위험성이나 재범 가능성이 낮다. 이런 점을 고려해 우발 범죄인에 대한 처벌은 대체로 기소유예, 선고유예, 집행유예 따위를 적용하는 경우가 잦다.

(3) 행동 변화 가능

우발 범죄인은 상습적으로 범죄를 저지르지 않아 범행 후 행동을 변화시키는 것이 쉽다. 범죄 동기가 심리적으로 깊지 않고, 일회성에 그쳐

단기간에 범행을 제한할 수 있기 때문이다. 이런 점에서 우발 범죄인을 위한 교정시설에서 이들이 누범자로부터 오염되지 않도록 각별히 처우하는 것이 바람직하다.

2) 상습 범죄

상습 범죄는 반복적으로 일어나는 범죄로 교정복지실천에서 특별히 관심을 가져야 할 유형이라고 생각한다. 상습 범죄 관련해 다음 몇 가지를 강조했다.

(1) 범죄의 반복

상습 범죄는 반복되는 특성을 지니는데, 교정 현장에서는 20~30회를 반복한 수용자를 접하기도 한다. 이들은 교도소를 거의 자신의 집으로 여기기도 한다. 이렇게 반복하는 범죄는 심각한 범죄라기보다는 절도나 폭행 같은 단순한 범행인 경우가 대부분이다. 이런 점을 생각하면 이들 범죄인은 심리적으로 어려움에 처해있다고 볼 수 있다.

(2) 성격적 요인

상습 범죄인은 개인의 성격적 기질에 따라 반복하여 범행한 자를 의미한다. 이들은 환경적 요인에 따라 범죄에 가담하기보다는 성격적 요인에 따라 범죄를 일으키며, 대체로 상습 범죄인의 범행은 잔학성, 조포성(粗暴性), 음주벽, 음욕성 따위가 강하다. 따라서 교정 당국은 이들 상습 범죄인을 개선 가능자와 개선 불가능자로 구분하여 처우하기도 한다. 실제로 교정시설의 실무자는 이들을 처우하는 데 어려움을 겪고 있다.

(3) 제도적 장치의 필요성

교정시설에서 나온 상습 범죄인이 다시 범죄에 빠지지 않고 일상을 회복할 수 있게 지원하는 제도적 장치가 필요하다. 다음 사례를 통해 상습 범죄인의 처지를 한층 깊이 이해할 수 있다.

> 상습 범죄인이 교정시설에서 출소하기 위해 가출소 판정을 받는 과정은 상습 범죄인이 사회에 적응할 수 있는 준비를 미처 못 하고 이루어지는 부분이 있다. 왜냐하면 가출소 판정을 받기 위해 취득한 자격증이나 취업보증서와 신원보증서를 실제로 필요해서라기보다는 형식으로 준비하기 때문이다. 이런 상황에서 출소한 상습 범죄인은 조급함, 암담함, 해방감, 기대감 속에서 홀로 살아가기를 시작한다. 이들은 잃어버린 시간을 보상받기 위해 한탕주의에 빠지려 하거나 모든 일을 빨리빨리 처리하려고 한다. 이뿐만 아니라 의식주를 해결해야 하는 이들은 사회로 나온 것이 마치 밀림 속으로 떨어진 듯 암담한 심정을 경험한다. 그런가 하면 방금 출소한 상습 범죄인은 금욕생활이나 구속으로부터 해방감과 우쭐한 기분 속에서 일시적으로 기대감을 갖기도 한다. (최옥채, 2004b)

3) 정신장애 범죄

정신장애 범죄는 정신장애 때문에 일어나는 범행을 의미한다. 이 범죄는 대체로 일상생활에 큰 어려움이 없으면서 만성정신질환을 앓는 사람에 의해 일어난다. 즉 신체적으로 회복 불가능한 손상을 입은 사람에 의한 범죄가 아닌 만큼 얼마든지 치료를 통해 이들의 범죄를 막을 수 있다. 정신장애 범죄 관련해 다음 몇 가지를 정리했다.

(1) 사회의 영향

각박한 사회생활이 심신장애 범죄를 불러일으키는 경향이 강하다. 산업화를 비롯해 지금은 고도 기술을 강조하는 사회로 사람의 심리적 적응을 어렵게 하고 있어 이에 따른 부적응이 깊어지면서 범죄로 빠질 수 있다.

(2) 처벌보다 치료

정신장애 범죄인에 대한 처벌은 이들의 장애 정도에 따라 달라지나 심한 경우 처벌 대상에서 제외하기도 한다. 특히 정신장애 범죄인에 대해서는 「치료감호법」에 따라 치료감호처분을 내려 범죄의 원인이 되고 있는 질환을 치료하도록 하고 있다. 보호 당국은 이들을 위한 보호시설로 국립법무병원을 운영하고 있고, 현재 이 시설에는 다양한 정신장애와 약물중독으로 인한 범죄인이 수용되어 치료를 받고 있다.

(3) 가족의 협력

정신장애 범죄를 예방하거나 이들 범죄인의 일상회복을 위해 교정 당국의 노력도 중요하지만 범죄인 가족의 협력이 절실하다고 하겠다. 이 외에도 지역사회에 있는 정신건강센터의 도움을 받을 수 있어 이들의 일상회복은 얼마든지 가능하고, 여기에 정신건강사회복지사가 적극 개입하고 있다.

4) 양심 범죄

양심 범죄는 확신 범죄나 사상 범죄라고도 하며, 이 범죄는 정치, 경제, 법률, 종교, 사상 따위의 원인으로 인한 것이다. 특히 양심 범죄인은 다른 범죄에 빠질 위험성이 낮을 뿐만 아니라 스스로 능력을 갖추어 교정복지실천의 대상자로 삼는 데는 한계가 있다. 양심 범죄인 관련해 다음 몇 가지를 정리하였다.

(1) 불합리한 사회 개혁

대체로 양심 범죄인은 현행 정치, 경제, 법률, 종교 관련 제도를 개혁하기 위해 범죄에 가담한다. 따라서 양심 범죄의 발생은 당시 정치 상황으로부터 밀접하게 영향을 받는다. 예컨대 우리나라의 군사정권 시절에는 양심 범죄인 수가 많았으며, 교정시설에서 이들을 처우하는 데도 적지 않은 어려움이 있었다. 한편 종교와 관련한 대표적인 양심 범죄인으로 여호와의 증인을 꼽을 수 있다.

(2) 교정 당국을 위한 협력

특히 양심 범죄인은 교정 당국을 위해 협력하는 경우가 적지 않다. 예컨대 양심 범죄인으로 교정시설에 수용되어 다른 범죄로 수용된 동료 수용자의 일상을 도와 바른 길로 안내하는 사례가 흔하게 일어나고 있다. 이뿐만 아니라 교정시설의 불합리한 점을 지적해 바로 잡기도 한다.

(3) 교정복지 대상에서 제외

양심 범죄인은 여타 범죄와 구별해 일반적으로 말하는 범죄인으로 받아들이지 않는다. 그래서 교정시설에서도 일반 범죄인과 구별된 생활을 위해 노력하고 있다. 이런 점을 생각하면 양심 범죄인은 교정복지의 주요 대상자가 아니라는 점을 알 수 있겠다. 무엇보다도 이들 스스로 양심 범죄 이외의 범죄에 빠질 염려가 없고, 이들이 먼저 범죄 자체를 경계하고 있기 때문이다.

5) 소년 범죄

소년 범죄는 범죄인의 나이로 구분하고 있는데, 사회복지학에서 강조하는 중고등학생의 나이를 넘어서고 있는 것이 현실이다. 이런 점에서 소년 범죄를 청소년 범죄라고 할 수 없는 처지이다. 소년 범죄 관련해 교정복지 측면에서 다음 몇 가지를 정리했다.

(1) 14세 이상 20세 미만에 한정

소년의 연령 구분이 법마다 다르지만 대체로 소년 범죄는 14세 이상

20세 미만에서 이루어진 범행으로 이해하는 것이 바람직하겠다. 왜냐하면 「형법」에서는 14세 미만을 처벌하지 않고, 보통 소년교도소와 성인교도소의 수용 기준을 20세로 구분하고 있기 때문이다. 여러 청소년 혹은 소년 관련법(「청소년보호법」, 「소년법」 따위)에서 각기 다른 나이를 규정하고 있으나 범죄가 아닌 비행을 다루므로 이들 법의 기준을 무시하고, 소년 범죄인의 나이를 14세 이상 20세 미만으로 한정하는 것이 현실적이라고 하겠다.

(2) 구별된 처우

1장에서도 언급한 바처럼 비행과 범죄가 구별되어야 하듯, 소년 범죄와 성인 범죄가 구별되어야 한다. 요컨대 교정 당국은 소년 범죄인에게 각별한 처우를 실시해 이들의 일상회복을 꾀하는 데 한층 심혈을 기울어야 할 터이다. 이는 소년 범죄인이 지적 · 신체적으로 성장과정이라는 특성을 지니고 있어 이 특성이 이들을 위한 처우에 적극 반영되어야 하는 까닭이다.

(3) 교정 당국과 시민의 관심

앞에 언급한 소년 범죄인에게 구별된 처우를 위해 교정 당국과 시민의 관심이 우선해야 한다. 교정 당국은 수용되어 있는 소년 범죄인의 일상회복을 위해 노력하고, 시민은 사회로 돌아온 소년 범죄인을 긍휼히 여겨 이들의 적응에 힘이 되어야 한다. 이런 점에서 교정 당국의 소년 범죄인을 위한 소년교도소의 설치 · 운영은 고무적이라고 하겠고, 여기에 시민이 함께 함으로써 출소 후 이들의 일상회복을 도와야 한다.

4. 비행 · 범죄 사정론

교정복지실천은 비행청소년이나 범죄인에게 합당한 서비스를 통해 이들의 일상회복을 돕는 데 목적을 둔다. 이 목적을 달성하기 위해 이 현장에서 활동하는 사회복지사는 개입 계획을 위해 비행청소년이나 범죄인 본인과 그의 환경을 조사해야 한다. 범죄 원인론, 범죄 유형론, 교정이념은 개입자의 관점을 형성하는 데 중점을 둔다면 비행 · 범죄 사정은 비행청소년이나 범죄인의 일상회복에 구체적으로 개입하기 위한 시초 작업이라고 할 수 있다. 여기에 제시하는 비행 · 범죄 사정론은 내가 만든 것으로 검증되지 않았지만 교정복지실천을 과학화하는 데 적지 않게 도움이 될 것으로 확신한다. 이 작업을 총괄하여 범죄 사정론이라고 칭하고 이를 구체적으로 정리하겠다.

1) 범죄 사정 개념

범죄인 사정이라고도 할 수 있겠지만 굳이 범죄 사정이라고 하는 것은 이 작업이 범죄인 자신뿐만 아니라 그가 현재 처한 상황을 포함하여 관련 제도나 처벌 내용까지 파악해야 하기 때문이다. 범죄 사정의 정의, 목적, 준비 사항을 비롯하여 사회복지실천 사정과 견주어보겠다.

(1) 범죄 사정의 정의

범죄 사정은 비행청소년을 포함하여 교정복지 차원에서 범죄인의 재활을 위하여 범죄인 개인과 그의 제반 환경과 그를 처벌 · 처우하는 제도를 토대로 조사하여 개입 계획에 필요한 자료를 마련하는 것이다. 따라서 대검찰청이 주도하여 만들어내는 범죄분석과는 판이하게 다르고, 오히려 이 범죄분석 자료를 범죄 사정에 부가적으로 활용할 뿐이다.

(2) 범죄 사정의 목적

교정복지실천에서 범죄 사정은 가장 먼저 이루어지는 과업이다. 범죄 사정을 실시하는 목적을 다음 몇 가지로 요약할 수 있다.

첫째, 비행과 범죄 과정을 이해하고 이를 뒷받침하는 자료를 바탕으로 비행청소년이나 범죄인을 위한 개입 계획에 필요한 자료를 마련하는 데 있다.

둘째, 비행과 범죄에 관하여 전반적으로 조사하여 그 결과를 자료화하여 교정제도를 개선하는 데 필요한 자료로 제공하는 데 있다.

셋째, 비행과 범죄에 관한 전반적인 관련 자료를 조사하여 그 결과를 교정복지실천에 참여하는 모든 사람들에게 알리는 데 있다.

(3) 범죄 사정을 위한 준비

범죄 사정은 교정복지실천의 한 과정으로 이루어져야 하므로 철저한 준비가 있은 후 실시해야 한다. 범죄 사정을 위해 준비해야 할 사항을 다음 몇 가지로 요약할 수 있다.

첫째, 비행청소년이나 범죄인의 개인과 주변 환경에 관한 특성을 충분히 이해하고 있어야 한다. 물론 이때 사회복지사는 편견을 고수해서는 안 된다.

둘째, 비행이나 범죄에 관련한 현장을 샅샅이 알고 있어야 한다. 이 관련 현장은 비행청소년과 범죄인을 이해하는 데도 중요할 뿐 아니라 개입 계획을 세우기 위한 자료로도 중요하다.

셋째, 비행과 범죄에 관련한 제도를 철저히 알고 있어야 한다. 관련 현장과 마찬가지로 관련 제도는 비행청소년이나 범죄인을 처벌한 과정과 내용을 알게 할 뿐 아니라 이들에게 제공해야 할 서비스를 규명해준다는 측면에서 중요하다.

넷째, 비행과 범죄에 관한 제반 통계자료를 확보하고 있는 것이 바람직하다. 현재 우리나라에서 비행과 범죄 관련한 주요 자료는 경찰백서를 비롯하여 **범죄백서, 검찰연감, 사법연감, 소년보호통계, 보호관찰통계**가 있다. 대검찰청에서는 이들 자료를 기반으로 **범죄분석** 자료집을 발행하고 있다.

(4) 범죄 사정과 사회복지실천 사정

범죄 사정은 사회복지사가 실시한다는 측면에서 사회복지실천에서 사정과 비슷한 점도 있고 상이한 점도 있다. 먼저 비슷한 점을 다음처럼 정리했다.

첫째, 사회복지사가 지원하려는 개인을 위해 필요한 개입 계획을 세우기 위해 자료를 마련하는 것이다. 교정복지실천이나 사회복지실천은 사회복지사의 철저한 계획에 의한 활동이기 때문에 개입 계획이 치밀하게 이루어져야 한다. 이를 위해 사회복지사는 유효한 개입 계획을 위해 이에 합당한 자료를 확보해야 한다.

둘째, 개인은 물론 그를 둘러싼 제반 환경을 포함하여 조사한다. 이는 기본적으로 사회복지실천에서 개인을 둘러싼 환경을 중시하기 때문이다. 사회복지실천에서 서비스를 받아야 하는 클라이언트나 교정복지실천에서 서비스를 받아야 할 비행청소년이나 범죄인 역시 이들이 처한 환경을 철저히 반영해야 한다.

셋째, 사정 작업은 개입이 이루어지는 과정에서도 끊임없이 이루어진다. 이는 교정복지실천에서나 사회복지실천에서 개입 계획은 진행 중 얼마든지 수정이 가능하기 때문이다. 이때 수정의 정도는 부분적인 것이지 전체 과정이 뒤바뀌는 것은 아니다.

한편 범죄 사정은 사회복지실천 사정과 다른 점이 있다. 이들 차이점을 정리한다.

첫째, 교정복지실천에서 자료는 사회복지실천에 비해 2차 자료를 활용하는 정도가 높다. 이는 사회복지실천에서 접하는 클라이언트와 관련인보다 비행청소년, 범죄인, 관련인을 직접 접하는 것이 더 어렵기 때문이다.

둘째, 교정복지실천 관련 기관으로부터 자유롭게 자료를 받거나 협조를 구하는 것이 사회복지실천 현장에서보다 월등히 떨어진다. 이는 교정복지실천 현장의 연계성이 사회복지실천에 비해 약하기 때문이다. 물론 교정복지실천 현장이 사회복지실천의 2차 현장인 점도 있지만 기본적으로 범죄를 다루는 사법기관이 폐쇄적이라 기관들 간 연계성이 매우 떨어진다는 데 더 근본적인 이유가 있다.

셋째, 교정복지실천 현장에서 온전하고 정확한 자료를 수집하는 것이 사회복지실천 현장에서보다 훨씬 어렵다. 이는 사회복지실천 현장에서보다 교정복지실천 현장에서 관련인의 영향이 더욱 미묘하게 이루어지기 때문이다. 예컨대 사회복지실천 현장에서는 찾아볼 수 없는 기관이나 기관의 실무자가 비행이나 범죄와 불성실하게 연루되어 있는 점을 들 수 있다.

2) 범죄 사정 주체

범죄 사정은 비행청소년이나 범죄인의 일상회복을 돕기 위한 작업이므로 이를 실천하려는 개입자에 의해 이루어진다. 이를 구체적으로 교정 당국의 실무자, 민간기관의 실무자, 교정복지 프로그램 실무자로 구분할 수 있다.

(1) 교정 당국의 실무자

교정 당국의 실무자는 교도소를 비롯하여 소년원과 보호관찰소에 근무하는 직원을 일컫는다. 이들은 공무원으로서 업무지침에 따라 실시하기 때문에 기관별로 달리 이루어진다. 예컨대 교도소에서는 수형자를 중심으로 이루어져야 하나 실제로 운영되는 자체 프로그램이 절대 부족하고, 외부의 전문 인력이 참여해 이루어진다. 이런 현상은 교도소 같은 교정시설에 전문 인력을 채용하지 않아 일어나는 것이다. 소년원에서도 교도소와 비슷하고, 보호관찰소에서는 교도소와 소년원보다는 조금 더 원활하게 이루어졌으나 성인이 보호관찰 대상의 주류를 이루면서 크게 다르지 않은 것으로 보인다. 2010년 문을 연 민영 교도소에서는 전문 프로그램이 매우 활발하게 이루어지고 있는데, 이 역시 민영 교도소답게 충분한 전문 인력을 채용하지 않는 상황은 마찬가지이다.

(2) 민간기관의 실무자

민간기관의 실무자는 법무보호복지공단을 비롯하여 법무부가 인가한 사단법인이 운영하는 기관에 근무하는 직원을 의미한다.

(3) 교정복지 프로그램 실무자

교정복지 프로그램 실무자는 비행청소년과 범죄인을 위한 프로그램을 실시하는 기관의 실무자를 일컫는다. 이들은 특별히 고정된 기관에서 프로그램을 실시하는 것이 아니라 연구자나 자원봉사자 자격으로 참여한다.

3) 비행 · 범죄 사정 틀

범죄 사정의 객관성과 일관성을 확보하고, 체계적인 작업을 위해 범죄 사정 틀을 만들어 활용하는 것이 바람직하다. 이 같은 작업에서 얻은 자료를 활용하여 비행청소년이나 범죄인의 생태도를 그리면 그를 한 눈에 볼 수 있다. 비행청소년이나 범죄인 개인 사항을 비롯하여 7개 사항을 바탕으로 틀을 제시하면 〈표 6-1〉과 같다.

〈표 6-1〉 **비행 · 범죄 사정 틀**

사항 \ 내용	세부 사항	내용	특성
개인	성별	남, 여	
	나이	청소년, 성인, 노인	현재 나이에 중점
	건강	정신, 신체 건강	전문가 판정 의뢰
	성격	심리검사 결과 활용	비행청소년(*)
	학력	각급 학교 졸업, 중퇴	초, 중, 고, 대(중퇴, 졸업)
	종교	불교, 기독교, 천주교, 원불교, 기타, 무종교	개입 계획에 적극 반영
	의식주	기본생활 여부	부족한 액수
	경제	월 수입, 지출	성인 범죄인(**)
가족관계	부모	유무, 동거 여부	자신 생활, 관계
	형제	유무, 동거 여부	자신 생활, 관계
	자매	유무, 동거 여부	자신 생활, 관계
	동거 친인척	유무	부모, 형제, 자매 외
	경제	월 수입, 지출	비행청소년(*)
동료관계	공범	여부, 수, 주도자	
	직장	유무	
	학교	재학 여부	비행청소년(*)
	친구	유무, 수, 관계 정도	
	기타 지인	특성, 수, 관계 정도	
지역사회	유형	농촌, 유흥가, 산업단지, 상업중심 지역사회, 빈곤 지역사회, 중산층 지역사회	생활에 영향을 미치는 것 파악
	경제	상, 중, 하	
	지리	중심, 외곽	
	문화	유형, 특성	유형, 전통, 주요 가치관
	교통	주요 교통수단	
	기타 자원	특성	본인, 가족의 활용 수단

사항 \ 내용	세부 사항	내용	특성
비행 · 범죄	유형	유형, 특성	편견 배제
	과정	개인별 참여 수준	호기심 배제
	피해	유형, 정도	합의, 화해 확인
	처분/처벌	유형, 정도	
제도	처분/처벌 법	관련 법	
	처우 법	관련 법	
	처우 시설	유형, 이름	전문 인력 배치 유무
개입자	기술	기술, 수준	전문, 부가적 구별
	경험	유형, 정도	전담, 지원 구별
	프로그램	내용, 기간	정기, 비정기 구분
	시설/기관	유형, 이름	자체, 외부 구별
	재정	전무, 부족, 충분	자체와 외부 지원 구별

참고: (*)는 비행청소년, (**)은 성인 범죄인.

(1) 개인 사항

개인 사항에서는 비행청소년이나 범죄인 본인에 중점을 두어 필요한 것을 조사한다. 성별을 구분하는 것을 비롯하여 가능하면 개인의 인적 사항을 파악하는 데 필요한 항목을 샅샅이 포함해 조사하는 것이 바람직하다. 종교에 관한 사항은 이후 관련 종교기관의 도움을 요청할 때 활용하기 위한 것이다. 세부 사항의 경제는 성인 범죄인 경우 해당되는 것으로 월 평균 수입과 지출을 조사한다. 특히 비행청소년 경우 성격을 포함하며 심리검사 결과를 활용하여 파악한다.

(2) 가족관계 사항

가족관계 사항은 비행청소년이나 범죄인과 함께 살고 있는 가족을 중심으로 하고, 없을 경우 보호자 역할을 하는 사람으로 대신한다. 비행청소년은 경제를 파악하되 가계를 책임지는 사람의 월 평균 수입과 지출을 조사한다.

(3) 동료관계 사항

동료관계 사항에서는 비행청소년이나 범죄인과 친밀하게 지내는 사람에 중점을 둔다. 동료 중에는 가장 먼저 공범이나 공동비행 여부를 확인하고, 있을 경우에는 본인이 비행이나 범죄를 주도했는지도 함께 파악한다.

(4) 지역사회 사항

지역사회 사항에서는 비행청소년이나 범죄인이 거주하는 동네의 유형을 비롯하여 경제, 지리, 문화, 교통, 기타 자원을 파악하는 데 중점을 둔다. 이들 사항은 비행청소년이나 범죄인에게 영향을 미치는 환경을 파악하는 점에도 의의가 있을 뿐만 아니라 자원으로 활용하는 측면에서도 중요하다. 교통 역시 사소한 것 같지만 프로그램을 주도하는 사회복지사는 비행청소년이 사는 곳과 프로그램을 실시하는 곳과 거리가 멀거나 대중교통을 쉽게 이용할 수 없을 때는 방안을 마련해야 한다.

(5) 비행 · 범죄 사항

비행 · 범죄 사항에서는 비행이나 범죄의 유형, 과정, 피해, 처분 혹은 처벌에 관하여 파악한다. 이때 특정 유형이 지닌 특성을 곧이곧대로 반영하여 비행청소년이나 범죄인의 속성이 같을 것이라고 넘겨짚는 편견에서 벗어나야 한다. 아울러 비행이나 범죄 과정을 파악하는 데 호기심을 앞세워 조사하는 것을 지양해야 한다.

(6) 제도 사항

제도 사항에서는 비행이나 범죄로 처분 및 처벌을 내린 법과 이들을 처우한 법과 처우 시설을 파악한다. 이를 알아야 하는 것은 개입의 범위를 설정하는 데도 중요할 뿐만 아니라 개입 이후 비행청소년이나 범죄인의 생활을 예측하여 사후지도를 계획하는 데도 유익한 까닭이다.

(7) 개입자 사항

개입자 사항은 개입하는 사회복지사와 기관이 보유하고 있는 기술, 경험, 프로그램, 시설, 재정을 파악하는 데 중점을 둔다. 여기에서 시설은 활용 가능한 도구, 기자재, 공간 따위를 일컫는다. 특별히 개입자 사항은 비행청소년이나 범죄인을 위한 프로그램의 수준을 정할 때 중요하게 작용한다. 예컨대 아무리 비행청소년이나 범죄인에게 필요한 프로그램이라고 할지라도 사회복지사나 기관이 이를 뒷받침할 만큼 여력이 안 된다면 그 목표 수준을 낮추거나 다른 사회복지사나 기관에 의뢰해야 한다. 요컨대 비행청소년이나 범죄인의 욕구 수준과 개입자의 능력 정도가 맞아떨어져야 한다.

4) 비행 · 범죄 사정 과정

비행 · 범죄 사정 과정은 비행청소년이나 범죄인을 돕기 위한 계획된 조사를 의미한다. 따라서 조사 활동이 단계별로 이루어지고, 이들 단계에 따른 목표, 과업, 기술 따위가 분명하게 드러나야 한다. 비행 · 범죄 사정 과정은 사회복지실천의 사정 과정에서 같이 다양하게 설정할 수 있다. 여기에서는 접수, 자료 수집, 자료 확인, 자료 분석, 개입 계획으로 구분하여 간략하게 정리하겠다.

(1) 접수

접수 단계에서는 사회복지사는 비행청소년이나 범죄인을 직접 만나 그의 형편을 파악한다. 이때 비행청소년이나 범죄인이 자발적으로 접수에 응하는 것이 원칙이나 대체로 비자발적으로 이루어지는 것이 상례이다. 이 같은 비자발성은 시설 안에서나 밖에서나 동일하게 나타난다. 그럼에도 최종적으로는 비행청소년이나 범죄인의 허락이 필요하다.

(2) 자료 수집

자료 수집 단계는 비행청소년이나 범죄인에 관하여 정보를 모으는 것이다. 가능하면 자료 수집은 충분한 시간을 할애하여 다양한 방법으로 이루어지는 것이 바람직하다. 그렇다고 마냥 시간을 할애할 수는 없다. 일정한 시간 안에 하되 비행청소년이나 범죄인 본인은 물론 관련인으로부터 자료를 수집할 수 있다. 앞에서 소개한 사정 틀에 제시한 사항 중심으로 자료를 수집하면 별 어려움이 없을 것이다. 특히 판결문이나 판결 전 조사 내용을 참작하는 것도 자료원의 다양화를 위해 좋은 방안이라고 할 수 있다.

(3) 자료 확인

자료 확인 단계는 수집한 자료의 신빙성을 확인하는 것이다. 무엇보다도 잘못된 정보에 매달리는 것은 이후 단계는 물론 범죄 사정 전체를 무력화하는 것이므로 신중하게 이루어져야 한다. 이 단계에서는 자료 수집 단계에서 사용한 판결문이나 판결 전 조사 내용의 진위 여부를 재차 확인할 수도 있다. 특히 비행청소년이나 범죄인을 직접 접한 현장의 실무자로부터 확인하는 것이 가장 유익하다. 이런 측면에서 사회복지사는 평소 비행 · 범죄 현장의 실무자와 교류를 위해 각별히 신경을 써야 한다.

(4) 자료 분석

자료 분석 단계에서는 수집한 자료를 일목요연하게 분류하여 개입 계획에 반영할 수 있도록 한다. 그 결과를 수치로 보일 수는 없지만 항목에 따라서는 정도를 표시하여 개입 계획에 세우는 데 활용했다는 근거를 마련해 두어야 한다. 비록 시도하는 수준이지만 앞에 소개한 사정틀에 따라 자료를 분석하여 그 결과를 기록으로 남기면 될 것이다.

(5) 개입 계획

개입 계획 단계에서는 전체 과정을 단계에 따라 일정과 목표, 과업, 평가 따위를 주요 항목별로 계획하는 것이다. 이때 중요한 것은 역시 사회복지사나 기관의 가능한 입장을 제대로 반영하되 비행청소년이나 범죄인에게 불리하게 해서는 안 된다.

5) 비행 · 범죄 사정 원칙

범죄 사정에서 사회복지사가 반드시 지켜야 할 것이 있다. 물론 사회복지실천 사정에서도 어겨서는 안 될 것이 있겠지만 비행이나 범죄라는 측면에서 더욱 철저히 지켜야 할 사항이다. 이를 몇 가지로 요약하면 다음 같다.

(1) 편견 배제

비행이나 범죄의 유형에 따라 고정관념에서 벗어나지 못하고 편견에 젖어 비행청소년이나 범죄인을 판단해서는 안 된다. 예컨대 약물남용 청소년은 자기의지가 약하고, 폭력 청소년은 과격할 것이라고 일률적으로 적용해서는 그의 모든 것을 정확하게 파악할 수 없다.

(2) 추측 금지

사회복지사가 호기심에 휩싸여 불필요한 사항에 관한 조사를 절대 금해야 한다. 일반적으로 많은 사람이 비행과 범죄의 과정에 관하여 호기심을 드러내어 사정을 얼치기로 해서는 안 된다. 특히 사회복지사의 호기심을 해결하기 위해 비행청소년이나 범죄인의 인권을 침해해서는 안 된다.

(3) 자료 확인

자료 확인은 과외의 일이라고도 할 수 있어 대부분 사정에서 건너뛸 수 있는 과업이다. 이런 점을 명심하여 자료의 질을 높이고, 나아가 이를 근거로 세운 개입 계획이 온전할 수 있도록 자료 확인에 신경을 써야 한다. 자료 확인을 여법하게 할 수 있도록 여건을 갖추는 것도 사회복지사의 능력이기 때문에 평소 노력하여 준비해두어야 한다.

(4) 대중매체 과신 금지

방송이나 신문 따위 같은 대중매체에서 흘러나온 기사를 맹신하지 않아야 한다. 특히 신문에 난 기사는 범죄사실이 확인되지 않은 사례가 많으므로 유죄 판결을 받기 전에 범죄인으로 간주하는 것은 위법이다. 성급한 마음에 이들 자료를 남용해서는 안 된다.

(5) 검증된 자료원 활용

자료의 근원지, 즉 자료를 제공하는 사람이나 기관의 문서가 정확해 신뢰할 수 있어야 한다. 그렇지 않고는 수집한 자료를 온전하다고 볼 수 없다. 한마디로 자료의 가치를 인정할 수 없다. 경찰, 검찰, 법원, 교정기관에서 작성한 문서를 활용하거나 신뢰할 수 있는 관련인으로부터 정보를 수집하는 것이 바람직하다.

(6) 비행청소년과 범죄인 욕구 중심

범죄 사정의 시작과 끝은 비행청소년이나 범죄인의 욕구를 근간으로 이루어져야 한다. 적지 않은 경우가 이들의 상황이나 처지를 무시하고 오히려 기관의 형편에 따라 실시하는 경향이 있다. 특히 이 같은 원칙은 오직 사회복지사만이 알 수 있는 것이므로 사회복지사의 양심에 호소할 수밖에 없다. 따라서 이 원칙은 교정복지실천의 가치 차원에서 사회복지사가 소명의식을 발휘하여 지켜져야 한다.

(7) 좋은 자원 활용

사회복지사는 좋은 자원을 활용해야 한다. 이는 개입 계획에서 강조될 것인바 지역사회에 지천으로 깔려있는 자원을 선별하여 활용할 수 있어야 한다. 특히 현재 이 분야에서 활동하고 있는 교정자원봉사자를 주시해보면 불량한 자원이 대거 활동함으로써 선량한 자원이 축출당하고 있는 면도 없지 않다. 좋은 자원을 적극 활용해야 함은 그 프로그램 자체를 위해서도 필요하지만 더욱 중요한 것은 좋은 자원이 선순환의 결과를 뿜어내 사회 전체의 분위기를 올바르게 이끌어갈 수 있기 때문이다.

5. 적용을 위한 과제

교정이념, 비행 · 범죄 원인론, 범죄 유형론, 비행 · 범죄 사정론을 살펴보았다. 이들에 관한 이해는 결국 비행청소년이나 범죄인의 행위와 생활을 한층 과학적으로 이해하는 데 도움을 준다. 그러나 사회복지사가 이들 이론을 실제에서 적용할 때 자칫 왜곡하여 이해한다면 비행청소년이나 범죄인을 부적절하게 이해하거나 낙인으로 몰고 갈 수 있다. 그러므로 사회복지사는 그런 오류를 범하지 않기 위해 다음 몇 가지 사항에 주의를 기울여야 한다.

1) 통합적 이해

무엇보다도 통합적 노력이 필요한데, 사회복지사는 다음 사항을 염두에 두어 접근하면 좋겠다.

(1) 특정 이론에 매몰되지 않기

앞에서 소개한 범죄 관련 이론 중 어느 한 이론만 비행청소년이나 범죄인을 이해하는 데 '만병통치약'으로 적용할 수 없다. 한 가지 범죄 관련 이론이 모든 범죄인과 비행청소년 상황을 설명할 수 없으며, 오직 특정 비행청소년과 범죄인을 이해하는 데 도움이 될 것이다. 따라서 한 가지 이론으로 특정 부류의 비행청소년이나 범죄인을 이해하려 하지 않고 전체 비행청소년과 범죄인을 이해할 수 있도록 이들 이론을 통합하여 이해하려는 노력이 필요하다.

(2) 여러 이론으로 이해의 폭을 넓히기

사회복지사 각자가 선호하는 이론이 따로 존재하는 것은 분명하다. 그렇다고 자신이 원하는 이론에 머무르면 비행이나 범죄의 상황을 객관적으로 이해하는 데 어려움이 있을 수 있다. 이런 점에서 사회복지사는 가능하면 여러 이론을 섭렵해 비행청소년이나 범죄인의 이해 폭을 넓히는 게 바람직하다고 생각한다. 그래서 가능하면 주관적 판단이 범하는 오해나 오류에 빠지지 않아야겠다.

(3) 경험을 통해 통합으로 나아가기

결국 사회복지사는 많은 경험을 통해 비행청소년과 범죄인을 통합적으로 이해하게 될 것이다. 이렇게 강조하는 것은 어떤 상황을 통합적으로 이해할 수 있는 능력은 각 이론에 관한 이해만으로 되는 것이 아니라 경험에 의한 통찰력으로 가능할 것이라고 생각해서이다.

2) 다각적 노력

비행청소년과 범죄인의 일상회복을 위해 사회복지사는 다각적으로 노력을 기울여야 한다. 비행청소년과 범죄인을 이해하는 데 다각적 이해가 필요한 이유를 다음 몇 가지로 살펴보았다.

(1) 비행청소년과 범죄인에 관한 바른 이해

비행청소년과 범죄인에 관한 바른 이해를 꾀할 수 있다. 비행청소년이나 범죄인의 처지가 매우 다양할 것이므로 이런 사정을 여법하게 이해하기 위해서는 여러 각도에서 이들의 실상을 조망할 할 터이다. 실제로 비행청소년과 범죄인에 관한 올바른 이해를 위해 각 이론에 따른 통합적인 접근이 필요하므로, 범죄인의 일상회복을 위한 작업 역시 여러 시각에서 모색되어야 한다. 예컨대 생물학적 측면과 사회학적 측면과 심리학적 측면에서 보는 입장을 조화하여 접근할 수 있다.

(2) 비행청소년과 범죄인에게 합당한 도움

비행청소년과 범죄인에게 합당한 도움을 줄 수 있다. 역시 비행청소년이나 범죄인의 욕구는 다양하게 펼쳐질 것이므로 이에 대응하기 위해 사회복지사는 여러 상황을 함께 볼 수 있어야 하겠다.

(3) 비행청소년과 범죄인에 관한 이해의 필요성 강화

비행청소년과 범죄인에 관한 이해의 필요성을 강화할 수 있다. 비행청소년이나 범죄인을 가능하면 과학적으로 이해하는 것이 절대적이라고 하겠는데, 이 같은 이해의 필요성은 사회복지사의 다각적 이해로부터 더욱 강화될 수 있다고 생각한다.

3) 주요 전문가의 협력

여러 분야의 전문가와 협력이 필요하다. 특히 비행·범죄 원인과 일상회복의 방안을 제시하는 일은 매우 어렵고 때로는 공염불이 될 수도 있어 활동하는 이들이 난관에 부딪칠 때가 많다. 이럴 때일수록 각 분야의 여러 전문가가 협력하면 더욱 합리적이고 효과적인 방안을 모색할 수 있다. 사회복지사를 비롯한 관련 전문가가 노력해야 할 사항을 정리했다.

(1) 각자 노력

먼저 비행청소년이나 범죄인을 이해하는 데 필요한 전문가의 적극적인 협력이 뒤따라야 한다. 예컨대 교정시설 현장에 근무하는 실무자의 경험, 심리학, 사회학, 정신의학, 교정학, 사회복지학 같은 영역의 전문인력이 공동으로 노력함으로써 비행청소년이나 범죄인을 이해하는 데 한층 유익할 것이다.

(2) 상호 보완

앞에 언급한 전문가 각자의 노력을 바탕으로 전문가 각자의 부족한 점을 서로 보완할 수 있다. 반복하지만 비행청소년이나 범죄인의 여건이 너무도 다양하기 때문에 어느 한 전문가의 시각으로 모든 것을 파악할 수는 없을 것이므로 전문가들 간 보완하는 작업이 필요하다. 그래서 뒤에 보는 객관적 평가가 가능하게 해야 한다.

(3) 객관적 평가

비행청소년이나 범죄인에 관한 이해의 결과를 객관적으로 평가할 수 있어야 한다. 이는 비행청소년이나 범죄인을 이해한 것에서 그치는 것이 아니고, 이 이해가 얼마나 합당하고 바른가를 평가함으로써 그 이해를 정당화할 수 있기 때문이다. 예컨대 앞에 소개한 비행 · 범죄 사정론 같은 시초 작업을 여러 분야의 전문가가 협력하여 이의 완성도를 높일 수 있고, 그래서 한층 더 유용한 틀로 활용할 수 있을 터이다.

06 좀 더 살펴보기

정약용의 흠흠신서와 형벌의 종류

범죄인이 경찰에서 수사를 받고, 검찰에서 기소를 당하고, 법원에서 재판을 받고, 교정시설에서 수형생활을 하고, 지역사회(가정)로 돌아오는 과정에서 사회복지사는 교정시설과 지역사회에서 범죄인을 접한다. 그러므로 엄밀히 따지면 범죄인이 거치는 경찰, 검찰, 법원에서 일어나는 일을 무시해도 된다. 그러나 '본 단계의 업무 사정은 그 전 단계의 업무 사정으로부터 영향을 받는다.'는 점에서 사회복지사는 범죄인이 접하는 전 단계의 사정을 파악함으로써 범죄인에게 조금이라도 도움이 되길 바랄 것이다. 요컨대 교정복지실천을 주도하는 사회복지사는 범죄인에게 주어지는 형벌에 관한 이해를 소홀히 할 수 없다. 이 형별의 진정한 의미를 깨우치는 우리 고전으로 정약용의 **흠흠신서**(欽欽新書)를 들 수 있다. **흠흠신서**가 담고 있는 의미를 살펴보고, 현재 우리나라 「형법」이 규정하는 형벌의 종류를 소개한다.

정약용 초상화
출처: EBS(지식 채널e)

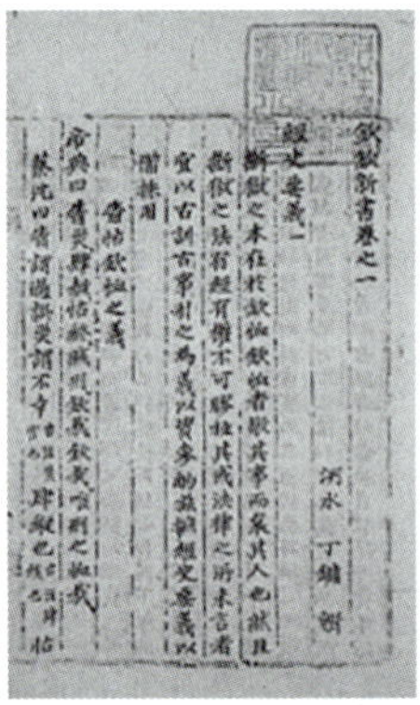
흠흠신서 1권 경사요의(經史要義)
출처: 다음백과

역주 흠흠신서 1, 2, 3

사람이 죽은 사건의 죄와 벌에 관한 상세한 해설과 법절차를 밝힌 **흠흠신서**가 품는 의미를 이 저술의 서문을 통해 다음 몇 가지로 정리하였다.

하나, 사람의 생명에 관련된 형을 집행하는 업무가 전문적으로 다루어져야 한다는 점을 강조하고 있다. 이는 당시 목민관이 범죄를 수사하고, 범죄에 합당한 형벌을 가하는 일을 엉성하게 처리하고, 잘못된 형벌의 결정을 바로 잡기 위함이다. 정약용은 이미 앞서 저술한 **목민심서**에서 별개로 전문 저술이 필요함을 밝혔다.

둘, **흠흠신서**는 방대하고 체계적인 저술로 범죄를 다루는 목민관에게 유익한 안내서가 되었다. 즉 경전의 교훈과 판례를 실은 경사요의(經史要義) 3권, 판결과 선고의 법례를 다룬 비상준초(批詳雋抄) 5권, 형벌을 결정한 사례를 실어 분별케 한 의율차례(擬律差例) 4권, 선대의 오류를 바로 잡고 형벌을 다룬 기관[刑曹]과 왕의 판결을 보완한 상형추의(祥刑追議) 15권, 자신의 경험을 바탕으로 사건을 논해 판정한 전발지사(剪跋之詞) 3권을 합해 총 30권으로 구성되어 범죄에 대한 목민관의 신중한 대응을 위해 도움을 주었다.

셋, 중국에서 들여온 형벌 관련 지침서를 보완함으로써 목민관이 형별 과정을 주도하는 데 필요한 치밀함과 정확함을 꾀할 수 있게 하였다. 예컨대 사람의 생명에 관한 조목을 빠뜨린 정(鄭)의 **법경**(法經), 생명에 관한 모든 조목을 다루었으나 모호한 점이 적지 않은 명(明)의 **세원록**(洗冤錄)과 **대명률**(大明律)을 보완케 했다. 특히 정약용은 여러 면에서 다른 중국의 상황을 만회할 수 있는 방안을 **흠흠신서**에 소개하려고 애를 썼다.

넷, 형벌을 위한 수사와 절차에서 법률적 접근뿐만 아니라 법의학과 형사학 측면을 망라함으로써 과학적 방안을 제시하였다. 그만큼 사람의 생명을 다루는 범죄의 처벌 과정을 소중히 다루어야 함을 보여주었다. 이는 정약용이 **흠흠신서** 저술을 귀납적 방법으로 이끌어간 것이고, 이를 위해 평소 자신의 경험을 허투루 생각하지 않고 마치 농부가 다음 농사를 위해 종자를 소중하게 간직하는 마음으로 이룬 것이라고 하겠다.

현재 우리나라에서 적용하고 있는 형벌의 종류 9가지를 「형법」(2023년 개정, 2024년 시행)을 통해 소개한다.

- 사형: 생명박탈로 우리나라는 1998년 김대중 정부부터 지금까지 사형을 집행하지 않아 사형폐지국이라고 할 수 있으나 사형 선고는 존속한다.
- 징역: 교도소에 신체를 강제로 구금하고, 노역을 포함한다. 징역 또는 뒤에 보는 금고는 무기 또는 유기로 하고 유기는 1개월 이상 30년 이하로 한다. 단, 유기징역 또는 유기금고에 대하여 형을 가중하는 때는 50년까지로 한다.
- 금고: 신체를 교도소에 구치하나 징역과 달리 노역은 포함하지 않는다.
- 자격상실: 사형, 무기징역과 금고 판결을 받은 자에게 일정한 자격을 갖지 못하게 한다. 사형, 무기징역 또는 무기금고의 판결을 받은 자는 자격(공무원, 선거권과 피선거권, 법률로 요건을 정한 공법상 업무, 법인의 이사나 감사나 지배인 기타 법인의 업무에 관한 검사역이나 재산관리인)을 상실한다.
- 자격정지: 사형, 무기징역과 금고 판결을 받은 자에게 일정한 자격의 전부 또는 일부를 정지시키고, 이 정지 기간은 는 1년 이상 15년 이하로 한다.
- 벌금: 벌금은 5만 원 이상으로 한다. 다만, 감경하는 경우에는 5만원 미만으로 할 수 있다.
- 구류: 교도소에 구금하고, 기간은 1일 이상 30일 미만으로 한다.
- 과료: 벌금과 비슷하나 액수가 가벼운 수준으로 2천 원 이상 5만 원 미만으

로 한다.

- 몰수: 범죄 관련 물건의 소유권을 국가 소유로 옮기는 것으로 범인 외의 자의 소유에 속하지 아니하거나 범죄 후 범인 외의 자가 사정을 알면서 취득한 물건(범죄행위에 제공하였거나 제공하려고 한 것, 범죄행위로 인하여 생겼거나 취득한 것)은 전부 또는 일부를 몰수할 수 있다. 몰수가 불가능할 때 추징금을 부과할 수 있다.

이 같은 형벌은 이 세상에서 가장 공평하게 처리해야 하는 것이고(박석무 · 정해렴 역주, 1999), 나아가 범죄인에게 짐을 주는 데 급급하지 않고, 그의 일상을 회복하는 데 힘이 되게 적용되어야 하는 것이 사회복지사의 입장일 터이다. 이런 입장은 **논어**의 다음 사례에서도 드러나고 있다.

삼환의 하나인 맹손씨가 증자의 제자인 양부(陽膚)를 사사(士師, 법무장관)로 임명하였다. 양부가 증자에게 형옥(刑獄)에 관하여 물었다. 이에 증자가 말하였다: "법무를 담당한 윗 관리들이 도(道)를 잃어버려 민심이 이반된 지가 오래되었다. 범죄의 정황을 취조하여 그 실정을 파악했으면, 우선 그들을 긍휼히 여겨야지, 사실을 알아냈다고 기뻐하지 말아야 한다." (김용옥, 2008)

제 7 장

교정복지실천의 방법, 모형, 기술, 전략

권위적 기술은 짧은 시간 동안 큰 효율을
낼 수 있는데 반해 오래 지속하지 못하고,
민주적 기술은 단기 효율성 면에서는
한계가 있지만 지속 가능하다.
(손화철, 2016)

이제 교정복지에서 교정복지실천으로 옮겨왔는데, 이는 연습을 마치고 실전에 임하는 시합에 참여하는 선수의 처지라고 하겠다. 이 선수는 자신이 참가하는 시합에 관하여 충분히 이해하고, 나아가 시합에서 좋은 성적을 내기 위해 합당한 역량을 갖추어 준비된 상태에 있어야 할 터이다. 이처럼 교정복지실천을 이끌어갈 사회복지사는 이 실천에 필요한 것을 연마해 자질을 갖추어야 한다. 이때 교정복지실천을 위해 필요한 것은 방법, 모형, 기술, 전략 정도로 꼽을 수 있는데, 이는 사회복지실천론이나 사회복지실천기술론 같은 교과목에서 강조하는 내용이다. 이렇게 강조하는 것은 교정복지실천의 클라이언트를 위해 사회복지사가 사회복지실천 지식과 기술을 바탕으로 구체적인 개입 계획을 세워 활동하기 때문이다.

교정복지실천 방법은 비행청소년이나 범죄인의 일상회복을 위한 방식이나 도구라고 하겠는데, 곧 사회복지실천에서 소개된 개별실천, 집단실천, 지역사회실천 같은 전통 방법에 새로 등장한 사례관리나 당사자 연구가 포함될 수 있다. 한편 모형은 이들 방법에 기반을 둔 세부 실천 방안이라고 할 수 있다. 그러므로 방법과 모형은 교정복지실천을 주도하는 사회복지사가 익혀야 할 실천의 크고 작은 틀이라고 할 수 있다.

교정복지실천 기술은 일상회복이라는 작업을 하는데 필요한 도구라고 할 수 있고, 이는 사회복지학의 지식을 바탕 삼는다. 아울러 전략은 일상회복의 과정을 한층 더 효과·효율적으로 이끌어가기 위한 꾀부림이라고 할 수 있는데, 교정복지실천뿐만 아니라 사회복지실천에서 이를 필수 사항으로 규정하지는 않는다. 그러므로 전략은 세워 활용할 수도 있는 선택 사항에 불과한 것으로 여겨지고 있다. 그런데 기술이 몇 마디 말이나 글이 아니라 실제 과정으로 설명되어야 한다는 점에서 전략은 교정복지실천이나 사회복지실천에서 강조되는 것이 바람직하다고 생각한다.

결국 교정복지실천의 방법이라는 큰 틀 안에서 모형이 작동되고, 이때 모형은 한 방법에 한정하거나 2~3방법을 통합해 만들어지고, 이 모형이 실제 일상회복의 과정을 설계한다고 할 수 있다. 아울러 전략을 세워 적용되는 기술은 모형의 핵심을 이루어 일상회복을 이끌어간다고 하겠는데, 이는 3부에서 볼 프로그램을 통해 구현된다. 이런 점에서 교정복지실천에 임하는 사회복지사는 사회복지실천기술론에서 강조하듯, 필요한 모든 기술을 익혀 먼저 클라이언트와 좋은 관계를 형성해야 한다(엄명용 외, 2020).

한편 사회복지사의 개입 활동은 철저히 교정복지실천 기술을 바탕으로 이루어져야 하고, 비행청소년과 범죄인의 일상회복과 비행·범죄 예방에 초점을 두어야 한다. 그러나 이 같은 현장 활동은 엄중한 평가를 통해 보호·교정 정책, 보호·교정 행정, 보호·교정 실무에 반영되어야 하고, 사회복지사는 이를 위해 각별히 노력해야 한다. 왜냐하면 앞에 이미 언급한 바처럼 사회복지사에게 교정복지실천 현장은 2차 현장이어서 1차 현장으로 삼아 활동하는 인력보다 뛰어난 성과를 보여야 해서이다.

이 장에서는 교정복지실천의 방법, 모형, 기술, 전략을 정리하겠다. 덧붙여 좀 더 살펴보기에서는 사회복지실천의 한 분야로서 교정복지실천의 특성을 소개하였다.

1. 교정복지실천 방법

교정복지실천 방법은 전통적으로 사회복지실천 방법에서 분류하고 있는 개별실천(Social Casework), 집단실천(Group Work), 지역사회실천(Community Work)으로 구분하고, 여기에 통합접근과 사례관리와 당사자연구 방법을 더할 수 있다. 이들 방법은 사회복지실천론이나 사회복지실천기술론에서 다루고 있어 여기에서는 개별실천, 집단실천, 지역사회실천, 사례관리, 당사자연구를 들어 각기 교정복지실천에서 적용하는 목적, 특성, 요령과 원칙을 살펴보겠다.

1) 개별실천

교정복지실천에서 개별실천 방법은 대체로 보호관찰소를 비롯한 소년원이나 교도소 같은 보호·교정시설에서 적용된다. 이의 목적, 특성, 요령과 원칙을 정리한다.

(1) 목적

보호·교정시설 안에 있는 비행청소년이나 범죄인을 개별로 접촉하여 이들이 지니고 있는 어려움을 해결할 수 있게 사회복지사가 돕는 데 목적을 둔다. 예컨대 소년원의 청소년에게 1대1 상담을 실시할 수 있다.

(2) 특성

이렇게 1대1로 만나 해결해야 하는 경우는 클라이언트가 직면하고 있는 문제의 성격이 절대적인 비밀을 요하는 경우다. 특히 비행청소년이나 범죄인이 자신의 문제를 여러 사람 앞에 꺼내기 힘들어 할 때 효과적이다. 한 가지 밝혀 둘 것은 이들의 어려움을 상담하는 사회복지사는 클라이언트 스스로 어려움을 극복하도록 도울 뿐이지 해결사로 나서는 것은 아니라는 점이다. 예컨대 보호관찰 대상 청소년이 진로를 위해 고민할 때 사회복지사는 여러 가지 진로를 소개하는 데 그쳐야지 특정 진로를 강요해서는 안 된다.

(3) 요령과 원칙

개별실천 방법을 적용하는 교정복지실천 사회복지사는 다음 몇 가지 요령을 활용하고, 아울러 원칙을 지키는 것이 바람직하다.

먼저 사회복지사는 클라이언트가 사용하는 용어를 받아주며 같은 수준의 용어로 응대하고, 클라이언트가 약속시각을 지키지 않은 것을 기꺼이 받아주고, 가끔 야외 활동을 곁들이는 것이 좋다.

한편 사회복지사는 클라이언트와 시종 농담으로 나아가서는 안 되고, 클라이언트가 약속을 중요하게 여기지 않는 태도를 이후 적당한 기회에 충고하고, 야외활동은 사전 계획과 클라이언트가 결정해 진행하는 것이 바람직하다.

2) 집단실천

집단실천은 활동의 경험을 통해 비행청소년이나 범죄인 개인의 문제나 어려움을 해결케 하는 방법이다. 즉 비행청소년이나 범죄인이 집단을 경험함으로써 자신을 들여다보며 변화를 꾀하게 한다.

(1) 목적

집단실천 방법의 주요 목적은 서로 유사한 욕구나 문제를 가지고 있는 10명 안팎의 비행청소년이나 범죄인으로 소집단을 구성하여 문제를 서로 토의하게 하고, 특히 사회복지사는 적당한 소 프로그램을 실시함으로써 참여자 개인의 변화를 꾀하는 데 있다.

(2) 특성

집단을 통한 방법의 특성은 집단의 문제를 해결하거나 치료하는 것이 아니라 집단과정을 통해 집단에 참여하는 개인의 변화를 유도한다는 점이다. 예컨대 수용자 집단에서 다룰 수 있는 주요 주제로 수용자의 인간관계훈련, 가족문제, 시설 내 부적응 같은 것을 꼽을 수 있다.

(3) 요령과 원칙

집단실천 방법을 적용하려는 교정복지실천 현장의 사회복지사는 다음 몇 가지 요령과 원칙을 지킴으로써 좋은 실천으로 이끌어갈 수 있겠다.

먼저 집단을 구성할 때 구성원의 성향과 욕구를 반영하고, 집단에서 털어놓지 못하는 성원은 따로 만나 1대1 시간을 갖고, 매회 활동 이후 평가는 성원의 변화에 중점을 두어 실시한다.

한편 집단을 구성할 때 성원의 쏠림현상을 막아야 하고, 성원 간 1대1 시간은 카페 같은 자유로운 곳을 이용하고, 매회 활동에 대한 평가는 계획에서 이미 구체적인 방법이 마련되어야 한다.

3) 지역사회실천

지역사회실천 방법은 지역사회를 클라이언트 삼아 지역사회 변화를 꾀하는데, 이는 앞의 개별이나 집단에 비해 독특한 방법이라고 할 수 있다. 개별과 집단은 대체로 상담 기술을 적용하는 반면 지역사회실천은 조직화 기술을 활용하기 때문이다. 지역사회실천의 목적, 특성, 요령과 원칙을 간략히 살펴보자.

(1) 목적

지역사회실천이 앞에 언급한 바처럼 지역사회의 변화에 중점을 두고 있어 지역사회실천 방법을 적용한 교정복지실천의 주요 목적은 비행과 범죄의 예방에 있다고 보아 마땅하다. 여기에 교정복지실천에 필요한 지역사회의 자원을 확보하는 것도 부가적 목적으로 삼을 수 있다. 물론 지역사회에 거주하는 비행이나 범죄를 경험한 사람의 일상회복을 위해 개입할 수 있으나 이는 엄밀히 따지면 개별실천이나 집단실천으로 이루어진다고 보아야 한다.

(2) 특성

무엇보다도 앞의 개별이나 집단에 비해 실천이 실내가 아닌 옥외에서 진행된다는 특성을 들 수 있다. 아울러 사회복지사는 각양각색의 여러 주민을 상대함으로써 자신의 성향을 따져보아야 한다. 특히 범죄인을 수용시설에 가두지 않고 지역사회에 두고 이들의 일상회복을 지원한다는 '지역사회 중심 교정'(Smykla, 1981)이 강조되고 있어 사회복지사는 이 방법을 능숙하게 적용할 수 있어야 한다. 특별히 범죄인의 일상회복에 지역사회 주민의 참여를 중시하고 있는 상황에서 사회복지사뿐만 아니라 보호·교정시설을 관장하는 보호·교정 당국은 지역사회를 한층 과학적으로 이해할 수 있어야 한다. 아울러 사회복지사는 비행청소년과 범죄인의 일상회복에 필요한 지역사회 자원을 효과적으로 확보할 수 있는 방안을 모색해야 한다.

(3) 요령과 원칙

지역사회실천 방법을 적용하려는 교정복지실천 사회복지사는 다음 몇 가지 요령을 숙지하고, 나아가 지켜야 할 원칙을 염두에 둠으로써 좋은 실천으로 이끌어갈 수 있겠다.

먼저 사회복지사는 평소 보호·교정시설 측과 협력관계를 유지하고, 지역사회의 좋은 자원을 미리 확보하고, 클라이언트와 지역사회 주민 간 중재역할도 충실히 수행해야 한다.

한편 사회복지사는 상황에 따라 보호·교정시설 측에 도움을 적극 요청하고, 급하게 지역사회의 자원을 동원하지 않아야 하고, 중재역할에서는 철저히 중립을 지켜야 한다.

4) 사례관리

사례관리는 개별실천의 한계를 만회하기 위해 1980년대 초에 등장해 사회복지실천 방법의 대세를 이루고 있다. 사례관리의 목적, 특성, 요령과 원칙을 간단히 소개한다.

(1) 목적

사회복지실천에서 사례관리가 내세우는 주요 목적을 다음 몇 가지로 요약할 수 있다.

하나, 클라이언트의 복합 욕구에 대응한다. 사례관리는 대인서비스에서 복합적 욕구를 지닌 클라이언트의 욕구를 사정하고, 포괄적 서비스를 계획한다. 나아가 효과적인 서비스의 전달을 점검한다.

둘, 장기 개입에 대응한다. 대인서비스 분야에서 장기보호를 요구하는 클라이언트에게 연속적 서비스를 제공하기 위한 방법으로 강조되고 있다.

셋, 서비스 공급 주체의 다양성을 추구한다. 이는 사례관리에 투입되는 서비스가 여러 기관이 서로 선의의 경쟁을 통해 마련되기 때문이다.

(2) 특성

사례관리가 적용되는 특성을 다음 몇 가지로 요약할 수 있다.

첫째, 클라이언트의 욕구나 문제가 복합적이고 장기적으로 지속될 수밖에 없는 사례라야 한다.

둘째, 사회복지사는 클라이언트의 장기적 욕구나 문제에 대응하기 위해 필요한 지역사회의 인적·물적 자원을 동원, 활용할 수 있어야 한다. 이는 사례관리에서 투입되는 서비스별 수가가 온전히 적용되지 않는 한국의 특성에 의한 것이다.

셋째, 사회복지사는 사례관리를 적용하려는 목적을 분명이 인식해야 한다. 그렇지 않으면 굳이 사례관리가 아니어도 될 사례에 적용함으로써 사례관리의 남용에 빠질 우려가 있다.

(3) 요령과 원칙

사례관리를 주도하는 사회복지사는 요령과 원칙으로 다음 내용을 염두에 두어 임하면 좋겠다.

먼저 가능하면 평소 다양한 지역사회 자원을 확보하고, 이를 적극 활용할 수 있어야 하고, 서비스를 제공하는 기관들 간 조정을 충실히 해야 한다.

한편 사례관리자로서 클라이언트와 투입되는 서비스에 대해 신중한 점검을 바탕으로 평가하고, 자원봉사 성격이 강한 서비스 제공자를 진심으로 격려해야 한다.

5) 당사자연구

당사자연구는 일본에서 사회복지사와 정신장애인이 함께 창안한 사회복지실천 방법이다. 이 방법을 최옥채(2024)가 사회복지실천론에 처음 소개했다. 당사자연구의 목적, 특성, 요령과 원칙을 간단히 정리한다.

(1) 목적

당사자연구는 정신장애인의 일상회복을 위해 개발되었지만 지금은 대상자를 가리지 않고 적용되고 있다. 이의 주요 목적 몇 가지를 소개한다.

하나, 당사자 스스로 함께 하는 데 목적을 둔다. 그래서 자신이 겪는 고통이나 어려움을 스스로 해결해 나아간다.

둘, 자신이 고생(문제)의 주인공이 되는 데 목적을 둔다. 그러므로 '고생살이'가 아니라 기꺼이 '고생환영'의 삶을 살려고 노력한다.

셋, 경험은 보물임을 주요 목적으로 삼는다. 아무리 어려운 상황에 처해도 그 자리에 자신과 동료의 경험 속에 어려움을 해소하는 '지혜가 있다'고 생각한다.

(2) 특성

당사자연구의 특성을 교정복지실천 측면에서 다음 몇 가지를 강조한다.

하나, 비행청소년이나 범죄인이 접하는 일상의 어려움을 연구함으로써 이들의 일상회복을 꾀한다.

둘, 비행청소년이나 범죄인에게 필요한 새로운 대처 방안을 모색함으로써 이들의 일상회복을 증진한다.

셋, 비행청소년이나 범죄인이 각자 자신의 참 모습을 찾아 평안을 누림으로써 이들이 일상회복에 힘을 내게 한다.

(3) 요령과 원칙

보호관찰을 받고 있는 청소년을 위한 당사자연구를 적용한다고 했을 때 다음 몇 가지 요령과 원칙을 강조할 수 있겠다.

먼저 청소년의 현재 사정을 그대로 인정하고, 호소하는 어려움을 공감하고, 청소년의 욕구를 충분히 반영해 집단을 구성한다.

한편 청소년의 사정과 호소를 인정, 공감할 때 으레 하는 습관적이지 않고 진실해야 하고, 집단에 참여하는 성원 중에는 진행자를 도우며 청소년을 지지하는 사람 3~4명이 함께하는 것이 바람직하다.

2. 교정복지실천 모형

앞에 살펴본 5가지 방법은 목표에 따라 활용 정도가 달라질 수 있다. 그러므로 방법과 목표를 조합하여 교정복지실천의 상황에 따라 활용 정도가 높은 것을 찾아냄으로써 특정 모형을 제시할 수 있다. 교정복지실천의 효율성과 효과성을 높이기 위해 개입 방안의 특성에 따라 개입 목표가 달라져야 한다. 예컨대 일상회복을 목표로 접근하기 위해서는 개별실천과 집단실천을 비롯한 사례관리와 당사자연구를 가장 효과적으로 활용할 수 있고, 비행이나 범죄 예방을 위한 모형은 지역사회실천을 가장 널리 활용할 수 있고, 교정복지운동을 위한 방법은 지역사회실천이 가장 효과적일 것이다.

사회복지사의 효과·효율적인 개입을 위해 개입 목표와 개입방법을 조합하여 그 활용 정도를 정리하면 〈표 7-1〉과 같다. 여기에서 보는 바처럼 교정복지실천을 위한 방법과 목표 간 조합에서 6가지 모형을 도출할 수 있다. 이들 각 모형의 개요, 특성, 적용 요령을 정리하겠다.

〈표 7-1〉 방법과 목표를 결합한 모형 도출

목표 \ 방법	개별실천	집단실천	지역사회실천	사례관리	당사자연구
일상회복	① 개별 일상회복형	② 집단 일상회복형	×	③ 연계보호 일상회복형	④ 당사자 일상회복형
예방	×	×	⑤ 비행·범죄 예방형	×	×
사회운동	×	×	⑥ 교정복지 운동형	×	×

×는 실효성이 없음.

1) 개별 일상회복형

개별 일상회복형은 개별실천 방법에 기반해 사회복지사가 비행청소년이나 범죄인의 일상회복을 위해 돕는 데 중점을 둔다. 이의 개요, 특성, 적용을 정리하겠다.

(1) 개요

개별 일상회복형은 대상자와 사회복지사 간 1대1 관계에서 이루어진다. 여기에 비행청소년과 범죄인 외에도 이들의 가족이 대상자가 될 수 있다. 이 모형은 대체로 비행이나 범죄에 빠진 청소년이나 범죄인이 다시 비행에 빠지지 않거나 일상생활에 잘 적응하도록 돕는 데 유익하다.

(2) 특성

개별 일상회복형은 비행이나 범죄에 빠진 정도가 심하고, 특히 자신을 개방하는 것을 어려워하는 클라이언트의 일상회복을 위해 심층적인 상담이나 치료에 목표를 둔다. 그 주요 대상자로 약물사용이 심한 보호관찰 대상자, 정신적 어려움이 있는 비행청소년과 범죄인을 들 수 있다. 따라서 이 모형을 주로 적용할 수 있는 현장은 보호·교정시설, 관련 상담소이다. 그래서 뒤에 볼 집단이나 지역사회에 기반 한 모형에 비해 그 규모가 작다는 것이 특징이다. 아울러 사회복지사는 상담과 치료 기술에 능숙해야 하고, 심층적으로 깊게 들어갈 수 있어 많은 경험을 쌓아야 한다.

(3) 적용

여기에서는 학교생활에 부적응하고 학교로부터 처분을 받은 중·고등학생을 대상자 삼아 정리하겠다. 이들은 지역사회에서 비행에 가담하고 있으나 아직 처분을 받지 않은 중·고등학생으로, 미래 보호관찰소의 주요 '고객'이 될 수도 있다.

목표는 학교생활 부적응 청소년의 일상회복에 중점을 두고, 나아가 이들의 사회적응 능력을 향상시키는 데 둔다. 아울러 이들이 집단 일상회복형으로 유도하는 데 목표를 둘 수 있고, 특히 비행에 빠질 위험이 있는 부적응 청소년을 위해 적용할 수 있다.

주요 활용 기술로 기초 면접 기술, 특정 개별상담 기술을 들 수 있고, 필요한 지역사회 자원으로 참여 대상자 가족, 대상자를 후원하고 있는 개인, 사회복지사를 비롯한 여타 실무자를 대신할 수 있는 자원봉사자가 있다.

실제 과정은 준비 단계로서 참여 대상자에 관한 개괄적 탐색과 이해, 기관 내 재가와 여건 파악, 구체적인 대상자 선정, 대상자의 욕구 파악, 대상자를 위한 상담이나 여타 활동, 자원봉사자를 통한 사후관리로 이룰 수 있다.

한편 예상하는 문제점으로 다음 몇 가지를 강조할 수 있다.

하나, 참여 청소년이 정신적인 어려움으로 비행에 깊이 빠져 있을 때 이에 합당한 기술과 경험을 갖춘 실무자가 없다면 다른 전문가에게 의뢰해야 한다.

둘, 대상자 부모의 적극적인 협력이 요구되는데 이들 부모의 참여가 힘들다.

셋, 대상자의 학교 측은 대상자를 충분히 수용하는 입장, 즉 처벌보다 기회를 제공해야 함을 강조해야 한다.

넷, 대상자가 어려운 가정형편에 처해 있어 사후지도가 반드시 필요한 경우 후원자나 자원봉사자가 이를 지원해야 한다.

2) 집단 일상회복형

집단 일상회복형은 집단실천을 바탕으로 진행되고, 집단의 규모는 10명 안팎의 소집단으로 구성된다. 이때 집단 구성원은 나이나 문제 상황에 상관하지 않고 여러 형태로 가능하나 여기에서는 같은 또래로 구성하는 것이 바람직할 것으로 본다.

(1) 개요

집단 일상회복형은 유형이 같은 비행청소년이나 범죄인을 집단으로 구성하여 이들의 일상회복에 목표를 둔다. 따라서 이들의 문제 정도가 개별 일상회복형의 대상자보다 낮은 것이 특징이라고 할 수 있다. 이 모형을 활용한 개입은 사회복지관, 초·중·고등학교, 수용시설들에서 교육, 상담, 치료 프로그램을 적용할 수 있다. 그러므로 사회복지사는 집단을 활용한 상담과 치료 기술을 익혀야 한다.

(2) 특성

집단 일상회복형은 유형이나 상황이 비슷한 10명 안팎의 대상자로 소집단을 구성하여 접근하는 것이 특징이라고 할 수 있다. 특히 개별 접근에서 참여한 대상자를 한데 모아 특정 목표를 세워 집단으로 진행할 수도 있다. 즉 집단 목표를 비행에 중점을 두지 않고 이를 파악하여 청소년의 일상에 관심을 둔다. 따라서 사회복지사는 개별 일상회복형과 달리 집단을 이끌어가는 기술을 갖추어야 한다.

(3) 적용

여기에서는 보호관찰을 받고 있는 중·고등학생을 주요 대상자 삼아 구체적인 적용에 관하여 살펴보겠다.

먼저 목표는 학교 선생님과 관계 개선을 위한 능력 향상, 가족과 관계 개선을 위한 능력 향상, 동료와 관계 개선을 위한 능력 향상, 사회생활의 변화를 위한 대처능력 향상에 둘 수 있다.

주요 활용 기술로 집단구성 기술, 소집단 운용 기술, 집단상담을 포함한 집단활동 기술, 집단활동에서 필요한 다양한 소 프로그램 운용 기술, 관련 기관과 협력적 교류와 관계 형성 기술을 들 수 있다.

이 모형 운영에 필요한 지역사회 자원으로 집단상담과 집단활동을 이끌어 갈 때 필요한 보조자, 집단활동을 진행할 수 있는 지역사회 내 시설, 지방정부나 기업의 재단이 지원하는 재정 따위를 꼽을 수 있다.

실제 과정은 보호관찰소와 사전 협의와 계획, 참여가 결정된 청소년과 합의하여 집단 구성, 집단상담과 집단활동, 평가와 종결, 보호관찰소에 보고서를 작성하여 결과를 보고하는 것으로 진행할 수 있다.

한편 예상하는 문제점으로 다음 몇 가지를 강조할 수 있다.

하나, 집단상담에서 실무자의 역량에 넘치는 기술이 필요할 때는 전문가에게 의뢰해야 한다.

둘, 집단상담이나 집단활동 과정에서 비행청소년과 관련하고 있는 이들의 참여가 요구될 수 있다.

셋, 청소년의 수업 결손을 최대로 줄이는 방향으로 계획해야 한다.

넷, 청소년의 참여율을 높이기 위해 보호관찰소 당국의 통제력을 적절히 활용할 수 있는데, 이때 신중해야 한다.

다섯, 매회 활동에 드는 다과나 식사비용이 필요하다.

3) 연계보호 일상회복형

전통적인 개별실천을 응용한 방법이라고 할 수 있는 사례관리를 근간으로 연계보호 일상회복형을 만들어낼 수 있다. 이 모형은 사례관리 방법에 숙달된 사회복지사가 대상자와 관련하는 몇 사람과 함께 주도한다. 보호관찰 청소년을 대상으로 개발·활용된 이 모형의 개요, 특성, 적용에 관해 소개한다.

(1) 개요

한 명 대상자를 위해 두 명 이상이 원조하는 실천 모형이다. 이 연계보호 일상회복형은 욕구나 문제가 복잡한 보호관찰 대상자 한 명을 위해 2~3명의 보호관찰 실무자나 범죄예방자원봉사위원이 연계보호자로서 집중 지원할 수 있도록 개발되었다(최옥채, 2001b).

(2) 특성

이 모형이 지니는 특성은 대상자의 문제 상황이 어렵다는 데 있다. 사회복지실천에서 사례관리 방법이 그렇듯, 대상자의 욕구나 문제가 복잡해 개별실천 같이 사회복지사 한 명이 감당할 수 없는 대상자를 위한 모형이다. 아울러 대상자의 욕구나 문제를 지원하는 것이 장기간을 요하는 특징을 들 수 있다.

(3) 적용

보호관찰 실무자나 사회복지사 한 명이 이끌어갈 수 없는 욕구나 문제에 처한 보호관찰 대상 청소년을 선정한다. 이 청소년을 적극 도울 수 있는 자원봉사자로서 연계보호자 2~3명을 선정한다.

사회복지사는 이렇게 선정된 보호관찰 대상 청소년과 참여자와 함께 모여 개입을 위한 계획을 합의한다. 아울러 다음 같은 연계보호 일상회복형의 구조를 알리고, 진행 방안을 설명한다.

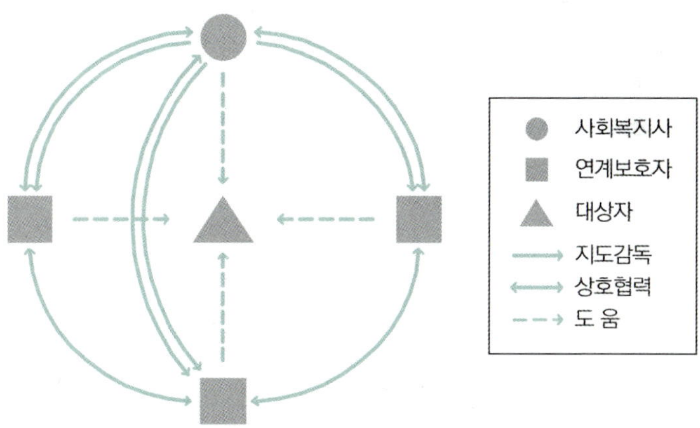

[그림 7-1] **연계보호 일상회복형 구조**

연계보호 일상회복형의 과정을 다음 〈표 7-2〉처럼 요약할 수 있다.

〈표 7-2〉 **연계보호 과정**

단계 내용	계획		문제해결	종결 · 평가
	대상자	연계보호자		
목표	• 대상자 선정 • 대상자 사정	• 연계보호자 선정 • 연계보호자 교육	• 보호활동 • 보호활동 재사정	• 보호활동 종결 • 보호활동 평가
과업	• 대상자/보호자 면접 • 대상자 욕구 파악 • 평가계획	• 연계보호자 발굴 • 연계보호자 교육 • 연계보호자 친목	• 대상자 원조 • 보호활동 점검 • 대상자 변화상태 파악	• 종결예식 • 참여자중심 평가
사회복지사 역할	• 정보수집가 • 사정가 • 계획가	• 정보수집가 • 조직가 • 교육가	• 원조자 • 협력자/감시자 • 감독자	• 보고자 • 평가자

4) 당사자 일상회복형

당사자 일상회복형은 앞에 소개한 바처럼 사회복지사 무카이야치 이쿠요시(向谷地 生良)가 주도해 정신장애인과 창안한 당사자연구에 근거한다. 사회복지실천 방법으로서 당사자연구가 사회복지사에게 생소한 면이 있으나 앞으로 정신장애인뿐 아니라 비행청소년과 범죄인의 일상회복을 위한 방법으로 적극 활용되어야 한다고 판단해 사회복지실천 모형으로서 당사자 일상회복형을 제안했다. 당사자 일상회복형의 개요, 특성, 과정을 살펴보자.

(1) 개요

당사자 일상회복형은 당사자연구 방법에서 보듯, 도움을 받는 당사자와 당사자를 돕는 지원가가 함께 하는 집단으로 운영된다. 이때 집단의 규모는 제한하지 않으나 20~25명 정도라야 집단이 원활하게 운영될 것으로 본다. 이 집단에서 능숙한 당사자나 지원가가 진행을 맡아 주인공을 선정하고, 당사자가 자신의 사정을 이야기하게 도우며 당사자의 통찰을 꾀한다. 한편 당사자가 집단에서 충분히 나누지 못한 경우 당사자와 지원가가 서로 1대1 관계를 맺어 당사자를 도와 사례를 마무리할 수도 있다.

(2) 특성

당사자 일상회복형은 집단실천과 개별실천 방법을 혼합한 특성을 지닌다. 즉 자신의 상황을 이야기하고 싶은 주인공을 집단에서 선정해 당사자가 자신의 욕구나 문제를 통찰케 한다. 아울러 집단에서 미진한 점이 있다면 당사자의 요청에 의해 합당한 지원가가 나서서 계획을 세워 일정 기간 당사자의 통찰을 돕는다. 이런 당사자 일상회복형은 사이코드라마의 진행 방식과 비슷하게 진행된다고 볼 수 있는데, 이때 중요한 것은 대상자가 충분히 자신을 개방할 수 있는 처지라야 한다는 점이다.

(3) 적용

비행청소년이나 범죄인을 대상으로 하는 당사자 일상회복형의 목표는 이 대상자가 자신의 욕구나 문제 상황을 통찰케 하는 데 둔다. 이 과정은 1시간 30분 정도로 잡는 것이 바람직하고, 주요 내용을 다음 몇 가지로 정리할 수 있다.

먼저 대부분 모든 참석자가 자기소개 겸 기분 따위를 비롯한 근황을 10~20분 정도 이야기한다. 이 집단은 개방집단으로 일정 기간의 간격을 두어 계속되므로 처음 참석하는 사람을 위해 '단골 참석자'가 이전 상황을 설명한다.

다음으로 집단의 분위기가 고조되기 시작하면서 주인공 당사자가 자신의 욕구나 문제와 관련해 깊은 속내를 이야기하고, 이를 진행자는 화이트보드 같은 곳에 요약해 참석자 모두가 볼 수 있게 한다. 이 시간이 실제 활동의 '몸통'을 이루는데, 1시간 정도 진행한다.

이제 주인공 당사자가 자신이 앞에 이야기한 것을 통해 발견한 점, 알게 된 점 따위를 나누며 통찰의 시간을 갖는다. 이때 주인공 당사자 이외 참석자 각자가 자신의 소감을 이야기하며 주인공 당사자를 격려하거나 각자 자신을 돌아보기도 한다.

마지막으로 진행자가 집단에서 나온 이야기와 소감을 정리, 발표하고 마친다. 이때 진행자는 주인공 당사자의 이야기 내용과 경험의 가치를 언급하고, 필요하다면 합당한 지원가를 소개해 이후 당사자 주인공을 1대1로 돕게 한다. 이 1대1 진행 상황은 다음 집단활동에서 소개된다. 이렇게 진행된 사례는 당사자의 변화 상태에 따라 종결되는가 하면 자유로운 분위기에서 당사자가 1~2회 집단활동에 참석하는 것으로도 종결될 수 있다.

5) 비행 · 범죄 예방형

비행 · 범죄 예방형은 앞에 소개한 모형과 달리 비행과 범죄를 예방하는 데 목표를 둠으로써 한층 큰 규모로 적용된다. 이는 지역사회실천방법을 바탕으로 이루어지는데, 전국 규모가 될 수도 있다. 다음 같은 개요, 특징, 적용을 설명한 내용을 통해 이 모형에 관한 이해를 꾀할 수 있겠다.

(1) 개요

비행 · 범죄 예방형은 주로 지역사회 내 청소년이 비행이나 범죄에 빠지기 전에 일상생활에 잘 적응할 수 있도록 다양한 프로그램과 서비스로 개입하는 데 초점을 둔다. 따라서 지역사회에서 비행이나 범죄가 예상되는 청소년을 주요 대상자로 삼고 이들의 비행 예방을 위해 초 · 중 · 고등학교와 사회복지관에서 실시할 수 있다. 이때 활용할 수 있는 주요 프로그램으로는 부적응하고 있는 청소년을 위한 프로그램, 이들의 사회적응과 성장을 위한 프로그램을 들 수 있다. 이 같은 개입은 집단을 통한 방법이 한층 효과적일 것이므로 사회복지사는 집단 운용에 관한 기술이 뛰어나야 한다.

(2) 특성

비행·범죄 예방형은 지역사회 단위로 이루어져야 한다. 이는 한 지역사회 문제는 그 지역사회가 해결해야 한다는 취지에서 강조할 수 있다. 지역사회라면 한동네에서 청소년비행이 자주 일어나고 있는 곳이라고 할 수 있다. 덧붙여 비행에 빠져 있거나 앞으로 비행이 예상되는 청소년이 밀집하여 거주하는 곳도 포함해야 한다. 이러한 곳의 지리적 범위는 지역사회 주민들 간 상호작용이 형성되어 있는 정도로 규정할 수 있다.

이 방안은 대체로 실내에서 실시하는 개별적 방안과 집단을 통한 방안과는 달리 지역사회에서 더욱 큰 규모로 실시된다. 아울러 지역사회 주민의 참여가 전적으로 강조되는 접근이다. 즉 지역사회 주민이 청소년비행과 관련하여 시민연대의식을 가지고 자신의 자원을 활용하는 데 중점을 두고 있다. 특히 이 방안은 청소년비행에 초점을 맞추기도 하나 장기적인 면에서 청소년이 일상생활에 적응하는 쪽으로 강조하는 것이 바람직하다.

(3) 적용

비행·범죄 예방형은 지역사회에서 비행과 밀접히 관련하고 있는 청소년이나 지역사회 내 전체 청소년을 주요 대상자 삼아 적용된다. 따라서 이의 목표는 청소년비행 취약 지역사회에서 환경 정화와 비행 예방, 청소년비행에 관한 정부와 지역사회에 홍보와 지역사회 주민의 참여 유도, 지역사회 내 청소년을 위한 소단위 프로그램 제공에 둘 수 있다.

주요 활용 기술은 지역사회실천 관련 기술, 지역사회 내 조직 간 중개

기술, 지역사회 내 주요 자원 동원 기술, 지역사회실천 관련 조사·홍보·사정 기술 따위를 강조할 수 있다. 아울러 필요한 지역사회 자원으로 지역사회 실상을 잘 알고 주민과 상호 교류가 잦은 주민, 청소년비행에 직접 관여하고 있는 공공기관, 청소년비행에 개입해야 할 의무가 있는 시민단체, 재정을 꼽을 수 있다.

실제 과정은 청소년비행과 관련하고 있는 지역사회에 대한 정보 수집, 문제해결을 위한 지역사회 자원 확보, 지역사회의 문제에 관한 홍보와 참여해야 할 지역사회 주민 조직화, 청소년비행이 잦은 지역사회에서 청소년과 부모를 위한 소 프로그램 진행, 참여 지역사회 주민을 위한 다양한 프로그램 진행, 평가와 종결로 진행할 수 있다.

한편 예상하는 문제점을 정리하면 다음 같다.

하나, 비행이 예상되는 곳에서 예방을 위해 실시하는 프로그램이므로 장기화하고, 개입에 따른 효과가 쉽게 나타나지 않는다.

둘, 지역사회 주민, 시민단체, 공공기관 같은 지역사회 안팎의 다양한 자원을 동원해야 한다.

셋, 청소년비행을 해결하기 위해서는 지역사회가 근본적으로 변화해야 하는데, 이 작업에 지역사회 주민이 쉽게 호응하지 않는다.

넷, 우리나라 상황에서는 지역사회 주민을 조직화하는 초기에 자원봉사자를 대거 투입하는 것이 바람직하다.

6) 교정복지운동형

교정복지운동형은 교정복지에 관한 지역사회 주민의 관심을 높이고 나아가 이들이 참여하도록 유도하는 데 목표를 둔다. 그러므로 모든 시민이 대상자가 되나 이 개입은 지역사회 단위로 이루어지는 것이 바람직하므로 주요 대상자는 지역사회 주민에 초점을 맞추어야 한다. 이 모형을 활용하기 위해 사회복지사는 교정조직화, 연계망 운용, 행동체계(모든 참여자) 유지 같은 기술을 갖추어야 한다.

이 모형은 11장의 좀 더 살펴보기에서 자세히 소개하고 있어 여기에서는 이의 개요, 특성, 적용은 생략한다.

3. 교정복지실천 기술

교정복지실천 기술은 비행청소년과 범죄인의 일상회복을 위한 구체적인 방법론이다. 이 방법론은 비행청소년과 범죄인의 일상회복을 비롯해 비행과 범죄 예방을 위해 사회복지사가 갖추어야 할 도구적 솜씨라고 할 수 있다. 따라서 이 기술은 비행청소년과 범죄인과 그들의 가족에게 심리사회적 도움을 주고, 나아가 비행과 범죄 예방은 물론 시민의 참여를 유도할 수 있어야 하며, 특히 사회복지실천의 전문 지식과 기술을 바탕으로 개발되어야 한다. 여기에서는 교정복지실천을 위한 주요 기술로 크게 교정상담과 교정조직화로 구분해 소개하려고 한다. 이들 기술에 관한 구체적인 내용은 **사회복지실천 기술론**에서 상세히 다루고 있어 교정복지실천 측면에서 이들 기술을 살펴보겠다.

1) 교정상담

교정복지실천 현장의 실무자나 사회복지사는 비행청소년이나 범죄인의 일상회복, 나아가 비행과 범죄 예방을 위해 상담가로서 중요한 역할을 해야 한다. 이 역할을 잘 하기 위해 먼저 교정상담 이론에 관한 명확한 이해가 필요하다. 교정상담과 교정상담 이론의 정의, 교정상담 이론의 의의, 교정상담가, 교정상담 대상자, 주요 교정상담 이론의 특성에 관해 정리하면 다음 같다.

(1) 교정상담 정의

먼저 교정상담이란 비행청소년 · 범죄인의 일상회복과 비행 · 범죄의 예방과 관련하여 심리사회적 측면에서 대상자에게 제공하는 서비스를 의미한다. 교정상담은 비행청소년이나 범죄인에게 자신이 처한 개인적 · 환경적 어려움을 이겨 낼 수 있도록 구체적인 서비스나 도움을 주어 이들의 마음과 주변 환경을 변화시키는 과정이다. 따라서 비행청소년이나 범죄인의 일상회복을 위한 교정상담은 사회복지사를 포함하여 여러 분야의 관련인이나 전문가가 실시한다. 아울러 교정상담은 일정한 틀에 따라 이루어져야 한다. 일정한 틀이란 활용 가능하고 효과적인 이론을 바탕으로 교정복지실천 대상자의 권리와 욕구를 충분히 반영한 상태에서 규칙적인 일정으로 이루어지는 '만남'과 '대화'의 과정을 의미한다.

(2) 교정상담 이론의 의의

우리나라에서 교정상담에 관한 연구나 활용은 아직 시작 단계에 있다. 그러나 교정 현장에서는 교정 대상자를 위한 효과적이고 다양한 일상회복 방안을 강하게 요구하고 있다. 이에 교정상담도 마땅히 강조되어 이론을 바탕으로 응용 가능한 다양한 방안이 개발되어야 한다. 먼저 교정상담 방안의 개발과 활용의 의의를 다음 몇 가지로 강조했다.

첫째, 교정상담가 스스로를 위한 상담이 우선해야 한다. 교정상담가가 교정상담 이론을 익히는 것은 곧 교정상담가 자신을 상담하는 기회를 마련하게 한다. 교정상담가는 교정상담 대상자를 상담하기 전에 자신에 대한 상담을 해야 한다. 상담이란 곧 자신에 관한 상담이라는 점을 교정상담 실무자나 이 분야의 자원봉사자는 깨달아야 한다. 그러므로 어떤 상담 이론을 익혀 제대로 활용하기 위해 먼저 그 이론에 따른 '자기 분석'이 있어야 하는 것이다. 이는 교정상담가 자신이 문제가 많은 상태에서 비행청소년이나 범죄인에게 상담 서비스를 제공한다는 것은 마치 '자신이 가보지 않은 길을 남에게 안내하는 것' 같이 지극히 불합리한 일이라고 하겠다.

둘째, 교정상담가의 과학적 접근이 강조되어야 한다. 교정상담 이론은 비행청소년이나 범죄인의 일상회복을 위해 교정상담가가 한층 과학적으로 개입할 수 있게 한다. 교정상담 대상자, 즉 비행청소년과 범죄인은 매우 다양하고 복잡한 특성과 문제를 안고 있다. 이러한 대상자를 위해 실무자나 교정상담가나 교정자원봉사자는 당연히 과학적인 방법으로 접근해야 하는데, 바로 교정상담 이론에 따라 이들의 과학적인 활동이 보장된다. 특히 대상자의 욕구와 문제가 심화하고 있는 교정 현장의 실상을 고려할 때 교정상담의 과학적인 접근이 더욱 절실하다.

셋째, 교정상담가를 위한 다양한 '연장' 확보 차원에서 교정상담 이론이 익혀져야 한다. 교정상담가가 새로운 교정상담 이론을 익히는 것은 목수가 새로운 연장을 구하는 것에 비유할 수 있다. 교정상담 대상자를 다루기 위해 실무자가 상담 기술을 익혔다는 것은 매우 중요한 도구를 갖춘 것이다. 마치 '장인이 하는 일의 반을 연장이 한다.'는 말처럼 교정상담 대상자의 바람직한 교정은 이를 맡은 관련자가 어느 정도 교정상담 이론을 활용하느냐에 달렸다. 그러므로 교정실무를 맡은 실무자를 포함한 교정상담가와 교정자원봉사자는 비록 교정상담 이론을 익히는 일이 어려운 과정이라고 할지라도 이 업무에 충실하기 위해 정성과 노력을 쏟아야 한다.

넷째, 교정상담가와 교정상담 대상자 간 협력적 관계를 유도해야 한다. 교정상담뿐만 아니라 어떠한 상담에서도 상담가와 상담 대상자는 서로 동등한 입장에서 협력해야 한다. 교정 현장에서 이 양자 간 협력적 관계를 중시하는 것은 상담 대상자가 비행청소년이나 범죄인으로서 낙인받아 차별 관계가 형성될 수도 있기 때문이다. 이런 맥락에서 상담가는 물론 상담 대상자도 적용될 특정 교정상담 이론에 관한 이해가 필요하다. 그럼으로써 상담 대상자의 변화를 더욱 촉진시킬 수 있다고 보아서이다.

(3) 교정상담가

교정상담 이론을 익혀 활용해야 할 교정상담가를 규명하는 것은 앞으로 교정상담을 발전시키고, 나아가 사회복지사가 교정 현장을 뚫고 들어갈 수 있는 방안을 모색할 수 있다는 측면에서 중요한 과제라고 할 수 있다. 현재 교정 현장에서 교정상담가의 역할을 주도하는 인력으로 보호·교정기관의 공무원, 민간시설의 상담지도원, 지역사회의 사회복지사 들을 들 수 있다.

(4) 교정상담 대상자

교정복지실천 측면에서 교정상담의 주요 대상자는 시설의 비행청소년과 범죄인이다. 이외에도 범죄와 비행의 예방 차원에서 범죄인과 비행청소년의 주변인이 포함된다.

(5) 특성

비행청소년과 범죄인의 일상회복에는 여러 전문 분야의 기술이 적용될 수 있으나, 특별히 교정복지실천 기술은 다음 몇 가지 독특한 성질을 지닌다.

첫째, 교정복지실천 기술은 기본적으로 개인, 가족, 지역사회를 함께 조망하면서 문제해결에 개입한다. 비행청소년이나 범죄인 개인에만 초점을 두지 않고 이들의 가족과 나아가서는 지역사회까지 관계시켜 비행청소년과 범죄인의 문제에 입체적으로 접근한다.

둘째, 교정복지실천 기술은 지역사회의 주요 자원을 동원하는 데 뛰어난 능력을 바탕으로 엮어진다. 이 능력은 사회복지실천에서 독특하게 강조하는 기술이라고 할 수 있는데, 이는 비행청소년과 범죄인의 일상회복을 위해 지역사회의 자원을 반드시 동원해야 함을 인정하고 있기 때문이다. 이 점에서 비행이나 범죄와 관련하고 있는 다른 분야의 전문가와 비교할 때 사회복지사의 강점이라고 할 수 있다.

셋째, 교정복지실천 기술은 이론과 개입의 방법이 독자적으로 개발된 것이 아니라 여러 분야의 기술과 방법을 응용한 것이다. 요컨대 사회복지실천의 기술, 비행·범죄의 특성, 상담 기술 따위가 결합하여 만들어진 응용기술이라고 할 수 있다.

2) 교정조직화

교정조직화 기술은 지역사회를 중심으로 비행과 범죄의 예방을 위해 유용하게 활용할 수 있다. 이 기술의 개념과 특성과 과정에 관하여 간략히 살펴보겠다.

(1) 교정조직화의 개념

교정조직화란 비행·범죄에 관련한 문제를 해결하고 비행청소년과 범죄인을 지원하기 위해 개인, 기관, 단체 따위 중심으로 모임을 만들어 활용하는 것이다. 물론 교정복지실천에서 교정조직화는 사회복지실천의 전문성을 바탕으로 이루어진다. 클라이언트(체계)의 문제해결을 위해 필요로 하는 인력이나 서비스를 규합하고, 나아가 조직의 목표를 성취할 수 있도록 합당하게 운영해 나가는 데 중점을 둔다(최옥채, 1999: 129).

(2) 교정조직화 기술의 특성

교정복지실천에서 교정조직화 기술이 지닌 특성을 다음 몇 가지로 요약할 수 있다.

하나, 지역사회에 기반을 둔 개입이다. 교정조직화 기술은 사회복지실천 방법 중 지역사회실천에서 가장 중요하게 다루는 기술로부터 응용된 것이다. 특히 지역사회에 기반한 교정조직화는 교정사업에서 거론하는 다른 어떤 전문 분야보다도 두드러진 독특한 강점을 가진 개입이라고 할 수 있다. 왜냐하면 교정복지실천에서 비행과 범죄의 예방, 교정사업의 시민 참여, 지역사회 자원 동원 같은 필요성이 강조되기 때문이다. 이런 맥락에서 사회복지사는 교정조직화 기술을 익히기 위해 먼저 지역사회와 조직에 관한 지식을 쌓아야 한다.

둘, 비행과 범죄 예방을 위한 유용성에 중점을 두고 있다. 비행과 범죄 예방은 비행청소년과 범죄인의 일상회복 못지않게 중히 다루어져야 할 부분이다. 예방을 위한 활동은 큰 규모로 이루어지는 것이 상례이므로 거시적 개입이 유용하다는 것은 당연한 이치다. 이 거시적인 개입은 결국 지역사회에 기반한 개입 방안을 뜻하는 것이고, 이 개입 방안을 위해 교정조직화는 필연적으로 요구되는 기술이라고 할 수 있다.

셋, 교정복지운동 차원에서 유용성이 확보되어야 한다. 교정사업의 발전을 위해 이 분야에 관한 시민의 이해와 관심과 참여가 절대적으로 요구되고 있다. 교정사업에 시민의 관심과 참여를 강조하는 교정복지운동을 강조하는 것은 시대적 흐름이라고 할 수 있다. 이를 위해 유용성이 강한 교정복지실천 기술로서 교정조직화 기술을 꼽을 수 있다.

(3) 교정조직화 과정

지역사회 단위의 교정복지실천에서 교정조직화의 과정을 다음처럼 요약할 수 있다.

첫째, 지역사회 주민의 의식화 단계로, 시민운동 차원에서 교정복지와 관련하고 있는 주요 쟁점을 지역사회 주민에게 알린다.

둘째, 지역사회 주민을 중심으로 하는 조직화 단계로, 주요 쟁점으로 대두하고 있는 문제의 해결에 주도적인 역할을 할 수 있는 지역사회 주민을 합당한 수로 조직한다.

셋째, 조직의 능력향상 단계로, 조직 성원이 교정복지실천과 관련하여 활동할 수 있도록 조직 성원을 교육·훈련시킨다.

넷째, 문제해결 단계로, 조직 성원이 지역사회의 비행과 범죄 관련 문제를 해결할 수 있도록 할 뿐만 아니라 지역사회의 다른 주민에게 영향을 미치도록 한다.

다섯째, 평가와 종결 단계로, 조직의 활동 내용을 평가하고, 조직의 목표와 지역사회의 상황에 따라 조직을 재조직화하거나 해산한다.

4. 교정복지실천 전략

교정복지실천 전략은 사회복지사가 임의로 부가할 수 있는 일이다. 따라서 앞에 언급한 바처럼 교정복지실천에서 사회복지가가 해내야 하는 필수 과업은 아니다. 다만 교정복지실천 전략을 세워 임함으로써 교정복지실천을 한층 더 효과·효율적으로 이끌어갈 수 있고, 나아가 시도하려는 교정복지실천을 큰 틀에서 봄으로써 교정 당국이 펼치는 정책이나 방안의 개선을 위한 대안을 마련하는 데 유익할 수 있어 소개하는 것이다. 여기에서는 교정복지실천의 전체 과정, 계획 단계, 문제해결 단계, 종결·평가 단계로 구분해 각기 전략을 살펴보았다.

1) 전체 과정

사회복지사는 교정복지실천의 전체 과정을 위한 전략을 세워 나서는 것이 바람직하다. 이는 교정복지실천 사례 자체를 위해서뿐만 아니라 자신의 교정복지실천의 전문성을 대외적으로 알리는 데 도움이 될 것이기 때문이다. 다음 몇 가지를 강조했다.

(1) 교정 당국과 협력

사회복지사는 2차 현장에서 활동하는 만큼 교정복지실천을 이끌어가면서 교정 당국과 적극 협력하는 방향으로 나아갈 수 있는 전략을 세워 임해야 한다. 사회복지사의 협력하는 자세는 곧 교정 당국의 지원을 촉진할 수 있을 것이고, 이런 상황은 이후 교정복지실천에 선순환으로 자리를 잡을 터이다. 이런 점에서 사회복지사가 개입 방안을 실태로부터 찾아야 함을 강조할 수 있겠다.

(2) 교정복실천의 전문성 강화

사회복지사는 교정복실천의 전문성을 더욱 강화하는 방향으로 실천을 이끌어 나아갈 수 있게 전략을 갖춰 임해야 한다. 이 전문성을 인정받음으로써 지금의 정체된 교정복지의 제도화를 풀어가는 데 힘이 될 것이다.

(3) 실제 경험에 근거한 대안 모색

사회복지사는 교정복지실천의 실제 경험을 바탕으로 앞에 살펴본 교정복지실천의 방법, 모형, 기술, 전략을 시험 적용함으로써 이들의 부족한 점을 보완하려는 전략을 세워 임해야 한다. 이를 위해 사회복지사는 실천에 그치지 않고 연구하려는 자세를 견지해야 하고, 그래서 적용했던 방법, 모형, 기술, 전략을 발전시켜 나아가야 한다. 이를 위해 다음 몇 가지를 강조한다.

하나, 사회복지사는 전문 사회복지실천에 관하여 분명히 이해해야 하고, 이 이해와 실천 경험을 바탕으로 교정 현장 특성에 따른 방법, 모형, 기술, 전략을 개발한다.

둘, 사회복지사는 어느 특정 이론이나 방법론에 치우치지 않고 두루 익힌 후 자신의 성향에 맞는 전문 기술과 모형에 전념한다.

셋, 사회복지사는 이론을 맹신하는 것보다 풍부한 현장 경험을 받아들여 이론과 경험을 함께 중시하는 균형 잡힌 전문가로 발전하려는 자세를 견지한다.

(4) 예방에 중점

비행이나 범죄에 들어가기 전에 이의 예방에 중점을 두는 전략으로 나아가는 것이 바람직하다. 예컨대 처분을 받은 비행청소년보다는 앞으로 비행을 일으킬 가능성이 있는 청소년을 대상으로 예방을 위한 개입이 필요하다. 이미 알고 있는 바와 같이 비용, 개입 정도, 청소년 개인 측면에서 일상회복보다 예방이 한층 더 득이 되기 때문이다. 특히 청소년비행을 예방한다는 것은 그 지역사회 주민에게 그만큼 시민연대의식을 강하게 심어 줄 수 있기 때문에 장차 우리 사회의 한 부분을 변화시켜 가는 데도 적지 않은 보탬이 된다. 이는 정부와 시민이 비행청소년의 일상회복에 개입하는 것이 개입자에게 심리적으로 압박을 줄 수 있으나 예방을 위한 개입은 이들에게 한층 각자의 의지적인 면을 강조할 수 있기 때문이다.

2) 계획 단계

계획 단계는 교정복지실천의 실제를 위해 준비하는 과정이다. 예컨대 사회복지사는 사정 작업을 통해 대상자가 될 사람의 욕구나 문제를 파악해 서로 합의를 통해 선정하고, 필요한 장소를 비롯한 자원을 확보해야 한다. 아울러 계획한 사례의 효과 · 효율성을 높이기 위해 다음 같은 전략을 구상할 수 있다.

(1) 사회복지기관의 주체적 역할 강조

보호관찰소를 비롯한 소년원이나 교도소의 실무자가 교정복지실천 사례를 직접 진행하지 않는 현실에서 외부의 사회복지사가 개입할 수밖에 없다. 이때 사회복지사는 사회복지기관이 주체적으로 교정복지실천 사례를 이끌어가야 함을 보여주는 전략을 세울 수 있다. 예컨대 청소년비행과 관련하여 경찰, 검찰, 시민단체 같은 각계에서 요란하게 제각기 의지를 표명하고 있으나 이는 일시성으로 그칠 가능성이 높다. 그것은 그들의 접근 방안이 전문적이지 않고 굳은 의지가 부족하기 때문이다. 이보다는 현재 말없이 착실히 일하고 있는 지역사회 내 사회복지관이 청소년비행 예방에 주체적인 역할을 해야 한다. 이를 위해 각 사회복지관의 대표자는 물론 여러 사회복지사가 이 활동을 위해 준비해야 한다.

(2) 관련 기관과 시민단체의 참여 유도

사회복지사는 비행청소년과 범죄인의 일상회복에 관련하는 기관과 시민단체의 참여를 유도하는 쪽으로 전략을 세워 임할 수 있다. 관련 기관으로 주민자치센터를 기본으로 시 · 군 · 구청, 각급 학교, 경찰서, 검찰청, 법원, 소년원, 소년분류심사원, 보호관찰소, 교도소 들을 꼽을 수 있다. 시민단체에는 참교육학부모회, 구정지기단, 부녀회, 각 여성단체, 청소년이나 가족과 관련하고 있는 상담소나 연구소 들이 있다. 예컨대 청소년비행에 개입하기 위해 관련 기관과 시민단체가 참여하는 것은 프로그램 실천 자원으로서 활용한다는 측면도 있겠으나 이보다 더 중요한 이유는 다음 같다.

첫째, 청소년비행과 관련하여 공공기관과 시민단체를 끌어들여 함께 하는 것은 사회적으로 중요한 과업이다. 그렇게 함으로써 이들 기관과 단체가 비행청소년을 위해 개입할 수 있을 뿐만 아니라 청소년비행에 관한 올바른 이해를 널리 확산시킬 수 있다.

둘째, 관련 기관과 시민단체가 특정 지역사회에서 청소년비행을 위해 개입한다면 이를 위해 필요한 그 지역사회에 홍보와 지역사회 주민의 의식화 작업을 극대화할 수 있다. 이들 기관과 단체를 올바른 개입으로 유도하여 청소년비행을 해결하는 데 직접 활용할 수도 있으나 시민의 성숙화 같은 간접적인 효과도 충분히 볼 수 있다. 이때 언론매체를 단회성이 아닌 장기계획을 세워 전략적으로 활용할 수 있다.

(3) 작은 활동과 장기적 개입

사회복지사는 겉으로 떠들썩한 활동보다 작더라도 조용히 장기적 개입을 위한 전략으로 나아가는 것이 바람직하다고 생각한다. 예컨대 청소년의 비행을 예방하기 위한 개입은 작게 그리고 장기적인 안목에서 실시하는 것이 한결 실속이 있을 터이다. 이미 언급한 것처럼 비행에만 초점을 두지 말고 청소년의 일상생활을 중시하면서 적응하는 개인으로 유도해 나가는 것이 바람직하다. 그러므로 작은 활동이 여러 곳에서 긴 시간을 두고 실시되어야 한다.

3) 문제해결 단계

문제해결 단계는 대상자가 자신의 욕구나 문제를 해결하는 데 사회복지사가 도움을 주는 과정이다. 따라서 사회복지사는 온갖 노력을 기울여 역량을 최대로 발휘해야 하는데, 이와 관련하여 다음 몇 가지를 정리하였다.

(1) 신뢰관계 형성

사회복지사는 교정복지실천 대상자는 물론 자원봉사자를 비롯한 관련인과 신뢰관계를 형성할 수 있는 전략을 세워 나아간다. 이 상황을 만들어가기 위해 다음 몇 가지를 강조할 수 있다.

하나, 전체 과정에서 빈틈없이 순간순간 성실히 임한다. 그럼으로써 대상자나 참여 자원봉사자에게 신뢰감을 심어줄 수 있다.

둘, 대상자, 보조자, 자원봉사자 들로부터 수시로 피드백을 받는다.

셋, 정해진 일정은 되도록 변동 없이 진행하며, 대상자와 여타 참여자와 맺은 합의 내용을 철저히 지킨다.

넷, 특히 비행청소년과 범죄인을 대상으로 하는 프로그램의 진행은 쉽지 않으므로 대단한 각오와 함께 정해진 약속을 지키고, 모든 정열을 바친다.

(2) 대상자의 일상생활 중점

비행청소년은 대체로 비행이 뜸한 청소년에 비해 일상생활에 적응하는 능력이 부족한 것으로 나타나고 있다. 그러므로 개입자가 비행청소년의 비행 자체에 대해 지나친 경원감(敬遠感)을 갖고 비행 근절이나 비행 예방에만 초점을 맞추는 것은 바람직하지 않다. 비행청소년의 모든 생활에서 각자 자신이 적응해 갈 수 있도록 돕는 것이 바람직하다. 이러한 대처능력이 향상되면 비행으로부터 독립할 수 있는 기회가 많아져 이들에게 유익할 것이기 때문이다.

(3) 주요 자원봉사자의 발굴과 활용

청소년의 비행 문제에 온전히 개입하기 위해서는 많은 수의 자원봉사자가 필요하다. 그러므로 비행청소년을 위한 개입 방안을 주도하는 기관은 합당한 자원봉사자를 확보해야 하고, 나아가 이들에게 활동에 대한 보상 차원에서 전문 프로그램을 제공해야 한다. 자원봉사자의 지속적인 활동이 어렵거나 제대로 이루어지지 않은 것은 이들을 조직하고 관리하는 데 그 주체가 합당하게 개입하지 않았기 때문이다. 주체 기관의 이 같은 노력 없이는 자원봉사활동의 지속성과 전문성을 기대할 수 없다.

4) 종결 · 평가 단계

종결 · 평가 단계는 교정복지실천의 마무리 과정으로 대부분 1회기로 진행된다. 그러므로 이때 수행해야 할 중요한 과업이 많아 용두사미 격으로 끝나서는 안 된다. 이 단계에서 대상자를 비롯한 참여자는 헤어진다는 서운한 감정 속에 어느 때보다 진행에 집중할 것이기 때문이다. 사회복지사는 다음 몇 가지 전략을 염두에 두어 나아가는 것이 바람직하겠다.

(1) 전체 과정에 대한 철저한 평가

사회복지사는 교정복지실천 계획 단계부터 종결·평가 단계 시종을 철저히 평가한다는 전략으로 임해야 한다. 이와 관련해 구체적으로 다음 몇 가지를 강조할 수 있겠다.

하나, 프로그램에 대한 합당한 평가를 위해서는 먼저 프로그램 계획을 충실히 세워야 한다.

둘, 평가 방법과 틀은 다양해야 하고, 특히 평가자의 성향에 따라 좌우되지 않도록 하며, 대상자의 생활 변화에 초점을 두어야 한다.

셋, 활동 내용을 일정한 틀에 따라 철저히 기록하여 이를 평가 자료로 활용한다.

넷, 프로그램을 실천하는 순간 대상자의 즉각적인 변화가 반드시 있어야 한다고 기대하지 않는다.

다섯, 실천 과정에서 교정 당국의 정책, 기관의 현황, 지역사회의 실상 따위에 관련하여 보완해야 할 사항을 건의할 수 있도록 준비한다.

여섯, 차후 프로그램의 필요성과 적절한 방안을 모색한다.

(2) 충실한 평가

사회복지사는 충실한 평가, 즉 실시한 교정복지실천 사례를 정직하고 냉정하게 평가할 수 있는 전략을 세워 나아가야 한다. 이는 무엇보다도 자신의 능력을 향상시키기 위한 것이므로 다른 어떤 회기 못지않게 평가 업무를 성실하게 수행해야 한다. 구체적인 실행 사항으로 다음 몇 가지를 정리했다.

하나, 자연스럽게 평가가 이루어질 수 있도록 분위기를 만들어 주어야 한다. 평가 작업이 진행될 때 사회복지사는 프로그램의 '좋은 결과'를 기대하는 욕심을 버려야 한다.

둘, 평가는 전체 과정을 토대로 해야 하고, 평가 자체가 프로그램에 참여한 자원봉사자에게 또 다른 보상이 되게 해야 한다.

셋, 평가를 받는 데 성실하게 임하고, 그 결과를 받아들여 자신의 발전으로 삼는다. 사회복지사는 평가 작업에 냉정하고 정직하게 임해야 한다.

넷, 전체 실천에 따른 주변 장애 요인에 대해 철저히 평가한다.

(3) 다양한 프로그램의 개발과 실천을 위한 평가

청소년비행은 청소년의 환경, 비행의 내용, 시각, 장소 같은 다양한 실상을 감안할 때 이들을 위한 프로그램은 당연히 이런 실상에 합당해야 한다. 그 다양함은 예방과 치료를 위한 프로그램으로 크게 나눌 수 있고, 이들 각 프로그램은 대상자의 나이, 성, 환경 따위에 따라 달라져야 한다. 이뿐만 아니라 사회복지실천에서 강조하는 개입방법에 따라 개별, 집단, 지역사회로 구분하여 프로그램을 실천할 수 있다.

(4) 참여 자원봉사자 보상을 위한 평가

청소년비행 관련 프로그램에 참여하는 자원봉사자나 관련 기관이나 시민단체는 프로그램 실천의 주체로부터 합당한 보상을 받아야 한다. 프로그램에 참여하는 사람은 활동을 통해 궁극적으로는 각자 자신에게 이로워야 지속적이고 전문적으로 참여하게 된다. 특히 개인으로 참여하는 자원봉사자에게는 프로그램 주체로부터 적당한 보상이 주어야 한다. 이러한 과업을 청소년비행과 관련하고 있는 프로그램에 직접 반영할 수도 있고, 프로그램의 실천 주체가 이들 참여자를 위해 따로 도움이 될 만한 특별 행사를 열 수도 있다.

07 좀 더 살펴보기

사회복지실천의 한 분야로서 교정복지실천의 특성

사회복지실천은 사회복지와 함께 사회복지학의 양축을 이루고 있는 것이 현실이다. 그러나 사회복지실천을 전적으로 Social Work로 풀이할 수는 없다. 전통 Wocial Work는 지금의 사회복지실천과 비교할 때 다른 점이 적지 않기 때문이다. 예컨대 사회복지실천의 주요 방법으로 등장한 사례관리나 사회복지정책 차원에서 이루어지는 실천은 원래 Social Work에서 다루지 않은 것이다. 굳이 사회복지실천과 Social Work를 구별함은 여기에서 다루려는 내용이 Social Work에 한정, 주목하고 있어서이다. 게다가 교정복지실천이 여타 사회복지학의 분야론에서 적용되는 실천과 구별되는 특성을 지니기도 한다. 예컨대 아동복지론, 장애인복지론, 노인복지론의 주요 대상자에 대한 사회의 인식이 **교정복지론**의 대상자에 대한 그것과 크게 다르다. 이뿐만 아니라 대상자 각자가 지니는 사회에 대한 감정 역시 서로 다른 것이 분명하다.

이 같은 사정을 생각할 때 사회복지실천의 한 분야로서 교정복지실천은 다른 분야에서 볼 수 없는 특성을 지나칠 수 없다. 이런 상황은 사회복지사뿐만 아니라 이 사회에 널리 소개되어야 하고, 그래서 교정복지실천이 여법하게 진행될 수 있게 분위기를 만들어야 한다. 아울러 이런 노력에 힘입어 교정복지실천은 물론 교정복지에 관한 이해를 한층 더 넓고 깊게 하는 데 이로울 터이다. 즉 교정복지실천의 위상을 다른 사회복지실천 현장은 물론 여타 전문가에게 드러내 보여줄 수 있고, 나아가 교정복지실천의 정체성을 한층 더 정교하게 다져갈 수 있을 것이다. 이런 고민과 함께 사회복지실천의 한 분야로서 교정복지실천의 특성을 다음 몇 가지로 정리하였다.

하나, 교정복지실천은 2차 현장에서 이루어진다. 이미 이 책의 4장에서 언급한 바처럼 교정복지실천은 사회복지사의 활동이 주류를 이루는 현장이 아니라 타 전문 영역의 실천 현장을 근거지 삼아 진행되고 있다. 이렇게 2차 현장에서 이루어짐으로써 사회복지사가 경험하는 심리적 부담은 더욱 클 것이다. 실제로 교정복지실천은 이미 제도화된 정신건강사회복지실천을 비롯한 학교사회복지실천이나 의료사회복지실천과 크게 다른 입장에 처해있는 것이 사실이다. 그래서 교정복지실천을 주도하는 사회복지사는 곱으로 어려움을 겪는다. 제도화된 현장에 근무하는 사회복지사와 그렇지 않은 현장에 근무하는 사회복지사의 처지는 마치 형편이 안 되어 도시락도 제대로 챙기지 못하고 소풍가는 학생이 풍성하게 준비한 학생을 부러워하는 입장 같다고 하겠다.

둘, 교정복지실천 대상자는 다른 어떤 사회복지실천 분야의 대상자와 다르게 인식되어 교정복지실천 자체가 '혐오 실천'으로 받아들여지고 있다. 예컨대 성남 보호관찰소가 비행청소년과 범죄인을 상대한다고 주민이 반발해 2013년 12월부터 성남시 청사에 사무실을 설치해 운영되었다(연합뉴스, 2019년 3월 28일). 이 사건은 2016년 6월부터 법률상 보호관찰소가 '준법지원센터'라는 이름으로 불리게 했다. 이런 분위기에서 사회복지사는 교정복지실천을 위해 필요한 자원을 동원하는 데 어려움을 겪는다.

셋, 일상회복이 안 된 교정복지실천 대상자는 이후 피해를 연쇄적으로 지속시킬 수 있다. 예컨대 범죄인이 교정 당국은 물론 국가나 사회로부터 합당한 처우를 받지 못하고 범죄 당시 상태에 머무른다면 이후 일어날 수 있는 범죄의 피해는 누구도 예측할 수 없다. 이 같은 사실은 누범 범죄를 통해 드러나고 있다. 그래서 사회복지사는 교정복지실천을 통한 비행청소년이나 범죄인의 일상회복이 제대로 안 되었다며 사회로부터 지탄을 받기도 한다.

넷, 교정복지실천 대상자가 비행청소년이나 범죄인으로서 국가 기관으로부터 받은 억눌림이 심해 이를 회복하는 것이 쉽지 않다. 이미 이 책의 앞부분에서 언급되었듯, 비행청소년이나 범죄인은 경찰, 검찰, 법원을 거치며 이들 기관으로부터 부당한 처우를 받은 사례가 적지 않고, 사회 역시 이들을 '도움이 안 되는 사람'이라고 적대시함으로써 여타 사회복지 분야의 대상자가 접하는 '세계'와 크게 다른 '세계'에 살고 있다. 이런 처지에서, 특히 범죄인의 변화를 꾀하는 것은 본인 입장에서나 사회복지사 처지에서 쉽지 않은 과업이라고 하겠다. 그래서 성서는 "죄인 한사람이 회개하면 하늘에서는 회개할 것 없는 의인 아흔아홉으로 말미암아 기뻐하는 것보다 더하리라"(누가복음, 15장 7절)라고 강조했을 터이다.

제3부

교정복지 실제

제 8 장 시설 중심 프로그램
제 9 장 지역사회 중심 프로그램
제10장 비행 · 범죄 유형별 프로그램
제11장 교정자원봉사

학습목표

1. 교정복지의 실제로서 다음 내용을 이해한다.
   - 취업지원을 비롯한 시설 중심 프로그램
   - 비행 · 범죄예방을 비롯한 지역사회 중심 프로그램
   - 학교폭력을 비롯한 비행 · 범죄 유형별 프로그램
   - 시민활동으로서 교정자원봉사
2. 교정복지 차원에서 다음 사항을 살펴본다.
   - 인권
   - 종교
   - 성매매
   - 교정복지운동

풍성한 고기잡이 같은 교정복지 실제

출처: m.blog.naver.com

제 8 장

시설 중심 프로그램

시설의 명성은 프로그램이 뒷받침한다.

교정복지 실제는 프로그램으로 이루어지고, 이 프로그램은 사회복지사가 직접 구사하는 교정복지실천의 방법이자 기술이다. 물론 프로그램은 대상자에게 합당해야 하고, 적확한 과정을 이루어 진행되어야 하고, 그러기 위해서 사회복지사는 프로그램을 매우 치밀하게 계획해야 한다. 그래서 계획적이지 않거나 일시적으로 진행된 과업을 사회복지실천 프로그램이라고 하지 않는다(최옥채, 2016).

이 장과 다음 장에서 프로그램을 시설 중심과 지역사회 중심으로 구분했는데, 그 이유는 다음 같다.

첫째, 프로그램의 운용과 관련하여 교정시설 내와 지역사회의 환경이 서로 다르기 때문이다. 교정시설은 대표적인 폐쇄시설로 프로그램에 필요한 자원을 동원하는 데 많은 제한을 받는 반면, 지역사회에서는 큰 어려움이 없다. 실제로 지역사회 중심 프로그램을 실시하는 기관은 지역사회 자원을 원활하게 투입할 수 있는 반면, 수용시설은 지역사회와 교류하는 데 많은 제한을 받고 있어 쉽지 않다.

둘째, 프로그램에 참여하는 클라이언트의 상황이 교정시설에서와 지역사회에서 크게 달라서이다. 예컨대 교정기관에 있는 비행청소년이나 범죄인과 가정에 있는 보호관찰 대상자의 신체·심리적 상황은 판이하다.

이 장에서는 교정복지실천 현장 중 비행청소년이나 범죄인을 수용하고 있는 기관의 시설 중심 프로그램을 알아보려고 한다. 이는 수용시설에 있는 비행청소년이나 범죄인이 다시 사회로 돌아와 적응하는 데 이들 프로그램은 중요한 수단이자 이들의 일상회복 과정이라고 할 수 있기 때문이다. 이를 구체적으로 살펴보기 위해 먼저 시설 중심 프로그램에 관한 이해를 정리하고, 보호기관의 프로그램, 교정기관의 프로그램, 민간기관의 프로그램, 시설 중심 프로그램에 대한 평가를 살펴보았다. 아울러 좀 더 살펴보기에서는 인권과 교정복지를 다루었다.

1. 시설 중심 프로그램에 관한 이해

시설 중심 프로그램은 기본적으로 교정복지실천에서 전문적으로 다루는 프로그램과 크게 다르다. 즉 교정 당국이 앞세운 교정시설의 프로그램은 일정한 과정을 수행하는 교정복지실천 프로그램과 달리 교정 당국의 규정에 따른 정형화된 과업의 성격이 강하다. 먼저 수용시설이 제공하는 프로그램에 관한 이해를 위해 수용시설 프로그램의 개념, 프로그램의 필요성, 프로그램의 주체에 관해 알아보겠다.

1) 시설 중심 프로그램의 개념

시설 내 교정 프로그램이란 보호·교정 실무자가 담당하고 있는 비행청소년이나 범죄인을 도울 수 있도록 일정한 틀을 갖춘 방법이나 과정이라고 할 수 있다.

(1) 일상을 위한 규격화된 업무

시설 중심 프로그램은 보호·교정시설의 비행청소년이나 범죄인의 일상회복을 위해 시설 측이 제공하는 여러 유형의 서비스라고 할 수 있다. 이는 특정한 목적과 운영 규칙을 갖추고 있으므로 시설의 실무자가 엄격히 실시해야 하고, 나아가 그 서비스에 대한 효과성도 평가해야 한다. 예컨대 교도소 내 수용자의 심신단련과 친목을 위하여 교도소에서 매년 실시하고 있는 체육대회나 학과교육, 가족접견, 종교집회 따위는 수용자를 위한 중요한 프로그램이라고 할 수 있다.

(2) 사회적응을 위한 훈련

이러한 수용시설의 비행청소년이나 범죄인을 위한 프로그램은 여러 분야로 나누어 생각할 수 있다. 소년원에 수용되어 있는 청소년은 인간답고 문화적인 생활을 위해 다양한 취미생활 프로그램에 참여할 수 있다. 나아가 자신의 처지와 욕구에 따라 학과 공부나 직업훈련을 위한 프로그램에도 참여할 수 있다. 이외에도 수용생활에서 자신의 정서적 안정을 위해 상담 서비스를 원할 수도 있는데, 이를 위한 프로그램도 중요하다. 이 장에서는 이렇게 다양한 프로그램 중 교정복지 측면에서 전문적으로 개입하여 범죄인의 일상회복에 기여할 수 있는 부분에 중점을 두어 소개할 것이다.

(3) 외부 지원에 의한 전문 프로그램

보호·교정시설에 전문 프로그램을 이끌어갈 인력이 충분하지 않아 시설 외부의 전문가에 의해 실행되는 프로그램을 일컫는다. 최근 이런 프로그램이 증가하는 추세를 보여 다행이다. 예컨대 심리상담 전문가가 소년원의 비행청소년을 위해 집단으로 운영하는 감수성 훈련을 들 수 있다. 아울러 교도소에서는 수용자의 가족 간 관계능력 향상을 위한 집단 프로그램을 꼽을 수 있다. 다만 여기에 사회복지사가 적극 개입하지 못하고 있다는 점이 아쉽다고 하겠다.

2) 시설 중심 프로그램의 필요성

시설 중심 프로그램의 필요성은 국가가 비행청소년이나 범죄인을 구금시키고, 이들의 일상회복을 책임을 져야 한다는 데 근거한다고 보아 마땅하다. 국가는 비행청소년과 범죄인을 구금하는 것에 그치지 않고, 이들이 시설에서 나와 사회에 적응할 수 있게 변화를 꾀해야 한다. 이런 점에서 시설 중심 프로그램의 필요성을 강조할 수 있겠다.

(1) 비행청소년과 범죄인의 격리에 따른 대응

국가는 비행청소년과 범죄인을 시설에 구금해 사회의 안전을 지키고, 나아가 이들의 일상회복을 위해 책임을 진다. 이를 위해 국가는 교정이념을 내세워 임하고 있다. 예컨대 죄에 대한 처벌을 정당화하던 예전의 보복주의나 격리주의를 극복하고 재활주의를 강조하고 있다. 이러한 교정철학을 고려할 때 시설에 수용되어 있는 비행청소년이나 범죄인의 일상회복을 위해 보호·교정 당국은 본연의 책임을 완수해야 한다.

(2) 비행청소년과 범죄인의 일상회복

이미 앞에서 살펴본 것 같이 비행청소년이나 범죄인의 개인적·환경적 특성은 매우 복잡하게 얽혀 있다. 이런 상황에서 이들의 일상회복을 위해 전문적인 기술이 필요하다. 따라서 수용시설의 비행청소년이나 범죄인의 일상회복을 위한 개입은 당연히 과학적인 방법을 적용해야 할 것이다. 사회과학의 발달은 인간의 마음과 행동을 과학적으로 분석·이해함으로써 개인을 변화시키는 데 기여하여 왔다. 이러한 지식과 학문의 발달과 범죄인의 일상회복에 관한 사회적 관심은 이들의 일상회복을 위한 연구를 재촉하였으며, 바로 이러한 연구는 범죄인의 일상회복을 위한 프로그램을 더욱 치밀하게 만드는 계기가 되었다. 시설 안에 있는 비행청소년이나 범죄인을 위한 프로그램은 전문 기술 바탕으로 이들의 일상회복을 위해 핵심적인 역할을 해야 한다. 이런 맥락에서 수용시설의 범죄인과 비행청소년을 위한 프로그램은 이들의 일상회복에 중요한 부분을 차지한다.

3) 시설 중심 프로그램의 주체

프로그램의 주체는 프로그램을 계획하고 실천하는 사람과 프로그램에 참여하여 도움을 받는 사람이다. 그러므로 수용시설에서 제공하는 프로그램의 주체는 프로그램을 담당하고 있는 직원과 비행청소년이나 범죄인이라고 할 수 있다. 이렇게 프로그램의 주체를 굳이 규명하려는 것은 시설 안에서 비행청소년이나 범죄인의 일상회복을 위해 누가 누구를 위해 일해야 하는지를 명확히 해야 해서이다. 그럼으로써 수용된 비행청소년과 범죄인을 위해 수용시설의 직원이 감당해야 할 역할을 한층 분명히 할 수 있을 것이다.

(1) 실무자

수용시설에서 교정프로그램의 주체가 시설의 직원과 범죄인이라면 직원은 프로그램에 참여하는 비행청소년이나 범죄인의 일상회복을 위해 전문적이어야 하고, 적극적으로 임해야 한다. 왜냐하면 교정 현장의 여건이 열악하고 다른 어떤 현장보다도 어렵지만 범죄인의 일상회복을 위한 업무는 결코 포기할 수 없는 국가적 과업이기 때문이다.

(2) 수용자

또한 프로그램에 참여하는 시설의 수용자가 주체로서 강조되어야 한다. 교정복지실천 프로그램의 성공적 운용에 참여자의 협력이 결정적으로 영향을 미치기 때문이다.

(3) 외부 인력

특히 프로그램을 계획하고 실천에 옮기는 직원은 그 프로그램의 목적에 따른 전문적인 지식과 기술을 갖추어야 한다. 아울러 교정 당국의 정책이나 수용자의 특성을 포함한 교정 현장에 관한 확실한 이해와 풍부한 경험이 있어야 한다. 이런 맥락에서 시설 외부에서 많은 전문가가 투입되어 프로그램을 실시하고 있는데, 앞으로는 시설 내 실무자가 주도할 수 있도록 준비해야 한다.

2. 보호기관의 프로그램

교정복지실천 현장에서 살펴본 것처럼 보호기관은 소년원과 소년분류심사원과 국립법무병원을 들 수 있는데, 여기에서는 소년원, 소년분류심사원, 민간기관인 위탁시설의 프로그램 중심으로 살펴보겠다.

1) 소년원 프로그램

소년원 프로그램은 각 소년원의 특성에 따라 강조하는 프로그램이 다르다. 이는 소년원이 학과 중심 소년원, 직업훈련 중심 소년원, 치료 중심 소년원으로 구분되기 때문이다. 그러나 모든 소년원이 공통으로 실시하는 프로그램도 적지 않다. 한편 정보기술시대를 맞이하여 보호 당국은 컴퓨터와 영어교육 프로그램에 중점을 두고 있다. 이들 프로그램에는 자체강사와 외부강사가 참여하고 있는데, 외부강사로는 '보호소년지도위원'이 참여하고 있다.

(1) 입원자교육

신입 원생을 대상으로 10일간 실시하며, 주요 내용으로 생활안내와 처우심사를 들 수 있다. 소년원에서는 원생에게 교육기간과 교육내용을 지정한다.

(2) 인성교육

원생을 위한 인성교육으로 예절교육, 심리치료, 종교지도, 가족관계회복을 위한 프로그램이 있다. 이들 프로그램을 구체적으로 살펴보면 문화공연 관람, 스키캠프, 보이스카우트 훈련, 병영체험 훈련, 저명인사 초청강연, 영어말하기대회, PC경진대회가 있다. 특히 예절교육은 원생에게 기초적인 행동양식에서 전통윤리까지 체계적이고 심도 있는 도덕교육을 실시하여 그릇된 사고방식과 생활습성을 개선하는 데 목적을 두고 있다.

(3) 교과교육

원생을 위한 교과교육은 일반 중·고등학교 교육과정을 실시하며, 각종 검정고시를 대비하여 지도하고 있다.

(4) 직업능력개발훈련

직업능력개발훈련은 지식정보사회에 걸맞은 직업능력 배양을 목표로, 교과 중심에서 실용외국어, 컴퓨터 활용 교육, 인성교육에 중점을 두고 있다. 예컨대 서울소년원에서는 멀티미디어정보통신, 컴퓨터 애니메이션, 컴퓨터 그래픽, 경영정보, 영어·일본어·중국어 회화를 실시하고, 대덕체육소년원에서는 씨름, 복싱, 유도, 태권도, 역도, 볼링을 실시하며, 안산예능소년원에서는 연극영화, 실용음악, 창작미술, 영상사진을 실시하고, 광주소년원에서는 PC수리, 자동차정비, 특수용접, 건축배관을 실시하고 있다. 이외에도 관광정보, 제과제빵, 헤어디자인도 실시하고 있다. 대상 원생의 선발기준은 원생의 연령, 경력, 적성, 학력 따위를 고려하고 분류심사 결과와 가정환경을 참작하여 '보호소년처우심사위원회'에서 분류 · 배치한다.

(5) 특별활동

원생의 취향에 따라 학예, 체육, 봉사, 생산근로 같은 활동에 참여하도록 하고 있다. 구체적으로 사제 간 체육대회, 학예발표회, 백일장대회를 원내에서 실시하며, 현장학습, 지역사회 연계 행사, 특별교육 행사지도 따위는 외부의 사업체, 유적지, 청소년 단체와 협력하여 실시하고 있다. 특별히 소년원 당국은 '전국소년원생 문예작품 공모전'에 참여를 권장하고 있다.

(6) 사회복귀교육

퇴원 상신자와 보호관찰심사위원회가 가퇴원 허가를 상신한 자를 대상으로 10일간 정신교육, 진로지도, 원외지도, 예절교육 따위를 실시하고 있다. 이를 위해 지역사회의 관련 기관과 관계인사의 지원을 적극 활용하고 있다.

(7) 사후지도

가퇴원자를 대상으로 퇴원 후 1개월 이내 1차 통신지도를 하고 분기 1회 이상 의무적으로 소년원에 출석하게 하고 있다. 생활에 문제가 생기면 방문하여 지도하고 원거리인 경우 인근 소년원에 출석하도록 배려하고 있다.

2) 소년분류심사원 프로그램

소년분류심사원은 법원의 소년부 판사가 위탁한 입원소년의 자질을 과학적으로 진단하고 일상회복을 위해 구체적인 방법과 지침을 수립하여 관계기관, 즉 법원, 보호관찰소, 소년원에 제시한다. 한편 가정, 학교, 청소년 보호단체 들이 의뢰하는 청소년의 자질판단과 진로지도를 위해 춘천소년원을 포함한 일부 소년원에서 청소년적성검사실을 운영하고 있다. 그러나 위탁소년이 시설에 수용되어 있는 기간이 1개월 안팎에 불과하여 특별한 프로그램을 실시하는 데 어려움이 있다.

소년분류심사원 프로그램은 앞의 소년원에서 비행청소년의 수용 생활을 지원하는 업무가 적용된다. 그래서 굳이 이 업무를 프로그램이라고 소개하는 것은 민망한 점이 없지 않다. 여기에 분류심사를 위한 업무로 다음 몇 가지를 들 수 있다.

(1) 개인과 환경 조사

비행청소년 개인과 그의 환경을 조사한다. 이때 비행청소년의 보호자를 상담해 필요한 정보를 최대로 확보한다.

(2) 심리검사와 행동관찰

비행청소년은 분류심사원에서 짧게는 2주에서 길게 8주간 생활한다. 이 기간에 실무자가 비행청소년의 심리검사와 행동관찰을 실시한다. 이 자료는 다음에 보는 분류심사서 작성에 그대로 반영된다.

(3) 분류심사서 작성

실무자는 앞에 실시한 개인과 환경 조사, 심리검사와 행동관찰 내용을 토대로 분류심사서를 작성한다. 이 분류심사서의 내용은 법원의 판사가 비행청소년에게 보호처분을 내리는 데 매우 중요한 자료로 활용된다.

3) 위탁시설 프로그램

위탁시설 프로그램은 크게 교육 프로그램과 직업훈련 프로그램으로 구분할 수 있다. 이들 프로그램은 정부의 재정지원을 받아 자체적으로 운영하거나 외부에서 참여하는 자원봉사자가 운영하고 있다.

(1) 교육

교육 프로그램은 청소년의 학습능력에 따라 기초반과 검정고시반으로 구분, 실시하고 있다. 기초반에서는 한글 미해독자 중심으로 한글을 익히는 데 치중하고, 검정고시반은 초 · 중 · 고등학교 과정 학습을 통해 시설 내에서 청소년이 검정고시에 응하도록 배려하고 있다. 아울러 성경구절암송, 성경구절쓰기 따위를 실시하고 있다. 이외에도 자원봉사자가 취미활동, 이 · 미용, 정신교육, 의료봉사, 심성개발 같은 프로그램을 제공하고 있다. 여기에 참여하는 자원봉사자는 대학생, 공무원, 주부, 사업가 들로 매우 다양하게 구성되어 있다.

(2) 직업훈련

직업훈련은 직업훈련 교사의 지도 아래 청소년의 처지에 따라 봉재, 공예, 컴퓨터, 자동차정비, 영농 같은 기술을 배우도록 하고 있다. 직업훈련교육은 청소년이 특정 기술을 익혀 취업에 도움이 되도록 하는 데 주요 목적이 있으나 이러한 작업을 통해 이들의 마음을 변화시키기 위한 의도가 깔려 있다.

3. 교정기관의 프로그램

교정기관으로 교도소, 구치소, 직업훈련교도소, 개방교도소 들을 들 수 있는데, 교도소가 이들 시설을 대표하므로 교도소의 프로그램 중심으로 살펴보겠다. 법무부 교정본부는 수용자를 위해 실시하고 있는 정규 프로그램을 크게 교정교육, 교회(教誨), 직업훈련, 사회적 처우로 구분하고 있다. 이를 구체적으로 알아보면 다음 같다.

1) 교정교육 프로그램

교정기관에서 수용자의 사회적응성을 높이기 위해 실시하는 각종 교육은 수용자 개인의 욕구에 중점을 둔 다양한 활동으로, 이들의 범죄성을 제거하여 사회화시키는 것을 주요 목적으로 하고 있다. 특히 교정교육은 인간존중, 자기인식, 자조, 신뢰를 주요 원리로 삼고 있다. 교육의 종류는 다음 같다.

(1) 생활지도교육

신입자와 석방자를 위한 2가지 생활지도교육이 있다. 신입자를 위한 교육은 처우내용이나 생활법규 같은 수형생활에 필요한 지식과 정보를 알리고 행형질서에 순응하도록 하고 있다. 교육기간은 2일간 16시간 실시하고 있다. 한편 석방자를 위한 생활지도교육은 형기종료 1개월 전의 수용자를 대상으로 3일 동안 24시간 실시하고 있다. 교육내용은 교육효과의 재점검, 갱생의욕의 고취, 출소 후 사회적응력 향상에 초점을 두고 있다.

(2) 정신교육

반사회적인 악성을 근원적으로 제거하고 부도덕적, 반사회적, 퇴폐적인 의식구조를 개혁하여 사회에 복귀시키기 위한 교육으로, 일반수용자를 위한 교육과 특정 강력범을 위한 교육으로 구분, 실시하고 있다. 일반수용자를 위한 정신교육은 매년 1회 2주간 실시하고 있다. 교과 내용은 국가관 확립, 충 · 효 · 예를 위한 교육, 국난극복사, 인간관계, 직업윤리, 민주시민의식, 갱생성공사례, 레크리에이션, 건강체조 따위로 구성되어 있다. 이 교육은 자체강사와 외부강사가 맡고 있는데, 외부강사는 대학교수, 교정위원, 기타 지역사회의 저명인사가 참여하고 있다. 아울러 교육에 대한 평가를 분기별로 실시하고 있다.

(3) 학과교육

학과교육은 수형자의 학력 정도에 따라 일반학과 교육, 방송통신고등학교 교육, 학사고시 교육, 외국어와 컴퓨터 전문 교육으로 구분, 실시하고 있다. 일반학과 교육은 수형자 중 학교교육을 필요로 하는 자에게 초·중·고등학교 수준의 학과교육을 실시한다. 이들에게는 매년 2회 국가가 시행하는 학력검정고시에 응시함으로써 학력취득의 기회를 부여하고 있다. 한편 소년수형자에게 사회의 정규고등학교 과정을 이수할 기회를 주기 위해 방송통신고등학교를 설치하여 정규 고등학교과정 교육을 실시하고 있다. 아울러 방송통신대학 과정을 위해 권역별로 교도소에 방송통신대학 분교를 설치, 운영하고 있다.

덧붙여 구금으로 인한 학업중단 사례를 방지하고 고등교육의 기회를 확대하기 위해 적격 수용자를 선발하여 대전교도소 들에 국어국문학, 영어영문학, 법학 분야의 학사고시반을 운영하고 있다. 한편 지식정보화 사회를 맞이하여 수용자가 능동적으로 대처할 수 있고, 사회복귀능력을 향상시켜 사회에 정착하는 데 도움이 되도록 교도소에 어학실습실과 컴퓨터 교육실을 운영하고 있다.

(4) 정서교육

자유 제한과 일반사회로부터 격리로 수용자가 갖는 정서적 불안정을 보완하기 위해 실시하는 교육이다. TV와 VTR시청, 독서지도, 신문열독, 소 내 신문발간, 예체능활동, 수용자 복지담당관제, 가족사진 소지와 비치, 기타 교화행사가 정서교육의 대표적인 프로그램이다. 덧붙여 수형자의 대부분이 정서적 결함자인 점을 감안하여 음악, 미술, 표현예술, 드라

마치료 같은 심리치료를 통해서도 범죄심리를 약화시켜 재범을 방지하는 데 주력하고 있다. 아울러 문화와 예술 활동으로 서예, 그림 그리기 따위를 통하여 수형자의 심성을 순화시킬 뿐만 아니라 매년 교정작품 전시회와 국전 따위에 수형자의 작품을 출품하여 수용자의 정서순화와 국민적 관심을 제고시키고 있다.

2) 교회(敎誨) 프로그램

교회 프로그램은 수용자의 정신적 결함을 교정 · 선도하고, 이들이 자아를 발견해 도덕적 사회생활에 적응케 하고 있다. 이 프로그램의 의의는 종교활동을 통해 일상을 회복케 한다는 데 두고 있다. 기결수와 미결수를 포함하여 수용자가 신청하면 모두 참여할 수 있다. 교회 프로그램은 크게 종교교회와 일반교회 두 가지로 다음 같다.

(1) 종교교회

종파별 교리에 따라 실시하는 교회 프로그램으로 건전성이 있고 사회가 인정하는 종교행사, 예배참여, 미사참여, 부흥회, 연구회, 교리지도, 자매결연 따위가 있다. 이들 프로그램에는 희망자에 한하여 대집단으로 실시하는 전체교회가 있고, 승려, 신부, 목사, 수녀, 교무 같은 종교인이 수용자 개인을 상대로 하는 개인교회가 있다.

(2) 일반교회

수용자의 덕성을 함양하고 정신을 감화함으로써 인격도야와 개과천선을 통해 건전한 사회 일원으로서 사회에 복귀시키기 위한 종교교회 이외의 교화 방법이다. 이는 사회 저명인사를 초청하여 수용자에게 건전한 윤리와 도덕관념을 알리고자 교양강좌 따위를 실시하는 것이다. 프로그램의 종류는 종교교회처럼 두 가지로 구분하여 실시하고 있다.

(3) 외부 전문가에 의한 프로그램

한편 교정시설에 합당한 전문 인력이 절대 부족하거나 없어 외부에서 전문가가 개입해 수용자의 일상회복을 위한 프로그램을 실시하고 있다. 수용자를 위한 집단활동 사례가 우리나라에서는 처음으로 광주교도소에서 실시되었으며, 그 결과에 대해 긍정적인 평가를 받았다(최옥채, 1996). 이 같은 전문 프로그램이 지금은 전국적으로 확대 실시되고 있어 고무적이라고 하겠다.

3) 직업훈련 프로그램

교정시설의 수용자를 상대로 실시하는 여러 유형의 직업훈련을 말하는데, 이는 「직업훈련법」에 따라 1967년부터 실시하고 있다. 이 프로그램의 목적은 노동정신 함양, 출소 후 생활안정, 국가 기능인력 양성에 두고 있는데, 이의 활성화를 위해 다음 같은 노력이 필요하다.

(1) 교정시설 자체의 노력

최근 교정기관에서는 사회의 변화와 더불어 인쇄, 밀링 같은 사양 직종은 훈련 교과에서 폐지하고, 컴퓨터 그래픽, 애니메이션, 전자출판 따위의 첨단 직종에 관한 훈련으로 대체, 실시하고 있다.

(2) 외부의 협력

직업훈련을 받은 출소자의 취업을 돕기 위해 교정기관의 간부, 지역의 기업대표, 직업훈련교사로 구성된 '출소자취업알선협의회'를 조직, 운영하고 있다. 이 같은 외부의 협력은 시설 중심 프로그램에 지역사회가 큰 역할을 수행하는 것이고, 한층 더 확장되어야 할 것이다.

4) 사회처우 프로그램

사회처우 프로그램은 사회 내 처우 프로그램(지역사회 중심 프로그램)과 달리 수용자에게 사회와 함께 할 수 있는 기회를 일시적으로 부여하는 데 중점을 두고 있다. 교정기관 내 처우의 엄격한 자유구속을 완화하여 일반사회에 접근시키고, 수용자를 사회와 교류케 하여 이들이 출소한 후 사회에 쉽게 적응할 수 있도록 돕는다. 앞으로 이 같은 프로그램은 지역사회의 관련 교정복지실천 현장과 연계하여 활성화시키는 것이 바람직할 것이다. 이들 처우 프로그램을 살펴보면 다음 같다.

(1) 귀휴, 외출, 외박

귀휴는 수용자에게 형의 집행정지가 아닌 일정한 사유와 조건 아래 소장의 권한으로 기간과 행선지를 정하여 외출·외박을 허가하는 제도다. 특히 방송대학의 출석수업, 대학입학시험, 기능자격시험, 출소 후 구직활동 따위를 위해 적극적으로 활용하고 있다. 최근에는 수용자의 직계 존비속 사망, 자녀 혼례 때 5일 이내의 특별귀휴를 허가하고, 모범수용자에게 주말과 공휴일을 이용하여 외출과 외박을 허락하고 있다.

(2) 사회견학

각 교정기관에서는 수용자의 사회현장 체험과 사회적응력 배양을 위해 우수산업시설, 문화유적지, 사회복지기관, 가나안농군학교, 대단위 영농단지 따위 시찰을 실시하고 있다. 이 같은 프로그램이 다양한 현장을 대상으로 체계적으로 계획되어 실행된다면 수용자의 일상회복을 위해 한층 더 효과적인 성과를 낼 수 있을 것이다.

(3) 외부통근제

외부통근제는 교정시설의 수용자를 계호 없이 교정시설 이외의 사업체에 사회의 근로자 같은 임금노동 조건으로 취업하게 하고, 야간과 휴일에는 교정시설에서 생활케 하는 자유형집행의 한 방법이다. 이 프로그램은 세 가지로 구분하고 있는데, 경범죄인과 단기 수용자에게 적용하는 사법형 외부 통근제, 교도소나 가석방위원회 같은 행정기관에서 실시하는 행정형 외부통근제, 법원이 처벌의 일환으로 통근형을 선고하여 실시하는 혼합형 외부통근제가 있다.

(4) 합동접견

합동접견은 일반접견과 달리 연 2회 이내로 수용자의 가족이나 친지와 자유로운 나눔의 시간을 갖게 한다. 수용자 중 행형성적이 우수한 자, 무기 수형자 중 60세 이상이 주요 대상자이며, 접견 장소는 자유로운 접견이 가능한 시설 내로 정하고 있다.

(5) 사회봉사활동

사회봉사활동은 수용자가 날로 변화하는 사회의 실상을 직접 체험하여 출소 후 사회에 쉽게 적응할 수 있게 돕고 있다. 예컨대 양로원, 아동양육시설 같은 시설을 방문하여 봉사활동을 전개함으로써 봉사하는 기쁨을 경험할 수 있게 유도하고 있다.

5) 기타 새로운 프로그램

최근 교정 당국은 '교정의 현대화'를 위해 수용자의 인권향상과 함께 다양한 프로그램을 실시하고 있다. 이 중 몇 가지 주요 프로그램을 소개하면 다음 같다.

(1) 교정위원제도

각 교정시설은 외부인사를 중심으로 교정협의회를 조직하여 효율적인 교정 · 교화 활동 방안을 모색하도록 하고 있다. 이는 1970년부터 실시한 독지방문위원제도가 1998년 중앙협의회로 발전한 것으로, 교정위원은 교화위원과 종교위원으로 구분하고 있다. 교화위원은 자선사업가, 정신의학자, 심리학자 들이 참여하며, 종교위원으로는 승려, 신부, 목사, 수녀, 교무 같은 종교인이 참여하고 있다. 이 제도에 따라서 외부의 사회복지사가 교도소와 관계하면서 수용자에게 전문적인 서비스, 즉 자매상담, 취업알선, 신앙지도, 정신교육, 강의 같은 다양한 프로그램을 제공할 수 있다.

(2) 수용자 가족의 관계회복 지원

법부부 훈령으로 2008년에 제정되고 2024년에 개정된 「수용자 사회복귀 지원 등에 관한 지침」에 의해 수용자 가족의 관계회복을 지원하는 프로그램이 운영되고 있다. 즉 수용자에게 가족관계 회복을 위해 가족만남의날 행사, 가족만남의집 이용, 가족접견실 이용, 가족사랑캠프 같은 프로그램을 시행하고 있다. 특히 가족만남의집은 1999년에 부부만남의집으로 시작한 것으로 귀휴혜택을 받은 일부 수용자를 제외한 대부분의 수용자에게 배우자를 포함한 가족과 함께 생활할 수 있는 기회를 제공하고 있다. 교정시설 외부에 침실, 부엌, 욕실이 갖춰진 집을 만들어 장기간 수용생활을 하고 있는 수용자에게 가족과 함께 1박 2일간 숙식할 수 있는 기회를 부여하고 있다.

(3) 수용자 전화사용

수용자 가족의 면회를 더욱 쉽게 하기 위해 전화를 사용하게 하였고, 민원인의 접견 편의를 위해 '면회예약제'를 실시하고 있다. 이뿐만 아니라 전국 각 교정시설의 네트워크를 이용한 화상접견시스템을 설치하여 수용자가 원거리에 있는 가족과 접견케 하고 있다.

(4) 수용자 취업정보지원센터 운영

수용자의 취업을 촉진하기 위해 전국의 교정시설에서는 취업정보지원센터를 설치 · 운영하고 있다. 나아가 교정 당국은 인터넷을 이용하여 구직자와 구인자에게 취업정보를 제공하기 위해 교정본부 홈페이지에서 '수용자 취업정보실'을 운영하고 있다.

6) 외부 인력에 의한 프로그램

교도소 같은 교정시설에서 외부 인력에 의해 이루어지는 프로그램은 교정시설에 합당한 인력이 없기 때문이다. 이 프로그램을 지원하는 외부 인력은 자원봉사자로서 참여하는 것이고, 최근에는 교정시설이 외부 인력에게 실비를 지원하기도 한다. 다음 몇 가지 프로그램을 강조할 수 있는데, 이는 시기에 따라 흐름을 이루고 있다.

(1) 사회복지제도 소개

1990년대 중반부터 교도소에서 수용자에게 사회복지제도를 소개했는데, 특히 「생활보호법」을 알렸다. 이는 최옥채가 교정 당국에 건의한 것인데, 교정복지의 대상이 되는 수용자 대부분이 경제적으로 어렵다는 점에 착안한 것이다. 강의를 통해 수용자가 당시 「생활보호법」을 이해하는 것이 쉽지 않아 일단 출소하면 거주지의 주민센터에 근무하는 사회복지사와 면담하는 것을 강조하기도 했다.

(2) 개별 · 집단 상담

2000년대에 들어서면서 교도소의 수용자에게 이들의 가족 관련 프로그램이 제공되었다. 실제로 2003년 여주교도소에서 시작된 '교도소 아버지학교'는 수용자에게 깨어진 가정이 회복되는 기적을 체험하게 했고, 이 프로그램에 참여한 수용자의 성숙하고 변화된 모습은 새로운 교정프로그램의 대안으로 주목받았다(김요한, 2006). 이 프로그램은 여주교도소의 기독선교회가 중심이 되어 개최한 것인데, 이후 가족이 함께 참여하는 프로그램으로 발전해 전국 교도소에서 실시하는 계기를 마련했다.

(3) 인문학 강좌

2000년대 중반 이후에 교정 당국은 교도소에 인문학 강좌를 제공했다. 이 프로그램은 외부의 시민단체와 인문학자가 참여해 큰 성과를 거두었는데, 예컨대 2007년 인권실천 시민연대가 주선해 의정부교도소에서 전국 교도소로부터 선발된 수용자 40명을 대상으로 철학과 문학 중심으로 12주간 실시되었다(이명원, 2007). 이후 성공회대학교가 참여해 전국으로 확산되어 인기를 누렸다.

4. 민간기관의 프로그램

비행청소년이나 범죄인에게 프로그램을 제공하는 대표적인 민간기관으로 한국법무보호복지공단, 한국소년보호협회, 사회복지기관을 꼽을 수 있다. 이들 민간기관이 비행청소년과 범죄인에게 제공하는 프로그램을 살펴보자.

1) 한국법무보호복지공단 프로그램

법무보호복지공단이 실시하는 프로그램은 대체로 범죄인에 치중하고 있다. 이들 프로그램은 사회복지사가 개입한 계획된 프로그램과 달리 범죄인이 사회적응에 필요한 직접적인 지원이 주류를 이룬다. 이의 주요 프로그램은 다음처럼 심리상담과 취업지원으로 구별해볼 수 있다.

(1) 가족회복 프로그램

법무보호복지공단은 출소자의 취업과 창업은 물론 지역사회 적응을 위한 가족회복과 심리상담 프로그램도 실시하고 있다. 2012년부터 심리상담 전문직을 꾸준히 채용하고, 이들이 본부와 각 지부에서 배치되어 활동하고 있다. 특히 공단은 2013년에 가족희망센터를 건립해 출소자를 위한 가족회복사업을 시작하였다(황의수, 2015). 한편 이들 심리상담가는 상담 실시와 심리상담 외 업무 급증, 심리검사체계화와 제한적 위험군 관리, 내담자의 비자발적 참여, 직원의 상담에 대한 인식개선과 팀접근, 일상적 지지와 내담자 중심의 상담접근, 상담효과 평가의 어려움, 상담사의 정체성 혼란과 재규정, 지역사회자원 연계의 어려움 따위를 호소하는 것으로 나타났다(이경욱, 2021).

(2) 취업지원 프로그램

법무보호복지공단은 출소자를 위한 취업지원 프로그램을 활성화하고 있다. 교도소에서 출소한 사람을 면담하고, 이들의 취업연계를 위해 필요한 지원을 아끼지 않고 있다. 즉 출소자의 사회복귀 역량강화 프로그램을 통해 이들의 취업 성공에 기여하고 있다. 예컨대 출소자에게 취업을 알선하고, 이에 합당한 직업훈련을 실시하고, 필요하면 창업을 지원하고, 나아가 사후관리를 단계적으로 실시하고 있다(양혜경 · 윤금순, 2021).

2) 한국소년보호협회 프로그램

소년보호협회는 보호소년의 사회정착을 위한 지원사업을 펼치고 있는데, 그 영역은 주거지원, 취업지원, 창업지원, 장학지원, 원호지원으로 구분된다. 여기에서는 이승현 외(2022)의 연구를 바탕으로 주거지원, 취업지원, 원호지원을 소개한다.

(1) 주거지원

소년원에서 나온 청소년 중 생활태도가 모범적인 무의탁자, 자립생활관 퇴소생 중 주거가 불안하여 지원이 필요한 자를 선정하여 일정 기간 임대보증금과 월세를 지원하고 있다. 소년보호협회는 지역 교회와 네이버 해피빈 같은 조직에 의한 민간후원금을 활용하여 보호소년에 대한 월세지원금을 모금하고 있다. 2022년 현재 한국토지주택공사(LH)의 매입임대주택 5세대와 한국토지주택공사 쉐어하우스형 청년주택 8세대를 운영하고 있으며, 임대보증금과 월세 지원을 통한 전국 희망드림하우스를 23명(15가구)에게 제공하고 있다.

(2) 취업지원

청소년창업지원센터와 자립생활관 내에서 1대1 취업상담을 통해 개인별 맞춤형 취업정보를 제공하고, 전문적 기술교육과 현장 중심의 실무교육을 실시하고 있다. 특히 고용노동부의 취업성공패키지 위탁사업 운영기관으로서 '허그일자리지원 프로그램'을 운영하고 있다. 희망자에게 상담과 선정과정을 거쳐 취업 설계와 다양한 직업훈련과 창업교육을 함으로써 직업훈련을 통한 직업능력 개발을 돕고 있다.

(3) 원호지원

보호소년과 위기청소년을 대상으로 다양한 원호지원을 실시하고 있다. 소년보호협회는 긴급지원이 필요한 소년원 퇴원 청소년에게 생활비를 포함 생계비와 의료비 따위를 지원하고 있다. 2015년 11월부터 소년원 퇴원생 중 자녀를 낳아 키우는 미혼모 가정에 매월 분유와 기저귀를 비롯해 10만 원 상당의 지원을 1년간 실시하고 있다. 아울러 2016년부터 네이버 해피빈과 'KT&G 임직원 상상펀드 기부마켓'을 통해 매월 가정형편이 어려운 소년원 퇴원생에게 생활안정자금을 지원하고 있다.

3) 사회복지기관 프로그램

사회복지기관에서 실시하는 교정복지실천 프로그램은 예전에 비해 줄어드는 추세라고 하겠다. 이는 보호 · 교정시설의 환경 변화에 의한 것으로, 예컨대 이들 시설이 운영하는 센터가 대신하거나 사회복지기관과 함께 실시했던 연계 프로그램이 줄고 있기 때문이다. 사회복지기관 프로그램은 사회복지기관 독자적으로 실시하는 것이 아니고, 대부분 보호 · 교정시설과 연계하고 있는데, 다음 몇 가지를 들 수 있다.

(1) 외부 기관의 지원사업에 의한 프로그램

사회복지기관이 외부의 지원을 받아 비행청소년을 대상으로 실시하는 프로그램이 있는데, 비행청소년을 위해서는 대체로 사회복지관이 참여하고 있다. 예컨대 재단법인 바보의나눔의 공모배분사업에 사회복지관이 응모해 실시하는 보호관찰 대상 청소년 프로그램을 들 수 있다. 특히 바보의나눔재단은 단회성으로 그치지 않고, 다년간 지원함으로써 프로그램의 효과성을 높이고 있어 고무적이라고 하겠다.

(2) 수강명령 대행 프로그램

사회복지기관은 보호관찰소가 집행하는 수강명령에 협력기관으로 참여하고 있다. 여기에 가정폭력상담소, 성폭력상담소, 청소년상담복지센터, 정신건강센터 들이 협력해 성과를 내고 있다. 실제로 한 연구(강방글 외, 2023)에 의하면 이곳에서 수강명령을 받은 대상자 중에는 '소통과 공감을 통한 치유의 과정', '삶의 변화를 가져다준 시간' 따위를 경험한다고 했다.

한편 성희롱방지, 성매매예방, 성폭력예방, 가정폭력예방 같은 폭력예방교육을 위해 여성가족부(2023a)가 총괄하여 계획 · 운영 · 평가, 교육콘텐츠 제작, 강사 육성과 관리를 맡아 하고 있다.

(3) 사회봉사명령 대행 프로그램

보호관찰소가 집행하는 사회봉사명령을 위해 사회복지기관이 협력기관으로 참여하고 있다. 특히 보호관찰소에서 사회봉사명 집행 담당자들은 사회복지기관에서 집행의 성과는 사회복지기관이 아닌 다른 어떤 곳에서보다 더 높은 것으로 인정하고 있다. 이런 평가를 받는 이유는 사회복지기관이 어려운 처지에 있는 사람을 상대함으로써 이를 접한 사회봉사명령 대상자가 측은한 마음을 갖는 까닭일 터이다.

5. 시설 중심 프로그램에 대한 평가

비행청소년과 범죄인을 수용하고 있는 시설 내 프로그램을 교정기관, 보호기관, 민간기관으로 구분하여 살펴보았다. 이들 기관이 실시하고 있는 프로그램을 크게 다음처럼 프로그램 내외적 2가지 측면에서 평가할 수 있겠다.

1) 프로그램 내적 측면

시설 중심 프로그램의 내적 측면은 곧 시설 내 수용자를 위한 프로그램의 전문성에 중점을 두고 있다. 이 전문성은 한층 과학적인 지식과 기술을 바탕으로 계획되어야 함을 강조하는 것이다. 이와 관련하여 다음 몇 가지를 정리했다.

(1) 자체 상담 프로그램 강화

앞에 살펴본 시설 중심 프로그램 중 상담 프로그램은 공통적으로 대부분 시설 외부의 자원봉사자에 의해 운영되고 있다. 수용되어 있는 비행청소년이나 범죄인의 변화를 시설의 자체 직원이 주도하는 것과 외부의 자원봉사자가 이끌어 가는 것은 큰 차이가 있다. 시설의 직원이 이 같은 프로그램을 주도하면 실무자로서 자부심을 강화할 수 있고, 비행청소년이나 범죄인의 변화를 꾀하는 데 한층 효과적일 수 있다. 아울러 직원과 수용자가 약속한 일정 시간에 이루어져야 하고 아울러 지속적으로 상담을 실시해야 한다.

(2) 작업요법 프로그램 보강

비행청소년이나 범죄인을 장기수용하고 있는 모든 시설에서는 직업훈련 차원에서 여러 유형의 기술과 기능훈련을 실시하고 있다. 이들 프로그램은 각 시설의 주요 사업으로 꼽히고 있으며 재정적으로도 큰 비중을 차지하고 있다. 그러므로 이러한 프로그램을 당사자에게 더욱 효율적으로 적용할 수 있어야 한다. 그러나 직업훈련 프로그램은 대체로 수용자의 기능 습득에만 초점을 두고 있고, 더욱이 수용자나 원생의 가출소나 가퇴원을 위해 '악용'되기도 한다. 그러므로 자칫 직업훈련이 의도하는 본연의 목적이 퇴색할 가능성도 있다. 예컨대 조기 가출소와 가퇴원을 위해 본인에게 불필요한 기술을 습득한다면 개인은 물론 국가 차원에서 손실을 초래할 뿐이다. 한편 비행청소년이나 범죄인의 직업이나 기능을 위한 교육도 중요하나 작업을 통하여 이들의 마음을 변화시킬 수 있는 기회가 충분히 주어지는 것이 이들의 일상회복에 큰 도움이 될 것이다. 예컨대 비행청소년을 위해서는 지점토공예, 종이 접기, 동판공예, 스킬 자수 따위를 활용할 수 있을 것이며, 교도소에서는 직업훈련에 작업요법을 부가적으로 실시할 수 있다.

(3) 자체 자기탐구 프로그램 강화

비행청소년이나 범죄인의 일탈행위를 바로 잡는 것은 곧 이들 자신의 비뚤어진 마음을 돌리는 것이다. 이 마음을 돌리는 것은 자신을 이해하는 일, 즉 자기탐구에서 출발한다. 자신을 이해하기 위해서는 여러 가지

방안이 있겠으나 깊이 있는 사색을 통해 스스로의 존재를 알아보는 것도 중요한 방편이다. 이를 위한 구체적인 프로그램으로 자아정체감 훈련, 인간관계 훈련, 가치관 명료화 따위를 들 수 있다. 이들 프로그램은 외부 지원으로 실시되고 있는데 자체 운영의 횟수를 늘려야 한다.

(4) 가족참여 프로그램 강화

사회로부터 격리되어 수용시설에 있는 사람들에게는 우선 이들의 가족과 떨어져 있어야 하는 것이 큰 고통이다. 이 고통은 다시 이들에게 심리적인 불안을 조장하고, 나아가 시설의 생활에 적응하는 데 많은 어려움을 준다. 그러므로 이들의 안정된 수용생활을 위해 가족이 함께 할 수 있는 프로그램이 자유스럽게 운용되어야 한다. 교도소에서 실시하고 있는 합동접견과 부부만남의집은 유일하게 수용자 가족이 참여할 수 있어 우리나라 교정사업 역사의 획기적인 프로그램이라 할 수 있다. 이런 프로그램을 통해 대다수의 참여자가 일시에 일상적인 대화로 끝나는 것보다 실속 있는 프로그램이 되도록 보조 프로그램을 개발, 적용하는 것이 바람직하다.

2) 프로그램 외적 측면

프로그램 외적 측면은 프로그램을 위한 환경을 일컫는다. 가능하면 좋은 프로그램을 시설에서 운영하기 위해서는 이의 운영을 위한 준비가 제대로 되어 있어야 할 것이다. 그래서 그 좋은 프로그램의 효과를 충분히 이끌어낼 수 있어야 한다. 이와 관련해 다음 몇 가지를 강조했다.

(1) 자체 예산 확보

보호·교정시설이 프로그램을 위한 자체 예산을 충분히 확보해야 한다. 이는 시설이 수용자의 계호를 비롯한 기본적인 생활 안정에만 그칠 것이 아니라 수용자의 마음을 변화시키는 데까지 나아가야 온전한 보호 교정시설로 자리를 잡을 수 있는 까닭이다.

(2) 실무 전문가 확보

보호 · 교정시설이 수용자를 위해 전문성이 높은 프로그램을 운용하기 위해서는 이를 감당할 전문 인력을 충분히 확보해야 한다. 특히 이들 프로그램을 운용하는 데뿐만 아니라 시설 외부로부터 필요한 자원을 발굴 · 동원하는 데 뛰어난 능력을 갖춘 전문 인력이 절실한데, 여기에 사회복지사가 제격이라고 생각한다.

08 좀 더 살펴보기

인권과 교정복지

인권의 탄생은 그렇게 긴 역사를 거슬러 올라가지 않는다. 실제로 절대 왕권을 몰락시키고 시민계급을 등장케 한 프랑스 혁명이 일어난 1789년 인권선언이 발표되었고, 그 주요 내용이 모든 인간은 자유롭고 평등한 권리를 타고 났다는 것이었다(김동건, 2008). 이렇게 인권이 짧은 기간에 등장한 것을 생각하면 인권이 세상 구석구석에 파고들어가기까지 이 영역의 전문가뿐만 아니라 모든 국민이 많은 노력을 기울여야 할 것이다.

인권은 사람으로서 마땅히 누려야 할 기본 권리를 뜻한다. 그래서 모든 사람은 태어날 때부터 자유로우며 그 존엄과 권리가 같다고 「세계인권선언」이 밝히고 있다. 이뿐만 아니라 「대한민국헌법」도 모든 국민은 존엄과 가치를 가지며 행복을 추구할 권리를 갖고, 이를 국가는 보장할 의무를 진다고 했다. 천주교 사회교정사목위원회의 시축이었던 김수환 추기경도 국민소득이 아무리 높더라도 인권이 무시당하고 억압되고 유린되는 곳에서 국민은 행복할 수 없다고 했다(이충렬, 2016a). 사회복지학에서도 인권이 강조되고 있는데, 예컨대 기본 인권으로서 생명권, 자유권, 평등권, 사회권, 노동권이 거론되고(최옥채, 2024), 나아가 「사회복지사윤리강령」의 기반을 이룰 터이다.

이 같은 인권은 사람이 살아가는 모든 분야와 위치에서 분명히 보장되어야 한다. 가난한 피고인이 부유한 피고인보다 유죄 선고를 받을 확률이 더 높고, 정치적 · 시민적 인권과 경제적 · 사회적 인권은 순위로 나눌 수 없게 상호 연관되어 있다고 한 측면에서(박동천 옮김, 2013), 국가는 범죄인의 인권을 보장하기 위해 적극 나서야 하고, 특히 소년원이나 교도소 같은 폐쇄된 보호 · 교정시설에 주목해야 할 터이다.

범죄인의 인권이 교도소 같은 교정시설에서 본격적으로 드러난 것은 김대중 정부였고, 그 전에 수용자 인권의 기반을 다음 내용처럼 기독교 단체에서 만들었다.

> 1974년 4월 11일 한국기독교교회협의회는 각 교단, 학원, 노동, 언론, 범조, 여성 등 각계 인사들로 구성된 인권위원회를 창설했다. (…) 이 인권위원회는 앰네스티, 한국교회여성연합회, YWCA 등과 협력하면서 수감자들을 지원하고 구속자 가족들을 위로했다. (…) 이에 독일, 영국, 스웨덴, 네덜란드, 미국, 캐나다, 일본의 교회도 한국교회의 인권운동을 지원했다. (…) 미국과 캐나다에서는 '한국 인권을 위한 전국위원회(The National Coordinating Committee for Human Rights in the Republic of Korea)가 조직되었다. (…) 그런데 여기에 인권운동을 용공으로 몰아붙이는 세력이 등장했다. 이 용공론은 한국전쟁 시기에도 세계교회협의회(WCC)를 용공단체로 규정했는데, 이 용공논리는 1974년부터 1977년까지 민주화

운동의 주요 세력인 한국기독교교회협의회 인권위원회를 이념적으로 비난하는 용도로 활용되었다. (김홍수, 2017)

결국 교정시설의 수용자에게 주어진 인권이 보장되기까지는 여러 곡절을 거쳐 오늘에 이른 것이라고 하겠다. 특히 반공을 앞세운 수용자의 인권을 막는 세력이 기독교 내에서도 성행한 것은 기독교에서뿐만 아니라 우리 사회의 전반적인 구조적 문제라고 보아 마땅하다. 여기에서 우리가 기억할 것은 수용자의 인권을 확보하고, 이런 환경을 지속해야 하는 데 주목해야 한다는 사실이다. 이와 관련하여 다음 몇 가지를 정리하였다.

하나, 수용자는 인권을 온전히 보장받아 자존감을 지녀야 한다. 수용자가 인간적인 처우를 받아야 자신의 존귀함이 적용되어 자존감이 회복되거나 높아지고, 그래서 시설에서 생활은 물론 자신의 일상을 회복하는 길로 순탄하게 나아갈 것이다. 이를 위해 먼저 수용자가 인권에 관해 분명히 이해할 수 있어야 하고, 이를 사회복지사가 도울 수 있으면 다행이겠다.

둘, 수용자는 시설에 함께 수용되어 있는 동료 수용자의 인권을 보장하기 위해 노력해야 한다. 이는 내가 인권을 보장받는 것과 상대의 인권을 보장하는 것이 같은 이치라고 보기 때문이라고 생각해서인데, 마찰력이 발생하는 이치 같다고 하겠다. 내가 상대에게 인권을 보장하려고 할 때 그 행동의 힘이 역으로 일어나 상대도 내 인권을 위해 노력할 수 있는 힘을 얻어 행할 것이다.

셋, 시설 안팎에서 사회복지사는 비행청소년이나 범죄인의 인권을 옹호하는 데 적극 앞장서야 한다. 교정복지에 관여하는 사회복지사의 역할에서 가장 중요한 측면 중 하나는 범죄인의 권리를 옹호하는 것이다. 특히 이들이 거치는 기관으로부터 권리가 유지되도록 보장되어야 하는데, 경찰과 검찰과 법원을 거쳐 보호·교정시설까지 오는 과정에서 접하는 사정이 만만치 않다. 이들 기관은 빈번히 비행청소년이나 범죄인의 권리가 간과되는 장소로 일컬어지고 있다. 이런 점에서 사회복지사는 옹호자로서 비행청소년과 범죄인이 공정하고 정당한 처우를 받을 수 있게 실천해야 한다.

제9장

지역사회 중심 프로그램

지역사회의 안정은
프로그램에 참여하는 주민이 주도한다.

지역사회 중심 프로그램을 강조하는 것은 이미 1장에서 언급한 바처럼 비행청소년과 범죄인의 일상회복에서 지역사회 역할이 매우 중요하다는 맥락과 같이 한다. 이렇게 강조하는 것은 지역사회가 비행청소년과 범죄인의 일상 터전인 가운데 비행과 범죄가 일어나기 때문이다. 이뿐만 아니라 지역사회는 이들 비행청소년과 범죄인의 일상회복에 일정 부분 책임이 있고, 이때 중요한 자원이 되기도 한다. 요컨대 비행청소년과 범죄인의 일상회복을 위해 유용한 자원을 지니고 있는 지역사회가 적극적으로 참여해야 한다.

지역사회 중심 프로그램은 앞 장에서 살펴본 시설 중심 프로그램에 비해 한층 개방적인 환경에서 이루어지는 특성을 지닌다. 이 같은 개방적인 환경은 프로그램에 필요한 자원이 다양할 뿐만 아니라 자원의 동원이 시설에서보다 더 원활한 편이다. 게다가 지역사회 중심 프로그램에 참여하는 대상자가 시설의 수용자보다 자유롭게 생활함으로써 프로그램의 활력을 더해준다. 그렇다고 지역사회 중심 프로그램이 시설 중심 프로그램에 비해 우등하다는 것이 아니다. 이들 프로그램의 우열을 가릴 것이 아니라 각기 현장의 처지에 합당한 프로그램이어야 함이 강조되어야 한다.

이 장에서는 지역사회 중심 프로그램에 관한 이해, 주요 지역사회 중심 프로그램, 지역사회 중심 프로그램을 위한 주요 자원, 지역사회 중심 프로그램에 대한 평가를 정리하겠다. 나아가 좀 더 살펴보기에서 종교와 교정복지를 정리하였다.

1. 지역사회 중심 프로그램에 관한 이해

교정복지실천에서 지역사회 중심 프로그램은 비행청소년이나 범죄인에 대한 구금제도의 대안을 뒷받침하는 구체적인 방안이다. 이 프로그램의 의의라고도 할 수 있는 지역사회 중심 프로그램의 중요성을 미국의 한 문헌(Smykla, 1981)에서는 인간적 처우, 적절한 재활, 경제적인 운영이라고 하였다. 특별히 비행청소년과 범죄인의 일상회복을 위한 지역사회 중심 프로그램은 지역사회의 주요 자원을 적극적으로 활용하여 이루어지므로 여기에 지역사회가 함께함은 각별한 의미를 지닌다. 비행청소년과 범죄인의 일상회복에 관련하여 중요하게 대두되는 지역사회 중심 프로그램의 개념, 의의, 동향에 관하여 살펴보았다.

1) 개념

사회복지실천에서 지역사회 중심 프로그램은 지역사회의 자원을 적극 활용한다는 데 큰 의미를 두어 일찍이 장애인복지나 정신건강사회복지 영역에서 강조되었다. 교정복지에서도 이와 비슷한 처지에서 지역사회 중심 프로그램을 강조하는데, 다음 개념을 통해 색다른 점을 발견할 수 있다.

(1) 지역사회 기반 프로그램

교정복지에서 지역사회 기반 프로그램은 앞에 언급한 바처럼 지역사회 자원을 동원·활용하고, 나아가 비행과 범죄에 관한 주민의 이해를 꾀하는 데 중점을 둔다. 그런데 교정복지에서 주요 대상으로 삼는 비행청소년이나 범죄인에 대한 주민의 인식이 다른 사회복지 영역에서와는 유독 다르게 나타나고 있다. 바로 이런 점이 교정복지에서 강조하는 지역사회 기반 프로그램이 지니는 특이한 개념이라고 하겠다.

(2) 비 구금 프로그램

교정복지에서 지역사회 기반 프로그램은 무엇보다도 비 구금 프로그램을 의미함으로써 앞 장에서 다룬 시설 중심 프로그램과 크게 차별화된다. 뒤에 지역사회 중심 프로그램의 의의에서도 강조하듯, 비행청소년이나 범죄인이 구속받지 않고 자유롭게 생활하면서 참여케 하는 이 프로그램은 이들의 일상회복을 위한 강점이라고 하겠다. 실제로 비행청소년이나 범죄인이 보호·교정시설에 갇히지 않고 학교생활이나 직장생활 같은 사회생활을 영위하며 프로그램에 참여함으로써 얻는 유익은 한두 가지로 설명할 수 없을 정도로 많고, 결정적이라고 하겠다.

(3) 교정 당국을 위한 협력 프로그램

교정복지의 지역사회 중심 프로그램은 대체로 교정 당국에 협력하는 프로그램이다. 이는 프로그램의 대상자가 교정 당국에 밀접히 관련하고 있고, 교정 당국의 재가를 얻어 프로그램을 실시할 수 있기 때문이다. 예컨대 사회복지기관이 보호관찰 대상 청소년을 대상으로 실시하는 프로그램을 들 수 있고, 교정시설 수용자의 가족을 위한 사회복지기관의 프로그램을 꼽을 수 있다. 물론 비행이나 범죄의 예방을 위한 프로그램은 사회복지기관이 독자적으로 실시하기도 하지만, 이 역시 보호·교정시설을 비롯한 교정 당국의 관련 기관과 함께 하는 연계성이 강하다는 점에서 교정 당국을 위한 협력 프로그램으로 이해하는 것이 바람직하다고 생각한다.

2) 의의

교정복지의 지역사회 중심 프로그램이 품는 중요한 의미를 다음 몇 가지로 강조할 수 있다. 이런 지역사회 중심 프로그램의 의의를 통해 지역사회 주민은 물론 모든 국민에게 교정복지의 중요성이 한층 더 강조되어야 할 것이다.

(1) 범죄인 일상회복의 효율성

범죄인이나 비행청소년을 위한 지역사회 중심 프로그램은 이들을 시설에 가두지 않고 자신의 가정이나 중간시설에서 생활하게 하면서 재비행이나 재범을 막고 사회적 활동을 지속하게 하는 것이다. 이런 점에서 가출소, 가퇴원, 선도조건부기소유예, 보호관찰 따위는 지역사회 중심 프로그램의 기반이 되는 대표 제도라고 하겠다. 비행청소년이나 범죄인을 시설에 수용하는 것과 비교했을 때 지역사회 중심 프로그램의 효율성이 월등히 높다는 것은 이미 여러 연구에서 밝혀졌다. 이를 구체적으로 요약하면 다음 같다.

첫째, 비용의 효율성을 높일 수 있다. 비행청소년이나 범죄인의 일상회복을 지원하는 데 가장 축각을 세우는 것은 이들을 위하여 지출하는 비용이라고 할 수 있다. 범죄인을 위해 수용시설에서 지출하는 비용과 지역사회 중심 프로그램에서 쓰는 비용을 정확히 계산하여 비교한다는 것은 쉽지 않다. 그러나 이미 연구된 국내외 자료에 따르면 매우 큰 차이를 보이고 있다. 예컨대 호주에서는 범죄인 1인에게 드는 연간 비용이 교도소와 보호관찰소를 비교할 때 20대 1로 나타났다(Choi, 1991). 이처럼 비용의 차이를 고려할 때 가능하다면 비행청소년이나 범죄인을 시설에 수용하지 않고 지역사회 안에서 적당한 서비스를 받도록 하는 것이 바람직하다. 그렇다고 모든 비행청소년이나 범죄인이 시설에 수용되지 않고 지역사회로 나와야 한다는 것이 아니고, 반드시 합당한 자로 선정되는 것을 전제해야 한다.

둘째, 개인의 관계적 효과성을 최대화할 수 있다. 개인의 관계적 효과성은 범죄인이 시설에 수용되었을 때와 지역사회 안에 있을 때 이들이 주변인과 관계하면서 얻는 결과가 수용시설에서보다 지역사회에서 훨씬 생산적임을 일컫는다. 비행청소년이나 범죄인은 소년원이나 교도소 같은 시설에 있는 것보다 지역사회에 있는 것이 이들의 일상회복에 도움이 된다. 구체적인 예로 교도소를 '범죄 대학교'나 '범죄공장'이라고 부르는 것에서 알 수 있듯, '시설병'을 들 수 있다. 결국 일상회복을 위해 수용된 범죄인이 상황에 따라서는 새로운 범죄인으로 오염될 가능성이 높아 도움보다도 오히려 해로움을 줄 수 있다는 것이다. 이뿐만 아니라 범죄인은 자신이 시설에 수용되자마자 사회생활을 포기할 수밖에 없으므로 가족과 단절, 지역사회와 직장의 주변인으로부터 받는 부정적 인식은 이들의 앞날에 장애요인으로 남을 수밖에 없다. 특히 비행청소년의 경우 학업 중단은 이들의 생활에 치명적인 타격이라고 할 수 있다. 물론 모든 범죄인과 비행청소년이 지역사회 안에 있어야 한다는 것은 아니다. 그러나 가능하다면 이들이 지역사회 중심 프로그램에 참여할 수 있는 방안이 확대되어야 한다.

셋째, 다양한 자원의 활용이 한결 쉽다. 정치·사회적인 측면에서 비행청소년이나 범죄인의 일상회복은 갈수록 지역사회 자원의 효율적인 활용이 중요한 열쇠로 작용할 것이다. 이는 국가의 정치형태가 지방자치제를 강화함으로써 비용의 효율성을 강조하게 될 것이고, 나아가 지방의 특성을 바탕으로 지방별로 책임을 지게 될 것이기 때문이다. 그러므로 국가 제도로서 교정사업은 지역사회의 다양한 자원을 적극적으로

끌어들여야 한다. 더욱이 범죄인이 지역사회 안에 있는 것이 시설에 있는 것보다 이들의 일상회복을 위해 다양한 인적·물적 자원을 쉽게 동원할 수 있어 지역사회 중심 프로그램은 강조되어야 한다.

(2) 비행과 일상회복의 예방

지역사회 중심 프로그램의 의의로서 범죄인 일상회복의 효율성 못지않게 비행과 범죄의 예방을 들 수 있다. 잘 알고 있는 바처럼 비행청소년이나 범죄인의 일상회복을 지원하는 것보다 비행과 범죄를 예방하는 것이 국가적으로나 그 개인적으로 지극히 바람직한 일이다. 비행과 범죄 예방의 중요성을 루터(Martin Luther)가 강조한 다음 사례에서도 확인할 수 있겠다.

> 루터는 공적인 영역에서 통치자가 합리적이고 도시적인 사회복지법을 제정하여 가난 문제를 해결할 것을 강조했다. 그는 교정적 차원의 사회적 지원뿐 아니라 예방적 지원 제도를 발전시키는 일에도 깊은 관심을 가져 한 사람이 거지 신세로 전락하지 않도록 도와주는 것은 이미 거지가 된 사람을 도와주는 것만큼이나 선한 미덕이며 자선을 베푸는 것임을 역설했다.
>
> (장기영, 2019)

범죄인의 일상회복을 위한 지역사회 중심 프로그램은 이들의 일상회복에 그치지 않고 비행과 범죄의 예방에도 큰 관심을 갖고 접근하고 있다. 이러한 예방 프로그램은 수용시설에서 많은 제약을 받으므로 거의 불가능한 실정인데, 지역사회에서는 쉽게 접근할 수 있는 특성을 갖고 있다. 실례로 '시민자율방범대', '범죄없는마을운동', '청소년유해지역정화캠페인', '청소년지킴이활동', '자녀안심하고학교보내기운동' 따위를 들 수 있다. 이러한 프로그램은 비록 활발히 운영되고 있지는 않으나 시민의 적극적이고 자율적인 참여가 뒤따른다면 매우 유익한 것이다.

(3) 시민의 참여의식 강화

시민의 절대적인 참여를 무시하고 지역사회 중심 프로그램을 실시하는 것은 '모래 위에 집짓기'에 불과하다. 비록 정부가 앞장서서 실시하는 프로그램이라 할지라도 지역사회 주민이 방관자로서 이 분야에 관심을 쏟지 않거나 함께 하지 않는다면, 이 프로그램의 성과는 형식이나 관행으로 그칠 수밖에 없다. 이는 지역사회에 있는 범죄인이나 비행청소년과 가장 가깝게 관계하고 있는 시민이 이들에게 가장 크게 영향을 미치기 때문이다. 예컨대 '교정정책에 대한 공청회'나 '수용자가족지지모임' 같은 활동이 가능하며, 현재 활동 중인 '사형폐지운동협의회'사업은 교정사업에서 시민운동의 본보기라고 하겠다. 따라서 지역사회 중심 프로그램에 시민이 참여한다는 것은 비행청소년과 범죄인의 일상회복을 위한 시민운동 차원에서 매우 중요한 의의를 갖는다. 이러한 시민운동은 교정사업에 시민참여를 유도하고 범죄인의 일상회복에 필요한 지역사회 자원을 동원하는 데 촉매 역할을 하게 된다.

3) 동향

교정복지의 지역사회 중심 프로그램은 성행하는가 하면 침체된 분위기를 보이기도 한다. 이 같은 실상은 제도와 사회복지기관의 환경에 의한 것이라고 할 수 있는데, 다음 몇 가지를 강조했다.

(1) 제도에 의한 강화

비행청소년이나 범죄인의 일상회복을 위한 지역사회 중심 프로그램이 활성화하고 있는 데는 제도의 영향이라고 할 수 있다. 예컨대 가정폭력이나 성폭력의 가해자에게 법원이 상담센터 같은 전문 기관에 치료를 받게 처분함으로써 이들 센터가 전문성이 높은 프로그램을 운영하고 있다. 실제로 1997년 「가정폭력방지 및 피해자보호 등에 관한 법률」이 제정되면서 가정폭력 사건에 국가가 개입함으로써 상담 서비스 같은 다양한 개입이 이루어지는 가운데, 2000년에 120개소였던 가정폭력상담소가 2006년에 360개소로 급증하였다(김정숙, 2007).

(2) 보호 · 교정 당국의 낮아진 관심

보호 · 교정시설에 사회복지사가 간헐적으로 채용되면서 시설 내 프로그램은 활성화되고 있으나 보호 · 교정 당국의 관심이 낮아져 지역사회 중심 프로그램이 침체하는 분위기이다. 특히 보호관찰 대상자의 수가 청소년보다 성인이 월등히 많아지면서 비행청소년을 위한 지역사회 프로그램이 눈에 띄게 줄었다. 그만큼 보호관찰 당국이 보호관찰 대상자의 일상회복보다는 형벌을 집행하는 데 더 중점을 두고 있어서이다.

(3) 사회복지기관의 자구 노력

지역사회 중심 프로그램이 끊기지 않고 명맥을 유지하고 있는 것은 사회복지기관의 자구 노력으로 가능했다고 보아 마땅하다. 앞에 언급한 바처럼 사회복지기관이 외부에 사업제안을 해서 보호 · 교정 당국의 협력으로 근근이 이어지고 있다. 결국 교정복지의 지역사회 중심 프로그램은 보호관찰 당국의 영향을 크게 받아온 것인데, 지금은 그 환경이 바뀐 것이다.

2. 주요 지역사회 중심 프로그램

교정복지의 정의와 지역사회 중심 프로그램의 의의를 고려하여 지역사회 중심 교정 프로그램으로 예방 프로그램, 일상회복 프로그램, 교정복지운동 프로그램으로 나누어 살펴볼 수 있다. 특별히 범죄형태가 인간의 상상을 초월하고, 범죄 건수가 늘어나고 있는 점을 감안할 때 교정사업의 확대와 교정시설의 개방은 피할 수 없는 과제가 되었다. 이런 시점에서 교정사업에 시민의 관심과 참여가 높아져야 할 것이므로 교정복지운동 프로그램은 비행청소년과 범죄인의 일상회복은 물론 비행과 범죄에 대한 시민의 부정적인 생각을 바꾸기 위해 강조되어야 한다. 이 3가지 프로그램에 관한 체계적인 이해를 돕기 위해 각 프로그램의 정의, 대상자, 주요 활동가와 그의 역할, 실례를 소개하겠다.

1) 예방 프로그램

비행과 범죄를 예방하는 프로그램의 중요성은 아무리 강조해도 지나치지 않다. 그만큼 예방이 '사후약방문'식으로 대처하는 것보다 모든 면에서 유익하기 때문이다. 그럼에도 예방을 위한 프로그램이 활성화되지 않아 안타까울 뿐이다. 다음 내용을 통해 예방 프로그램이 활성화되지 않은 것은 이 프로그램이 어려워서가 아니라 우리가 관심을 두지 않기 때문이라는 것을 알 수 있을 것이다.

(1) 정의

지역사회 중심 예방 프로그램은 범죄나 비행이 예견되는 자를 직접 지도하거나, 비행이나 범죄가 이루어질 가능성이 높은 지역사회의 환경을 개선하는 것이다. 이는 사회복지사의 주요 업무이며, 이 업무를 이행하는 데 사회복지사는 자신뿐만 아니라 주변의 인적 · 물적 자원을 다양하게 활용할 수 있다. 특히 비행이나 범죄에 사후 대응하는 것보다 이를 예방하는 것이 국가나 그 개인에게 크게 득이 된다.

(2) 대상자

비행이나 범죄에 빠진 자를 교정하는 것보다는 비행과 범죄를 예방하는 데 치중해야 한다고 할 때, 예방 프로그램의 주요 대상자로서 먼저 청소년에게 초점을 맞추는 것이 바람직하다. 이 대상자는 비행의 가능성이 높은 환경 속에 있는 청소년이라고 할 수 있는데, 이들의 환경은 일차적으로 빈곤 지역사회와 빈곤 가정으로 집약할 수 있다. 나아가 중·고등학교에서 '사회봉사처분'을 받은 학생을 포함하여 학교나 지역사회에 적응하지 못하고 학교, 지역사회, 경찰서 들로부터 '문제아'로 떠오르는 청소년이 예방 프로그램의 주요 클라이언트라고 하겠다. 특히 청소년의 비행을 조기에 발견하여 예방하기 위해 초등학교의 저학년 중 부적응 아동을 예방 프로그램에 참여하게 하는 것이 바람직하다.

(3) 주요 활동가와 그의 역할

초·중·고등학교에서 비행이 엿보이는 아동·청소년을 선별하여 프로그램에 참여하게 하는 일은 현재 중·고등학교의 '상담·진학지도 교사'나 '학교사회복지사'가 담임교사와 서로 협력하면서 담당할 수 있다. 그러나 이들 교사의 전문적인 능력과 이들이 학교에서 맡고 있는 과중한 업무와 자율적인 의욕 따위를 고려하여 이들의 업무를 대대적으로 조정해 주어야 한다. 한편 모든 초등학교에 외국의 사례에서 보듯, 학교사회복지사 같은 전문 인력을 배치하여 지역사회 중심 프로그램에 참여할 수 있게 해야 한다. 아울러 예방 프로그램은 무엇보다도 경찰의 도움을 받아 이루어질 수 있도록 계획하는 것이 바람직하다.

활동가로서 각급 학교의 교사는 먼저 동료 교사나 학부모로부터 자세하고 정확한 정보를 얻어, 비행이 예상되는 학생에게 개별이나 집단으로 정기적인 프로그램을 제공해야 한다. 구체적으로 활동교사는 비행이 가능한 학생 선정, 합당한 프로그램 개발, 프로그램에 투입할 인적 자원 개발 따위 같은 업무를 수행해야 한다. 그러므로 활동교사는 평소 동료 교사와 학부모와 긴밀한 관계를 형성하여 정보교환은 물론 필요한 지역사회 자원을 동원할 수 있도록 기반을 다져야 한다. 아울러 학교 주변 자원을 확보하고, 청소년에게 해로운 지역사회를 방문하여 청소년의 비행을 예방하며, 이러한 환경을 개선하는 데 전력해야 한다. 이때 교사는 지역사회의 사회복지사와 함께 활동할 수 있다.

(4) 실례

각급 학교에서 비행이 예견되는 학생을 대상으로 한 예방 프로그램의 대표적인 사례로, 청소년폭력예방재단이 실시했던 청소년지킴이 활동을 들 수 있다. 이외에도 사회복지사가 직접 개입하는 예방 프로그램으로 사회복지관의 아동과 청소년 프로그램을 들 수 있다. 이들 프로그램은 지역사회의 사회복지관이 학교의 협력을 받아 실시하고, 재정은 외부로부터 지원을 받거나 자체적으로 실시하고 있다. 이러한 프로그램은 학교가 앞장서 실시해야 하나 그렇지 못한 것은 일부 학교를 제외하고는 이를 담당할 학교사회복지사 같은 전문 인력이 충분하지 않기 때문이다. 한편 사회복지사의 개입은 활발하게 이루어지고 있지 않으나 현재 비행과 범죄 예방을 위해 경찰, 검찰, 지역사회 주민 들이 참여하여 실시하는 프로그램은 다음 같다.

첫째, 경찰의 순찰활동, 지하철 경찰방범수사대의 활동, 마음 놓고 학교가기 따위가 있다.

둘째, 검찰과 지역사회 주민이 실시하는 범죄 없는 마을 운동, 재범방지활동, 자녀 안심하고 학교 보내기 운동 따위가 있다.

셋째, 지역사회 주민이 실시하는 주민자율방범활동, 시민단체에 의한 방범활동, 시민순찰활동 따위가 있다.

2) 일상회복 프로그램

비행청소년이나 범죄인의 일상회복을 위한 지역사회 중심 프로그램은 기본적으로 사회복지사가 이들 대상자를 직접 접할 수 있어야 한다. 그렇지 못한 상황이라 보호·교정 당국이 협력하거나 이 당국과 연계한 프로그램이 성행할 수밖에 없다. 다음 내용을 통해 이런 사정을 해결할 수 있는 방안을 모색할 수 있을 것으로 본다.

(1) 정의

일상회복 프로그램은 이미 범죄나 비행에 가담하여 법원, 검찰, 경찰, 학교 들로부터 처벌받은 자를 회복시키는 교정복지실천의 한 수단이다. 따라서 이 수단이 다양해야 각양각색의 대상자를 대응할 수 있다는 점에서 이 프로그램의 전문성 역시 확보되어야 한다. 이들 대상자의 환경은 예방 프로그램의 대상자와 비슷하다고 할 수 있으나 무엇보다도 직장이나 학교로부터 벗어난 점이 크게 다르다고 하겠다.

(2) 대상자

일상회복을 위한 지역사회 중심 프로그램의 대상자는 비행이나 범죄가 심화한 경우와 시초인 경우로 구분할 수 있다. 심화한 경우는 주로 교정시설이나 보호시설로부터 가출소나 가퇴원한 보호관찰 대상자로 성인이며, 시초인 경우는 당국으로부터 보호관찰이나 선도조건부기소유예 처분을 받은 자가 주류를 이루고, 여기에 교정그룹홈을 비롯한 위탁시설 수용자를 포함한다. 어쨌든 이들 모두는 자신의 가정에 지내면서 규정에 따라 지도받고 있다. 한편 학교의 처벌에 따라 학업을 중단한 청소년도 주요 대상자라고 할 수 있는데, 사회복지사가 이들을 찾아 프로그램에 참여시킨다는 것은 쉬운 일이 아니다.

(3) 주요 활동가와 그의 역할

일상회복 프로그램에 개입해야 할 주요 활동가는 비행청소년이나 범죄인의 일상을 회복시키는 전문가다. 이 분야의 전문 인력은 범죄나 비행의 정도와 유형에 따라 달라질 수 있으나 포괄적으로 정신과의사, 임상심리사, 사회복지사 들이다. 때에 따라서는 팀접근이 필요한데, 이때 사회복지사는 중심적 역할을 해야 한다. 최근에는 훈련된 대학생이 보호관찰 대상 청소년을 위해 멘토링 프로그램(Mentoring Program)에 참여하고 있다. 활동가의 주요 역할은 비행청소년과 범죄인의 일상회복인데, 이 업무는 이들 개인에 한정하여 접근하는 것보다 주변인과 주변 환경을 변화시키는 일을 동시에 하는 것이 바람직하다. 이런 맥락에서 팀접근 때 다른 어떤 분야의 전문가보다 사회복지사의 역할이 핵심적이라고 할 수 있다. 여기에서도 활동가는 지역사회 내의 필요한 자원을 활용하는 것이 중요한 역할임을 명심해야 한다.

(4) 실례

우리나라나 외국에서 대표적으로 실시하고 있는 지역사회 중심 일상회복 프로그램은 보호관찰 관련 프로그램이라고 할 수 있다. 보호관찰제도 본연의 목적을 성취하고자 우리나라의 보호관찰 당국에서는 지역사회 안에 있는 대상자의 비행이나 범죄 방지는 물론 사회적응을 위한 교육 프로그램을 부분적으로 운용하거나 개발하고 있다. 이들 프로그램은 지역사회의 사회복지관이나 여타 협력기관과 합동으로 이루어지고 있다. 예컨대 사회복지관이 연계망을 구축하여 특정 유형의 비행청소년을 대상으로 프로그램을 실시하기도 하고, 소년원이나 보호관찰소 같은 공공기관 중심으로 지역사회의 사회복지기관과 교수회 모임이나 대학의 학생회가 함께 협력하여 프로그램을 진행하기도 한다. 한편 전문 상담기관으로는 한국청소년상담복지개발원 산하 센터에서 실시하고 있는 여러 유형의 상담 프로그램이 있다.

이외에도 지역사회 안에서 이루어지는 주요 프로그램으로는 외국에서 실시하고 있는 중간처우시설 프로그램을 들 수 있다. 중간처우시설은 수용시설보다 자유로워 사회생활이 보장되는 환경을 갖추고 있다. 이곳의 클라이언트는 수용시설에서 미리 나오거나 처음부터 수용시설을 대신하여 들어온 자들로 비교적 범죄가 가벼워 일상회복이 쉽다. 우리나라의 대표적인 중간처우시설로는 법무보호복지공단의 생활관과 청소년쉼터를 들 수 있다. 생활관에서는 가출소자와 가퇴원자의 직업활동이나 학업을 위해 의식주를 비롯한 경제적 · 심리적 서비스 관련 프로그램을 제공하고, 쉼터에서는 생활보호와 여러 정서적 서비스를 제공한다.

한편 1998년에 대학교와 검찰이 공동으로 대학생을 참여시켜 보호관찰 대상 청소년을 위한 멘토링 프로그램을 운영하였다(류호평 외, 1999). 보호관찰 대상자를 위한 멘토링 프로그램은 정기적으로 실시되면서 대학생뿐만 아니라 교수도 참여하는 수준으로 발전을 거듭하였다(전주보호관찰소 해든누리상담실, 2002). 아울러 보호관찰소와 사회복지관이 연계하여 보호관찰 대상 청소년의 일상회복을 위해 이들의 가족 중심으로 부모교육 프로그램을 실시하였다(전주보호관찰소 해든누리상담실, 2003). 이 같은 프로그램은 청소년의 비행 원인이 청소년 본인뿐 아니라 그의 부모 관계나 가족체계와도 밀접히 관련하고 있다는 데 중점을 두어 강조할 수 있는데, 앞에 언급한 바처럼 이런 프로그램이 지금은 거의 이루어지지 않고 있는 실정이다.

3) 교정복지운동 프로그램

교정복지운동 프로그램은 사회운동 차원에서 이해할 수 있다. 즉 모든 국민이 비행과 범죄에 관해 올바르게 이해하는 데 주요 목적을 둔다. 여기에서는 교정복지운동에 관해 간략히 정리하고, 11장의 좀 더 살펴보기에서 자세히 소개하겠다.

(1) 정의

교정복지 실제에서 교정복지운동 프로그램은 시민운동 차원에서 시민에게 교정복지를 한층 정확히 이해시키고, 나아가 교정사업에 참여시키는 전문 활동을 의미한다. 시민운동은 어마어마한 것이 아니다. 범죄예방과 범죄인의 일상회복 활동을 지역사회 주민에게 알리고, 이 활동에 참여시키자는 것이다. 지역사회 중심 프로그램의 의의에서 언급한 것처럼 비행청소년과 범죄인의 일상회복이나 범죄의 예방사업이 정상적으로 이루어지기 위해서는 이 분야에 관한 시민의 이해와 참여가 우선해야 한다. 그러므로 비행이나 범죄가 일어나는 지역사회의 주민, 범죄인, 비행청소년이 교정사업에 함께 할 수 있는 다양한 프로그램을 지속적으로 실행해야 한다.

(2) 대상자

교정복지운동 프로그램에 모든 지역사회 주민을 포함할 수도 있지만, 주요 대상자로는 먼저 비행청소년과 범죄인의 가족과 교정사업에 참여하고 있는 자원봉사자를 들 수 있다. 나아가 지역사회 안에서 교정사업의 클라이언트와 밀접한 관계를 형성하고 있는 통장, 반장, 사회복지전담공무원 같은 공공업무 관련인을 비롯하여 상업인을 주요 대상자로 삼을 수 있다. 이밖에도 여러 공적 · 사적 기관이 실시하는 행사에 참여하고 있는 지역사회 주민도 대상자에 포함시킬 수 있다.

(3) 주요 활동가와 그의 역할

이 프로그램을 이끌어 갈 주요 활동가로는 교정사업에 관련하고 있는 시설의 실무자, 교정사업을 연구하거나 강의하는 연구원, 대학 교수를 꼽을 수 있다. 이뿐만 아니라 범죄로 인하여 수용시설의 경험이 있는 자나 이들의 가족도 시민에게 교도소 같은 교정 현장을 이해시키는 데 중요한 임무를 수행할 수 있다.

이들의 역할은 교정사업에 필요한 지역사회 자원을 확보하는 것부터 지역사회 주민에게 지역사회, 범죄, 범죄인, 범죄인의 일상회복 업무를 이해시키고, 나아가 이들이 참여할 수 있도록 유도하는 일이다. 이러한 일은 작게는 지역사회 중심으로, 크게는 국가적으로, 나아가 세계적인 규모의 연계망을 형성해 이루어질 수 있다.

(4) 실례

지역사회 기반으로 하는 교정복지운동 프로그램이라고 단정할 수는 없으나 비슷한 성격을 띤 것으로 교도소 중심으로 교정사업에 참여했던 종교단체의 활동을 들 수 있다. 이 단체 활동은 수용자나 이들의 가족에게 시민의 대표로서 지지를 아끼지 않았을 뿐만 아니라 일반 시민에게도 모범이 되어 이 분야에 관심을 끌 수 있는 중간매체 역할을 했다.

우리나라의 대표 사례로 '사형폐지운동협의회'의 활동을 비롯하여 마약중독자의 일상회복과 마약 사용의 예방에 중점을 두고 있는 '한국마약퇴치운동본부'의 사업을 들 수 있다. 나아가 아직 활발하게 진행되고 있지는 않지만 지역사회 내 사회복지관이나 각 기관에서 실시하고 있는 주부대학, 노인대학, 대학에서 할 수 있는 소단위 프로그램을 들 수 있다. 예컨대 주부대학이나 청소년 교실과 대학의 교양강좌에서 '범죄와 지역사회', '교정 현장의 이해' 같은 주제로 실시하는 특강은 참여자에게 큰 호응을 얻고 있다. 한편 종교기관의 민영 교도소 설립을 위한 활동은 그 당시 교정사업에 민간조직이 적극 참여함을 표명함으로써 교정복지운동의 성격을 강하게 띠었다고 할 수 있다.

한편 비행청소년이나 범죄인의 일상회복을 위한 프로그램을 실시하면서 전략적으로 교정복지운동을 동시에 펼칠 수 있다. 예컨대 보호관찰 대상 청소년을 위한 멘토링 프로그램에서 단순히 비행청소년과 멘토로 참여하는 대학생에게 좋은 경험을 하도록 유도하는 것뿐만 아니라 대학의 교수모임을 조직하여 체계적으로 참여시킴으로써 청소년 비행에 관한 지역사회의 관심을 불러일으킬 수 있다(전주보호관찰소 해든누리상담실, 2003). 이 같은 전략은 지역사회의 주요 구성원이 직접 참여하여 비행청소년의 변화가 원활하게 이루어질 수 있다는 데 중점을 두고 있다.

3. 지역사회 중심 프로그램을 위한 주요 자원

교정사업에서 지역사회 중심 프로그램을 주도하는 자는 사회복지사다. 그러므로 사회복지사가 지역사회 중심 프로그램을 계획하고 실천하기 위해 지역사회에 산재해 있는 자원개발에 힘써야 한다. 지역사회 중심 프로그램에서 활용할 수 있는 자원은 크게 개인, 기관, 단체를 들 수 있는데, 특별히 이들 기관과 단체와 개인의 관행적이고 전시적인 개입은 지양되어야 한다. 이를 다음 내용에서 구체적으로 살펴보자.

1) 개인

개인은 뒤에 보는 기관이나 단체를 구성하는 낱낱의 사람일 것인데, 여기에서는 기관이나 단체에 속하지 않은 사람을 일컫는다. 그래서 이들 개인은 조직적인 큰 힘은 없으나 흩어져 사회에 영향을 미칠 수 있어 이들의 활동을 중히 여겨야 한다. 자원으로서 주요 개인, 주요 과업, 주요 과제를 살펴보았다.

(1) 주요 개인

지역사회 중심 프로그램을 위해 자원으로서 활용 가능한 개인은 뒤에 언급한 기관이나 단체에 속해 있는 사람일 수 있으나 여기에서는 개별적인 존재에 중점을 둔다. 주요 개인 자원으로는 사회복지사, 통장, 반장, 중소기업인, 상인, 성직자, 대학생 들이 있다. 여기에 교정사업의 전문 연구자를 필히 포함해야 한다.

(2) 주요 과업

개인은 지역사회 주민이나 자원봉사자 자격으로 프로그램에 참여할 수 있다. 이들이 자원으로 가지고 있는 능력은 범죄인과 비행청소년을 위한 상담기술이라고 할 수 있으며, 무엇보다도 이들이 범죄를 이해하고 범죄인과 함께 할 수 있는 시간 역시 중요한 자원의 요소다. 덧붙여 중소기업을 운영하고 있는 사업가는 이들의 취업을 도와줄 수 있다.

(3) 주요 과제

교정복지의 지역사회 중심 프로그램이 한층 더 활성화되기 위해 자원으로서 개인 자원에서 해결해야 할 과제로 다음 몇 가지를 강조할 수 있다.

하나, 비행과 범죄에 관하여 분명히 이해하고, 그러기 위해서는 꾸준히 활동하며 그 기간을 쌓아가야 한다. 그래서 경륜이 있는 자원으로 성장해서 지역사회 중심 프로그램의 좋은 자원이 되어야 한다.

둘, 개인은 자원으로 참여함으로써 협력자가 되어야 할 뿐만 아니라 감시자의 역할도 함께 해야 한다. 그래서 프로그램의 성과를 엄격하게 평가하는 일원으로 나서야 한다.

셋, 자신의 참여만으로 만족하지 않고, 주변에 '입소문'을 내서 함께 할 수 있는 사람을 더욱 확보하는 것이 바람직하다. 그래야 비행과 범죄를 예방하고, 비행청소년과 범죄인의 일상회복에 사회가 앞장서야 함을 한결 공고히 할 수 있을 터이다.

2) 기관

기관은 사람과 시설을 갖추어 일정한 사업을 수행하는 조직체를 일컫는다. 특히 여기에서는 공공기관과 민간기관으로 구분해 볼 수 있다. 지역사회 중심 프로그램을 위한 주요 기관, 주요 과업, 주요 과제를 살펴보았다.

(1) 주요 기관

먼저 기관의 성격에 따라 그 특성이 달라지고, 이에 따라 사회복지사가 기관을 자원으로 활용할 수 있는 방법이 다를 수 있으므로 구분하여 접근해야 한다. 우리나라의 실상과 경험을 비추어 볼 때 기관의 성격에 따른 구분은 공공기관과 민간기관으로 하는 것이 적합하다.

공공기관으로 보호관찰소, 소년분류심사원, 검찰청, 경찰서, 법원, 교정시설, 보호시설, 각급 학교, 병원, 주민자치센터를 들 수 있다.

한편 민간기관으로 한국법무보호복지공단, 위탁시설, 사회복지관, 청소년상담복지센터, 청소년수련시설, 교회, 사찰, 사립학교, 육아원, 기업체의 복지재단 따위를 들 수 있다. 이들 기관에서는 공공기관 같은 자원도 가능하나, 특별히 범죄와 비행의 예방 프로그램을 위하여 현금, 물품, 인력 같은 주요 자원을 구할 수 있다. 나아가 공공기관과 비교하여 더욱 수월하게 이용할 수 있는 장점이 있다. 예컨대 지역사회의 사회복지관이나 교회는 평소 범죄인과 비행청소년이 지역사회 주민과 밀접히 접촉할 수 있으므로 중요한 자원으로 활용할 수 있다.

(2) 주요 과업

교정복지의 지역사회 중심 프로그램에 자원으로 참여하는 기관의 주요 과업은 기관이 가지고 있는 시설 이용이라고 생각한다. 특히 공공기관은 프로그램 운영을 지지하는 명목으로 협력할 수 있다. 예컨대 사회복지관이 보호관찰 대상 청소년을 위한 프로그램에 보호관찰소가 이 청소년이 프로그램에 충실히 참여하는 것을 촉진할 수 있고, 주민자치센터가 비행청소년을 위한 사회복지기관의 프로그램을 홍보할 수 있다.

(3) 주요 과제

자원으로서 기관의 참여를 더욱 활성화하기 위해 기관 차원에서 수행해야 과업으로 다음 몇 가지를 강조할 수 있겠다.

하나, 기관들 간 연계망을 구축해 활용하는 것이 필요하다. 이들 기관은 전국에 퍼져 있기 때문에 각 지역 중심으로 직접적인 지원을 받을 수 있을 뿐만 아니라 연계망을 통한 간접적인 협력도 가능하기 때문이다.

둘, 사회복지사의 적극적인 활동이 필요하다. 예컨대 공공기관에서 끌어들일 수 있는 구체적인 자원은 기관과 사회복지사 간 협력관계, 정보, 활동장소, 일상회복 서비스 따위를 들 수 있다. 이러한 자원활용의 정도와 여부는 눈에 보이지 않는 관계의 질에 따라 달라질 수 있기 때문에 사회복지사의 인간관계 능력에 따라 좌우된다. 특히 공공기관의 관료적 특성을 고려할 때 사회복지사 자신이 근무하고 있는 기관이라면 자원의 활용이 쉽게 이루어질 수 있다.

3) 단체

사전에서 단체는 같은 목적을 위해 모인 무리라고 하는데, 여기에서 단체는 여러 사람으로 만들어진 모임 정도로 이해하면 되겠다. 지역사회 중심 프로그램을 위해 사회복지사는 교정사업에 관심을 가지고 있거나 교정사업에 실제로 참여하고 있는 단체를 활용할 수 있다. 여기에 중요한 단체, 이들 단체의 과업과 과제를 정리했다.

(1) 주요 단체

교정사업을 위한 단체로 교정위원협의회, 범죄예방자원봉사위원협의회, 소년자원보호자협의회, 종교단체, 후원회 따위를 들 수 있다.

(2) 주요 과업

이들 단체는 범죄인과 비행청소년의 심리사회적인 변화를 꾀하기 위해 상담 서비스나 재정적인 도움과 취업 따위를 위한 주요 자원으로 활용되고 있다. 그러나 각 단체에 소속하고 있는 개인별 활동에 따라 큰 차이를 보일 수 있다.

(3) 주요 과제

앞으로 단체의 활용을 활성화하기 위해 교정복지운동 프로그램에서 단체의 참여에 중점을 두는 것도 좋은 전략이라고 하겠다. 한편 교정복지의 거시 차원에서 활용할 수 있는 단체로는 사형폐지운동협의회, 서울지방변호사회, 국제사면위원회, 민주사회를 위한 변호사 모임 따위를 들 수 있는데, 이들 단체는 범죄인 개인의 인권 향상을 위해서도 중요하나 교정제도의 변화를 위해 널리 활용되어야 한다.

4. 지역사회 중심 프로그램에 대한 평가

지역사회 중심 프로그램을 정리하는 과정에서 사회복지사는 다양한 프로그램을 개발하고 이를 실천하기 위해 적합한 원칙을 지켜야 함을 강조하였다. 이를 염두에 두어 앞에 살펴본 지역사회 중심 프로그램에 대한 평가를 다음 몇 가지로 정리하였다.

1) 보호 · 교정 당국 측면에서

교정복지의 지역사회 중심 프로그램은 무엇보다도 보호 · 교정 당국의 협력이 있어야 가능하다는 점은 앞에서 언급했다. 비행청소년과 범죄인의 일상회복을 위한 지역사회 중심 프로그램이 더욱 활성화되기 위해서는 보호 · 교정 당국의 다음 같은 노력을 강조했다.

(1) 지역사회를 정확히 이해해야 함

보호 · 교정 당국은 비행과 범죄 관련해 지역사회를 정확히 이해해야 한다. 먼저 지역사회가 비행과 범죄를 예방하고, 나아가 비행청소년과 범죄인의 일상회복에 중요한 현장임을 알아야 한다. 이와 관련해 지역사회가 수많은 자원을 지니고 있는 가운데, 여기에 불량한 자원이 섞여 있음을 파악해야 한다.

(2) 지역사회에 더욱 개방적이어야 함

소년원이나 교도소 같은 보호·교정시설이 앞장서 지역사회에 손을 내밀지 않으면 좋은 지역사회 중심 프로그램은 기대할 수 없다. 물론 여기에 지역사회가 적극적으로 응답해야 할 터이다. 보호·교정시설이 한층 더 개방적이어야 지역사회의 주민은 물론 여러 기관과 단체가 쉽게 다가올 것이다. 예컨대 소년원을 외부에 '학교'로 표시하는 것은 그만큼 지역사회에 친화적이겠다는 의도일 것이라면 실상에서도 이런 태도를 보여야 할 것이다.

(3) 지역사회와 연결고리를 갖추어야 함

보호·교정시설은 앞에 언급한 내용을 달성하기 위해 지역사회와 연결할 수 있는 고리를 가져야 한다. 이는 실천에 필요한 접점을 일컫는 것인데, 특히 교도소 같은 폐쇄성이 강한 곳일수록 내부와 외부가 맞닿는 공동 창구를 만들어야 하고, 이 작업은 외부에서 할 수 없으므로 보호·교정시설이 앞장서 해결해야 한다. 그래서 지역사회의 좋은 자원을 발굴·활용할 수 있어야 한다. 이런 고리 역할을 사회복지사가 톡톡히 해낼 것으로 확신한다.

2) 사회복지기관 측면에서

교정복지의 지역사회 중심 프로그램은 곧 교정복지실천이고, 이는 사회복지기관이 주도할 것인데, 이 부분이 부족한 것으로 보인다. 이의 만회를 위해 사회복지기관은 다음 같은 노력을 기울여야 하겠다.

(1) 사회복지학 맥락에서 비행과 범죄에 관한 이해가 필요함

사회복지기관은 사회복지학에서 차지하는 비행과 범죄를 분명히 이해해야 한다. 특히 역사적으로 사회복지학의 근간을 이루고 있는 Social Work의 태동이 비행청소년의 일상회복과 함께 했다는 사실, 나아가 범죄인 자신의 처지와 이의 주변 환경을 생각할 때 사회복지기관의 역할을 거듭 돌아보아야겠다.

(2) 사회복지사의 관심과 실천이 필요함

모든 사회복지기관의 사회복지사는 비행과 범죄에 관한 이해를 바탕으로 교정복지의 지역사회 중심 프로그램에 적극 참여해야 한다. 이렇게 강조하는 것은 앞으로 교정복지가 사회복지의 전 영역에 걸쳐 기반을 이룰 것이라고 보아서이다. 이는 정신건강사회복지가 사회복지의 전반을 이루는 것 같은 이치라고 생각한다.

(3) 예방 프로그램에 앞장서야 함

사회복지기관은 비행청소년이나 범죄인의 일상회복을 직접 개입하는 데 한계가 있는 것이 사실이다. 그렇다고 손을 놓을 수는 없으니 앞에 언급한 사항을 위해 노력하되, 다른 한편으로 비행과 범죄 예방을 위한 프로그램에 적극적이라야 하겠다. 이런 프로그램은 사회복지기관이 자체적으로 실시할 수 있고, 주변 관련 기관이나 단체와 협력 · 연계해서도 가능할 것이다.

3) 전문성 측면에서

지역사회 중심 프로그램의 전문성이 한층 더 강화되어야 하겠다. 이 전문성은 사회복지학 이외의 다른 전문 영역이 개입하고 있어 이들과 함께 협력하는 가운데 높일 수 있을 것이다. 이때 사회복지사는 사회복지학의 지식과 기술을 바탕으로 전문성을 확보해야 그들과 협력하는 데 어려움이 없을 것이고, 그 전문성을 강화할 수 있어야 한다. 이와 관련해 다음 몇 가지 과제를 강조했다.

(1) 합당한 인력이 확보되어야 함

사회복지기관에 합당한 인력이 확보되어야 한다. 이와 관련해 관련법은 지방자치단체가 솔선하도록 규정하고 있는데, 이를 제대로 실행하지 않고 있다. 이 같은 지방자치단체의 나태함을 시민은 알아야 하고, 그래서 법이 바로 서서 순기능을 할 수 있게 고발해야 한다. 한편 사회복지기관의 기존 사회복지사가 가정폭력이나 성폭력 가해자를 위한 수강명령을 수행할 수 있는 능력을 갖추어 활동할 수 있다. 예컨대 보호관찰소가 가정폭력 혹은 성폭력 가해자 대상으로 집행하는 수강명령 프로그램에 외부강사로 참여할 수 있다. 이렇게 강조하는 것은 사회복지사가 자신이 근무하는 사회복지기관의 자원을 여러 방도로 활용할 수 있는 강점이 있는 까닭에서이다.

(2) 기관 별 전문성의 편차를 줄여야 함

현재 비행청소년이나 범죄인의 일상회복을 위한 지역사회 중심 프로그램은 교정복지 관련 법이 규정하고 있는 기관에 한정되어 있다. 그래서 사회복지기관별 전문성이 크게 편차를 보이고 있다. 예컨대 가정폭력상담소나 성폭력상담소는 「가정폭력방지 및 피해자보호 등에 관한 법률」이나 「성폭력방지 및 피해자보호 등에 관한 법률」에 의해 운영되는 기관으로 대부분 여성가족부가 관장하고 있다. 아울러 이들 법에 대응하는 「가정폭력범죄의 처벌 등에 관한 특례법」이나 「성폭력범죄의 처벌 등에 관한 특례법」은 형벌 외에도 수강명령을 부과함으로써 가정폭력상담소나 성폭력상담소의 프로그램에 참여케 하고 있다. 결국 이들 사회복지기관은 전문성이 높은 프로그램을 운영하는 반면, 여타 사회복지기관에서는 이에 상응하는 전문성을 확보하지 못하고 있는 실정이다. 이 같은 전문성의 편차를 줄이는 것은 곧 교정복지실천이 균형을 잡아 발전을 꾀할 수 있는 시발점이 될 것이다.

(3) 충분한 연구가 필요함

지역사회 중심 프로그램의 강화를 위해서는 연구가 함께 이루어져야 한다. 연구만을 하는 연구자 이외에도 실천 현장의 실무자의 연구도 함께 강조되어야 한다. 이를 위해 가장 좋은 방안은 연구자와 실천가가 함께 공동으로 실천 · 연구하는 것이라고 생각한다. 이런 풍토가 마련되어야 연구자와 실천가가 서로 부족한 것을 보완함으로써 교정복지의 진정한 발전을 기대할 수 있고, 그래서 비행과 범죄의 예방은 물론 비행청소년과 범죄인의 일상회복을 한층 더 효과 · 효율적으로 이끌어갈 수 있을 것이다.

09 좀 더 살펴보기

종교와 교정복지

사전은 종교를 초자연적인 절대자의 힘에 의존하여 사람이 생활하며 겪는 고뇌를 해결하고 삶의 궁극적 의미를 추구하는 문화 체계로 풀이하고 있다. 즉 종교는 사람이 자신의 삶을 한층 풍요롭고 편리하고 아름답게 만들어가는 행동 양식이라는 점에서 우리의 의지처라고 하겠다. 이런 점에서 어렵고 이겨내기 힘든 각양각색 상황을 접하는 사회복지사에게 종교를 권하기도 하고, 실제로 종교의 도움을 받는다는 사회복지사가 적지 않은 것 같다.

미국의 여론조사기관 퓨리서치센터가 2008~2023년에 전 세계 102개국 국민을 대상으로 종교 관련 설문조사를 실시한 결과 '종교는 삶에서 매우 중요하다'고 답한 사람이 아프리카와 중동 지역 나라는 80% 이상이었고, 그리스(57%), 이탈리아(21%), 노르웨이(19%), 한국과 대만(17%), 핀란드와 독일(13%), 핀란드와 영국(10%), 일본(6%) 순으로 나타났다(한국일보, 2024년 8월 14일). 이런 결과는 종교가 '인간정신의 토대', '일상의 영역'(김동건, 2008)이라고 한 틸리히(Paul Johannes Tillich)의 주장 같은 맥락에서 이해할 수 있겠다.

그렇다고 비행청소년과 범죄인의 일상회복 관련하여 이들에게 특정 종교를 강요해서는 안 될 것이다. 예컨대 피히테(Johann Gottlieb Fichte)는 교회의 권위에 기초한 맹목적인 신앙, 인간의 자유를 도리어 억압하는 종교의 독단적 행태를 가장 혐오했다(서정혁 옮김, 2017). 아울러 윤리적으로 사회복지사는 종교의 다양성을 인정함으로써 클라이언트의 인권을 보장해야 한다. 우리나라 사회복지사협회뿐 아니라 미국사회복지사협회의 윤리규범에서도 종교에 근거해 어떤 차별에 협력 · 조장 · 묵과 · 실행할 수 없음을 강조하고 있다(이홍직 외 역, 2013).

사실 Social Work의 역사적 배경에서도 나타나듯, 기독교는 Social Work의 전부라고 해도 과언이 아닐 정도로 그 영향은 크다고 하겠다. 결국 사회복지실천을 주도하는 사회복지사에게 종교가 중요함은 이미 알려진 바인데, 굳이 교정복지에서 종교의 중요성을 드러내는 이유는 무엇일까? 그 이유를 다음 몇 가지로 요약했다.

첫째, 종교에 의한 인간 이해의 특징을 들 수 있다. 개인과 사회, 이기심과 이타심, 현상과 이상, 경제와 윤리 같은 이분적 생활을 영위해야 하는 인간을 종교 차원에서 이해할 수 있다면 한층 더 너그러운 마음으로 받아들일 수 있다는 점에서 종교인의 개입은 유익할 것으로 본다. 이런 사정은 종교의 힘은 고전 경제학자 스미스(Adam Smith)가 종교의 바탕이 된 인간심성의 원리로 철학적 탐구를 촉진하고, 여기에 정약용이 가세하여 신과 상제는 자연현상과 인간의 심성에 법칙과 원리를 부여하고 만물과 인간이 그것을 준수하며 두루 융성하기를 기대한다고 한 점에서 엿볼 수 있다(박홍기, 2008).

둘째, 종교기관의 넓고 깊은 활동을 들 수 있다. 우리 사회에 수많은 종교기관이 자리를 잡아 있고, 나아가 종교기관이 인간을 깊게 보는 것은 이 분야에서 드문 강점이라고 할 수 있다. 이렇게 강조하는 것은 종교인이라면 넓은 시야와 깊은 성찰로 바르게 분별할 수 있는 까닭이다. 이때 종교인의 활동은 기존 교정이념을 초월한다. 예컨대 국가가 내세웠던 응보주의, 격리주의, 재활주의, 회복주의 같은 교정이념을 초월함으로써 본질적 개입을 가능케 한다. 우리는 이 교정이념을 순차적으로 발전되어 국가가 적용한다고 하지만 사실 이 모든 교정이념이 녹아져 있는 것이 현실이다.

셋째, 종교인의 사회적 책임을 들 수 있다. 이것은 종교인의 사명과도 연결되는 의미라고 할 수 있다. 이런 처지는, 예컨대 기독교인 경우 성서의 핵심 주제가 하나님은 신실한 분이며, 약하고 고난당하는 자를 긍휼히 여기는 사랑이라고 강조한 점에서 엿볼 수 있다(강원룡, 2005). 특히 상황이 어려운 비행청소년이나 범죄인의 일상회복을 위해서는 남다른 마음가짐이 필요하다는 점에서 사명의식이 투철한 종교인의 개입이 절실하다. 요컨대 종교인의 활동에는 해당 종교의 신도로서 사명감이 뒷받침해야 하겠다. 사명은 하는 데까지 하자는 것이 아니고, 어떻게 해서든지 해야 하는 입장이 강조되어야 한다.

넷째, 교정복지에서 영성을 지향하는 실천의 근간을 마련할 수 있다. 영성은 기독교뿐만 아니라 모든 종교에서 강조하고 있다. 예컨대 불교에 기반한 명상은 세상의 번뇌로 더렵혀진 마음을 원래의 청정한 상태로 회복케 하고(박희준 역, 1988), 도교와도 결합된 선 수행은 헛된 자기 생각으로부터 탈피하여 본질을 꿰뚫어보게 하며(이재룡 역, 2003), 무념의 상태에서 사물을 있는 그대로 볼 수 있는 경지인 참마음[眞人]에 다다르게 한다(류시화 역, 1986). 특히 불교에서는 계(戒)와 정(定)과 혜(慧)를, 기독교에서는 신과 죄와 구원을 중시하며 영성을 작동케 한다(大和昌平, 2007). 이렇게 영성이 신앙의 힘을 얻어 마련된다고 할 때 종교는 결코 기복적이거나 윤리적 수준에 머물러서는 안 될 것이다. 실제로 오강남 · 성해영(2011)은 복을 구하는 표층종교와 참 나를 아는 심층종교로 구분하였고, 베버(Max Weber)는 윤리적 종교와 구원의 종교로 구분하였다(전성우 역, 2008). 한편 영성이 "종교체험에서 생겨나 오랜 세월 다듬어 가꾸어져 온 것"(김윤주 역, 1994)이라고 하는가 하면, "영성이 물성을 통해 체화될 수 있다."(김주연, 2014)는 점에서 남녀노소가 일상을 통해 영성을 기를 수 있다고 보아 종교에 의한 영성만을 고집해서는 안 되겠다. 무엇보다도 영성이 삶의 의미를 모색하고, 주관적 안녕감을 제공하는 근원이 된다는 사실(Wink and Dillon, 2002)에 중점을 두어야 하겠다.

제 10 장

비행 · 범죄 유형별 프로그램

프로그램의 질은 담당자의 성품이 결정한다.

교정복지실천 프로그램을 비행 · 범죄의 유형별로 살펴보려는 것은 대상자의 개인적 특성과 처분이나 처벌 내용이 달라서일 것이다. 이는 비행청소년이나 범죄인의 일상회복을 위해 한층 본질적이면서 더욱 깊은 접근이고, 대상자에 따른 '맞춤프로그램'이라고도 할 수 있겠다. 그러나 기억할 것은 이 '맞춤프로그램'이 전적으로 옳다고 할 수 없다는 점이다. 왜냐하면 같은 유형의 비행이나 범죄라고 할지라도 대상자 각자의 존중받아야 할 성향과 환경이 달라 특정 프로그램을 일률적 혹은 기계적으로 적용할 수 없고, 그래서도 안 되기 때문이다. 다만 대상자의 인지능력에 따라 이에 합당한 프로그램이 적용되어야 한다고 할 때 같은 유형의 비행이나 범죄에서도 개인별 특성이 고려되어 특정 프로그램을 제안할 수 있을 것이다. 여기에 소개하는 프로그램은 실제로 적용했던 것으로 다음 몇 가지를 염두에 두어 설계한 것이다.

첫째, 대상자의 욕구와 형편이 중심이 될 뿐만 아니라 사회복지사의 형편에 합당한 프로그램을 설계한다. 기관의 처지에 따라 부실한 계획과 대상자를 무더기로 끌어 모아 사회복지사에게 벅찬 프로그램은 이제 그만 해야 한다. 아울러 사회복지사는 실천 과정에서 대상자의 욕구와 형편을 시종 존중하고, 때로는 사회복지사 자신의 시간을 헌신해야 한다. 이를 위해 사회복지사가 근무하는 기관의 배려가 필요할 터이다.

둘째, 7장에서 익힌 교정복지실천의 방법, 모형, 기술을 융합해 계획했고, 여기에 전략을 더했다. 사회복지사는 어느 한 가지 방법이나 모형이나 기술로 프로그램을 적용하기보다는 여러 가지를 동원해 실천에 임하는 것이 상례라고 생각해서이다. 물론 특정 방법, 모형, 기술이 주류를 이룰 수 있겠지만 실제 상황에서는 사회복지사의 모든 것이 응용되어 그의 역량을 발휘한다고 보아 마땅하다. 그래야 기존 방식에 얽매이지 않고, 이를 극복해 새로운 프로그램을 창안할 수 있다고 생각한다.

셋째, 엄격한 평가를 통해 다양한 프로그램을 개발하려고 애를 썼다. 교정복지실천의 발전을 위해 다다익선을 가능케 할 다양한 프로그램이 필요하기 때문이다. 그래서 사회복지사가 자신의 성향에 맞는 프로그램을 취사선택할 수 있는 폭을 넓혀주어 활용하는 중에 교정복지실천의 전문성을 강화할 수 있을 터이다.

이 장에서는 학교폭력, 청소년폭력, 가정폭력, 성폭력, 정신질환자폭력으로 구분해 각기의 프로그램을 소개하였다. 이들 프로그램은 사회복지사가 시도하려는 교정복지실천의 길잡이가 되는 정도이지 전적으로 의지해야 할 수준은 아니라고 본다. 사회복지사는 이들 프로그램을 적용하며 한층 더 합당한 프로그램을 개발해야 할 것이다. 아울러 좀 더 살펴보기에서는 성매매와 교정복지를 정리하였다.

1. 학교폭력

학교폭력은 학교 안팎에서 학생 간 발생한 신체와 정신적 또는 재산상의 피해를 입히는 행위를 뜻하고, 여기에 정보통신망을 이용한 행위도 포함하고 있다. 이는 「학교폭력예방 및 대책에 관한 법률」이 규정하는 바이고, 이 법은 국가와 지방자치단체가 학교폭력 근절을 위해 제도를 마련하고, 교육과학기술부장관은 이에 합당한 기본계획을 각 교육지원청에 설치된 학교폭력대책기획위원회의 심의를 거쳐 수립 · 시행케 하고 있다. 요컨대 학교폭력을 예방 · 개입하는 데 교육부 산하 기관과 경찰을 비롯한 지방자치단체가 앞장서야 한다. 학교폭력의 실상과 당국의 대응을 살펴보고, 멘토링 프로그램을 소개하겠다.

1) 실상

언론을 통해 사회문제로 등장한 학교폭력의 상황을 이해할 수 있다. 특히 언론은 학교폭력의 피해에 중점을 두는 것 같아 아쉬운 면이 있다. 교육부(2024)가 발표한 학교폭력 실태조사 결과를 바탕으로 학교폭력의 실상을 이렇게 정리할 수 있다.

(1) 조사 방법과 응답률

교육부가 지방 교육청 별로 실시한 학교폭력 실태조사는 학생의 자발적 참여를 원칙으로 온라인과 모바일을 통한 설문조사로 실시하고 있다. 이 조사는 1차 전수조사와 2차 표본조사로 구분해 실시하고 있는데, 조사에 참여하는 비율이 감소하는 추세를 보이고 있다. 예컨대 2024년 1차 전수조사 참여율은 81.7%, 2023년 2차 표본조사 참여율은 72.6%로 모두 최근 3년간 감소 추세이다.

(2) 피해응답률 증가

2024년 1차 전수조사와 2023년 2차 표본조사 모두 피해응답률은 전년 대비 상승하였으나, 최근 3년간 그 증가세는 둔화되고 있다. 예컨대 2024년 1차 전수조사에서 피해응답률이 2.1%로 2023년과 2024년에 각기 0.2%씩 증가했다. 한편 2023년 2차 표본조사의 피해응답률은 1.7%로 이는 2022년과 2023년에 각기 0.6%와 0.1%가 증가한 것인데, 좀체 수그러드는 분위기가 아니다.

(3) 피해유형

학교폭력 피해유형 중 가장 높은 응답을 보인 언어폭력은 2023년 2차 표본조사는 40.9%로 전년 동차 대비 0.6%p 감소하였으나, 2024년 1차 전수조사는 39.4%로 전년도 대비 2.3%p 증가하였다. 신체폭력의 비중은 전년도 대비 2024년 1차 전수조사 결과 17.3%에서 15.5%로, 2023년 2차 표본조사 결과 16.4%에서 15.5%로 감소했다. 사이버폭력은 2023년 2차 조사에서 6.8%로 나타나 전년도에 비해 1.6%p가 감소했고, 2024년 1차에서는 7.4%로 전년도 대비 0.5%p가 상승하였다. 한편 집단따돌림, 성폭력, 금품갈취는 2024년 1차와 2023년 2차에서 모두 비중이 증가한 것으로 나타났다.

2) 당국의 대응

교육부는 학교폭력 실태조사 결과를 바탕으로 「학교폭력 근절 종합대책」을 지속적으로 점검 · 보완해 관계부처 합동으로 「학교폭력 예방 및 대책 기본계획」을 수립해 대응하고 있다. 이 기본계획의 주요 내용을 다음처럼 요약했다.

(1) 예방과 대응을 위한 범 부처 협력

기본계획은 신종 학교폭력 예방과 대응을 위한 범 부처 협업 방안과 시도별 학교폭력 예방과 대책의 주요 내용을 포함하여 수립한 것이다. 여기에서 학생의 공감 · 의사소통 · 감정조절, 인성 · 체육 · 예술 교육활동이 학교폭력 예방에 효과적이고, 특히 초등학생은 일상의 갈등을 교육적으로 해결하고, 관계회복에 주력할 수 있는 예방교육을 강조하고 있다.

(2) 시 · 도별 맞춤형 지원 대책

시 · 도별로 학교폭력 실태조사 결과를 면밀하게 분석하여 학교별 맞춤형 지원 대책을 수립해 대응하고 있다. 예컨대 「학교체육진흥 기본계획」을 통해 교육과정에서 체육활동(중학교 스포츠클럽 활동 따위)과 아침과 방과 후 같은 다양한 시간을 활용한 틈새운동 따위를 확산하여 학생의 몸과 마음이 건강하게 성장할 수 있게 지원하고 있다. 아울러 「학생맞춤형 마음건강 통합지원방안」을 발표하여 예방부터 회복까지 학생의 마음건강과 사회정서 성장을 통합적으로 지원하고 있다.

(3) 학교폭력 제로센터 운영

학교의 현장 대응력을 높이기 위하여 2024년 1학기부터 전국 교육지원청에 학교폭력 제로센터를 설치 · 운영하고 있다. 여기에 학교폭력 처리 업무에 따른 과중한 부담을 덜기 위해 학교폭력 전담조사관을 위촉하고, 이들의 관계 개선을 위한 지원단과 피해학생을 위한 지원단을 구성 · 운영하고 있다.

3) 멘토링

학교폭력 관련해서는 가해자와 피해자의 일상회복을 위해 개입해야 할 것인데, 여기에서는 가해자 중심으로 멘토링 프로그램을 소개한다. 학교폭력에 개입하려는 멘토링 프로그램은 대검찰청이 '자녀 안심하고 학교 보내기 운동'의 일환으로 1998년 각 지역의 대학교와 공동으로 실시함으로써 우리나라에 처음 소개되었다(류호평 외, 1999). 이후 멘토링 프로그램은 학교 현장에서 운영되어 그 성과를 보이고 있다. 이의 개요, 목표, 전략, 주요 과정, 예상을 정리하였다.

(1) 개요

멘토링은 학교폭력 가해학생과 이의 상급생을 멘토로 결연시켜 가해학생의 일상회복을 꾀하는 학교 중심 활동이다. 이때 멘토는 관여하는 사회복지사의 지도를 받는다. 여기에 참여하는 사회복지사는 현재 초·중·고등학교에 투입된 일부 교육복지사나 상담교사가 대신할 수 있다. 한편 학교에 이 같은 인력이 없을 경우 가까운 사회복지관 같은 사회복지기관의 도움을 받아 연계해 운용할 수 있다.

(2) 목표

멘토링 프로그램의 목표는 학교폭력 가해학생의 일상회복에 두고 있다. 나아가 멘토로 참여하는 학생 역시 이 활동을 통해 좋은 경험을 하여 자신의 성장을 꾀하는 것도 강조되어야 한다.

(3) 전략

사회복지사는 교사를 비롯한 학교 당국이 관심을 가져 협력할 수 있는 분위기를 만들어가며 이 프로그램을 이끌어간다. 단일 사례처럼 규모를 작게 하여 사례의 성과를 높이는 데 중점을 둔다.

(4) 주요 과정

여기에 소개하려는 멘토링 프로그램은 학교에 근무하는 사회복지사가 자신의 형편을 고려해 계획되어야 한다. 이 프로그램의 주요 과정을 다음처럼 정리했다.

① 멘티와 멘토 모집

학교폭력 가해자 멘티와 이 학생을 이끌 멘토를 모집한다. 이 모집 활동은 따로 일정을 잡아 진행하는 것이 아니고, 앞에 강조한 바처럼 사회복지사가 평소 관심을 두어 멘티와 멘토를 물색하는 것이다. 이때 멘토링이 멘티와 멘토의 관계를 중요시하는 만큼 사회복지사는 멘티와 멘토가 서로 끌려 접점을 만드는 것에 중점을 두어야 한다.

② 멘토 교육

멘토를 위한 교육은 멘토로서 참여할 의사를 분명히 확인하는 것에서부터 멘토링의 목표를 비롯해 활동에서 지켜야 할 내용 중심으로 이루어져야 한다. 예컨대 멘토는 이 프로그램의 일정에 따라 충실히 임하고, 멘티와 함께 성장함을 알아 실천하고, 주요 활동 내용을 기록함을 강조할 수 있다. 특히 학교폭력 가해자를 악하게 바라보기보다는 품어갈 수 있는 자세를 교육할 수 있다.

③ 멘티와 멘토 결연과 계획 알림

사회복지사는 멘티와 멘토의 첫 만남을 주선한다. 물론 이 만남 전에 서로 상대에 관하여 기본 정보를 전해주어야 한다. 이때 간단한 다과를 할 수 있다. 한편 계획 알림은 일정표를 작성해 주요 내용을 알려야 한다. 대체로 매주 1회, 한 학기 동안 실시할 수 있고, 멘티와 멘토와 사회복지사가 상의해 이 기간을 변경할 수 있다. 멘티와 멘토가 매주 만나 가능하면 멘티가 원하는 것을 함께 할 수 있게 나아가는 것이 바람직하다. 그렇다고 학교에서 금지하는 곳이나 활동은 삼가야 한다. 예컨대 서로 취미를 알아 공통된 것을 찾아 활동하고, 멘티의 처지를 적극 반영한다. 이에 관해서는 사회복지사가 학생이 선호하는 것 위주로 내용을 계획할 수 있다.

④ 활동

멘토링 활동은 크게 3가지 측면에서 이루어진다. 한 측면은 멘티와 멘토의 활동이고, 두 번째 측면은 사회복지사가 멘토를 지도하는 것이고, 세 번째 측면은 사회복지사가 멘티를 만나 중간 점검을 하는 것이다. 멘티와 멘토의 활동은 사회복지사가 계획한 바를 알아 이를 따르면 될 것인데, 이 계획은 사회복지사가 평소 학생이 원하는 것을 알아 짜져야 할 것이다. 아울러 사회복지사가 멘토를 지도하는 것을 슈퍼비전이라고 하겠는데, 적당한 기간을 서로 상의해 멘토가 사회복지사에게 질문하고, 이에 사회복지사가 권하는 내용으로 진행될 것이다. 한편 중간 점검은 앞에 언급한 슈퍼비전 일정을 비켜나가 실시하면 좋겠고, 사회복지사는 멘티의 변화 상황을 살피는 데 중점을 두어야 한다.

⑤ 평가

평가는 사회복지사가 멘티나 멘토를 만났을 때 수시로 할 수 있고, 최종 평가는 계획에 따라 실시한다. 이때 멘티와 멘토와 관련하는 교사나 학부모를 참여시킬 수 있다. 이 평가는 엄중해야 하고, 결과를 다음 프로그램에 반영함으로써 프로그램의 발전뿐만 아니라 사회복지사 자신의 역량을 향상할 수 있어야 한다.

(5) 예상과 주의할 점

사회복지사가 자발적으로 계획해야지 그렇지 않고 학교 당국의 지시에 의해서는 성과를 낼 수 없을 것이다. 즉 사회복지사는 평소 학교폭력 관련하여 적합한 멘티와 멘토를 물색하는 데 신중해야 하고, 이 작업이 끝나고 멘토링을 시도해야 한다. 이 프로그램이 진행되면서 도중에 멘티나 멘토가 지치는 때가 있을 것인데, 사회복지사가 적극 개입해 이 시기를 잘 넘겨야 한다. 한편 사회복지사는 이 프로그램을 수행하는 데 필요한 재정을 확보해야 한다. 필요한 비용은 약 30만 원 정도를 예상하는데, 이는 사회복지사가 후원자를 통해 마련할 수도 있다.

2. 청소년폭력

청소년폭력은 청소년비행 유형에서 가장 많이 차지하는 유형으로 꼽힘에도 이에 대한 대응은 충분하지 않다. 특히 소년원에서 생활하고 있는 폭력청소년을 위한 개입이 절실하다고 하겠다. 청소년폭력의 실상부터 정리하였다.

1) 실상

청소년폭력에 가담한 청소년은 소년원과 보호관찰소의 현황을 통해 접할 수 있다. 법무부 범죄예방정책국(2024)이 만들어 발표한 자료에 따라 청소년폭력의 실상을 다음처럼 요약할 수 있다.

(1) 청소년비행 유형 중 가장 높은 비율

2023년 전국 소년분류심사원과 소년원에 수용된 총 인원은 6,757명으로 2022년에 비해 1,000명이 증가했다. 이들 수용 인원 중 폭력이 14.4%로 가장 높고, 다음으로 절도 11.4%, 교통 8.1%, 사기횡령 5.5%로 나타났다. 아울러 같은 해 보호관찰 대상 청소년 13,480명 중 폭력이 22%를 차지함으로써 시설에 수용되었거나 지역사회에서 생활하든 비행 유형 중 폭력이 가장 많음을 보이고 있다.

(2) 폭력청소년을 위한 프로그램 부재

소년원에 수용된 폭력청소년을 위한 프로그램이 운영되는 경우는 거의 볼 수 없고, 다만 2018년 대구소년원에서 당시 김세훈 교무과장이 폭력청소년 7~8명을 대상으로 사이코드라마를 실시했다. 대체로 외부 전문가가 연구를 목적으로 개입한 경우가 있으나 이 역시 흔하지 않은 것으로 나타나고 있다. 이 같은 실상은 전체 소년원생을 위한 보호위원의 지원활동에 폭력청소년이 포함되어 도움을 받는 정도이고, 연구에서도 폭력청소년보다는 폭력으로 인한 피해 청소년에 한정되어 있는 점을 들어 추정할 수 있다.

(3) 낮은 관심도

폭력청소년뿐만 아니라 전반적으로 소년원에 수용된 청소년에게 사회까지도 관심을 덜 두고 있다. 예컨대 소년원생을 지원하고 있는 보호위원 수가 매년 줄고 있는 현상을 들 수 있다. 그럼에도 지속적으로 참여하는 보호위원의 지원으로 소수의 폭력청소년이 일상을 회복하는 데 힘이 되고 있어 다행이다.

2) 당국의 대응

소년원에서는 보호위원을 위촉해 소년원생을 지원케 하고 있다. 실제로 교육위원은 강연과 상담 같은 교육활동을 지원하고, 종교위원은 종교지도와 종교활동을 지원하고, 어머니위원은 결연 같은 소년원생의 심성순화에 도움을 주고, 사회정착위원은 소년원이 퇴원 후 사회정착을 지원하는데, 예컨대 장학금, 취업, 멘토 활동을 지원하고 있다.

(1) 절대 부족한 개입

청소년의 폭력은 거의 방치된 유형이라고 해도 과언이 아닐 정도로 개입하지 않고 있는 실정이다. 청소년비행 중 가장 높은 비율을 차지함에도 상대적으로 이들을 위한 개입은 절대 부족한 것으로 보아야겠다.

(2) 소년원의 격리된 보호

폭력청소년을 위한 개입은 소년원에 격리되어 보호를 받는 수준에 머무르고 있다고 해도 과언이 아니다. 폭력청소년이 가장 높은 수준의 처분을 받아 소년원에 수용된 것이 이들의 일상회복 차원에서 가장 중요한 시기라고 할 수 있다. 그럼에도 이들이 격리에 불과한 보호를 받고 있어 아쉽다.

(3) 사회정착과 원호 지원

소년원을 퇴원하는 폭력청소년은 모두 보호관찰을 받는데, 이때 소년원의 보호위원이 이들 청소년의 사회정착과 원호를 지원하고 있다. 예컨대 청소년의 사정에 따라 장학금, 취업알선, 주거보호 따위를 제공하고 있다.

3) 연계보호

폭력청소년의 일상회복을 위해 소년원에서 실시할 수 있는 연계보호(Networked Care) 프로그램을 소개한다. 이 프로그램은 보호관찰을 받는 청소년을 대상으로 실시했던 것으로 이 책의 7장에서 교정복지실천 모형으로 소개했는데, 여기에 그 실제를 정리한다.

(1) 개요

연계보호는 사회복지사가 소년원에 있는 폭력청소년에 합당한 연계보호자를 선정해 청소년의 일상회복을 지원하는 프로그램이다. 이는 사회복지실천의 사례관리 방법을 응용한 것으로 사회복지사 혼자 감당할 수 없고, 나아가 주변의 좋은 자원을 활용해 더 높은 성과를 낼 수 있는 장점이 있다.

(2) 목표

목표는 〈표 10-1〉에서 보는 바처럼 단계별로 달리하는데, 전체적으로 소년원의 폭력청소년이 일상을 회복하는 데 두고 있다.

(3) 전략

주요 전략으로 다음 몇 가지를 강조할 수 있다. 즉 ① 간단한 욕구나 개입부터 복잡한 욕구나 개입으로 발전시켜 나간다. ② 소년원이 규정하는 대상자 관련 조치를 충분히 반영한다. ③ 연계보호자의 자율성을 보장하고, 이들의 의견을 최대로 반영한다. ④ 연계보호자의 활동을 독려하기 위해 이들의 활동 내용을 철저히 기록할 수 있도록 일정한 기록할 수 있도록 제공한다.

(4) 주요 과정

소년원의 폭력청소년의 일상회복을 위한 연계보호 과정을 다음 〈표 10-1〉에 요약했다. 각 단계에 관해 좀 더 자세히 설명해보자.

〈표 10-1〉 연계보호 과정

단계 / 내용	대상자 선정/사정	연계보호자 선정/교육	보호/재사정	종결/평가
목표	• 대상자 선정 • 대상자 사정	• 연계보호자 선정 • 연계보호자 교육	• 보호활동 • 보호활동 재사정	• 보호활동 종결 • 보호활동 평가
과업	• 대상자/보호자 면접 • 대상자 욕구 파악 • 평가계획	• 연계보호자 발굴 • 연계보호자 교육 • 연계보호자 친목	• 대상자 원조 • 보호활동 점검 • 대상자 변화상태 파악	• 종결예식 • 참여자중심 평가
전략	• 대상자에 합당한 모형 선정 • 대상자 개인력, 생태도, 지역사회 환경 참고 • 대상자 욕구 중심 사정	• 성실한 연계보호자 투입 • 지도자의 주도권 확립	• 간단한 욕구부터 • 연계보호자 자율성 보장 • 기록 독려	• 종결예식에 관련인 참석 유도 • 평가를 위한 메모 독려
사회복지사 역할	• 정보수집가 • 사정가 • 계획가	• 정보수집가 • 조직가 • 교육가	• 원조자 • 협력자/감시자 • 감독자	• 보고자 • 평가자

① 대상자 선정과 사정

이 단계의 주요 목표는 합당한 대상자를 선정하는 것인데, 평소 사회복지사(실무자)가 눈여겨봐야 한다. 예컨대 대상자는 퇴원을 1~2개월 앞둔 청소년으로 퇴원 후에 연계보호를 계속할 수 있게 계획하는 것이 바람직하다. 아울러 보호위원 중 충분히 감당할 수 있는 자로 2~3명을 염두에 두어 대상자를 선정할 수 있다.

② 연계보호자 선정과 교육

이 단계에서는 연계보호자를 선정 · 교육한다. 물론 이때 대상자에게도 알려 서로 합의하는 시간을 가져야 한다. 사회복지사(실무자)는 중매자가 서로에게 소개하려는 남녀를 상세히 알아야 성공률이 높듯, 평소 연계보호를 염두에 두어 대상자와 연계보호자를 충실히 파악해야 하고, 자연스럽게 양자가 관계를 형성할 수 있게 이끌어가야 한다.

③ 보호와 재사정

이 단계에서는 대상자와 연계보호자가 활동케 하고, 여기에 연계보호자에게 필요한 것을 제공해야 한다. 실제로 1~2개월 연계보호를 진행하고, 연계보호자가 청소년이 퇴원해 원하는 일을 하는 데까지 지원할 수 있다. 그러므로 연계보호자는 대상 청소년의 사정을 이해하고, 예컨대 이 청소년의 취업을 적극 도울 수 있어야 할 터이다. 아울러 사회복지사는 이 활동을 월 1회 정도 주기적으로 재사정을 실시하며 향후 활동을 조정한다.

④ 종결과 평가

종결은 대체로 대상자가 퇴원 후 자립함으로써 성공적으로 마무리하는 데 중점을 둔다. 물론 대상자의 자립까지 나아가지 못하고 예기치 못한 일로 중단될 수도 있다. 평가는 엄중하게 하되, 대상자를 비롯해 연계보호자가 함께 참여해야 한다.

(5) 예상과 주의할 점

이처럼 비슷한 활동이 일상적으로 이루어지고 있는 것이 사실이다. 다만 치밀하게 계획되어 우리가 일컫는 프로그램으로 자리를 잡지 못했을 뿐이라고 생각한다. 어쨌든 이런 활동이 있다면 이를 보완해 프로그램화하는 것이 바람직하겠다. 이때 사회복지사(실무자)는 연계보호자들 간 호흡을 같이 할 수 있게 조정하고, 나아가 이들이 대상 청소년에게 일방적으로 대응하지 않게 지도해야 한다.

3. 가정폭력

가정폭력은 「가정폭력범죄의 처벌 등에 관한 특례법」이 규정하는 법적 의미 외에도, 특히 배우자 폭력은 배우자 사이에 발생하는 신체적·정신적·재산상 피해를 가져오는 폭력행위를 일컫는다(김대희, 2010). 여기에서 정신적 피해는 상대 배우자뿐만 아니라 자녀에게도 영향을 미쳐 심각한 가족 관련 범죄로 받아들여지고 있다.

1) 실상

이미 알려진 바처럼 가정폭력이 범죄로 드러난 것은 1997년에 제정된 「가정폭력범죄의 처벌 등에 관한 특례법」이 다음 해 시행되면서이다. 이 법의 시행 초기에는 행위자나 피해자가 가정폭력을 범죄로 인정하지 않아, 특히 경찰이 애를 먹었다. 가정폭력의 실상으로 폭력 유형, 피해 유형, 바탕으로 다음 몇 가지로 요약할 수 있다.

(1) 폭력 유형

가정폭력은 배우자 폭력, 아동학대, 노인학대로 구분하고 있다. 남편이 아내에게 하는 폭력, 아내가 남편에게 하는 폭력, 형제자매 간 폭력, 부모의 자녀에 대한 폭력, 자녀의 부모에 대한 폭력 따위가 모두 앞의 법이 가정폭력으로 정의하고 있다. 여기에서 우리가 관심을 두는 유형은 배우자 폭력이다. 배우자 폭력은 대체로 남편이 아내에게 폭력을 가하는 것으로 알려졌는데, 성인 2명 중 1명은 '아내가 남편에게 하는 폭력'은 가정폭력이 아니라고 생각하는 것으로 나타났다(연합뉴스, 2023년 4월 23일).

(2) 피해 유형

가정폭력 피해 유형은 신체적, 성적, 정서적, 경제적, 통제 5가지로 구분해 실태조사를 하고 있다. 여기에서 통제는 넓은 의미의 배우자 폭력 유형의 하나로 폭력행위와 밀접한 유형으로 상대의 모든 행동과 외출을 감시하거나 친구나 가족을 못 만나게 하는 따위의 심한 간섭을 의미한다(김영일, 2016). 예컨대 상대방의 사회 제반 활동을 막거나 허락을 받게 하며, 온 · 오프라인 연락을 감시하고, 다른 이성과 만난다고 의심하는 것 따위를 들 수 있다(여성가족부, 2019).

2) 당국의 대응

가정폭력 범죄에 대한 당국의 대응은 국가와 지방자치단체에 책무를 두어 이루어지고 있다. 이 책무는 「가정폭력범죄의 처벌 등에 관한 특례법」과 「가정폭력방지 및 피해자보호 등에 관한 법률」이 규정하고 있는데, 다음 몇 가지로 요약할 있다.

(1) 실상 조사

여성가족부장관은 3년마다 가정폭력에 대한 실태조사를 실시하여 그 결과를 발표하도록 「가정폭력방지 및 피해자보호 등에 관한 법률」이 규정하고 있다. 이 법은 이 조사 결과를 토대로 가정폭력을 예방하기 위한 정책수립의 기초자료로 활용케 하고 있다.

(2) 가해자에 대한 적극적 처벌

한편 「가정폭력범죄의 처벌 등에 관한 특례법」은 가정폭력 행위자에 대한 처벌에 적극적으로 대응하고 있다. 여기에서 적극적이라 함은 우선 가정폭력을 중요한 범죄로 인식케 하고, 아울러 행위자의 치료를 위해 국가뿐만 아니라 지방자치단체가 나서야 함을 강조하는 것이다.

(3) 수강명령

법원은 가정폭력 행위자에 대하여 선고유예는 제외하며 유죄판결을 선고하거나 약식명령을 고지해야 한다. 이때 법원은 200시간 범위에서 재범 예방에 필요한 수강명령이나 가정폭력 치료프로그램의 이수명령을 함께 부과할 수 있다. 이 수강명령이나 이수명령은 구체적으로 ① 가정폭력 행동의 진단과 상담, ② 가정구성원으로서 기본 소양을 갖추게 하는 교육, ③ 기타 가정폭력 행위자의 재범 예방을 위하여 필요한 사항으로 규정하고 있다.

3) 영성지향실천

영성지향실천은 어려운 인생의 문제로 성장이 중단되었을 때 일어나는 역기능과 고통을 다룰 수 있게 이끌어가는 것을 의미한다(최옥채, 2015). 즉 이 실천은 대상자가 신체, 심리, 영성으로 존재함을 인정하는 가운데 이들의 전인적 발달을 꾀하는 것이다. 특히 여기에 소개하는 영성지향실천은 보호관찰소의 실무자가 가정폭력으로 처벌을 받은 행위자를 대상으로 개별 혹은 집단으로 실시할 수 있는 프로그램이다. 영성지향실천의 개요부터 살펴보자.

(1) 개요

영성지향실천은 배우자 간 관계에서 폭력을 행사하는 행위자의 변화를 뒷받침할 수 있는 것은 그의 영성이라고 전제하고 있다. 이를 위해 먼저 행위자가 사람이 지니고 있는 영성을 이해하고, 각자의 영성 정도를 파악하고, 그 영성의 수준을 강화케 함으로써 스스로 가정폭력에서 벗어날 수 있게 도와주는 일련의 실천 과정을 일컫는다. 여기에서는 대상자를 1명으로 하는 개별 프로그램을 소개하겠다.

(2) 목표

이 프로그램의 목표는 가정폭력 행위자의 영성을 한층 더 강화해 이들의 일상을 회복하는 데 두고 있다.

(3) 전략

먼저 실무자(사회복지사)는 프로그램에 참여할 대상자와 관계 형성이 충분히 된 이후에 참여할 수 있게 노력해야 한다. 아울러 특정 종교에서 강조하는 영성에 치우치지 않게 나아감으로써 대상자가 오해하지 않게 이끌어가야 한다. 이 같은 전략을 강조하는 것은 행위자가 영성과 영성지향실천을 바르게 이해하고, 그래서 자유롭게 참여하려는 자세를 갖추어야 이 프로그램의 효과를 기대할 수 있기 때문이다.

(4) 주요 과정

영성지향실천은 매주 1회 1~2시간, 약 12주간 실시할 수 있게 계획한다. 물론 참여자의 상황에 따라 서로 합의해 이 기간을 단축하거나 연장할 수 있다. 보호관찰소의 실무자(사회복지사)가 실시할 수 있는 영성지향실천의 과정을 다음 몇 가지 단계로 정리하였다.

① 영성에 관한 이해(1회기)

실무자(사회복지사)가 참여한 대상자에게 영성에 관하여 설명한다. 이때 다음 [그림 10-1]처럼 영성지도에 관하여 설명할 수 있다. 영성지도는 사람 정신의 범주를 이성과 영성으로 구분해 이성과 영성이 차지하는 정도를 표시한 것이다.

② 자기 영성 소개하기(2회기)

1회기에서 설명한 영성을 복습하고, 먼저 실무자(사회복지사)가 자신의 영성을 소개하고, 참여자가 영성을 소개하는 시간을 갖는다. 이때 영성지도 그리기를 실시할 수 있는데, 예컨대 다음 [그림 10-1]처럼 영성을 전혀 이해하지 못한 상태([1]), 영성을 이해한 상태([2]), 영성을 강화한 상태([3])로 각자의 영성지도를 그릴 수 있다. 여기에서 주목할 것은 영성의 범주가 계속 확장되지 않고 일정 범주에서 영성의 작용이 강화된다는 사실이다. 왜냐하면 이성 역시 사람의 정신에서 중요한 역할을 하고, 이성의 힘이 지극히 상식적인 생활을 뒷받침하기 때문이다. 그러므로 이성 역시 충분한 범주를 차지해 작용의 기능을 향상시켜야 한다.

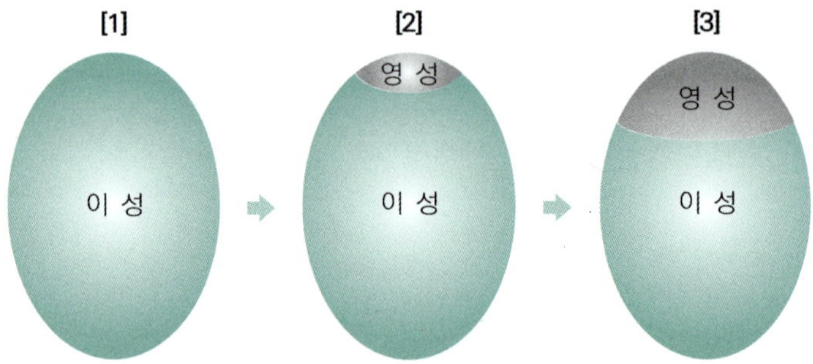

[그림 10-1] 영성지도 그리기

③ 영성명제 만들기와 나누기(3~10회기)

3회기부터 실무자(사회복지사)와 참여자가 영성명제를 만들고, 이를 일상에서 얼마나 적용하는지를 나눈다. 이 단계에서는 이 과업을 반복하는 것인데, 이때 참여자는 물론 실무자(사회복지사)의 영성이 한층 강화되는 경험을 할 것이다. 영성이 이성에 비해 역설적이라는 점을 생각하면 처음 접하는 참여자는 영성명제가 매우 생소하거나 이를 받아들이는 것이 쉽지 않을 것이다. 그러므로 초반에는 실무자(사회복지사)가 주도하고, 점차 참여자의 시간을 늘려가는 것이 바람직하다. 매회 다루는 영성명제의 수는 상황에 따라 다르겠지만 두 사람이 각기 1~2개 정도가 적당할 것으로 본다. 프로그램에서 실제로 활용할 수 있는 영성명제 몇 가지를 〈표 10-2〉에 소개한다. 특히 나누기에서는 영성명제를 적용할 때 배우자 간 관계의 상황도 함께 다룰 수 있게 이끌어나간다. 이 단계의 마지막 회기에서 다음 평가와 종결 단계에서 실시할 작업을 설명하고, 종결예식의 내용을 실무자(사회복지사)와 참여자가 합의한다.

〈표 10-2〉 **영성명제**

- 죄가 넘치는 곳에 은혜가 더욱 넘친다.
- 고난은 결국 축복을 불러온다.
- 100퍼센트 완벽하거나 100퍼센트 부족한 사람은 없다.
- 자기 부족함을 나누는 사람이 가장 용감하다.
- 당신이 나보다 더 낫다.
- 상대를 탓하기 전에 내 허물을 먼저 보는 것이 나를 위한 것이다.
- 상대를 탓하는 중에 귀중한 나 자신을 잊는다.

④ 평가와 종결(11~12회기)

평가와 종결은 단 1회기로 마무리할 수 있지만 종결예식이 필요하다고 보아 평가와 종결을 나누어 실시하면 좋겠다. 이 프로그램에 대한 평가에서 실무자는 참여자의 솔직한 의견을 유도해야 하고, 참여자의 의견을 냉정한 태도로 경청해야 한다. 그래서 다음 프로그램에 반영해야 해 발전할 수 있어야 한다. 한편 종결예식은 실무자(사회복지사)와 참여자가 앞 단계 마지막 회기에 합의한 것을 실시하는 것인데, 가능하다면 참여자의 배우자나 가족이 함께 할 수 있으면 금상첨화이겠다. 이때 드는 비용은 실무자가 마련하는 것이 바람직하다고 생각한다.

(5) 예상과 주의할 점

무엇보다도 실무자(사회복지사)는 이 프로그램을 이끌어갈 수 있는 역량을 갖추어야 하고, 정기적으로 일정 기간 실시할 수 있는 시간을 할애해야 한다. 아울러 가정폭력 행위자가 프로그램에 참여하려는 욕구가 낮아 참여를 유도할 수 있는 사전 접촉이 필요하다. 사람과 교제하는 자리에 들어가지 않으면 참으로 그 사람을 안다고 할 수 없듯(죽재 서남동 목사 유고집 편집위원회, 1999), 실무자(사회복지사)와 가해자가 서로 유익할 것이라는 신뢰감을 만들어야 한다. 한편 실무자(사회복지사)는 평소 독서나 깊은 대화를 통해 영성명제를 메모하고, 아울러 실제 적용한 경험을 바탕으로 발전시켜 나갈 수 있으면 좋겠다.

4. 성폭력

성폭력범죄 관련해서는 1994년에 제정 · 시행되고, 2010년 말에 폐지된 「성폭력범죄의 피해자보호 등에 관한 법률」이 시초를 이루고, 2011년에 시행된 「성폭력방지 및 피해자보호 등에 관한 법률」과 2010년에 제정 · 실행된 「성폭력범죄 처벌 등에 관한 특례법」이 규정하고 있다. 성폭력 역시 앞에 언급한 가정폭력처럼 우리 사회가 민주주의의 성숙 과정에서 여성단체의 참여로 드러난 점이 강하다. 실제로 지난 30년간 성폭력 처벌 관련법이 여성운동이 제시한 쟁점과 방향에 따라 변화한 것으로 평가하고 있다(한국성폭력상담소, 2024). 성폭력범죄의 실상과 당국의 대응을 알아보고, 성폭력 행위자를 위한 프로그램으로 사이코드라마를 소개한다.

1) 실상

「성폭력범죄 처벌 등에 관한 특례법」이 2010년에 제정 · 실행되고,

「성폭력방지 및 피해자보호 등에 관한 법률」이 2011년에 시행되었다. 이들 법에 따라 성폭력 행위자의 처벌과 피해자의 보호를 규정하고, 뒤 법은 「사회복지사업법」의 하나로 규정되고 있다. 이의 실상을 다음 몇 가지로 정리하였다.

(1) 형법범죄 중 가장 높은 발생률

최근 형법범죄의 발생률이 줄어드는 추세에서 2022년에 유독 성폭력 범죄만 8.9퍼센트나 증가했다(통계청, 2023). 이 같은 증가율은 성폭력 범죄의 특성상 암수율(신고 · 검거되지 않은 범죄 비율) 높은 점을 고려하면 이보다 더 높은 것으로 예상할 수 있다. 성폭력 범죄에 의한 피해 상황을 따지면 이는 사회적으로 심각한 범죄 실상이라고 하겠다.

(2) 2차 피해

성폭력 2차 피해는 성폭력 피해경험의 왜곡된 통념으로 인해 공공기관, 가족, 친구 들의 부정적인 반응을 경험하거나, 사회적으로 불이익을 당하여 입는 정신적 혹은 사회적 피해를 의미한다(이미경, 2011). 이 같은 2차 피해는 대체로 수사와 재판 과정에서 경험한다는 점에서 공공기관의 한층 신중한 대처가 강조되어야 하겠다.

(3) 이어지는 피해 후유증

앞에 언급한 2차 피해는 타인의 반응을 통해 경험하기 때문에 자신의 피해 경험을 부정적으로 평가하는 경우 외상후스트레스 같은 성폭력 피해 후유증으로 이어질 수 있다. 이런 점에서 성폭력 예방교육에서 성폭력에 대한 고정관념과 2차 피해의 연관성을 강조해야 한다고 보고하고 있다(안도경 · 이지하, 2024).

2) 당국의 대응

성폭력 범죄에 대한 당국의 대응은 주로 국가와 지방자치단체가 나서고 있다. 이에 관한 사항은 앞에 언급한 법이 규정하고, 특히 법원과 민간의 성폭력상담소 같은 기관이 협력하고 있다. 이 같은 대응을 다음 몇 가지로 요약할 수 있다.

(1) 성폭력 행위자의 처벌과 피해자의 보호 이분화

성폭력범죄에 대한 처벌을 강화하는 한편 피해자의 보호에 관한 사항을 구체화했다. 즉 「성폭력방지 및 피해자보호 등에 관한 법률」을 새로 제정 · 시행한 것은 과거 「성폭력범죄의 처벌 및 피해자보호 등에 관한 법률」이 성폭력범죄와 피해자보호를 대처하는 데 한계가 있어 행위자의 처벌과 피해자의 보호를 분리한 것이다.

(2) 국가와 지방자치단체의 책무 강화

특히 새 법에서는 성폭력피해자의 보호 · 지원을 위한 국가와 지방자치단체의 책무, 성폭력피해자를 위한 취학 지원, 성폭력통합지원센터의 설치 · 운영을 규정했다. 실제로 국가와 지방자치단체는 성폭력을 방지하고 성폭력피해자를 보호 · 지원하기 위하여, ① 성폭력 신고체계의 구축 · 운영, ② 성폭력 예방을 위한 조사 · 연구, 교육 · 홍보, ③ 피해자를 보호 · 지원하기 위한 시설 설치 · 운영, ④ 피해자에 대한 주거지원, 직업훈련과 법률구조 같은 사회복귀 지원, ⑤ 피해자 보호 · 지원을 위한 관련 기관 간 협력체계의 구축 · 운영, ⑥ 성폭력 예방을 위한 유해환경 개선, ⑦ 피해자 보호 · 지원을 위한 관계 법령의 정비와 각종 정책 수립 · 시행과 평가를 실시해야 한다. 아울러 여성가족부장관이 성폭력의 실태를 파악하고 성폭력 방지에 관한 정책을 수립하기 위하여 3년마다 성폭력 실태조사를 실시하고, 그 결과를 발표케 했다.

(3) 수강명령

법원은 성폭력 행위자에게 수강명령을 부과하고 있다. 「성폭력범죄 처벌 등에 관한 특례법」은 법원이 성폭력범죄를 범한 사람에 대하여 형의 선고를 유예하는 경우에는 1년 동안 보호관찰을 받을 것을 명할 수 있고, 소년에 대하여 형의 선고를 유예하는 경우에는 반드시 보호관찰을 명하게 규정하고 있다. 아울러 형의 집행을 유예할 경우 그 집행유예기간 내에서 수강명령을 병과하고, 벌금 이상의 형을 선고하거나 약식명령을 고지할 경우 이수명령을 병과하게 규정하였다. 이 수강명령과 이수명령의 내용은, ① 일탈적 이상행동의 진단 · 상담, ② 성에 대한 건전한 이해를 위한 교육, ③ 기타 성폭력범죄를 범한 사람의 재범예방을 위하여 필요한 사항을 구체적으로 밝혔다.

3) 사이코드라마

사이코드라마는 1910년대 정신과의사 모레노(Jacob. Levy. Moreno)에 의하여 고안된 정신치료기법으로, 집단치료에서 활용되었다(안향림 · 박정은, 1994). 사이코드라마를 구성하는 환자, 보조자아, 치료자, 관객, 무대가 있고, 여기에 활용되는 주요 기법으로 독백, 역할바꾸기, 거울기법, 빈의자기법, 이중자아기법 들을 꼽는다. 이 같은 사이코드라마의 특성을 살려 성폭력 행위자의 일상회복을 위한 프로그램으로 꾸며 여기에 소개한다. 이 프로그램은 실제로 2002년 성남보호관찰지소에서 김세훈 보호관찰관이 10명 안팎의 가정폭력 행위자뿐 아니라 5~6명의 마약사범을 대상으로 실시했던 사이코드라마에 근거한 것이다.

(1) 개요

모레노의 정통 사이코드라마를 구사했던 최헌진(1995)은 사이코드라마를 착각, 환각, 망상의 심연에 빠져들지 않고 상상력이라고 하는 인간의 기본적 특성을 이용해 지금-이곳의 현장에서 세계를 변화시키려는 하나의 방법으로 정의하였다. 즉 사이코드라마는 주변의 자원을 활용해 사람이 기본적으로 지니는 능력을 발휘하고, 그래서 자신의 처지를 통찰해 정신건강을 회복·유지케 하는 실천 방안이라고 하겠다.

(2) 목표

사이코드라마의 목표는 억압된 개인의 경험을 연기지향적인 놀이를 통해 자각케 함으로써 자기 인식을 향상시켜 부적응을 받아들이게 하는 데 둔다. 아울러 타인에 관한 이해를 증진시켜 대인관계를 향상시키는 데도 목표를 둔다.

(3) 전략

참여자 주인공이 상상력을 연기하게 함으로써 안정감을 가지고 자신을 있는 그대로 내보이게 하여 자신의 과거 행동이나 열등감 따위를 성찰해 변화를 꾀하게 이끌어간다. 아울러 주인공뿐만 아니라 모든 참여자가 사이코드라마를 통해 함께 공감과 통찰을 경험함으로써 정신건강을 유지하는 데 도움이 되게 한다.

(4) 주요 과정

먼저 전체 참여성원을 10명 안팎으로 하고, 여기에 성폭력 행위자 1~3명, 훈련된 보조자아 7~9명, 사회복지사(디렉터) 1명이 참여케 구성한다. 이 구성은 개방집단의 성격을 유지하되, 행위자는 고정으로 한다. 보호관찰소나 성폭력상담소에서 격주 1회, 매회 4시간, 총 5회를 실시하는 것으로 계획한다. 참여성원을 구성한 이후 실제 사이코드라마 진행 과정을 다음 몇 단계로 구분해 살펴보았다.

① 몸 풀기

사회복지사는 집단실천에서 적용하는 여러 방안을 동원해 성원 간 친밀한 관계를 이끌어낸다. 이때 사이코드라 진행에 관해 참여성원에게 공지할 수 있다.

② 주인공 모시기

주인공은 자발적으로 나와야 하는 원칙을 어겨서는 안 된다. 흔히 시간에 쫓기거나 디렉터의 불안함 때문에 타의에 의해 억지로 주인공을 선정하는 경우가 있는데, 이는 사이코드라마를 하지 않는 것만 못하다. 그러므로 주인공이 등장하지 않으면 집단놀이로 마쳐도 된다.

③ 실연

사회복지사는 사이코드라마의 디렉터로서 주인공이 원하는 바를 제대로 이해하고, 이를 실연으로 옮기는 데 능숙해야 한다. 예컨대 주인공이 가족의 일상을 극으로 재연하는 것을 원할 때 다른 참여자가 보조자아가 되어 가족 성원의 역할을 할 것인데, 이때도 주인공에게 물어 가족성원을 선정하고, 주인공이 원하는 장면을 보조자아가 여법하게 소화할 수 있게 진행해야 한다. 이뿐만 아니라 장면에 필요한 적절한 도구를 활용할 뿐만 아니라 합당한 기법을 적용하며 이끌어간다. 주인공이 자신의 원하는 바를 충분히 드러내고, 사회복지사(디렉터) 입장에서도 이를 동의하는 가운데 실연을 마치고, 다음 단계로 넘어간다.

④ 나누기

사회복지사(디렉터)는 자유로운 분위기에서 주인공을 비롯한 참여자가 실연을 통해 경험한 바를 나눌 수 있게 한다. 이때 보조자아는 긍정적인 면 위주로 나누기를 하고, 주인공이 어느 정도 안정되었을 때 부정적인 면을 다루는 것이 바람직하다. 그래서 사이코드라마 경험이 충분한 보조자아를 강조하는 것이다. 한편 여기에서 가장 중요한 것은 사회복지사(디렉터)나 보조자아가 성폭력을 염두에 두어 몰고 가는 것을 절대 삼가야 한다는 점이다. 있는 그대로를 나누는 중에 주인공이 스스로 통찰할 수 있게 이끌어가야 한다.

⑤ 평가와 종결

평가는 크게 두 방면으로 실시한다. 한 가지 방면은 매회 실시한 사이코드라마에 대한 평가이고, 다른 한 가지 방면은 총 5회를 마치고 실시하는 평가이다. 매회 실시하는 평가는 사이코드라마가 끝난 자리에서 주인공이 신경을 쓰지 않게 진행하는 것이 바람직하다. 예컨대 주인공이 잘한 점을 다루고, 사회복지사(디렉터)와 보조자아의 부족한 점에 중점을 둘 수 있다. 아울러 사회복지사(디렉터)는 따로 시간을 내어 행위자가 주인공과 평가할 수 있다. 총 평가는 참여 행위자의 상태가 안정세를 보인다면 한층 엄정하게 실시할 수 있고, 부족한 점을 다음 프로그램에 반영할 것임을 공지한다. 이 두 방면의 평가 행태가 행위자에게 영향을 미칠 것이므로 충실히 실시되어야 한다. 한편 종결예식은 전체 성원이 회식하며 서로 축하하는 자리를 마련할 수 있으면 좋겠고, 이런 일정은 이미 사전에 밝혀야 한다.

(5) 예상과 주의할 점

전체 참여성원을 구성할 때 앞의 가정폭력에서 언급했듯, 성폭력 행위자가 자율적으로 참여할 수 있게 분위기를 만들어야 한다. 예컨대 이 프로그램을 주도하는 사회복지사는 보호관찰소의 도움을 받아 행위자를 선정해야 하는데, 이를 위해 충분한 시간이 필요하고, 보호관찰소 담당자와 자주 만나 상의하는 것이 바람직하다. 아울러 보조자아는 사이코드라마를 학습할 때 함께 했던 사람을 활용할 수 있다. 이런 점에서 보호관찰소의 담당자가 이 같은 기술을 익혀 프로그램을 이끌어가는 것이 가장 효과적일 터이다.

5. 정신질환자폭력

문헌에서 정신질환자와 정신장애인을 혼용하고 있는데, 여기에서는 「정신건강증진 및 정신질환자 복지서비스 지원에 관한 법률」이 규정한 대로 정신질환자로 표기한다. 실제로 이 법에서 정신질환자를 망상, 환각, 사고(思考)나 기분의 장애 들로 인하여 독립적으로 일상생활을 영위하는 데 중대한 제약이 있는 사람으로 규정하고 있다.

1) 실상

폭력으로 처벌을 받은 정신질환자는 대체로 국립법무병원에 수용되어 있다. 최근에는 비행으로 처분을 받은 청소년 중 정신질환으로 고생하는 사례가 늘고 있다. 여기에서 정신질환자폭력은 폭력에 한정하는 것이 아니라 살해 같은 강력범죄를 포함한다. 이의 실상을 다음 몇 가지로 요약했다.

(1) 발생률과 재범률 증가

경찰청(2023) 통계에 의하면 정신장애범죄가 2021년에 8,850건, 2022년에 9,875건으로 약 12% 증가한 것으로 나타났는데, 정신장애범죄 중 살인, 살인미수, 강도, 강간 같은 강력범죄는 총 567건이었다. 특히 정신장애범죄인 중 강력범죄를 저지른 범죄인의 비율은 0.6%로 전체 범죄인 중 강력범죄를 저지른 범죄인의 비율인 0.17%보다 3배 이상 높은 수치로 나타났고, 또 정신장애범죄인 중 전과가 있는 범죄인의 수가 6,390건으로 65.8%가 초범이 아니었다.

(2) 예고된 범죄

정신장애인의 폭력을 비롯한 강력범죄는 예측이 가능한 것으로 보고되고 있다. 예컨대 정신질환에 의한 고위험행동이 경찰, 지방자치단체, 병원에서 파악된다고 한다(안재경, 2024). 즉 정신질환자가 보이는 위험행동에 관한 경고신호를 병원, 상담기관, 경찰 들에서 인식할 여지가 있는데, 다만 「정신건강증진 및 정신질환자 복지서비스 지원에 관한 법률」의 강제입원 같은 문제로 보호의무자에 의한 진단이나 강제입원이 불가능하다는 점이 제기되고 있다.

(3) 일을 통한 회복의 어려움

현장의 실무자에 의하면 정신질환자가 회복하기 위해서는 일자리가 필요한데, 이 부분이 제대로 작동하지 않고 있다고 한다. 이들은 대부분 정부가 지원하는 수급비나 자활근로에 의존하는 수준이라고 한다. 한편 정부가 이들의 회복을 위한 지원사업을 실시하고 있는데, 정신건강복지센터와 지원시설 간 유기적 관계가 어려워 목적하는 바를 이루지 못하고 있다고 한다. 요컨대 정신질환자의 직업재활을 위한 기초시설이 충분히 확보되지 않았다고 하겠다.

2) 당국의 대응

정신질환자폭력에 당국이 대응하는 바는 규모로나 관심 면에서 긍정적 평가를 받아 마땅하다. 국가는 법을 만들어 제도적으로 대응하고, 아직 부족하지만 지방자치단체가 관련 센터를 설립·운영하고 있다. 특히 사회복지학 측면에서도 가장 앞선 분야 중 하나인 정신건강사회복지 영역이 관여하고 있다. 이런 상황을 다음 몇 가지로 정리했다.

(1) 국가와 지방자치단체의 책무

「정신건강증진 및 정신질환자 복지서비스 지원에 관한 법률」에서 국가와 지방자치단체의 책무로 다음 사항을 규정하고 있다.

하나, 국민의 정신건강을 증진시키고, 정신질환을 예방 · 치료하며, 정신질환자의 재활과 장애극복과 사회적응 촉진을 위한 연구 · 조사와 지도 · 상담 같은 필요한 조치를 하여야 한다.

둘, 정신질환의 예방 · 치료와 정신질환자의 재활을 위하여 정신건강복지센터와 정신건강증진시설, 사회복지시설, 학교, 사업장 들을 연계하는 정신건강서비스 전달체계를 확립하여야 한다.

셋, 정신질환자와 그 가족에 대한 권익향상, 인권보호, 지원 서비스 들에 관한 종합적인 시책을 수립하고 그 추진을 위하여 노력하여야 한다.

넷, 정신질환자와 그 가족에 대한 모든 차별과 편견을 해소하고 차별받은 정신질환자와 그 가족의 권리를 구제할 책임이 있으며, 정신질환자와 그 가족에 대한 차별과 편견을 해소하기 위하여 적극적인 조치를 하여야 한다.

다섯, 정신질환자의 적절한 치료와 재활과 자립을 지원하기 위하여 정신질환자와 그 가족에 대하여 정신건강증진사업에 관한 정보를 제공하는 데 필요한 시책을 강구하여야 한다.

여섯, 국민에게 영 · 유아, 아동, 청소년, 중 · 장년, 노인의 생애주기에 따른 정신건강서비스를 제공하고, 우울 · 불안 · 고독 같은 정신건강상 문제와 관련하여 상담을 제공하고, 국민의 정신건강 증진을 위하여 필요한 시책을 강구하여야 한다.

(2) 지역사회 전문가의 협력

지역사회 전문가의 협력이 체계적으로 잘 운영되고 있다. 예컨대 보호관찰소에서는 효과적이고 효율적인 치료명령의 집행을 위한 자문 기구로서 전담 보호관찰관과 정신건강의학과 전문의, 정신건강전문요원, 중독재활 전문가, 변호사 들로 구성된 치료명령 집행협의체를 구성, 각 보호관찰소 단위로 운영하고 있다.

(3) 정신건강복지센터 운영

정신건강복지센터는 정신질환자를 위한 사례관리라는 전통적인 서비스에서 나아가, 지역사회 중심의 통합적인 정신질환자 관리체계를 구축하여 정신질환자의 조기발견, 상담, 치료, 재활, 사회복귀를 도모하고 있다. 실제로 정신건강복지센터는 기초지방자치단체가 설치·운영하는 기초 정신건강복지센터가 운영되고, 여기에 광역지방자치단체에 광역형 정신건강증진센터가 설치되어 있다.

3) 당사자연구

당사자연구는 장애인뿐만 아니라 비행청소년에게도 적용되고 있어 앞으로 우리나라 사회복지실천 현장에서도 주목해야 할 방법이라고 하겠다. 어쨌든 당사자연구는 정신질환으로 폭력을 행한 사람의 일상회복을 위한 프로그램으로도 얼마든지 응용할 수 있어 여기에 소개한다. 이의 개요, 목표, 전략, 주요 과정, 예상과 주의할 점을 정리한다.

(1) 개요

원래 당사자연구는 조현병, 조울병, 우울증 따위를 앓으며 생활하는 당사자가 겪는 삶의 어려움이나 생활의 과제를 연구주제 삼아 각자의 현재 상황을 통찰케 이끌어가는 실천 방법이다. 특히 당사자연구가 자기 스스로와 함께, 자신이 고생의 주인공, 경험은 보물, 누구나 자기 삶의 당사자라는 철학적 가치를 강조함으로써 유익한 프로그램이 될 것으로 본다.

(2) 목표

여기에 소개하는 당사자연구 프로그램의 목표는 참여하는 당사자가 자신의 문제 상황을 발견하고, 이에 대처할 수 있게 돕는 데 두고 있다.

특히 사회복지사는 이 프로그램에 정신질환 당사자가 자발적으로 참여할 수 있게 유도해야 한다.

(3) 전략

사회복지사는 당사자뿐만 아니라 자신을 비롯한 모든 참여자가 함께 공감하며 각자의 처지를 깨달아 변화를 꾀할 수 있게 이끌어간다.

(4) 주요 과정

이 프로그램은 보호관찰소나 각종 상담소에서 실시할 수 있는데, 폭력 정신질환자 3~4명, 당사자연구에 관심이 있는 사람 10여 명, 총 15~20명 정도를 대상으로 계획할 수 있다. 매주 1회, 매회 3~4시간 총 5회를 실시하고, 당사자의 상황에 따라 1대1 실천을 3~4회 더할 수 있다. 매회의 과정과 전체 과정의 종결을 다음 단계처럼 운용할 수 있다.

① 자리 배치

15~20명이 충분한 간격을 두어 의자에 앉아 원형으로 자리를 잡아 자유롭게 이야기할 수 있는 공간이 필요하다. 앞 쪽에 화이트보드 같은 것을 두어 당사자의 이야기 중 핵심용어 중심으로 기록할 수 있게 하고, 옆의 양 벽에 메모 쪽지를 붙여 참여자가 읽어볼 수 있게 한다.

② 일상 나누기

사회복지사가 주도해 참여자가 순서를 두지 않고 자신의 일상을 이야기하는 시간을 갖는다. 이 시간은 특정하게 정할 수 없지만 1시간 정도 진행할 수 있다. 이 과정에서 주인공 1명이 등장하고, 이후부터 이 주인공의 이야기를 들으며, 상황에 따라 참여자가 조언한다. 이때 주의할 것은 주인공이 하는 이야기가 폭력행위와 관련된 것이라야 한다거나 주인공의 이야기를 지적하는 조언은 삼가야 한다. 요컨대 사회복지사는 이야기가 흘러가는 대로 자연스럽게 이끌어가야 한다.

③ 주인공의 이야기 듣기와 조언하기

전 참여자가 이야기를 하는 중 어느 한 사람이 자신의 일상을 이야기 하려고 할 때 바로 이 사람이 주인공이 되는 것이다. 사회복지사는 주인공이 이야기를 할 때 논리를 따지지 않아야 하고, 다만 분명하지 않은 부분은 물어볼 수 있다. 주인공이 이야기한 내용에서 불분명한 것을 물어 확인할 때 주인공이 통찰하는 기회가 될 수도 있어 사회복지사는 신중하게 물어야 한다. 이 상황은 주인공이 혼자 나머지 참여자를 상대하는 것이므로 참여자는 주인공을 지지하는 분위기로 나아가는 데 협조해야 한다. 한편 사회복지사는 주인공이 이야기에서 나온 핵심어들 간 관계를 도표화해서 주인공 이야기를 재구성함으로써 일목요연하게 보여줄 수 있다. 앞 단계에서 폭력행위에 집중하지 말라고 한 것은 폭력행위가 어느 한 가지 특정 요인에만 관련된 것이 아니라고 보기 때문이다. 즉 폭력행위의 배경이 모든 상황에 연결되어 있어 일상의 어떤 이야기를 통해서도 폭력행위 관련 사정을 통찰할 수 있다.

④ 나누기

사회복지사는 주인공의 이야기를 경청하며 화이트보드에 정리한 핵심어의 도표에 따라 설명하고, 여기에 주인공은 물론 참여자가 나누기를 한다. 이때 앞에 언급한 바처럼 긍정적인 점을 앞세워 실시한다.

⑤ 평가와 종결

평가는 앞 단계의 나누기로 대체할 수 있고, 다음 당사자연구 전에 폭력 정신질환자를 만나 실제에 대해 평가할 수 있다. 이때 정신질환자가 1대1로 당사자연구를 부가적으로 하는 것을 원한다면 참여자 중 당사자연구 경험이 있는 사람과 연결하여 실시할 수 있다. 한편 종결은 총 5회기를 마치고 전체 참여자와 함께 회식으로 대체할 수 있다.

(5) 예상과 주의할 점

당사자연구 초기 1~2회기에는 폭력 정신질환자가 낮은 관심도를 보일 수 있는데, 사회복지사는 이에 얽매이지 말고 계획대로 진행한다. 아울러 사회복지사는 폭력 정신질환자가 즉각 가시적으로 변화를 보일 것이라고 기대하지 않아야 한다. 즉 1~2회기의 실천으로 당사자가 변화할 수 있다는 조급함에서 벗어나 참여자 각자가 실천에서 접하는 경험에 중점을 두는 쪽으로 이끌어간다.

10 좀 더 살펴보기

성매매와 교정복지

성매매를 교정복지에서 중요하게 다루어야 함을 강조하는 것은 「사회복지사업법」이 사회복지사업의 일환으로 「성매매방비 및 피해자보호 등에 관한 법률」을 규정하고, 실제로 성매매 여성이 사회약자로서 사회복지의 주요 대상자가 되기 때문이다. 여기에 「성매매알선 등 행위의 처벌에 관한 법률」이 성매매를 한 여성을 처벌하고 있어 교정복지에서 다루어야 함이 자명하다. 성매매 여성이 교정복지의 주요 대상이 되어야 함은 여성단체에서 성매매 여성을 처벌하는 조항을 삭제하자는 주장(더팩트, 2024년 9월 23일)에서도 드러나고 있다. 여성단체가 이렇게 주장하는 이유는 성매매 알선 구조가 더욱 교묘해져 성매매 여성이 현장에서 폭력과 협박, 감시, 스토킹, 성폭행, 불법촬영, 사기 피해, 모욕 같은 피해 속에 온전한 피해자로 보호받지 못하게 하는 까닭이다. 이런 사정은 이미 오래 전부터 있어왔던 것으로 다음 사례에 드러나고 있다.

> 인천지검에 따르면 검찰은 작년 11월부터 최근까지 인천 A폭력조직의 기업형 성매매업소 운영에 대한 수사를 벌여 조직 두목 김모(44)씨와 부인 이모(49)씨, 이들을 도와준 경찰관 임모(42)씨와 지역 일간지 기자 구모(36)씨 등 12명을 구속기소했다. (…) 300여 명에 이르는 여종업원을 조직적인 폭행, 협박, 감시 방법으로 통제해 이탈을 막거나, 소속 여종업원이 다른 업소로 옮겨가면 조직원을 동원해 해당 업소의 영업까지 방해한 것으로 알려졌다. (…) 한편 이번 수사에서는 경찰관뿐 아니라 불법 성매매업소에 대한 비판기사를 쓰던 기자까지 업주로부터 경찰 청탁 명목 등으로 수천만원의 돈을 받은 것으로 밝혀져 업주와 경찰관, 기자의 '3각 공생관계' 문제가 심각함을 드러냈다. (연합뉴스, 2010년 3월 9일)

이렇게 접근이 어려운 것은 아마도 성매매의 유구한 역사 역시 한 가지 요인이 되지 않을까 싶다. 예컨대 36억 년 전 지구에 생명체가 탄생한 이래 생존경쟁에 의한 진화과정을 겪으면서 사람의 성욕 역시 이 진화과정을 밟는다는 견해를 들 수 있다(성낙현, 1999). 아울러 1947년에 서울, 부산, 대구, 인천에 여자경찰서를 설치하였다가 1957년에 폐지했는데, 당시 여자경찰서의 주된 업무는 성매매 단속이었다(손정목, 2005).

한편 성매매 여성의 특성이나 이들이 처한 형편에서도 교정복지적 개입의 필요성을 감지할 수 있다. 성매매 여성의 특성을 살펴보면, ① 적절한 사회화 과정을 교육받지 못한 채 내던져졌다. ② 의료, 법률, 생계 같은 직접적인 지원을 필요로 하는 경우가 많다. ③ 성매매를 통해 이들 여성은 문화적으로, 사회적으로,

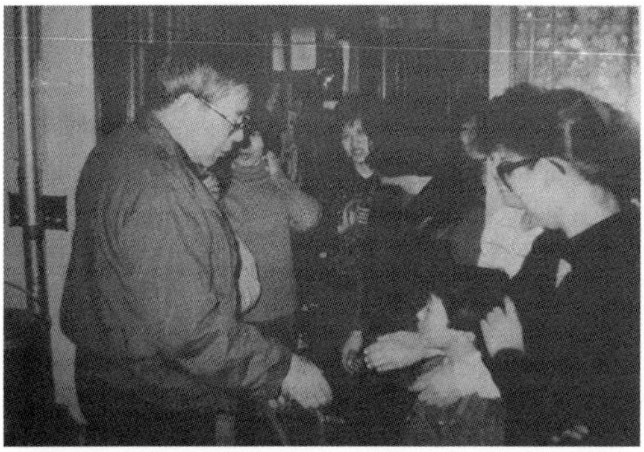

점퍼 차림으로 홀로 성매매여성의 쉼터 **막달레나의 집**을 방문한 김수환 추기경(1988년)
출처: 이충렬(2016b)

신체적으로, 정서적으로, 영적으로 상처를 갖는다. ④ 어려서 가출이나 비행으로 향락산업에 조기 노출되었다. ⑤ 가정불화가 없더라도 집안이 가난하여 이 직업을 택하기도 한다. ⑥ 수입이 소비를 충당하기 힘들어 이 직업을 택하는 경우도 많다. ⑦ 가출 연령이 낮다. ⑧ 돈을 벌고자 하는 욕구가 강하다. ⑨ 적지 않은 돈을 벌면서도 많은 여성이 빚을 지고 있다(유영님, 2001).

그러면 성매매 여성이 처한 이런 입장에서 이들의 일상회복을 위해 개입하려는 사회복지사는 어떤 자세와 전략을 갖춰야 할까?

먼저, 성매매의 실상을 정확히 파악해야 하고, 이를 위해 충분한 시간을 할애해야 한다. 이미 이 현장에서 활동한 사회복지사는 예외라고 하겠지만 처음 경험하는 사회복지사는 성매매의 실상과 돌아가는 현장을 이해해야 할 것인데, 꽤 시간을 마련해야 한다고 생각한다. 특히 이 현장이 앞에 언급한 바처럼 여러 이해관계자가 관련되어 단순하게 드러나는 곳이 아님을 알아야겠다.

아울러, 사회복지사 단독보다는 팀을 이루어 개입해야 할 것인데, 팀을 구성하는 데 신중해야 한다. 사회복지사가 팀을 직접 꾸릴 수도 있고, 여성단체의 도움을 받을 수도 있는데, 이때 시간을 충분이 두어 구성하는 것이 바람직하다.

끝으로, 사회복지사는 성매매 여성은 물론 업주를 비롯한 공의롭지 않은 관련인 모두가 상생하는 전략을 세워 나아가야 한다. 지금 행해지고 있는 성매매가 성매매 여성 외에도 업주, 업주와 연결된 범죄조직, 경찰을 비롯한 공무원 들이 관여하고 있는데, 이들 모두가 공의롭지 못하다는 점을 경계해야 한다. 공의롭지 않음은 타인과 사회의 이익을 버리고 오직 자신의 유익만을 추구하는 행태를 일컫는데, 사회복지사는 이를 극복하고 모두에게 도움이 되게 이끌어가야 한다.

제 11 장

교정자원봉사

사명이란 심부름을 받은 생명을 뜻한다.
(이정배, 2013)

사회복지에서뿐만 아니라 사회적으로도 자원봉사는 매우 중요한 쟁점으로 등장하고 있다. 실제로 1990년대에 자원봉사가 들불처럼 일어났는데, 이는 중·고등학교에서 자원봉사를 강조한 것이 직접 원인이었다. 나아가 지방자치제도에 의해 바뀐 정치 환경 역시 적지 않은 영향을 미쳤다고 생각한다. 여기에서 기억할 것은 사회복지와 사회복지 이외 영역에서 강조하는 자원봉사가 다르다는 사실이다. 예컨대 사회복지에서는 자원봉사가 변함없이 절대적으로 중요한 과업임이 분명하지만 다른 영역에서는 강조하는 바가 오르내리며 유행을 타고 있다.

교정복지에서 자원봉사, 즉 교정자원봉사를 올바르게 이해하고 이를 어떻게 활용할 것인가에 관한 논의가 필요하다. 특히 교정자원봉사가 경찰, 검찰, 법원, 보호·교정기관 같은 권력과 개인의 이해관계가 예민한 곳을 현장삼아 활동한다는 점에서 더욱 그렇다. 비행청소년이나 범죄인이 접하는 공공기관에 소속한 자원봉사자의 활동상을 보면 아쉬운 점이 많다. 조금만 신경을 쓰면 자원봉사의 효과를 한층 더 높일 수 있고, 그래서 비행과 범죄가 불러올 수 있는 사회의 불안을 완화할 수 있을 것이다.

일반적으로 사회복지학에서 강조하는 자원봉사와 달리 교정자원봉사는 2가지 측면에서 살펴보아야 한다. 한 가지는 사회복지사로서 교정자원봉사자 관리 측면이고, 다른 한 가지는 사회복지사가 교정자원봉사자로 활동하는 측면이다. 교정자원봉사자를 발굴, 활용하는 데 중점을 둔 사회복지사의 교정자원봉사자 관리는 어느 사회복지 현장에서든 사회복지사의 주요 과업이 되고 있어 특별히 강조할 것은 없다. 그러나 사회복지사가 교정자원봉사자로 활동하는 것은 특이한데, 이는 교정복지가 제도적으로 완성되어 있지 않기 때문이다. 예컨대 사회복지기관에 근무하는 사회복지사가 자신의 클라이언트가 비행이나 범죄로 인하여 어떤 처분이나 처벌을 받았을 때 평소 교정자원봉사자로 활동하고 있다면 한층 원활하나 개입할 수 있을 것이다.

이 장에서는 사회복지학에서 강조하는 자원봉사에 기반을 두어 교정자원봉사에 관한 이해를 비롯하여 교정자원봉사자에 관한 이해, 교정자원봉사자 실태, 교정자원봉사의 쟁점 · 전망 · 과제를 정리하겠다. 아울러 좀 더 살펴보기에서는 교정복지운동을 소개했다.

1. 교정자원봉사에 관한 이해

교정자원봉사에 관한 이해를 돕기 위해 교정자원봉사의 개념, 필요성, 특성, 우리나라 교정자원봉사의 역사를 알아보겠다.

1) 교정자원봉사의 개념

사회복지에서 강조하듯, 교정자원봉사는 비행과 범죄 현장에서 정기적이고 지속적으로 보수를 받지 않고 하는 활동을 일컫는다. 교정자원봉사의 개념을 다음 몇 가지로 강조할 수 있겠다.

(1) 비행청소년과 범죄인의 일상회복 지원

교정자원봉사는 비행청소년이나 범죄인이 일상을 회복하려고 할 때 이들이 개인적·환경적 장벽을 극복할 수 있도록 돕는 선량한 시민의 활동을 뜻한다. 따라서 교정자원봉사는 어떤 권위나 이해관계를 초월해 이루어져야 한다.

(2) 비행청소년과 범죄인 가족 지원

이뿐만 아니라 비행청소년과 범죄인의 가족을 지원하는 활동을 뜻하기도 한다. 이때 자원봉사자는 개별적으로 활동하기보다는 특정 기관에 소속해 그 실무자의 지도를 받는다. 그럼으로써 교정자원봉사자는 활동을 통해 기관과 실무자를 위한 협력자가 되는 것이다.

(3) 비행과 범죄 예방 활동

아울러 비행과 범죄 예방을 위해 교정 현장 실무자의 지도를 받으며 교정사업에 참여하는 시민의 활동이다. 앞에 언급한 바처럼 이 활동은 간헐적으로 하는 것이 아니라 정기적으로 지속해야 한다. 이렇게 했을 때 교정자원봉사자는 교정 현장의 충실한 감시자가 될 수 있을 터이다.

2) 교정자원봉사의 필요성

교정자원봉사는 비행청소년과 범죄인의 일상회복에 시민이 협력자로서 참여하는 일이다. 그러므로 교정자원봉사의 필요성은 교정사업에 시민이 참여함으로써 한층 효과적인 비행과 범죄 예방은 물론 비행청소년과 범죄인의 일상회복이 가능하다는 정당성을 규명하는 일이기도 하다. 교정자원봉사의 필요성을 몇 가지로 요약하였다.

(1) 다양한 접근 방안

보호·교정 현장의 실무자가 단독으로 업무에 개입, 활동하는 것보다 지역사회의 인적·물적 자원을 투입하는 것이 더욱 효과적이라고 할 수 있다. 특히 비행청소년과 범죄인의 일상회복에는 다양한 전문 인력이 요구되는데, 지역사회의 자원봉사자가 활동함으로써 새로운 방안을 지속적으로 개발하여 현장에 적용할 수 있다. 이뿐만 아니라 모든 교정사업이 계획대로 잘 이루어지기 위해 주변 여건이 합당하게 조성되어야 하는데, 이러한 분위기를 조성하기 위해서도 교정자원봉사활동은 강조되어야 한다.

(2) 지역사회 자원 활용

교정자원봉사활동은 시설보다 지역사회 중심으로 더욱 활발히 이루어질 수밖에 없다. 이 책의 9장에서도 언급한 것 같이 자원봉사자가 개입하는 프로그램이 다른 시설 중심 프로그램에 비해 비용을 덜어주며, 나아가 자원봉사자의 활동이 재정지출을 줄임으로써 정부는 재정의 압박으로부터 탈피할 수 있다. 그러나 교정 당국이 합당한 재정을 지원, 실시해야 할 교정사업을 자원봉사자에게 떠넘기려 해서는 안 된다.

(3) 시민연대의식 강화

비행청소년과 범죄인의 일상회복에 시민이 참여하여 시민연대의식을 강화할 수 있다. 이는 비행과 범죄에 관한 일이 비행청소년과 범죄인만의 노력으로 되는 것이 아니라 지역사회 주민도 책임을 나누어야 한다는 의미와 같은 맥락이다. 왜냐하면 그럼으로써 지역사회의 병리현상을 막을 수 있을 것이고, 지역사회 스스로 치유해 갈 수 있는 자정능력을 갖게 될 것이기 때문이다.

(4) 교정제도 발전 촉진

비행청소년이나 범죄인을 위한 일상회복이나 비행 · 범죄 예방을 보호 · 교정 당국에서만 한다면 독단으로 치우칠 가능성이 높아 보호 · 교정제도의 발전에 장애가 될 수 있다. 교정사업에 자원봉사자가 참여함으로써 교정 현장이 개방되고, 그래서 이 분야에 자원봉사자가 협력자로서 때로는 감시자로서 교정제도의 발전에 기여할 수 있다.

3) 교정자원봉사의 특성

서두에서 언급한 것처럼 교정자원봉사는 사회복지나 일반 사회에서 강조하는 자원봉사와 다른 점이 있다. 교정자원봉사의 특성이라고도 하겠는데, 이에 관한 이해를 통해 교정자원봉사의 개념은 물론 교정자원봉사에 임하는 자세를 점검할 수 있겠다. 교정자원봉사의 특성으로 다음 몇 가지로 요약했다.

(1) 예민한 이해관계

교정자원봉사가 권력 기관 기반으로 이루어짐으로써 교정자원봉사자가 자칫 그 권력을 이용하기 위해 참여할 수도 있다. 실제로 현장에 나가보면 '악화가 양화를 밀어낸다.'면서 지역사회의 좋은 인적 자원이 참여를 꺼린다. 경찰, 검찰, 법원은 시민 입장에서 볼 때 상당한 힘을 가지고 있고, 이를 시민은 이용하려는 욕구가 있는 것이 사실이다. 소년원이나 교도소 같은 보호 · 교정시설 역시 비행청소년과 범죄인의 가족에게 힘을 발휘하는 곳임이 분명하다. 이런 상황에서 교정자원봉사에 참여하는 사람이 이해관계를 따질 가능성이 높다.

(2) 뜻밖의 실망감

비행청소년과 범죄인과 직접 상대하는 교정자원봉사자는 가끔 실망하는 사례가 있다. 예컨대 비행청소년이나 범죄인이 교정자원봉사자에게 거짓말을 하거나 계획적으로 속여 재정적 손실을 불러일으킨다. 이런 일을 당한 교정자원봉사자는 실망할 수밖에 없고, 이후 활동을 꺼린다. 물론 교정자원봉사활동을 통해 보람을 느끼는 사례가 대부분임을 우리는 경험하고 있다.

(3) 사회복지사 본인의 참여

교정자원봉사는 사회복지사가 직접 참여하기도 한다. 이는 교정 현장에 사회복지사가 투입되어야 하는 제도적 장치가 미흡해서이기도 하고, 비행청소년과 범죄인이 거치는 여러 곳을 주도하는 사회복지사가 관여하는 것이 필요하기 때문이다. 예컨대 경찰이나 검찰이나 법원 당국이 비행청소년을 가정에 돌려보내려고 지역사회에서 보호해줄 사람을 찾는다면 그 지역사회의 사회복지사를 뛰어 넘는 전문 인력이 있을까. 이런 점에서 교정복지 관련 현장은 사회복지기관에 근무하는 사회복지사에게 교정자원봉사에 참여하기를 고대하고 있다.

4) 교정자원봉사 역사

우리나라의 교정자원봉사는 크게 두 가지로 구분, 이해할 수 있다. 법적인 근거에 따라 시행하고 있는 교정자원봉사와 개별 기관의 지침에 따른 교정자원봉사를 들 수 있다. 법무부(1995)의 자료에 따르면 법적 근거를 가지고 있는 갱생보호위원, 소년선도위원, 보호위원은 적극적이고 정기적으로 활동하였다. 한편 교정기관의 교화위원, 보호기관의 방문지도위원의 활동은 부정기적이고 시혜적 위문성을 띤다고 지적하고 있다. 우리나라 교정자원봉사의 역사에 대해 법적 근거를 가지고 있는 부분 중심으로 간략히 살펴보겠다.

(1) 갱생보호위원

갱생보호위원의 활동은 「갱생보호법」이 규정하였다. 이 법은 1942년에 만들어진 「조선사법보호사업령」이 모태가 되어 1961년에 제정되었다. 이 「갱생보호법」은 출소자와 퇴원생의 사후관리와 경제적 지원을 주요 업무로 삼고 있는데, 여기에 갱생보호위원이 참여하여 사업을 지원하도록 하였다. 그러므로 법적으로 볼 때 갱생보호위원의 활동이 우리나라에서는 최초의 교정자원봉사활동이라 할 수 있다. 1995년에 「갱생보호법」은 「보호관찰 등에 관한 법률」에 통합되었고, 1996년에는 앞에서 언급한 것처럼 세 자원봉사 단체가 선도보호위원으로 통합되었다.

(2) 소년선도위원

1970년대 후반부터 검찰 당국은 비행청소년의 특성을 고려하여 이들의 비행에 따른 지도와 감독이 지역사회 안에서 이루어져야 함을 강조하여 왔다. 이에 1981년 「소년선도보호지침」을 제정하여 선도조건부기소유예제도를 시행하면서 자원봉사자인 소년선도위원이 비행청소년의 일상회복을 돕도록 하였다. 지금은 소년보호위원으로 불리고 있다.

(3) 보호위원

법무부의 관련 당국은 물론 형사정책 관련 분야의 단체가 보호관찰제도의 필요성을 정부에 꾸준히 건의하여서 1988년 「보호관찰법」이 제정되었다. 이에 1989년부터 보호관찰제도가 시행되면서 보호위원이 보호관찰의 주요 대상자인 비행청소년의 일상회복을 돕기 시작하였다. 이 보호위원의 명칭은 1995년에 보호선도위원으로 바뀌기도 하였다.

(4) 범죄예방자원봉사위원

1996년 7월부터 갱생보호위원, 소년선도위원, 보호위원이 범죄예방자원봉사위원으로 통합되었다. 이 훈령은 인구 1,000명당 1인의 범죄예방자원봉사위원을 위촉하게 하고, 이의 업무를 관장하는 범죄예방지도협의회를 각 지방검찰청이나 지청에 두도록 규정하고 있다. 아울러 각 지역협의회에 5개 분과위원회(학교폭력예방지도분과위원회, 상담분과위원회, 보호관찰분과위원회, 취업알선과 재정지원분과위원회, 의료지원분과위원회)를 구성, 운영하고 있다. 이러한 변화는 지금까지 교정 현장에서 활동하고 있는 자원봉사자를 일원화하여 이들이 적극적이고 효과적으로 임하게 한 것인데, 이는 당국의 의지적인 노력의 결과라고 할 수 있다.

2. 교정자원봉사자에 관한 이해

교정자원봉사의 주체인 교정자원봉사자에 관한 이해는 앞으로 교정자원봉사의 활성화와 전문화를 위해 매우 소중한 논의라고 할 수 있다. 교정자원봉사자에 관한 이해를 돕고자 교정자원봉사자의 정의를 비롯하여 교정자원봉사자의 역할과 교정자원봉사자가 수행해야 할 과제를 살펴보도록 하겠다.

1) 교정자원봉사자의 정의

교정자원봉사자는 교정자원봉사에 참여하는 시민이라고 할 수 있는데, 이를 다음처럼 몇 가지로 나누어 정의할 수 있다.

(1) 비행청소년과 범죄인의 일상회복 지원자

교정자원봉사자란 비행청소년이나 범죄인의 일상회복을 위해 이들에게 직접적인 서비스를 주거나 교정 현장의 실무자를 돕는다. 나아가 이들은 비행청소년과 범죄인뿐만 아니라 이들의 가족과도 교류하면서 돕기도 한다. 한편 교정자원봉사자가 교정자원봉사 대상자에게 제공하는 서비스는 물질적인 것부터 정신적인 지지까지 매우 다양하다. 특히 범죄인과 비행청소년의 욕구가 질적인 면에 치중하게 되고, 이들의 환경이 복잡해짐에 따라 교정자원봉사자는 전문적인 지식이나 기술을 활용해야 하는 단계까지 이르렀다.

(2) 비행과 범죄 예방 활동가

교정자원봉사자는 비행과 범죄의 예방을 위해 참여하는 활동가다. 앞에서 여러 차례 강조한 바처럼 비행청소년이나 범죄인의 일상회복보다 비행과 범죄 예방이 훨씬 중요하다고 했음에도 실제로 예방 활동은 눈에 띄지 않는다. 앞으로 교정자원봉사자의 조직이 한층 체계화되어 예방활동이 강화되어야 할 것이다. 이들은 보호 · 교정 현장과 밀접한 관계를 맺고, 보호와 교정 실무자가 업무를 추진하는 데 협력하기도 한다.

(3) 비행과 범죄 관련 기관의 협력자와 감시자

교정자원봉사자는 비행과 범죄에 관련하는 기관에 협력하고, 나아가 그 기관을 감시하는 시민 활동가이다. 예컨대 교정자원봉사자는 경찰, 검찰, 법원, 보호 · 교정기관은 민간시설의 업무를 돕고, 나아가 이들 기관이 여법하게 운영되고 있는지를 감시하기도 한다.

2) 교정자원봉사자의 역할

보호와 교정 당국이나 민간이 펼치는 교정사업에 자발적으로 참여하는 교정자원봉사자의 주요 역할은 다음 몇 가지로 요약할 수 있다. 이 역할에 관한 이해를 통해 교정자원봉사에 관한 이해를 더욱 꾀할 수 있을 것이다.

(1) 대상자를 위한 도우미

사회적 서비스의 대상자에게 도움을 주어야 한다는 것은 교정복지뿐만 아니라 사회복지실천의 모든 분야에서 우선해야 하는 자원봉사자의 중요한 역할이다. 도움으로는 심리사회적 서비스로 상담, 조언, 관심 따위를 들 수 있고, 때에 따라서는 물질적 서비스를 줄 수도 있다. 특히 교정자원봉사자는 비행청소년과 범죄인을 위해 이들의 재비행과 재범을 막기 위한 도움보다 먼저 이들이 심리적으로 안정된 생활을 할 수 있도록 이끌어 가는 데 중점을 두어야 한다.

(2) 보호 · 교정 제도 발전을 위한 협력자와 감시자

교정자원봉사자는 대상자를 돕는 일 외에도 보호 · 교정 당국이 시행하고 있는 교정사업이 잘 이루어질 수 있도록 협력하고, 아울러 교정사업의 진행과정을 감시해야 한다. 예컨대 교정 현장에서 지역사회의 전문 인력이나 인적 자원을 필요로 할 때 관련인이 적시에 참여함으로써 그 사업이 한층 순조롭게 시행될 수 있다. 한편 교정자원봉사자는 시민의 입장에서 모든 교정사업의 프로그램이 효과적일 수 있도록 당국에 대응하고, 나아가 프로그램이 발전할 수 있도록 기여해야 한다.

(3) 중재자

보호와 교정 현장의 실무자와 비행청소년 · 범죄인 관계는 다른 어떤 사회복지실천 분야보다 특별하게 형성되어 이들의 일상회복에 도움이 되고 있다. 그런데 실무자와 비행청소년과 범죄인은 상하관계가 강한 편이고 또 매우 경직되어 있는 것이 사실이다. 이러한 관계를 '쇠와 쇠의 부딪침'에 비유한다면, 교정자원봉사자는 윤활유의 역할을 함으로써 양자 간 관계를 부드럽게 할 수 있다.

(4) 시민의 참여 유도자

교정자원봉사자는 보호 · 교정 현장에서 비행청소년이나 범죄인, 나아가 이들의 가족과 관계하는 것뿐 아니라 지역사회의 시민이 이 분야에 적극 참여할 수 있도록 유도하고 있다. 그럼으로써 교정사업에 관한 시민의 인식을 높이고, 덧붙여 지역사회로부터 교정사업에 필요한 자원을 확보할 수 있다.

(5) 보호 · 교정 제도의 개혁가

교정자원봉사자는 현장의 활동만으로 그쳐서는 안 된다. 보호와 교정 당국이 시행하는 제도를 냉정하게 비판하면서 비행청소년과 범죄인의 일상회복, 비행과 범죄의 예방에 필요한 제도의 변화에도 앞장서야 한다. 이러한 역할은 교정자원봉사자의 경험을 통해 이루어질 것이므로 보호 · 교정 제도 입안자에게 큰 힘이 된다. 이를 위해 교정자원봉사자는 성실히 활동해야 한다.

3) 교정자원봉사자의 과제

비행청소년과 범죄인의 진정한 일상회복을 위하고 보호 · 교정 당국의 발전을 위해 교정자원봉사자가 수행해야 할 몇 가지 중요한 과제를 다음처럼 정리할 수 있겠다.

(1) 투철한 정신

비행청소년과 범죄인을 위한 자원봉사활동이 다른 분야에서보다 어렵다는 사실을 감안할 때 교정자원봉사자는 흔들림 없는 자기조절 능력이 뛰어나야 한다. 이 능력은 활동 정신으로부터 발휘될 수 있다. 변화가 힘든 대상자를 포기하지 않고 관심을 가지고 끝까지 활동할 수 있는 정신적 힘은 결국 교정자원봉사자 자신에 대한 믿음의 정도와 비례할 터인데, 이는 인본주의 철학과 자신의 경험을 통해 더욱 강화할 수 있다.

(2) 전문 지식

교정자원봉사에 참여하는 사람에게 전문 지식까지 요구하는 것은 너무 지나친 주문일지도 모른다. 그러나 자원봉사의 대상자가 지니고 있는 내·외적인 특성을 고려하고, 나아가 교정사업의 발전을 기대한다면 교정자원봉사자는 당연히 전문 지식을 갖추고 활동하는 것이 바람직하다. 왜냐하면 전문 지식을 습득하는 것이 꼭 대상자만을 위한 것이 아니라 자원봉사활동에 참여하는 교정자원봉사자 자신에게 우선 도움이 될 것이기 때문이다.

(3) 성실한 활동

교정자원봉사활동은 교정 현장의 특성상 자칫하면 대상자를 위한 활동을 핑계로 교정자원봉사자 자신의 이득을 위해 참여할 수도 있다. 현재 활동하고 있는 교정자원봉사자는 이 점을 깊이 반성해야 한다. 성실한 교정자원봉사활동을 위해 교정자원봉사자 자신의 노력도 필요하나 보호·교정 당국이 함께 풀어 가야 할 과제다. 요컨대 교정자원봉사자는 정기적이고 지속적으로 활동해야 하고, 보호·교정 당국은 이들의 참여를 유도하기 위해 참여자에게 적절히 보상할 수 있어야 한다.

4) 사회복지사로서 교정자원봉사자의 주요 과업

사회복지사가 교정자원봉사자로 활동하는 것은 쉽지 않으나 한번 발을 들여놓으면 절로 되는 부분도 있다. 직접 교정복지에 관여하지 않더라도 이 영역에 관심을 두어 교정자원봉사자로 참여한다면 사회복지사는 자신의 역량을 한층 더 끌어올릴 수 있고, 나아가 사회복지사로서 보람을 더할 수 있을 것으로 확신한다. 이때 사회복지사의 주요 과업을 다음 몇 가지로 정리했다.

(1) 교정 관련 기관과 교정자원봉사자와 유대관계 강화

교정자원봉사자로 참여하는 사회복지사가 교정 관련 기관은 물론 기존 교정자원봉사자와 유대관계를 강화할 수 있으면 좋겠다. 예컨대 경찰, 검찰, 법원, 소년원, 교도소의 실무자와 협력 관계를 만들어 서로 도움을 주고받는 과정에서 비행청소년이나 범죄인의 일상회복에 한층 더 기여할 수 있다. 나아가 사회복지사는 교정자원봉사자와 돈독한 관계를 유지함으로써 이들을 사회복지기관의 자원은 물론 자신의 사적 연계망(network)의 성원으로 활용할 수 있다.

(2) 교정복지 관련 현장과 제도 이해

사회복지사는 어느 현장에 근무하든지 장차 비행과 범죄에 관여하는 기회가 올 것인데, 이때 교정복지 관련 현장과 제도를 이해하고 있다면 크게 도움이 될 것이다. 어떤 현장이나 제도를 이해할 때 가장 효율적으로 대처할 수 있는 것은 실제 경험을 통해서라고 생각한다. 사회복지사는 교정자원봉사를 통해 자연스럽게 이들 현장과 제도를 이해할 수 있을 것이다.

(3) 사례 활동

사회복지사가 비행청소년이나 범죄인의 일상회복을 위한 사례 활동을 교정복지실천의 방법에 따른 계획 아래 수행할 수 있으면 좋겠다. 그래서 이를 틀에 따라 정리해 발표하고, 평가받아 자신의 역량을 더욱 향상시키는 계기를 마련할 수 있길 기대한다.

3. 교정자원봉사자 실태

앞에서는 법적 근거를 두고 있는 세 유형의 교정자원봉사자를 역사적인 측면에서 간략히 알아보았다. 여기에서는 현재 우리나라에서 활동하고 있는 교정자원봉사자의 실태를 총망라하여 살펴보도록 하겠다. 전체 자원봉사자의 유형을 크게 4가지로 나누고, 이들 유형을 세분해 그 실태를 정리하였다.

1) 범죄예방자원봉사위원

범죄예방자원봉사위원은 앞에 언급한 바처럼 갱생보호위원, 소년선도위원, 보호위원을 통합하여 다섯 개 분과로 세분하고 있다. 명칭은 변했으나 실제 활동은 전과 같다. 다만 2000년부터 보호관찰소 당국이 폭주하는 보호관찰 업무를 보조하기 위해 전문교육을 이수한 보호관찰전문예방위원을 위촉하여 활용하고 있다. 이들을 주요 현장별로 지나간 것을 포함해 살펴보도록 하겠다.

(1) 법무보호복지공단 소속

법무보호복지공단에 소속해 있는 범죄예방자원봉사위원은 전국의 공단지부에 협의회를 설치하여 각 공단 지부장의 감독 · 지휘를 받아 활동하고 있다. 이들의 직업은 매우 다양하여 법조인, 기업인, 회사원, 종교인, 의료인, 대학생 들이 참여하고 있다. 이러한 조직의 틀은 이후 소개하는 다른 기관의 조직과 대동소이하다. 이들의 주요 업무는 교도소나 소년원에서 출소 · 퇴원한 자를 위한 재정지원, 취업알선, 의료 서비스, 숙식제공, 합동결혼식, 무연고자 결연 따위다.

법무보호복지공단 부산지부법무보호복지공단 대학생보호위원 대학생보호위원 모집(2025)

대학생보호위원 전국연합회 하계수련회(2019)

출처: m.search.daum.net

(2) 검찰청 소속

예전의 소년선도위원은 전국의 지방검찰청과 지청을 센터로 조직되었다. 소년선도위원은 비상임선도위원과 상임선도위원으로 구분하는데, 이들 선도위원은 앞에서 소개한 교정자원봉사자와 비슷한 조건을 갖춘 사람으로 이해하면 된다. 상임선도위원은 법무부장관으로부터 위촉되어 일정 기간 활동할 수 있으나, 비상임선도위원은 소년의 선도보호 기간 동안만 활동하고 이후에는 그 자격이 상실된다. 소년선도위원의 주요 업무는 선도보호 대상 소년에 대한 예비조사, 소년과 접촉, 원호, 소년 가정의 방문 따위를 통한 청소년의 생활지도이다.

(3) 보호관찰소 소속

과거의 보호위원은 전국의 보호관찰소와 지소에 조직되어 운영되었으며, 법무부(1995)의 통계에 따르면 다른 교정자원봉사자의 수는 해마다 줄고 있는 반면 보호위원의 수는 늘었다. 이들의 직업은 교육자가 가장 많고 다음으로 사업가, 종교인, 의사, 약사의 순서로 나타났다. 범죄예방자원봉사위원의 업무는 보호관찰 대상자에 대한 생활상담과 지도가 주를 이루고 있고, 취업알선, 경제적 지원 따위도 있다.

2) 교정위원

교정위원의 효시는 1970년에 수용자의 교정·교화를 위해 위촉되었던 '독지방문위원'이다. 이 독지방문위원제도가 좋은 성과를 거두자 1975년부터 각 교정시설에 3~10명으로 확대하게 되었으며, 1983년에 독지방문위원을 교화위원과 종교위원으로 나누어 제도화하였다(법무부, 2000). 1998년에 교정기관에서 활동하고 있는 교화위원과 종교위원을 통합하여 교정위원이라고 칭하고 '교정위원중앙협의회'를 구성하여 교정 당국과 일선 교정위원 간 통로를 만들었다. 이후 발전을 거듭하면서 수용자를 위한 다양한 분야의 교육이 강조되는 가운데 교육위원을 새로 조직하여 참여시키고 있다. 교화위원과 종교위원과 교육위원을 정리하면 다음 같다.

(1) 교화위원

교화위원은 전국의 교정시설, 즉 구치소와 교도소별로 교화위원 협의회가 조직되어 당시 교무과에 소속해 활동하였다. 현재 각 시설의 형편에 따라 규모가 다른데, 현재 각 교정시설에 50~100명 정도가 활동하고 있다. 이들은 사회 각 분야에서 전문가로 활동하고 있는 자로 주로 교정시설의 수용자를 위한 상담, 출소 후 생활지도, 취업알선 따위를 맡고 있다. 앞으로 교화위원의 활동은 정기적이고 지속적인 활동으로 개선되어야 할 것이다. 그럼으로써 수용자의 일상회복을 위해 실질적인 도움을 줄 수 있을 것이기 때문이다. 이러한 변화를 위해서는 각 교정기관이 합당한 프로그램을 만들어 이들의 활동이 더욱 생산적일 수 있도록 유도해 나가야 한다.

(2) 종교위원

종교위원은 교화위원과 함께 교화위원협의회에 속해 있다. 교화위원과 구별되는 점은 지역사회의 성직자로 목사, 승려, 신부, 수녀, 교무들로 구성되어 있다는 것이다. 이들 종교위원의 주요 업무는 수용자의 신앙생활지도, 교회집회, 종교상담, 자매결연 따위다. 종교위원의 활동은 많은 수의 수용자가 참여하는 대규모 집회를 지양하고 소규모나 개별적인 활동이 한층 활발하게 이루어져야 한다. 이와 함께 종교위원의 정상적인 활동을 위해 비록 어려운 여건이라고 하나 교도소나 구치소 측의 특별한 배려가 있어야 한다.

(3) 교육위원

교육위원은 교육자, 기능보유자를 위원으로 위촉하여 수용자 학과교육, 컴퓨터교육, 외국어교육, 직업훈련 분야에서 헌신적으로 봉사하고 있다. 특히 이들의 활동은 수용자의 기능 향상에 즉각적인 성과를 거두고 있어 널리 확대되어야 한다.

3) 소년보호위원

소년보호위원은 소년원과 소년분류심사원에서 활동하는 교정자원봉사자로 교육위원, 종교위원, 어머니위원, 사회정착위원으로 구분하고 있다. 예전에는 보호소년지도위원으로 불렸다. 이들은 전국의 각 소년보호기관에서 활동하고 있다. 각 기관은 서로 차이는 있으나 자원봉사의 중요성이 대두하면서 이 분야의 자원봉사를 활성화하기 위해 노력하고 있다. 예컨대 서울소년원은 사회봉사협력센터를 설치하여 자원봉사자를 적극 유치하고 있다. 분과별 자원봉사자를 소개하면 다음 같다.

(1) 교육위원

교육위원은 전국의 소년원과 소년분류심사원에 협의회를 조직하여 활동하고 있다. 이들은 사회지도층 인사들로 전문 지식과 경험을 바탕으로 소년원생의 재비행을 방지하는 데 주력하고 있다. 특히 소년원에서 실시하고 있는 여러 교육활동 프로그램을 지원하고 있다. 교육위원의 주요 업무는 원생을 위한 생활정보, 취업정보, 취업알선, 결연, 진로상담, 정신교육이다. 앞으로 교육위원은 소년원생의 나이를 고려하여 이들과 세대 차를 최대로 줄일 수 있는 젊은 층이 많이 참여할 수 있도록 개선하는 것이 바람직하다.

(2) 종교위원

종교위원 역시 교육위원이나 어머니위원 같은 조직의 형태를 띤다. 다만 이 조직은 종교위원으로 구성되며 이들의 주요 업무는 교리지도, 성경학교, 참선학교가 있고, 종교예식으로 세례, 수계, 영세 따위를 들 수 있다. 앞으로 종교위원의 활동은 종교예식의 형식을 벗어나 소년원생을 위한 깊이 있는 상담 서비스를 강화해야 한다.

(3) 어머니위원

어머니위원은 교육위원 같은 조직으로서 전국의 소년원과 소년분류심사원 중심으로 활동하고 있다. 대부분의 교정자원봉사자는 법무부장관이 위촉하는 데 반하여 어머니위원은 소년원장과 소년분류심사원장이 위촉한다. 이들의 주요 업무는 형편이 어려운 원생을 면회하거나 상담에 응하고 있으며 일일 명예담임선생님으로 원생지도에 참여한다. 앞으로 어머니위원의 활동은 어머니위원이 단체로 시설에 참여하는 것을 줄이고 개인별로 시설을 방문하여 원생과 개별 접촉을 권장하는 것이 바람직하다.

(4) 사회정착위원

사회정착위원은 비행청소년이 소년원을 퇴원한 후 이들의 사회정착을 지원한다. 예컨대 퇴원 청소년에게 상황에 따라 장학금, 취업, 멘토

활동을 지원하고 있다. 대체로 이 사회정착위원은 사업체를 운영하는 사업가라 하겠다.

4) 기타 교정자원봉사자

기타 유형으로 비행청소년과 범죄인이 거치는 경찰, 검찰, 법원을 비롯해 민간 기관을 거점으로 활동하는 교정자원봉사자를 살펴보았다.

(1) 청소년지도위원

청소년지도위원은 각 경찰서의 여성 · 청소년계에 소속하여 활동하면서 경찰서장의 지도 · 감독을 받는다. 그러나 경찰서에 따라 이 조직이 잘 운영되는 곳이 있는가 하면 유명무실한 곳도 있다. 이러한 현상은 시민이 지니는 경찰상의 변화와 관련하고 있다. 예컨대 경찰이 '권력자'로 군림할 경우 시민의 참여는 형식적일 수 있고, '민중의 지팡이'로 나설 때 시민은 자발적으로 참여할 것이다. 이들의 활동은 청소년의 비행과 범죄 예방에 초점을 두고 있다. 청소년지도위원회는 경찰서가 관할하고 있는 지역사회의 '유지'로 구성하고 있다. 앞으로 청소년지도위원의 활동은 경찰서의 특성에 따라 더욱 활성화시켜야 한다. 이를 위해 경찰 당국은 성실한 시민이 비행과 범죄 예방에 관심을 가지고 적극적으로 참여할 수 있도록 노력해야 한다.

(2) 소년선도위원

소년선도위원은 검찰이 시행하는 선도조건부기소유예에 필요한 자원봉사자로 활용한 사례이다. 앞에 언급한 바처럼 「보호관찰 등에 관한 법률」에 따라 범죄예방자원봉사위원에 소속함으로써 여기에서는 설명을 생략한다.

(3) 소년자원보호자

소년자원보호자는 전국의 지방법원 소년부지원과 서울가정법원을 중심으로 활동하고 있는데, 교정자원봉사자로는 뒤늦게 발족하였다. 1985년에 서울가정법원의 소년자원보호자협의회가 처음 결성되어 전국으로 확대되었다. 소년자원보호자는 정신과의사, 청소년 관련 전문가, 교사, 기업인 들이 주류를 이루고 있다. 이들의 업무는 교정자원봉사자의 업무와 유사하다. 소년자원보호자의 활동이 나아가야 할 방향에 관해서는 시간을 두고 하는 연구가 필요하다.

(4) 민간 기관의 교정자원봉사자

민간 기관의 교정자원봉사자는 주로 비행청소년을 수용하고 있는 시설이나 비행청소년을 위한 프로그램을 실시하고 있는 지역사회의 사회복지 관련 기관 중심으로 활동하고 있다. 그러나 이들의 조직은 체계적이지 않고 형식을 갖추지도 못했다. 여기에 참여하는 교정자원봉사자는 대체로 상담 전문가, 종교인, 대학생 들인데, 이들의 업무는 정기적이거나 지속적이지 않다. 앞으로 민간 기관의 교정자원봉사활동은 대폭 확대되어야 한다. 따라서 이들의 조직화, 전문교육, 참여 유도 같은 과제를 시급히 해결할 수 있도록 민간 기관의 실무자가 앞장서야 한다.

4. 교정자원봉사의 쟁점과 전망과 과제

교정복지의 발전을 위해 교정자원봉사자의 활동은 보호 · 교정 현장의 중요한 변수라고 할 수 있다. 그러므로 교정자원봉사에서 드러나고 있는 쟁점, 앞으로 펼쳐질 교정자원봉사의 전망, 풀어야 할 과제를 점검하는 작업이 필요하다.

1) 쟁점

교정자원봉사가 더욱 충실하게 이루어지기 위해서는 현재 쟁점이 되고 있는 것을 찾아 충분히 논의해야 한다. 먼저 이런 작업이 있고 나서야 앞으로 펼쳐질 교정자원봉사의 전망과 이에 따른 과제를 정리할 수 있을 터이다. 교정자원봉사의 쟁점으로 다음 몇 가지를 정리하였다.

(1) 권위의식 탈피

교정자원봉사자가 활동을 통해 드러내려는 권위의식을 탈피해야 한다. 권위를 앞세우려는 교정자원봉사자의 행태를 사회복지현장에서는 전혀 볼 수 없는 것이다. 예컨대 교도소 같은 교정시설에서 교화위원과 종교위원을 교정위원이라고 부르는데, 이는 '위원'이 권위성을 보이고 있어 비행청소년과 범죄인은 물론 일반시민에게 봉사정신을 심어 주는데 바람직하지 않다고 생각한다.

(2) 용어의 통일

교정복지 관련 현장에서는 교정자원봉사라는 용어가 통일되지 않고 저마다 달리 칭하고 있다. 교정자원봉사는 교정사업은 물론 교정복지에서 중요한 영역으로 자리 잡아야 한다. 1996년 보호기관 중심으로 갱생보호위원, 소년선도위원, 보호위원을 통합하여 범죄예방자원봉사위원이라는 용어를 잠시 사용하였다. 그러나 1997년부터 범죄예방자원봉사위원이 선도보호위원으로 변경되었고, 다시 1999년부터 범죄예방자원봉사위원으로 바뀌었다. 이런 과정에서 섬기는 자세를 견지함을 보여주는 교정자원봉사(자)라는 용어는 기피하고 있음을 엿볼 수 있다.

(3) 좋은 자원 확보

지역사회에서 교정자원봉사자로 활동하기를 바라는 사람 중 상당수가 기존 교정자원봉사자의 불충실한 태도로 참여하지 않고 있다. 이런 현실은 앞에 언급한 바처럼 참여하고 있는 교정자원봉사자가 본인의 이해관계를 봉사보다 더 중시할 수 있고, 기본적으로 자원봉사자로서 자세를 충분히 이해하지 못해서라고 생각한다.

(4) 충실성 강화

한편 교정자원봉사가 한층 더 충실하게 진행되어야 하겠다. 교정자원봉사자 각자의 활동이 진실하게 이루어져야 하고, 나아가 어느 특정 영역에 치중하기보다는 전체 영역이 균형을 이룰 수 있게 진행되어야 한다. 그 대표 실례로 비행과 범죄를 예방하는 활동에 소극적임을 들 수 있다. 물론 소년원 퇴원생이나 교도소 출소자를 위해 지원하는 것이 재범을 예방하는 것일 수도 있는데, 지역사회를 기반으로 펼치는 실질적인 예방활동이 강화되어야 할 것이다. 교정복지실천의 기술을 적용한 교정복지운동 같은 활동으로 얼마든지 예방활동 프로그램을 실행할 수 있다. 그럼에도 안 되는 것은 아직도 교정복지 관련 현장이 교정복지를 온전히 이해하지 못한 탓이라고 생각한다.

2) 전망

교정복지 관련 현장의 실상과 관련하여 앞으로 펼쳐질 교정자원봉사를 다음처럼 전망할 수 있겠다.

(1) 교정자원봉사의 확대

교정사업에서 교정자원봉사가 앞으로 크게 확대될 것으로 전망하는 것은 교정사업이 발전하기 위해서는 무엇보다도 시민의 참여가 필요하기 때문이다. 이는 우리나라의 정치 · 사회적인 변화에 따라 교정사업이 영향을 크게 받음을 예상한 것이다. 정치가 안정되면서 과거의 폐쇄적이었던 보호·교정 현장과 보호·교정 제도가 개방을 피할 수 없게 되고, 나아가 비행과 범죄에 관한 시민의 관심이 높아질 수밖에 없을 것이다. 결국 비행과 범죄에 대한 처벌은 지역사회 중심으로 비행청소년과 범죄인의 일상회복에 중점을 두어 이루어져야 한다. 예컨대 민영 교도소를 독려하는 교정 당국의 노력에서도 보는 바 같이 정부의 최소 비용이 강조되고 있다. 이러한 흐름 속에서 보호·교정 당국은 교정사업에 교정자원봉사자를 대거 투입할 것으로 예상한다.

(2) 교정자원봉사의 전문화

교정자원봉사의 확대는 반드시 전문 지식과 기술을 갖춘 교정자원봉사자의 활동을 요구하게 될 것이다. 그렇지 않으면 교정사업에 혼란을 가져오거나 불필요한 시행착오를 반복할 것으로 본다. 게다가 비행청소년과 범죄인 자신이 처해 있는 상황이 매우 복잡하고 어려워 쉽게 접근할 수도 없는 실정이다. 이에 실무자는 전문적인 기술을 가지고 접근해야 할 것이고, 실무자와 함께 협력하는 교정자원봉사자는 당연히 전문기술을 익혀야 할 것으로 전망한다.

3) 과제

교정자원봉사의 확대와 전문화를 전망하면서 지금 우리가 대비해야 할 일이 있다. 보호·교정 당국과 교정자원봉사자가 서로 뜻을 모아 풀어 가야 할 몇 가지 과제를 소개하면 다음 같다.

(1) 교정자원봉사자의 통합

앞에서 교정자원봉사자를 크게 네 가지 유형으로 살펴보았는데, 이들 교정자원봉사자를 하나로 통합시켜야 한다. 비행청소년과 범죄인의 일상회복을 위해 활동하고 있는 법무부의 범죄예방정책국, 교정본부, 민간

기관에 소속하고 있는 자원봉사자를 교정자원봉사자라는 명칭 아래 일원화시켜야 한다.

(2) 교정자원봉사자 관리 기술 개발

보호·교정 당국은 현장에 전문 인력을 배치하여 교정자원봉사자를 조직하고 나아가 이들을 효과적으로 운용할 수 있는 기술을 지속적으로 개발해야 한다. 합당한 교정자원봉사자를 발굴하여 참여토록 하고, 교육을 통해 이들이 효과적으로 활동할 수 있도록 여건을 조성해야 한다. 왜냐하면 교정자원봉사자를 활용하는 데 임의로 하지 않고 치밀한 전략을 토대로 임하는 것이 필요하기 때문이다.

(3) 보호·교정 현장의 개방

보호와 교정 당국은 특정인에게 한정하여 교정시설을 사무적으로 개방하고 있는 점을 지양하고, 교정사업에 관심을 가지고 있는 자나 지역사회의 전문가에게 과감히 문을 열어야 한다. 이는 지역사회에서 교정사업에 관심 있는 시민이 현장을 경험함으로써 비행청소년과 범죄인에게 더욱 나은 서비스를 줄 수 있고 새로운 방안을 만들어 낼 수도 있기 때문이다. 특히 대학의 관련 학과 학생의 현장실습지도도 가능하도록 조처해야 한다.

(4) 보호·교정 현장에 관한 이해

교정자원봉사자는 먼저 보호와 교정 현장에 관해 철저히 이해해야 한다. 이는 교정자원봉사자의 꾸준한 노력으로 비행청소년이나 범죄인이 최적의 서비스를 받기 위함이다. 교정자원봉사자의 이러한 노력의 성과는 보호·교정 당국과 지역사회의 전문가와 일반 시민이 함께 협력함으로써 더욱 높게 나타날 것이다.

11 좀 더 살펴보기

교정복지운동

교정복지운동은 사회운동 차원에서 사회복지의 전문 지식과 기술을 바탕으로 범죄인의 일상회복이나 범죄 예방을 위해 국민을 대상으로 활동함을 일컫는다. 이는 범죄 문제 해결에 정부의 관련 기관이나 시민 단체는 물론 모든 국민이 대응해야 한다는 데 근거한다. 이는 범죄 문제가 단순히 정부의 특정 기관이나 범죄인 자신에 의해 해결될 수 있는 것이 아니고 정부의 관련 부처를 비롯하여 선량한 국민이 협력하여 풀어야 할 과제라고 생각해서이다.

범죄 문제의 해결은 크게 2가지 측면에서 생각할 수 있다. 하나는 범죄인의 일상을 회복시키는 것일 터인데, 여기에는 범죄인의 가족까지 포함해야 한다. 다른 하나는 범죄를 예방하는 것으로 만약 지역사회 단위로 실시한다면 범죄 가능성이 있는 이들과 범죄 예방 활동에 참여할 지역사회의 주민을 포함한다. 즉 가능하면 다수가 한편으로는 범죄인의 일상을 회복시키는 데 참여하고, 다른 한편으로는 새로 일어날 범죄를 예방하는 데도 적극 개입함으로써 범죄 문제 해결에 온전하게 대처할 수 있다. 이런 활동이 계획적이고 체계적으로 이루어지기 위해 교정복지운동이 필요하다.

범죄인의 일상회복은 이미 범죄를 저지른 자 중심으로 그가 다시 범죄에 빠지지 않고 사회에 잘 적응할 수 있도록 지원하는 데 중점을 둔다. 이 과정에서 범죄인의 가족이 협력해야 하고, 필요하다면 사회의 모든 성원은 범죄인이 출소하여 취업 활동을 포함한 제반 생활이 원활하게 이루어지도록 도와야 한다. 한편 범죄 예방은 범죄에 빠질 가능성이 있는 개인이나 범죄가 발생하기 쉬운 곳 중심으로 사전에 범죄를 방지하는 데 중점을 둔다. 그러므로 범죄 예방 역시 많은 사람이 협력할 때 가능한 것이다. 결국 범죄인의 일상회복이든 범죄를 예방하든 교정복지운동 같은 활동을 위해서는 공통적으로 모든 국민의 관심과 참여가 필요하다.

대부분 국민이 범죄를 올바르게 이해하지 못하고, 그래서 적절히 대처하지 못함으로써 또 다른 범죄가 발생하는 사례를 흔히 볼 수 있다. 갓 결혼한 부부가 첫 아이의 돌도 맞이하기 전에 남편이 범죄로 교도소에 갇히자 집주인은 이들 모자를 재소자 가족이라고 쫓아냈다. 이런 사실을 알게 된 남편은 교도소 안에서 평안하게 생활할 수 없었고, 출소하여 그 집주인에게 보복하였다. 이런 사례도 있다. 어렵게 후원자의 도움으로 아파트 경비원으로 취업했던 이가 IMF가 터지면서 출소자라는 이유로 구조대상의 '0순위'가 되어 직장을 그만두어야 했다. 이 사람은 아파트 경비원에서 떨려났으니 무슨 일을 할까? 최근에는 한때

부자 집만 골라 절도를 일삼았던 상습 범죄인이 다시 범죄에 가담함으로써 그의 일상회복을 기대했던 주변인에게 실망을 안겨준 일이 벌어졌다. 그가 출소했을 때 언론과 국민은 '도둑의 황제'라는 칭호까지 부여하면서 그의 자만을 부추겼다. 그러나 그는 출소 후 2년이 채 못 되어 일본에서 절도로 구속되었고, 이후 한국에 돌아와 거듭 범죄에 가담하였다.

이 같은 현상은 국민이 범죄를 해결하는 방안을 제대로 이해하지 못한 결과라고 볼 수 있다. 범죄인이 교정시설에서 출소한 후 재범에 빠지지 않고 사회에 적응하기 위해서는 먼저 그이와 관련하는 사람이 일시적인 감정으로 대응하지 않고 냉정한 자세를 견지하며 그들의 일상회복을 위해 적절히 지원해야 한다. 출소자가 다시 범죄에 빠지는 데 대한 책임은 교정시설의 공무원에게만 지우는 지금의 무지한 상황에서 벗어나야 한다. 범죄가 일어나고 있는 사회가 함께 책임을 져야 한다는 맥락에서 모든 국민에게도 책임을 물어야 마땅하다. 더 이상 소년원에서 나온 이가 다시 비행이나 범죄에 빠지면 소년원의 공무원에게, 교도소에서 나온 이가 재차 범죄에 가담하면 교도소의 공무원 탓으로 돌리지 말아야 한다. 소년원이나 교도소의 공무원은 비행청소년이나 범죄인이 시설 안에 있는 동안 책임을 지고, 이들이 시설에서 나와 사회에 복귀했을 때는 전적으로 주변 사람이 떠맡아야 한다. 이는 인간이 개인 단독으로 존재하지 못하고 환경의 영향을 받는 '환경 속의 존재'임을 강조할 수밖에 없는 까닭이다.

이처럼 범죄에 대해 책임을 피하거나 지혜롭게 대처하지 못하는 것은 국민이 범죄 문제를 제대로 이해하지 못하고 있기 때문이다. 따라서 국민은 범죄 문제가 끊임없는 사회문제로 대두하는 이유와 이의 해결 방안을 체득해야 한다. 모든 국민이 범죄 문제에 책임이 있음을 깨달았을 때 우리 사회는 범죄 문제를 해결할 수 있는 실마리를 찾을 수 있을 것이다. 이런 깨우침을 위해 교정복지운동가가 앞장서야 하는데, 먼저 이 사명을 감당할 수 있게 준비해야 한다.

제4부

교정복지의 쟁점과 전망

제12장 교정복지의 쟁점
제13장 교정복지의 전망

학습목표

1. 교정복지의 쟁점으로 다음 내용을 이해한다.
   - 청소년 부적응
   - 여성 범죄
   - 정신장애인 범죄
   - 외국인 범죄
   - 북한 교정복지
2. 곧 맞이할 교정복지의 전망으로 다음 사항을 이해한다.
   - 인공지능 시대 비행과 범죄
   - 제도와 실천과 지역사회의 변화
   - 교정복지의 확산
   - 국민-국가-보호 · 교정 당국의 관심과 협력
3. 교정복지 차원에서 다음 사항의 의미를 살펴본다.
   - 지방자치제도
   - 교도소가 문화유산이 된 의미

제 12 장

교정복지의 쟁점

시간이 흐르면 한 사회가 공유하는
문제의식도 변하기 마련이다.
(박철상, 2010)

이 책에서 미처 다루지 못한 영역 중심으로 우리나라 교정복지의 쟁점을 소개하려고 한다. 교정복지의 쟁점은 비행과 범죄 나아가 비행청소년과 범죄인의 일상회복에 관하여 사회적으로 논란이 되는 사항일 것이다. 이 사회적 논란은 비행과 범죄를 비롯한 비행청소년과 범죄인의 일상회복에 상반된 입장에서 서로 옥신각신함이겠다. 먼저 교정복지의 쟁점을 제도(법)에 근거해 영역별로 살펴보려는 이유를 설명해보자.

먼저 특정 제도를 다룸으로써 쟁점의 내용을 더 강하게 부각시킬 수 있어서이다. 제도는 규정하는 범주가 분명히 경계를 짓고 있어 특정 부분이 아닌 전체를 망라함으로써 대부분 사람의 이목을 끌 수 있다. 이는 제도의 속성을 반영한 것인데, 제도에 민감하지 않은 사람이 없을 것이다.

아울러 쟁점의 실상을 한층 깊고 구체적으로 드러내 보일 수 있기 때문이다. 낱낱의 사안보다는 덩어리로 존재하는 특정 영역을 망라해 살핌으로써 불러일으키려는 쟁점이 하나씩 거론하는 사안에 비해 더 강하다. 특정 영역이 낱낱의 사안보다 덜 파편적이기 때문이다. 그래서 더욱 깊게 구체적으로 문제가 되는 맥락을 분명히 짚을 수 있다.

덧붙여 드러난 쟁점을 해결할 수 있는 방안을 제시하는 바가 더욱 현실적인 까닭이다. 제도는 살아 유기체로 존재한다는 점에서 드러난 쟁점 자체가 현실적이므로 그 해결 방안 역시 현실적일 수밖에 없다. 이런 이치로 사람은 제도의 문제점을 바로 알아보고 서슴없이 지적하는 것이다.

한편 비행청소년과 범죄인이 거치는 경찰, 검찰, 법원 들이 각기 소임을 수행하는 실상도 교정복지의 쟁점으로 다루어져야 할 것이다. 이들 기관이 정의롭게 업무를 처리한다고 하지만 최근 대통령을 포함한 정치인에 대한 재판 상황을 지켜보며 너무도 실망하는 바가 크기 때문이다. 법원이 이러고 있으니 그 전 단계의 경찰이나 검찰의 불합리한 실상은 굳이 보거나 듣지 않아도 짐작할 수 있다. 이런 실상은 '유전무죄 무전유죄'로 대변되는 독재 정치권에서부터 있어왔다. 이들 기관은 비행청소년과 범죄인이 거치는 곳이므로 이에 관련된 쟁점은 생략한다.

이 장에서는 청소년 부적응, 여성 범죄, 정신장애인 범죄, 외국인 범죄, 북한 교정복지를 들어 교정복지의 쟁점으로 다루었다. 각 영역의 쟁점을 설명하는 틀을 실상, 대응, 문제로 잡았다. 아울러 좀 더 살펴보기에서 지방자체제도와 교정복지를 논의하였다.

1. 청소년 부적응

청소년 부적응은 청소년이 아직 비행이나 범죄에 빠지지 않은 상태이다. 일상을 따르지 못할 뿐이다. 그러므로 이들을 마치 비행을 행한 것처럼 낙인을 해서는 안 된다. 특히 부적응 청소년을 비행청소년이나 범죄청소년으로 취급해 교정복지실천의 대상자 삼아 개입하려 해서는 안 될 터이다. 다만 다음에 보는 위탁 청소년은 가벼운 비행을 저질러 예외로 친다. 부적응하는 청소년을 위탁 청소년, 학교 밖 청소년, 은둔 청소년, 다문화 청소년으로 구분해 살펴보았다.

1) 위탁 청소년

위탁 청소년은 「소년법」에 의해 6호 처분을 받아 가벼운 비행을 저질러 아동복지시설에서 생활하고 있다. 이들이 비행을 했다고 하지만 이들을 보호할 수 있는 부모나 확실한 보호자가 있다면 비행으로 처분을 받을 상황은 아니다. 이들의 실상, 이들을 위한 당국의 대응, 드러나고 있는 문제를 정리하였다.

(1) 실상

위탁 청소년을 위한 시설은 전국에 10곳이 운영되고 있다. 대체로 천주교와 기독교 기관이 관여하고 있는데, 대전 효광원(보호치료시설, 남자 150명), 경기 나사로소청소년의집(남 40명), 서울 살레시오청소년센터(남 80명), 충북 로뎀청소년학교(남 30명), 서울 마자렐로센터(여 50명), 대구 수지의집(여 20명), 대구 가톨릭 푸름터(여 25명), 부산 웨슬리마을 신나는디딤터(여 30명), 경남 로뎀의집(여 20명), 전북 희망샘학교(남 70명) 들이다. 이곳에서 생활하는 비행청소년의 정원은 2025년 현재 515명에 이르고 있다.

(2) 대응

앞의 실상에서 보는 바처럼 천주교와 기독교 관련 조직이 시설을 운영하고 있어 종교성이 강하다고 하겠다. 실제로 희망샘학교를 제외한 나머지 9개 시설은 종교 기관이 운영하고 있다. 이런 점을 고려하면 위탁 청소년의 일상회복을 위한 대응은 안정적으로 이루어진다고 하겠다. 이들 시설은 청소년의 성별에 따라 수용함으로써 프로그램을 구분하고 있다. 희망샘학교는 예외적으로 남자와 여자를 함께 수용하고 있다. 특히 효광원은 약물을 사용했거나 정신적으로 어려움을 겪는 청소년을 수용해 치료에 중점을 두고 있다.

(3) 문제

위탁 청소년이 접하는 가장 큰 어려움은 부모애착관계에 문제가 있다는 점이다. 그래서 이들을 위해 전문가가 개입해야 함에도 그렇지 못하고 있는 실정이다. 실제로 최남식(2021)은 위탁 청소년과 지역사회 청소년을 비교한 부모-자녀 간 부모애착관계에 관한 연구를 통해 위탁 청소년에게 상담이 필요함을 강조했다. 아울러 위탁 청소년을 수용하는 시설 중 50명을 초과하는 3곳은 50명 이하로 조정되어야 한다. 한편 강원도와 광주 · 전남에 시설이 없는데, 특히 광주 · 전남에는 신설이 필요하다.

2) 학교 밖 청소년

학교 밖 청소년에 관한 정의는 「초 · 중등교육법」이 규정하고 있다. 즉 초 · 중학교나 이 같은 과정을 교육하는 학교에 입학한 후 3개월 이상 결석하거나 취학의무를 유예한 청소년, 고등학교나 이 같은 과정을 교육하는 학교에서 제적 · 퇴학처분을 받거나 자퇴한 청소년, 고등학교나 이 같은 과정을 교육하는 학교에 진학하지 아니한 청소년으로 정의하고 있다. 정부는 이들을 지원하기 위해 2015년부터 「학교 밖 청소년 지원에 관한 법률」을 시행하고 있다. 이들의 실상, 대응, 문제를 살펴보자.

(1) 실상

학교 밖 청소년의 정확한 인원은 학업중단 이후 복학과 유학을 하는 경우가 많아 그 수를 추적하기 어렵고, 2024년 교육통계서비스의 기본통계에 따르면 고교생 경우 약 2%로 나타나고 있다(민미연 외, 2025). 정부는 「학교 밖 청소년 지원에 관한 법률」에 따라 격년으로 학교 밖 청소년의 전반적인 실태를 파악하여 학교 밖 청소년 지원 정책수립을 위한 기초 자료로 활용케 하고 있다. 여성가족부(2024)가 2023년에 총 2,890명을 대상으로 실시한 학교 밖 청소년 실태조사에 의하면 학교를 그만둔 시기는 고등학교 때(62.2%)가 가장 많고, 중학교(20.8%), 초등학교(17.0%) 순으로 나타났다. 학교를 그만둔 이유로 가장 많이 꼽힌 것은 심리·정신적인 문제(31.4%), 원하는 것을 배우려고(27.1%)로 조사되었다. 학교를 그만둘 당시 계획은 전체 응답자의 69.5%가 검정고시 준비였고, 이들의 향후 진로 계획은 대학 진학을 포함한 정규학교 복학(28.2%), 검정고시 준비(12.4%) 순이었고, 진로를 결정하지 못했다는 응답도 33.1%로 나타났다. 한편 학교 밖 청소년의 욕구는 교통비 지원, 청소년활동 바우처, 진학정보 제공과 검정고시 준비 지원, 진로탐색 체험, 직업교육 · 훈련, 대학 진학을 비롯한 입시 상담과 자립수당 지원, 건강검진 제공 순으로 나타났다.

(2) 대응

교육부는 「학교 밖 청소년 지원에 관한 법률」에 의해 대응하고 있는데, 그 내용은 다음 같다.

먼저 국가와 지방자치단체는 학교 밖 청소년을 위한 사회적 편견과 차별 예방, 사회적 인식 개선, 지원 프로그램의 개발, 관련 기관 간 협력체계와 지역사회 중심의 지원체계 구축 · 운영, 조사 · 연구 · 교육 · 홍보 · 제도개선에 관한 사항을 포함한 계획을 매년 세워 시행케 하고 있다.

다음으로 여성가족부장관은 학교 밖 청소년의 실태 파악과 학교 밖 청소년 지원 정책수립을 위한 기초자료로 활용하기 위하여 2년마다 학교 밖 청소년에 대한 실태조사를 실시하고, 그 결과를 공표하여야 한다. 아울러 여성가족부장관 소속으로 학교 밖 청소년 지원 위원회를 두어 운영케 하고 있다.

(3) 문제

기본적으로 학교 밖 청소년은 학교라는 제도권 밖에 있어 부정적인 사회적 시선을 경험하며, 사회적 낙인으로 어려움을 겪는 경우가 많다(김지혜 · 노충래, 2024). 따라서 무엇보다도 학교 밖 청소년이 사회 구성원으로서 겪는 어려움이 지적되어야겠다. 실제로 김미옥(2020)은 고졸 비진학 청소년의 경우 낮은 자존감과 취업 관련 스트레스를 경험하며, 사회 구성원으로서 역할 수행에 어려움을 겪는다고 강조했다. 이들에게 심리 · 정서적 지원을 포함한 진로 성숙도 관련 프로그램이 필요함에도 충분히 대응하지 못하고 있다. 이와 관련해 「학교 밖 청소년 지원에 관한 법률」의 임의규정을 보완해야 한다. 예컨대 '국가와 지방자치단체는 학교 밖 청소년에 대하여 효율적이고 적합한 지원을 할 수 있도록 심리상담, 진로상담, 가족상담 등 상담을 제공할 수 있다.'라고 한 조항을 들 수 있다. 학교 밖 청소년에게 중요한 지원이라고 할 수 있는 상담 관련 사항을 필수조항으로 개정해야 할 것이다.

3) 은둔 청소년

은둔 청소년을 위한 법은 마련되어 있지 않고, 「청소년복지 지원법」에서 위기청소년으로 뭉뚱그려 특별지원 대상에 포함하고 있다. 이 법에서는 위기청소년을 가정 문제가 있거나 학업 수행 또는 사회 적응에 어려움을 겪는 조화롭고 건강한 성장과 생활에 필요한 여건을 갖추지 못한 청소년이라고 규정하고 있다. 한편 여성가족부(2023b)는 은둔 청소년을 사회적 · 경제적 요인 따위로 일정 기간 이상 집이나 한정된 공간에서 외부와 단절된 상태로 생활하여 정상적인 생활이 현저히 곤란한 청소년이라고 규정하고 있다. 은둔 청소년의 실상, 이들을 위한 당국의 대응, 드러나고 있는 문제를 정리하였다.

(1) 실상

은둔 청소년의 정확한 수는 알려지지 않고 있다. 앞에 언급한 여성가족부(2024)의 조사에 의하면 학교 밖 청소년 중 은둔 기간 3개월 이상~6개월 미만의 은둔 잠재군은 3.5%, 6개월 이상의 은둔 청소년은 6.4%로 나타났다. 은둔하게 된 주요 계기는 무기력하거나 우울한 기분이 들어서(28.6%), 아무것도 하고 싶지 않아서(24.9%), 무엇을 해야 할지 몰라서(13.7%), 사람과 마주치는 것이 싫어서(9.6%) 순이었다. 은둔 상태에서 벗어나게 된 가장 주요한 계기는 학교밖청소년지원센터, 청소년상담복지센터 들의 지원서비스를 이용(27.3%), 더 이상 집에만 있으면 안 되겠다는 생각이 들어서(24.5%)라고 답했다.

(2) 대응

최근 은둔 청소년이 언론에 노출되면서 중앙정부와 지방자치단체가 이들의 지원을 위해 적극 나서고 있다. 이는 「청소년복지 지원법」이 이들 청소년을 지원하게 규정하고 있기 때문이다. 이 법에 의하면 지방자치단체는 은둔 청소년을 포함한 위기 청소년을 조기에 발견, 보호해야 한다. 특히 지방자치단체는 지역사회 청소년통합지원체계를 구축해 은둔

경기 고양시 6개동 행정복지센터와 고양시문촌7종합사회복지관의 은둔 청년 · 장년 지원을 위한 업무협약식
출처: 일반경제신문(2025년 4월 14일)

청소년을 발굴해 합당한 서비스 연계를 위한 네트워크를 활용함으로써 이들 청소년의 복지와 보호의 효율적 수행을 규정하고 있다. 이에 지방자치단체는 사회복지기관을 통해 은둔 청소년을 위한 연계 서비스를 실행하고 있다.

예컨대 경기도 고양시는 고양시문촌7종합사회복지관과 업무협약을 맺어 은둔 청소년을 위한 2025년 중점 사업을 계획하고 있다. 이 업무협약을 통해 촘촘한 인적 안전망을 구성해 외부와 차단된 상태로 생활을 하는 은둔 청년과 장년을 비롯한 청소년을 발굴하고, 사회복지 서비스 연계로 단절된 사회적 관계를 다시 강화시켜 사회구성원으로서 일상생활을 회복하도록 지원 계획을 세우고 있다.

(3) 문제

은둔 청소년의 부적응 관련해 제기되고 있는 문제를 다음 몇 가지로 요약했다.

하나, 청소년의 은둔에 영향을 미치는 환경이 큰 문제가 되고 있다. 청소년의 생활환경은 미디어 발달, 억압적 집단문화, 개인의 권리 중시, 정서적 사회기술의 미숙함, 부모의 지나친 관여, 과도한 학업성취 같은 개인과 사회문화의 복잡한 요소가 결합해 우울, 긴장감 유발 같은 부적 정서를 일으켜 사회로부터 철회하는 행동을 증가시키고 있다(양미진 외, 2007).

둘, 은둔 청소년에 대한 사회적 낙인이 이들 청소년의 상황을 더욱 은둔으로 몰아넣고 있다. 실제로 김혜원 외(2022) 연구에서 은둔하는 청소년에 대한 개념이 정립되지 않은 상태에서 '은둔형 외톨이', '학교 밖 청소년', '니트' 같은 용어로 구분지음으로써 사회의 부정적 인식을 더하고 있다.

셋, 청소년의 은둔은 청소년기에서 끝나는 것이 아니라 이후의 삶으로 이어지고 있다. 예컨대 이상희 · 이윤주(2024)는 청소년의 은둔이 지속하면서 이들의 청년기 또는 그 이상으로 이어지는 은둔이 장기화하고 있다고 밝혔다.

4) 다문화 청소년

상식적으로 다문화 청소년은 2가지 이상의 문화권에서 생활하며 성장하는 청소년을 일컫는다. 즉 외국인 가정 청소년, 중도입국 청소년, 국제결혼가정 청소년이다. 물론 여기에는 아동도 포함하고 있다. 중도입국 청소년은 대부분 어머니가 먼저 결혼 이주한 후에 비자 발급, 체류자격의 문제, 부모의 이혼과 재혼, 경제적인 어려움 따위로 짧게는 수개월에서 길게는 10년 이상 친부모와 별거를 경험한 후에야 한국에 입국한 특성을 지닌다(배상률, 2016). 다문화 청소년의 실상, 대응, 문제를 살펴보자.

(1) 실상

여성가족부(2025)에 의하면 2024년 청소년(9~24세) 인구는 782만 4천 명으로 총인구의 15.1%이며, 2023년 청소년 인구(797만 5천 명, 총인구의 15.4%) 비중 대비 0.3%p 감소한 것으로 나타났다. 여기에서 2023년 다문화 학생은 전년 대비 7.4%(12,533명) 증가한 181,178명으로, 전체학생(521만 8천 명)의 3.5%를 차지하였다. 진은영(2015)은 연구에서 다문화가정 자녀가 자아, 인지, 정서, 사회성 발달 같은 아동발달 전 영역에서 발달 지체의 어려움을 겪을 뿐만 아니라 다른 외모와 사회적 편견 따위로 또래들로부터 놀림을 받아 많은 스트레스를 경험한다고 밝혔다. 다문화가정의 청소년은 특성상 성장과정에서 다양한 문화를 배울 수 있는 기회를 갖기 때문에 자아성장에 긍정적인 영향을 받을 수도 있지만, 가정과 사회의 문화 간 조화를 이루지 못하면 정체성 형성에 어려움을 겪는다(노충래, 2000). 한편 중도입국 청소년은 한국인과 혼인 관계로 연결된 집단이라는 점에서 다른 외국인주민의 자녀에 비해 더 포용적이고, 실제 입양이나 귀화를 통해 국내 노동시장을 구성할 인력으로 여겨지며, 국내에 정주할 가능성이 큰 집단으로 기대하고 있다(류방란 · 오성배, 2012).

(2) 대응

다문화 청소년을 위한 당국의 대응은 「다문화가족 지원법」이 규정하고, 여성가족부의 노력으로 이루어진다고 해도 과언이 아니다. 특히 이 법은 지방자치단체가 다문화가족의 아동 · 청소년의 보육 · 교육을 실시하는 데 차별을 금하고, 이들이 학교생활에 신속히 적응할 수 있게 교육 지원책을 마련케 하고 있다. 아울러 지방의 교육청은 다문화 청소년을 위한 학과 외 또는 방과 후 교육 프로그램을 지원할 수 있게 규정하고 있다. 이뿐만 아니라 이들 청소년의 언어발달을 위하여 한국어와 결혼 이민자 아버지 또는 어머니의 모국어 교육을 위한 필요한 지원을 하게 규정하고 있다. 한편 지방자치단체의 가장 큰 사업은 다문화가정지원센터 운영이라고 하겠다.

(3) 문제

다문화 청소년의 부적응 관련하여 제기되고 있는 문제를 현장의 실무자를 통해 다음 몇 가지로 요약했다.

하나, 학교수업이 학교생활 적응에 큰 장애가 되고 있다. 특히 다문화 청소년이 국어와 역사 교과목을 소화하지 못해 애를 먹고 있다. 이는 다문화 청소년이 부적응하는 데 결정적 요인이 된다는 점에서 주목할 사안이라고 생각한다.

둘, 집단 따돌림이다. 다문화 청소년의 자의든 타의든 또래로부터 따돌림을 받는 것은 학교생활은 물론 이후 일상의 부적응의 주요인이 되고 있다. 이들은 또래에서 비주류라서 주도적으로 비행을 하거나 섞이지는 않은 편이라고 하여 다행이다. 한편 중도입국 청소년은 비행보다 학업중단이나 학교폭력 피해자로 나타나는 경우가 잦고, 학업을 중단한 청소년이 게임중독에 빠지기도 한다(정미숙, 2025). 이들은 은둔 청소년으로 나아갈 수 있는 가능성이 높다고 하겠다.

셋, 정체성 혼란을 빚고 있다. 특히 외국인노동자의 자녀 경우 모국어를 비롯해 모국의 전통과 문화가 한국의 것과 겹치며 자신의 정체성에서 흔들림을 보인다. 이들 청소년이 이중 언어와 문화를 습득한다면 오히려 강점으로 작용할 수 있을 것인데, 안타까울 따름이다.

2. 여성 범죄

여성 범죄가 증가하고 유형도 다양해지면서 여성 범죄에 대한 대책과 여성 범죄인의 처우에 관심이 집중하고 있다. 특히 여성 범죄인을 위한 교정시설 내 처우 방안이 오래 전부터 활발히 논의되었다(신연희, 2002; 이영란, 2003; 한국교정학회, 1998). 여성 범죄의 실상, 대응, 문제를 살펴보겠다.

1) 실상

여성 범죄는 일종의 사회병리 현상으로 사회적으로 문제가 되는 행동이며, 사회 전반에 부정적인 영향을 미치는 행위로 일컬어지고 있다(김평식, 2022). 여성 범죄를 교정복지의 쟁점으로 삼은 것은 무엇보다도 매년 늘어나고 있고, 이들의 처우가 남성 범죄인에 비해 열악해서이다. 여성 범죄의 현황, 유형, 특성 중심으로 여성 범죄의 실상을 정리한다.

(1) 현황

우리나라를 포함해 세계 각국의 남녀인구 구성비는 거의 비슷하지만 성별에 따른 범죄비율은 큰 차이를 보이고, 대체로 여성 범죄는 남성 범죄의 20% 정도를 차지하는 것으로 보고되고 있다. 대검찰청(2017)의 통계에 의하면 1980~2016년 전체 범죄에서 여성 범죄가 차지하는 비율이 높아지고 있다. 실제로 1980년 전체 범죄인 수는 752,161명에서 2016년 2,042,416명으로 2.7배 증가하였으며, 여성 범죄인 수는 1980년 81,059명에서 2016년 368,645명으로 약 4.5배가량 증가하였다. 그러니까 전체 범죄에서 여성 범죄가 차지하는 비율이 2007년 16.0%에서 2016년 18.2%로 늘었다. 한편 2023년 여성 범죄는 14~18세가 12,644명이고, 19세 이상이 273,465명으로 총 285,409명이었다(대검찰청, 2024). 어쨌든 여성 범죄가 늘어나는 것은 경제규모의 확대에 따라 여성의 사회참여 기회가 늘어났기 때문이라고 보는 측면이 강하다. 요컨대 여성의 사회참여 기회의 확대가 여성 범죄의 증가를 부채질하는 중요한 원인이라고 할 수 있겠다.

(2) 유형

우리나라 여성의 주요 범죄 유형은 예전부터 재산범죄가 주류를 이루고 있다. 예컨대 여성의 재산범죄가 전체의 70%를 넘게 차지하고 있고, 풍속범이 10% 내외이고, 강력범이 5% 안팎으로 나타났다(법무연수원, 2001). 여성 범죄인을 죄명별로 살펴보면 사기가 30%로 가장 많고 「폭력행위 등처벌에 관한 법률」 위반, 「식품위생법」 위반, 「교통사고처리특별법」 위반 순으로 나타나고 있다. 이 중에서 사기와 「교통사고처리특별법」 위반이 가장 높은 비율로 나타나고 있다. 즉 여성 범죄의 주요 유형은 사기와 절도 같은 재산형 범죄가 주종을 이루고 있다. 아울러 폭력과 「식품위생법」을 위반한 경우도 많은 것으로 조사되고 있는데, 이는 유흥업과 식당업에 종사하는 여성의 수가 많기 때문인 것으로 추측할 수 있다. 2023년에는 강력범죄로 구분되는 폭력이 44,570명으로 전체 여성 범죄의 약 16%를 차지하였다(대검찰청, 2024). 한편 경찰은 경기가 침체한 경우 생계형 여성 범죄가 늘어남을 지적하기도 한다.

(3) 특성

조서지(2018)는 그의 연구에서 여성 범죄의 특성으로 다음처럼 밝혔다. 즉 여성 범죄인은 직업에서 무직과 피고용인의 비율이 높고, 전과 여부를 살펴보면 초범이 37%로 가장 높고, 단독범죄의 비율이 74.7%로 나타났다. 특히 여성 범죄인의 범행 동기는 우발적이고 부주의가 가장 높으며, 다음으로 생활비로 인한 동기가 높은 것으로 나타났다. 이러한 결과는 여성의 생계형 범죄빈도가 높다는 것을 보여주는 결과이며, 생활 상태에서 하류층(빈곤층)이 가장 높은 39.8%의 분포를 보여 소득과 여성 범죄 발생 간 관계를 예측케 한다.

2) 대응

여성 범죄인의 대응은 곧 교정시설에서 이루어지고 있는 처우라고 할 수 있다. 여성 범죄인의 처우 실태를 알아보는 것은 교정복지 맥락에서 매우 중요한 의미를 갖는다. 여성 범죄인이 교정시설 안에서 받고 있는 모든 처우과정을 익힘으로써 교정복지실천 개입 방안을 모색할 수 있다. 여성 범죄인은 전국 교정시설에 분산되거나 한곳에 집중 수용되어 있다. 이들 여성 범죄인을 위한 수용 실태와 여성 수용자의 실태와 처우 프로그램을 살펴보겠다.

(1) 여성 범죄인의 수용 실태

법무부(2022) 자료에 의하면 2021년 기결 여성 수용자는 2,436명으로 전체 기결 수용자의 7.1%였고, 2012년의 5.0%(1,571명)와 비교하면 그 사이에 2.1%(865명)가 증가했다. 여성 범죄인에 대한 개별처우가 어려웠음을 단편적으로 보여주는 지표는 기결 여자 수용자의 재복역률, 연령, 죄명의 변화이다. 지난 10년간 기결 여성 수용자의 평균 재복역률은 11.2%였다. 10년 전에 비해 2021년 기결 여성 수용자는 20대가 가장 큰 폭으로 증가했고, 다음으로 60대 이상의 기결 여성 수용자의 비율이 증가하였다. 죄명별 여성 수용자의 가장 큰 변화는 마약류 여성 수용자의 증가로 2012년 45명에서 2021년 170명으로 약 3배 가까운 증가수준을 보였다. 이들 여성 범죄인 중 대동여아(帶同女兒)와 함께 생활하는 사례도 있다. 특히 청주여자교도소는 여성 범죄인으로서 살인, 강도 같은 강력범을 집중 수용하고 있다. 한편 대전지방교정청의 청주여자교도소를 제외하면 각 지방교정청 산하 교정기관의 수용 능력에 따라 분산 수용하고 있는데, 대체로 서울, 경기, 부산 지역에 집중하고 있다. 최근 화성여자교도소 건립이 주민의 반대로 지연되고 있다.

(2) 주요 처우 프로그램

교정시설 내 여성 수용자에게 제공하는 프로그램은 이들의 일상회복에 관련하여 매우 중요한 의미를 지닌다. 이들 프로그램과 여성 수용자를 특별히 규제하고 있는 사항을 살펴보자.

첫째, 규제 사항으로, ① 여성 수용자는 단순 분리 수용이 아닌 별도 건물에 격리 수용하고 수용자에 대한 검사는 여성 교도관이 담당한다. ② 신입 여성 수용자의 유아대동은 본인의 신청으로 아동의 생후 18개월까지 허용한다. ③ 임산부 수용자는 환자에 준하여 처우하고, 모든 여성 수용자들에게 화장품 사용과 자유로운 두발 상태를 허용한다. ④ 유아를 대동한 부녀 수용자에 대해서는 유아의 보육을 위해 유의하며 생리 중인 자에게는 자극적인 언동을 삼가도록 배려한다는 점을 들 수 있다.

둘째, 교육 프로그램으로, ① 학과교육은 초등과 1년, 중등과와 고등과 각각 1년 과정을 두고 있으며, 1995년부터 독학사제도를 시행하고 있다. 그러나 이런 과정에 여성 수용자들의 참여율이 낮아 학과 개설에 어려움을 겪고 있는 것으로 조사되었다. ② 생활지도교육은 신입자교육, 정신교육, 교양지도, 정서지도, 사회지도, 종교지도, 석방 전 생활지도 따위를 실시하고 있다. 특히 청주여자교도소에서는 기체조, 조류사육, 사물반, 분재반, 산악훈련 프로그램을 제공하고 있다. 아울러 합창 경연대회, 예능 발표회, 건강체조 경연대회 따위를 교도소 내외에서 열고 있다.

셋째, 교도작업은 목공을 포함하여 10여 개 공과가 있다. 여기에 외부

통근작업과 위탁작업이 있으며 작업등급에 따라 작업상여금을 수용자에게 지급하고 있다. 여성 수용자에게는 청주교도소의 봉제를 제외하면 대부분 취사나 청소와 단순 위탁작업이 주류를 이루고 있다.

넷째, 직업훈련은 공공직업훈련과 일반직업훈련으로 구분하고 있다. 공공직업훈련은 정부의 인가를 받아 기능사 자격 취득을 목표로 실시하고 있다. 한편 일반직업훈련은 각 교정시설의 실정에 따라 적절한 기능을 연마하도록 하고 있다. 안타깝게도 여성 수용자를 위한 직업훈련은 제한적인데, 청주여자교도소에는 한복기능사, 기계자수기능사, 양장 · 조리 · 미용기능사 따위 직종이 개설되어 있다.

3) 문제

여성 범죄인의 원활한 일상회복을 위해서는 무엇보다도 불평등한 사회 여건부터 개선되어야 한다. 즉 가정에서부터 여성의 위치 변화, 가족의 기능을 강화하기 위한 국가 정책의 변화, 남녀 간 사회적 · 경제적 불균등 해소 따위가 이루어져야 할 것이다. 여성 범죄인의 일상회복과 관련하여 드러나고 있는 문제를 다음 몇 가지로 요약했다.

(1) 인권의식 부족

여성 수용자는 성별의 차이로 인해 임신, 출산, 양육 같은 특수한 욕구와 상황이 반영되어야 한다. 남성 수용자가 누리는 모든 권리와 서비스를 동일하게 적용받기 위한 조치가 필요하다. 이외에도 경찰이 주도하는 수사단계에서 수용시설의 집행단계에 이르기까지 여성 피의자나 여성 범죄인의 인권이 적극 보장되어야 한다. 이를 위해 여성 피의자를 위한 부서를 확충하고, 수용시설의 처우가 달라져야 한다.

(2) 전용 교정시설 부족

여성 수용자는 교정시설 배치와 이송에서 거주지와 멀리 떨어져 수용되는 경우가 많아 가족과 관계나 자녀와 만남 따위에 어려움을 겪는다. 수용기간 동안 심리적 안정에 부정적 영향을 미칠 수 있으며 출소 후 가족관계 회복에 어려움을 겪을 수 있다. 여기에는 교정시설에 대한 주민의 오해도 거론되어야 한다. 예컨대 법무부가 직업훈련교도소와 외국인보호소가 있는 경기 화성시 마도면에 여성 전용 교도소 건립을 추진하자 주민이 마을 전체를 '교정시설 타운화'한다며 반발하고 나섰다(한겨레, 2023년 4월 25일). 여성 수용자를 위한 전용 교정시설을 최소한 각 지방교정청별로 확충해야 한다.

화성시 마도면 주민의 화성여자교도소 건립 반대 집회
출처: 한겨레(2023년 4월 25일)

(3) 여성 수용자를 프로그램의 한계

현재 각 교정시설의 여성 수용자 인원이 부족하여 이들을 위한 프로그램을 실시하지 못하고 있는 점, 가족으로부터 멀리 떨어져 수용되어 가족기능 강화의 장애가 되는 점 따위로 어려움을 겪고 있다. 특히 신연희(2002)의 주장 같이 기혼 여성 수용자를 위한 가족 관련 프로그램이 적극 실시되어야 한다. 이러한 사항을 해결하려면 여성 수용자만을 위한 전용 교정시설을 각 지방교정청별로 설치하는 것이 급선무라고 하겠다.

3. 정신장애인 범죄

장애인 범죄 중 정신장애인 범죄에 중점을 두는 것은 정신장애범죄인의 일상회복이나 이들의 범죄 피해가 다른 어떤 범죄에 비해서 막중하기 때문이다. 정신장애범죄인은 치료감호시설이라는 국립법무병원에서 치료 위주로 처우를 받고, 정신건강사회복지사를 비롯한 정신건강전문요원과 정신과의사가 개입하고 있다. 이런 사항은 「치료감호 등에 관한 법률」이 규정하고 있다. 정신장애인 범죄의 실상, 대응, 문제를 살펴보자.

1) 실상

약물중독이나 정신장애로 범죄를 일으킨 사례가 꾸준히 늘고 있는 추세이다. 앞으로 이들의 범죄는 계속 증가할 것으로 전망하고 있다. 실제로 정신장애범죄인을 수용·치료하는 국립법무병원의 정원이 처음 500명에서 1,000명으로 늘고, 일반 교정시설에 수용되어 있는 수도 적지 않다. 법무병원은 피치료감호자 외에서도 감정유치자, 성충동 약물치료 대상자, 치료위탁자를 수용하고 있다. 피치료감호자 중심으로 실상을 다음 몇 가지로 정리하였다.

(1) 지속적인 증가

법무부 범죄예방정책국(2024)의 자료에 의하면 2023년 수용인원은 810명으로 최근 5년간 감소 추세를 보이나, 2023년 국립법무병원에 수용된 피치료감호자의 수는 414명으로 전년도에 비해 103명이 증가했고, 2020년 이후 처음으로 400명을 넘었다고 보고하였다. 이는 퇴원 수에 비해 입원 수가 더 높은 비율로 이루어지는 까닭이다.

(2) 강력범죄

정신장애인 범죄의 전반적인 범죄유형은 다양하나 법무병원의 수용자 중심으로 보면 살인이나 폭력 같은 강력범죄가 많다. 국립법무병원 수용자 중 절반 이상은 정신분열이고, 다음으로 약물중독과 알코올중독 순서이다. 치료감호를 요하는 정신장애인의 범죄율은 일반 비장애인의 범죄율보다 낮으나 이들의 범죄는 일반 형사범죄와 비교할 때 폭행, 살인, 방화 따위의 비율이 월등히 높다. 외국에 비해 우리나라의 범죄에서 정신질환자가 차지하는 비율이 낮은 편이고, 일반인에 비해서도 정신질환자의 범죄율은 낮으나 살인, 폭력 같이 인명을 손상하는 위험성이 높은 범죄가 많다(최상섭, 2001). 비록 치료감호대상자가 전체 범죄에 비하면 소수이지만 사회적으로 미치는 영향이 커 이들을 위한 개입이 적극적으로 펼쳐져야 하겠다.

(3) 사회활동이 왕성한 30~40대 중심

국립법무병원에 수용되어 있는 치료감호대상자는 30대에서 40대가 주류를 이루고 있다. 이는 우리나라 전체 범죄가 20대에 몰려있는 경우와는 약간 다른 면이다. 이들 치료 대상자는 30대와 40대가 전체의 절반 이상을 차지함으로써 사회에서 한참 활동할 나이에 들어있다. 아울러 이들의 학력은 고등학교 졸업이 가장 많고, 다음으로 중학교 졸업이 많은 것으로 나타났다.

(4) 재발에 의한 재범 가능

법무병원의 실무자에 의하면 3범 이상은 대체로 알코올중독자를 비롯하여 약물사용자이며, 이들의 재범은 곧 재발병이라고 하였다. 이들은 정신장애인이라도 좌절감, 굴욕감, 모욕감, 불안정감 따위를 느끼기 때문에 사회생활에서 좌절하면 난폭하게 되거나 공격적인 성향을 나타내는가 하면, 사회의 관심도가 낮고, 현실 유지가 어려운 직업재활 때문에 범죄에 쉽게 빠진다(김상규, 2003). 아울러 치료감호대상자는 치료감호를 받으면서 정신질환의 호전은 있으나 장기 입원으로 기능저하, 가족의 관심 저하, 직업사회적 기능이 떨어진다(이미경, 2004). 즉 정신질환의 1차적인 증상은 사라졌다고 하더라도 대인관계, 가족관계, 직장생활, 일상생활 같은 전반적인 사회생활 측면에서 사회적 기능의 저하로 사회 적응이 힘들고, 특히 교도소 같은 대단위 시설은 장기수용으로 시설병적 신경증, 사회성파손증후군을 조장함으로써 이들이 사회복귀 후 독립적인 생활을 할 경우 정신병의 재발률이 높다(이미경 외, 2005).

(5) 일상회복 과정

정신장애범죄인 중 특별히 치료감호대상자의 여정을 이해하기 위해 범죄를 행하여 법무병원에 입원한 이후 퇴원하여 일상을 회복해가는 과정을 요약하면 [그림 12-1]에서 보는 바와 같다. 이들이 거치는 과정은 법무병원에 입원한 이후 가종료와 일반종료로 나뉘어 퇴원하여 가족, 중간처우 시설의 성격을 띤 한국법무보호복지공단의 시설과 위탁보호시설, 병원, 교도소로 돌아간다. 이들은 [그림 12-1]에 도해(圖解)한 바처럼, ① 전문적 집중재활, ② 힘겨운 사례관리, ③ 최선의 최소보호 수준의 서비스를 받으며 일상회복의 여정을 맞이하고 있다. 즉 국립법무병원은 적절한 전문 서비스를 집중해 제공함으로써 치료감호대상자의 일상회복에 어느 정도 성과를 얻고 있다. 이는 전문 인력이 관여할 뿐만 아니라 합당한 시설을 갖추고 있어 입소 기간만은 이들의 일상회복에 만전을 기할 수 있다. 이들이 퇴원할 무렵 역시 법무병원은 지역사회의 시설과 연계하여 사례관리를 주도하고 있다. 이는 법무병원 당국의 힘겨운 과업으로써 지역사회의 기관이 협력하여 이루어지고 있다. 그러나 치료감호대상자가 퇴원한 이후에는 가족으로부터 외면당하거나 시설의 열악한 형편 속에서 최선의 최소보호를 받으며 일상회복의 완성이나 재범이나 삶의 종결을 경험한다.

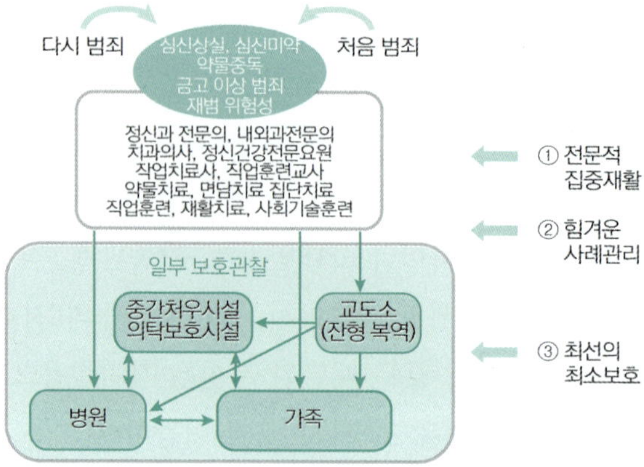

[그림 12-1] **정신장애범죄인의 일상회복 과정**

2) 대응

정신장애범죄인의 일상회복을 위해 앞에 언급한 국립법무병원이 중추적 역할을 수행하고 있다. 여기에 보호관찰소 이외에도 법무보호복지공단이나 정신건강복지센터 같은 민간에서도 적극 대응하고 있다. 이 같은 대응의 실상을 다음 몇 가지로 요약했다.

(1) 보호관찰

앞에 언급한 바처럼 보호관찰을 받는 치료감호대상자 수가 늘어나고 있는 추세이다. 이 같은 현상은 보호관찰 당국의 전문성 확보 측면에서도 중요한 과업이라고 할 수 있다. 이를 위해 당국은 보호관찰 담당자가 합당한 지식과 기술을 익혀 개입할 수 있도록 협력·지원하는 것까지도 아끼지 않아야 한다.

(2) 법무보호복지공단

법무보호복지공단은 정신장애범죄인의 일상회복을 위해 적극 개입하고 있다. 특히 이들 정신장애범죄인을 위한 중간처우시설을 운영할 수 있다는 점에서 고무적이라고 하겠다. 앞으로도 법무보호복지공단은 정신장애범죄인이 법무병원에서 치료를 받아 가족 품으로 돌아갈 수 없는 경우 이들을 보호하는 데 한층 더 적극적으로 임해야 하겠다.

(3) 보호관찰소와 정신건강복지센터의 공조

「치료감호 등에 관한 법률」은 법무병원을 퇴원한 치료감호대상자의 일상회복을 위해 보호관찰소와 정신건강복지센터 간 서로 함께 돕도록 규정하고 있다. 즉 보호관찰소의 장과 정신건강복지센터의 장은 피보호관찰자의 치료, 재범방지, 사회복귀를 위하여 상호 협조를 강조하고 있다. 이 같은 규정은 교정복지실천 차원에서 정신장애범죄인의 일상회복을 위해 정신건강사회복지사의 개입이 제격임을 인정하는 것이라고 하겠다. 당초 이 법은 치료감호대상자를 자신의 행위에 따른 책임을 질 수 없거나 한정하여 책임을 질 수밖에 없는 상황, 금고 이상의 형에 해당하는 죄를 범한 상황, 다시 범죄를 행할 위험한 상황 3가지 사항에 처한 자로 규정하고 있다. 아울러 중독에 의한 치료감호대상자는 마약, 향정신성의약품, 대마, 기타 남용이나 해독작용을 일으킬 우려가 있는 물질이나 알코올을 식음, 섭취, 흡입, 흡연, 주입 따위를 되풀이하는 행동이 있거나 이에 중독된 자로서 금고 이상의 형에 해당하는 죄를 범하고 재범의 위험성이 인정된 경우이다. 이에 치료감호대상자를 비롯한 정신장애범죄인의 일상회복과 이들의 재범 예방을 위해 정신건강사회복지사의 활동을 한층 기대하는 것이다.

3) 문제

정신장애범죄인의 일상회복을 위해 어느 한 측면만의 책임을 지울 수 없다. 법무병원 당국을 비롯해 지역사회는 물론 이들의 가족까지도 관심을 가져야 할 영역이라고 생각한다. 앞에서 살펴본 정신장애인 범죄

중 치료감호대상자의 치료 과정에 근거하여 당국의 측면에서 대두하는 문제를 다음 몇 가지로 정리하였다.

(1) 전문 인력의 절대 부족

법무부 범죄예방정책국(2024) 자료에 의하면 2023년 법무병원 의사는 정원 20명 중 9.9명으로 충원률이 49.5%에 불과하고, 정신건강의학과 전문의는 정원 15명에 8.5명으로 56.7% 충원률을 보이고 있다. 한편 「정신건강증진 및 정신질환자 복지서비스 지원에 관한 법률 시행령」은 정신건강의학과 전문의의 적정 환자 부담 비율을 정신건강전문의 1인당 60명으로 규정하고 있으나 현재 65명(전공의 포함) 또는 95.6명(전공의 미포함)으로 나타나고 있다. 이 같은 부담은 독일과 일본과 영국이 각기 13명과 14명과 22명인 점을 비교하면 턱없이 부족한 것이다. 한편 의사 이외에도 정신건강전문요원의 역할 역시 매우 중요함에도 이들의 수는 아예 언급도 하지 않고 있다.

(2) 치료 방법과 치료 수준

무엇보다도 치료감호대상자의 일상회복과 관련하여 이들의 치료 방법과 치료 수준을 고민해야 한다. 이는 치료감호대상자의 치료가 쉽게 이루어지지 않은 상황에서 어느 수준까지를 치료로 인정해야 하는가 하는 의문으로부터 기인한다. 그나마 법무병원이나 일반 병원에서 어느 정도 치료의 목표를 달성할 수 있고, 이외의 시설에서는 전문적인 개입을 생각할 수 없어 이 고민을 쉽게 해결할 수 없음이 현실이다. 이는 치료감호대상자에게 어떠한 치료가 행해져야 하고, 집행 종료 요건인 완치의 상태는 어느 정도에 이르러야 하는지 그 경계를 정하는 것은 어려운 문제로 쟁점화되고 있다(장규원, 2002).

(3) 법조계와 의료계의 입장 차이

치료감호대상자의 치료에서 법조계와 의료계의 입장이 서로 달라 현장의 실무자가 어려움을 겪기도 한다. 법조계는 비록 개인마다 차이는 있지만 또 다른 범죄에 대비한 구금 확보에 중점을 두고, 의료계는 치료감호대상자의 개인에 집중하면서 약물치료에 중점을 두는 경향이 강하다. 한편 정신건강사회복지에서는 치료감호대상자가 처한 사회환경을 중시하면서 심리사회적 접근을 강조한다. 이렇게 서로의 입장이 달라 치료감호대상자를 위해 개입할 때 입장 차이를 드러냄으로써 다소 어려움을 겪기도 한다.

(4) 약물남용과 범죄 간 상관관계

알코올중독을 포함하여 약물남용은 자살, 폭력, 살인 같은 범죄의 증가와 관련이 있고(이문숙 외, 2006), 우리나라에서는 1990년대 후반부터 마약 범죄가 급격히 증가하고 있다. 이들은 조기에 발견되어 치료적인 개입을 받지 못하고 법적인 제재를 받거나 가족들에 의해 강제 입원 치료를 받는 경우가 대부분이며 약물을 장기간 사용하여 재발 가능성이 높다(이미경, 2002). 따라서 당국은 마약류를 비롯하여 알코올중독에 의한 치료감호대상자를 위한 적극적인 대처 방안을 마련해야 한다.

(5) 치료감호대상자 가족의 입장

앞에서도 언급한 바처럼 치료감호대상자 중 가족과 함께 살 수 있음에도 가족의 외면으로 함께 살지 못하는 경우가 드러나고 있다. 가족의 이런 태도는 치료감호대상자에게 또 다른 상실감을 안겨 이들을 보호하는 시설의 실무자와 치료감호대상자가 어려움을 겪게 한다. 특히 실무자에 의하면 시설에 있는 치료감호대상자는 가족(자녀, 부인, 부모)을 그리며 함께 살기를 원하고, 이들의 치료를 위해서는 가족의 협력이 절실하다고 하였다. 한편 가족의 어려움도 적지 않게 드러나고 있고, 이 같은 가족의 고통을 전적으로 무시할 수 없는 처지이다. 예컨대 치료감호대상자의 가족이 정신적으로 부담을 가져야 할 뿐만 아니라 이들의 입원 따위로 재정적 어려움도 만만치 않은 상황이다. 아울러 정신장애인에 대한 사회적 편견과 낙인으로 가족은 낮은 자존감과 우울, 사회적 위축을 경험하여 정신장애인 같이 정서적 공유를 경험한다(유미경, 2005). 당국은 이처럼 가족이 겪는 어려움을 반영하여 개입할 수 있는 지혜를 발휘해야 한다.

4. 외국인 범죄

외국인 범죄는 외국인이 대한민국 영토 내에서 형벌법규에 위배되는 행위를 한 경우로 정의하고 있다(김상호, 2023). 경찰청(2022)의 통계에 의하면 우리나라 전체 범죄에서 외국인이 차지하는 비율은 2% 정도로 나타나고 있다. 이는 2022년 기준 체류 중인 외국인이 우리나라 전체 인구의 5% 정도라는 점에 비추어보면(KBS뉴스, 2023년 6월 19일) 외국인의 범죄는 아직 수로 보아서는 심각한 수준은 아니라고 하겠다. 그러나 한국에 체류하는 외국인의 수가 늘고, 여기에 이들의 범죄가 점차 증가하는 추세라 관심을 갖고, 이에 대비해야 한다. 외국인 범죄의 실상, 대응, 문제를 살펴보자.

1) 실상

외국인 범죄의 실상은 범죄 유형별로 살펴보는 것이 바람직하겠다. 외국인 범죄의 유형이 매우 뚜렷하게 드러나고 있기 때문이다. 외국인 범죄의 실상을 4대 범죄, 마약류 범죄, 건설현장 외국인 근로자 관련 범죄로 구분해 살펴보았다.

(1) 4대 범죄

경찰청(2024)의 자료 '외국인 범죄 현황'에 따르면 4대 범죄(살인, 강도, 절도, 폭력) 피의자 수는 2019년 1만 2,704명에서 2020년 1만 1,503명, 2021년 9,053명으로 줄었다가 2022년부터 9,717명, 2023년 9,882명으로 대폭 증가했다. 외국인의 거주 상황을 볼 때 앞으로 외국인 범죄는 계속 증가할 것으로 예상한다.

(2) 마약류 범죄

앞의 자료에 의하면 마약류 범죄의 경우 지난 2019년 1,092명에서 2023년에 2,187명으로 매년 꾸준히 늘고 있다. 아울러 외국인 도박과 풍속 사범도 2022년 383명에서 2023년 625명으로 2배 가까이 증가했다. 특히 우리나라 10대의 마약류 범죄가 지속적으로 늘어가고 있는 상황을 생각하면 외국인의 마약류 범죄를 가볍게 볼 수 없다.

(3) 건설현장 외국인 근로자 관련 범죄

경찰은 최근 건설 현장의 인건비 부담으로 외국인이 대거 유입되면서 이로 인한 집단폭력 같은 각종 불법행위에 대한 피해 가능성도 우려되는 상황이라고 보고하고 있다. 실제로 2023년 4월 서울 구로구 일대에서 중국 조선족 출신 9명으로 구성된 범죄단체가 경찰에 체포되었다(KBS뉴스, 2023년 6월 19일). 이들은 2021년부터 노래방 접대부 알선 조직을 운영하며 자기 조직이 고용한 접대부를 쓰지 않는 노래방 업주를 폭행하거나 협박해 왔다. 이들은 노래방 입구를 차량으로 막거나 경찰에 허위신고를 하는 따위 방법으로 영업을 방해하기도 했다. 경찰의 수사과정에서 피의자 4명은 필로폰을 투약한 사실까지 확인되었다.

2) 대응

외국인 범죄에 대한 대응이 아직은 생소한 면이 있지만 20여 년 전 미미했던 여성 범죄가 지금 중요한 쟁점으로 등장했듯, 이제 외국인 범죄에 관심을 가져야 할 때라고 생각한다. 외국인 범죄의 일상회복을 위한 대응은 대체로 교정시설에서 중요하게 거론되고 있는데, 이를 다음 몇 가지로 요약했다.

(1) 외국인 전담 교도소 운영

2010년 천안 외국인 전담 교도소가 세계에서 처음으로 문을 열었다. 수용인원은 1,230명으로 당시 27개국 출신 외국인 수용자 591명(미결수 2명 포함)과 내국인 263명 총 854명이 수감되었고, 범죄로 인해 전국 교정시설에 수용된 외국인 수가 1,500명에 달했다(연합뉴스, 2010년 2월 23일). 이 교도소에는 한식 외에도 빵과 샐러드 같은 서양식단을 마련하고, 영어, 중국어, 러시아어, 아랍어 4개 국어로 방송되는 위성TV를 시청케 하고, 한글과 사물놀이 같은 한국 문화 수업을 실시하고 있다.

(2) 외국인 여성 수용자 처우

외국인 여성 수용자를 독립, 처우하고 있다. 외국인 여성 수용자가 청주여자교도소에 수용되는데, 외국인 여성 수용자는 2012년 35명에서 2021년 111명으로 증가하였고, 여성 미결수용자는 2012년 28명에서 2021년 139명으로 크게 증가하였다(심혜인, 2023). 이처럼 청주여자교도소의 수용에 대한 부담은 해마다 가중되고 있는 상황이지만 이들 외국인 여성 수용자를 따로 처우하고 있어 다행이다.

3) 문제

외국인 범죄에서 드러나고 있는 문제를 제때 대처하지 못하면 호미로 막을 것을 가래로 막는 우를 범할 수 있다. 이들 문제 상황을 교정복지 측면에서 다음 몇 가지로 정리했다.

(1) 전담 인력 부족

외국인 범죄가 증가하고 있는 추세에 비해 이를 담당하는 외사경찰(외국인 사건 담당 경찰) 인력이나 전담수사 인력은 절대 부족한 상태다(최홍만 외, 2022). 특히 다문화사회가 확장되어가는 상황에서 외국인 범죄는 앞으로 한층 더 증가할 것이므로 이에 따른 합당한 대응이 마련되어야 할 것이다. 이와 관련해 해당 범죄인의 언어를 구사할 수 있는 인력이나 이를 지원할 수 있는 방안도 함께 보완되어야 하겠다.

(2) 국내 · 외 범죄인에 대한 평등한 처우

국내 · 외 범죄인에 대한 처우가 평등하게 이루어져야 한다. 외국 범죄인이라고 해서 국내 범죄인보다 우등한 처우를 해서도 안 되고, 이와 반대로 해서도 안 될 터이다. 1971년 165명이 사망하고 68명이 부상당한 서울의 대연각호텔 화재 때 소방대원이 한국인과 외국인을 따지지 않고 차별 없이 구출했듯(이충렬, 2016a), 국내 · 외 범죄인을 경찰 단계에서부터 검찰과 법원은 물론 교정시설 당국이 평등하게 처우해야 한다.

(3) 외국인 범죄피해자 지원 확대

범죄로 인한 외국인 피해자 지원을 현재보다 더욱 확대해 나아가야 한다. 최영신(2019)의 연구에 의하면 범죄에 의한 외국인 피해자가 대거 경제활동인구 층에 집중되어 있는 점에 비해 이들 피해자가 범죄피해자지원센터를 이용하는 비율이 현저하게 낮다고 한다. 이를 보완하기 위해 범죄피해자지원센터 측은 홍보와 통역 지원 같은 서비스를 충분히 마련해야 한다.

5. 북한 교정복지

남북관계의 발전적 변화를 위해 북한의 교정복지에 관한 관심을 두어야 함은 당연하고, 북한의 비행과 범죄의 속내를 모르는 상황에서 북한의 교정복지를 쟁점으로 삼을 만 하다고 생각한다. 교정복지 관련하여 북한과 남한의 사정이 크게 다름에도 북한의 비행·범죄와 비행청소년·범죄인의 일상회복에 관한 이해를 통해 북한 교정복지를 살펴보려고 한다. 앞의 영역에서 적용한 틀에는 좀 어색한 면이 있겠지만 북한 교정복지의 실상, 대응, 문제를 살펴보겠다.

1) 실상

비행과 범죄 현황을 비롯해 범비행청소년과 범죄인의 일상회복에 관한 북한의 실상을 파악하는 것은 어려운 실정이다. 통일부(2021)와 통일부 자료실(2000)이 낸 문헌을 통해 다음 몇 가지로 그 실상을 정리했다.

(1) 정치범죄인

우선 정치범은 국가안전보위부(국가정보원)와 인민보안부(경찰청)의 수사, 예심, 판결을 통해 정치범수용소에 수용된다. 현재 북한에는 총 5개 정치범수용소가 있으며 약 8만 명에서 12만 명 사이로 추정되는 정치범을 수감하고 있다. 정치범수용소는 자급자족 시스템으로 운영되며 농축산물과 공산품 모두 자체적으로 생산·사용한다. 정치범수용소는 완전통제 구역과 혁명화 구역으로 나뉘어 있다. 완전통제 구역에는 반당·반혁명 행위를 한 범죄인과 해외 도주를 시도한 범죄인이 수용된다. 이곳에는 평생 출소하지 못하는 종신형 수감자가 생활하고, 반면 혁명화 구역에는 상대적으로 죄질이 약한 정치범이 수용되며 약 3~10년의 형기를 마친 후 출소할 수 있다.

(2) 일반 범죄인

정치범이 아닌 일반 범죄인은 인민보안부나 검찰기관의 판결을 받고 수용시설로 들어간다. 수사가 진행 중인 피의자와 6개월 이하 경범죄인은 집결소(유치장)에, 6개월 이상 1년 이하의 범죄인은 노동단련대에, 1년 이상 15년 미만의 중범죄인은 노동교화소에 구금된다.

(3) 수용시설

북한의 범죄인 수용시설은 인민보안부 산하의 교화소, 교양소, 집결소가 있고, 국가안전보위부 산하의 정치범수용소로 구분하고 있다(통일부 자료실, 2000). 이 중에서 주요 교정 관련 시설은 교화소와 교양소다. 이는 재판에서 형이 확정된 비행청소년과 범죄인을 수감하는 시설이 각각 교화소와 교양소로 구분되어 있기 때문이다. 한편 수용소는 정치범을 수용하고 있는데, 이들은 합당한 재판절차를 거치지 않는 자가 많아 정치적 성향이 강하다. 북한의 일반 범죄인을 수용하는 시설의 기능과 운영에 관하여 살펴보자.

먼저 교화소는 남한의 교도소에 해당하는 시설로 재판을 받은 일반 범죄인을 이들의 범죄 유형에 따라 수용하고 있다. 특히 범죄인 중 사형수를 제외하고 죄질이 나쁜 범죄인을 산간오지에 모아 각종 중노동을 시키기 위해 수용하는 노동교화소가 있다. 노동교화소의 규모는 약 4천 명을 수용할 정도이며, 수용대상에 따라 성인을 수용하는 노동수용소와 청소년을 수용하는 노동교양소로 구분하고 있다.

아울러 소년교양소는 남한의 소년원 수준으로, 18세 미만 학교생활 불량자나 사회에서 물의를 일으킨 학생을 재판 없이 수용한다. 교양학습, 노동, 사상투쟁 같은 방법으로 6개월간 교양 프로그램에 참여케 한 후 내보내는데, 각 도(직할시)에 1개소가 설치되어 있다.

덧붙여 집결소는 유치장으로 각 시·군에 설치하여 수사가 진행 중인 범죄 가담자나 6개월 미만의 경범죄인을 수감하고 있다.

한편 짧은 기간의 지역 구금이나 강제 노동 시설인 노동단련대가 있다. 노동단련대는 집결소나 교화소와는 달리 북한의 법령집에 나오지 않고, 각 지방 당국이 기아와 연관되어 급증하는 비행에 대처하기 위해 만들어 낸 임시 구금시설이다.

2) 대응

북한의 교정이념은 처벌주의와 억압주의를 따르고, 교정 관련 제도와 교정 관련 기관·시설이 1인·1당을 위한 강압적이고 폐쇄적이기 때문에 남한에서 볼 수 있는 전문적이고 다양한 프로그램은 없는 것으로 보아야 한다. 여기에서는 시설의 일과내용에 불과한 프로그램을 각 수용시설별로 소개하고, 아울러 법무생활지도위원회를 정리하였다.

(1) 교화소의 주요 프로그램

일반 범죄인을 수용하고 있음에도 수용자의 의식주가 제대로 해결되지 못하고 있다. 장기수의 30~40%가 낡은 옷과 영양실조와 구타로 장애의 어려움을 겪고 있다(심영희, 1997). 수용자는 매일 8~9시간씩 목표량이 부과된 중노동에 종사하며, 일과 후에는 두 시간씩 김정일 사상학습 같은 의식개조 활동에 전념해야 한다(통일부 자료실, 2000).

(2) 소년교양소의 주요 프로그램

재판을 받지 않고 수용된 18세 미만 비행청소년은 교양학습, 노동, 사상투쟁에 열중하고 있다(심영희, 1997). 특히 교양학습은 준법교양사업으로 국가 1인자의 명령, 법령, 정령을 원문 그대로 익히는 것이고, 사상투쟁은 낡은 사상적 잔재를 들춰 그 진상을 대중 앞에 공개하여 비난과 통제를 받게 하여 뉘우침과 사상적 충격을 받게 함을 의미한다(이형규, 1997).

(3) 정치범수용소의 주요 프로그램

정치범수용소 중 완전통제구역(종신수용소)의 수용자는 광산, 벌목장, 개간지 따위에서 강제노동에 시달리다 수용소에서 죽는다. 수용자에게는 채광이나 영농기술 같은 생산에 필요한 지식을 교육시킬 뿐이다(통일교육원, 1997). 이들 수용소는 '생지옥'(전일수, 1999), '인간 멸종의 현장'(김용삼, 2000)이라 불리고 있다. 정치범수용소의 수용자는 매일 12시간 이상의 강제노동, 1시간 이상의 자아비판과 사상개조학습을 받아야 하고(통일교육원, 1997), 이외의 프로그램은 전혀 생각할 수 없다.

(4) 법무생활지도위원회

최고인민회의와 각급 인민회의 산하의 협의체로 법무생활지도위원회를 두고 있다. 이 위원회는 해당 지역 내 기관, 기업소, 사회협동단체, 공민 따위의 법무생활 실태를 파악함으로써 검열위원회나 검찰소의 역할을 대신하고 있다. 이 위원회는 주민의 법무생활을 감독·통제하는 데 중요한 위치에 있는 기관의 대표로(이형규, 1997) 각급 당책임비서 겸 인민위원장, 인민보안부 간부, 인민위원회, 법무담당 부위원장 같은 해당 지역의 지도급 인사 5~6명으로 구성되어 있다(제성호, 1996).

3) 문제

남북관계는 발전과 퇴보를 반복하는 경향이 짙다. 이는 매우 정치적인 현상이라고 하겠다. 어쨌든 남북의 교정복지 관련 사정은 서로 보는 관점에 따라 다르겠지만 여기에서는 남한의 시각에서 드러나고 있는 북한의 교정복지 관련 문제를 살펴보겠다.

(1) 처벌주의 교정이념

북한은 처벌주의나 억제주의 교정이념을 고수하고 있기 때문에 이 교정이념 아래 펼쳐지는 교정 관련 제도는 범죄인에게 억압적이고 폐쇄적일 수밖에 없다. 북한에서 법의 주체는 주민이 아닌 노동당이며, 법의 본질은 당의 노선과 정책을 법이란 형식으로 표현한 것에 불과하여(제성호, 1996), 비행청소년이나 범죄인을 위한 북한 정권의 인권적 개입에 여지가 없는 것으로 보아야 한다. 예컨대 보호관찰제도 같은 비구금제도를 전혀 실시하지 않고 있다.

(2) 미비한 교정 관련 인력

교정 관련 주요 인력은 비행청소년이나 범죄인을 수용하고 있는 수용시설과 지역사회 중심 교정 관련 기관의 직원을 의미한다. 북한의 교정 관련 주요 인력은 앞에서 살펴본 수용시설의 직원에 한정되어 있다. 수용시설의 교정 관련 인력은 인민보안부의 인민보안원과 인민경비대원, 국가안전보위부 직원을 들 수 있다. 이들만으로 비행청소년이나 범죄인의 일상회복을 꾀하는 데는 문제가 있다. 예컨대 남한의 경찰관에 해당하는 인민보안원은 인민보안부 산하 교화소, 소년교양소, 집결소의 수용자를 관리한다. 이들의 주요 임무는 수용자의 구금확보와 철저한 감시 그리고 수용자에 대한 물리적 통제라 할 수 있다.

(3) 생명 경시 풍조

북한 사회상의 단면은 우선 생명과 신체의 경시 풍조이다. 이런 모습은 범죄인을 처우하는 데에서도 찾아볼 수 있다. 예컨대 정치범수용소의 모든 업무를 총괄하고 있는 국가안전보위부는 국방위원회 산하 조직으로 반당 · 반혁명사건을 전담하며, 특히 1인지도체제를 위반하는 사건에 대해서는 지위를 막론하고 독점수사권을 갖고, 생명을 함부로 다루고 있다(유세희, 1997). 이뿐만 아니라 장성택을 처벌 · 처형하는 방식에 대한 세계적인 비난에서도 볼 수 있듯, 북한에서 생명과 신체에 대한 인식은 세계적 수준에서 상당히 괴리되어 있는 상황이다(김영호 · 김용호, 2014).

12 좀 더 살펴보기

지방자치제도와 교정복지

우리나라 지방자치제도는 1949년 제정된 「지방자치법」이 1988년 전부 개정되고, 1991년 광역·기초의회의원선거를 치르면서 부활되었다. 부활 이후 30년이 지났음에도 여전히 이 제도는 지방자치가 무색할 정도로 많은 문제점을 안고 있다. 예컨대 중앙정부의 자치단체장에 대한 시정명령과 취소권, 직무이행명령권, 자치사무 감사권 따위로 여법한 지방자치를 시행할 수 없다. 이뿐만 아니라 '지방정부'라고 해야 함에도 굳이 '지방자치단체'라고 하는 처사부터 중앙정부가 지방자치를 경원시하고 있다. 이런 문제로 인하여 국민이 지방자치를 제대로 이해하지 못해 지방정부의 존재를 대수롭지 않게 여길 수도 있을 터이다.

전국자치분권개헌추진본부출범식(2017년)
출처: 월간중앙 2021년 4월호

비행과 범죄는 우리가 살고 있는 지역사회에서 발생하고 있으며, 비행청소년과 범죄인의 일상회복이나 비행·범죄 예방 역시 지역사회 중심으로 이루어지고 있다. 그러므로 시민은 비행이나 범죄에 관해 명확하게 이해하고 비행과 범죄를 예방하며, 나아가 비행청소년과 범죄인의 일상회복에 적극적으로 참여해야 한다. 시민의 참여가 없다면 실질적인 비행과 범죄의 예방이나 비행청소년과 범죄인의 일상회복은 물론 우리 사회의 정상화는 기대하기 어렵다. 이는 비행청소년과 범죄인의 일상회복과 비행·범죄 예방이 가능해야 지역사회 병리현상으로부터 탈피할 수 있어 시민의 생활이 안정될 수 있기 때문이다. 이 같은 주장은 이 법계의 모든 것이 인드라망(Indra망〈網〉, 불교의 욕계〈欲界, 색욕·식욕·재욕〉가 강한 세계에 속한 천신의 왕인 인드라가 머무는 궁정 위에 끝없이 펼쳐진 그물)처럼 얽혀 상호의존관계에 들어있어 그 어느 것 하나 홀로 존재할 수 있는 것은 없다고 하듯(이상규 역주, 2023), 선한 것이든 악한 것이든 서로 영향을 주고받는다는 점에서 진리라고 하겠다. 이런 맥락에서 비행청소년과 범죄인의 일상회복이나 비행과 범죄의 예방이라는 과제를 수행하는 것은 시민의 중요한 과업 중 하나다.

그렇다면 비행청소년과 범죄인의 일상회복이나 비행과 범죄의 예방을 위해 지역사회를 기반으로 형성·운영되고 있는 각 지방자치단체가 1차적으로 책임을 져야 할 것이다. 실제로 앞에 살펴본 교정복지 관련 제도(법)에서 수없이 비행청소년과 범죄인의 일상회복을 위해 지방자치단체의 책무를 규정하고 있다. 다만 이들 법의 관련 조항이 임의성이 강하여 대부분 지방자치단체가 직무를 유기하고 있는 것이다. 지방자치단체가 비행과 범죄뿐만 아니라 사회복지에 미온적인 태도를 보이는 것은 지방자치제도가 온전하게 자리를 잡지 못해서라고 이미 알려져 있다.

하루빨리 지방자치가 온전히 이루어져 교정복지의 발전을 꾀할 수 있어야 하겠다. 이를 강조하는 것은 곧 교정복지의 지방화를 염두에 둔 것인데, 이의 개념과 필요성을 다음처럼 정리할 수 있다.

먼저 교정복지의 지방화는, ① 기초 지방정부가 주체가 되는 교정복지, ② 광역 지방정부가 책임지는 교정복지, ③ 중앙정부가 균형 잡아주는 교정복지를 일컫는다. 한편 교정복지의 지방화가 필요한 이유로, ① 지방정부와 중앙정부의 회피 차단, ② 주민 대응의 용이성, ③ 실천가의 자부심 확보, ④ 교정복지 정치력의 정상화를 강조할 수 있다.

이 같은 교정복지의 지방화를 바탕으로 교정복지의 발전을 꾀할 수 있는 방안을 다음 몇 가지로 정리할 수 있겠다.

하나, 각 지방의 비행과 범죄는 기초 지방정부가 책임을 진다. 이를 위해 시장, 군수, 구청장은 각자의 지방에서 발생한 비행과 범죄 상황에 현재 '복지사각지대'에 관심을 두어 개입하는 것처럼 대처해야 한다.

둘, 광역정부는 비행청소년과 범죄인의 원활한 일상회복을 위해 보호·교정시설을 중앙정부로부터 받아 직접 운영해야 한다. 이를 위해 각 광역정부는 현재 운영되고 있는 지방교정청을 인수하거나 새로 설립해야 한다. 아울러 경찰제도와 사법제도가 광역정부 단위에서 운영되어야 함을 인식하고, 이의 실현을 기대해야 한다.

셋, 중앙정부는 교정사업의 제반 제도를 기초정부와 광역방정부에 돌려주어 무모한 짐을 벗고 중앙정부 본연의 일에 집중해야 한다. 이는 중앙정부와 지방정부가 국가를 위해 각자의 역할을 분담하는 것인데, 이 분담은 곧 양자의 선순환관계를 유지하는 것이다. 그래서 '노숙인은 봉사자에게 사랑하는 법과 섬기는 법을 알게 해주고, 봉사자는 노숙인을 찾아 섬기며 노숙인에게 새로운 삶이 시작되고, 봉사자에게 감사가 회복되듯'(안기성, 2025) 해야 한다.

제 13 장

교정복지의 전망

문화를 통해 자기를 인식한다는 것은
문화와 나의 유사성을 발견한다는 것이다.
(조창오, 2023)

우리나라 교정복지의 바른 전망은 교정복지의 기초에 관한 이해는 물론 교정복지가 돌아가는 내력을 분명히 알고 나서야 가능할 것이다. 즉 교정복지 관련 제도부터 교정복지실천 대상자의 일상을 비롯해 이들과 함께 하는 관련 기관과 사회복지사 같은 실무자의 형편을 속속들이 알아야 할 것이다. 이 같은 은혜로운 터득은 문헌과 경험을 통해 얻은 귀한 지식을 요구할 터이다.

우리는 이미 첫 장 비행청소년과 범죄인의 일상회복을 시작으로 앞 장 교정복지의 쟁점까지를 수미일관하게 살펴보았다. 특히 2장에서 주요 4개 나라의 비행청소년과 범죄인의 일상회복에 관한 역사를 더듬어 보며 몇 가지 교훈을 얻기도 했다. 이 어쭙잖은 공부를 통해 우리나라 교정복지가 사회복지 안에서 앞으로 나아갈 방향을 가늠할 수 있었을 것으로 생각한다.

이제 우리나라 교정복지는 물론 이와 관련하는 여건을 전망하려고 한다. 그래서 교정복지의 발전을 위해 기울여야 할 내용을 모색할 수 있으면 좋겠다. 이런 노력은 교정복지의 발전에 머무르지 않고 사회복지의 발전에도 힘이 될 것이다. 이 장에서는 인공지능시대 비행과 범죄, 제도와 실천과 지역사회의 변화, 교정복지의 확산, 국민의 관심과 협력을 전망하였다. 아울러 좀 더 살펴보기에서 교도소가 문화유산이 된 의미를 짚어보았다.

1. 인공지능시대 비행과 범죄

인공지능(artificial intelligence)이 곧 사람의 지능을 갖춘 일종의 자동 기계 장치라고 할 때 인공지능시대는 컴퓨터화된 사람이 행세하는 기간이라고 하겠다. 기술 중심 4차 산업을 등에 업은 인공지능은 지난 1차 산업, 2차 산업, 3차 산업을 맞이할 때와 달리 미래에 대한 우려를 강하게 심어주고 있다. 누구도 앞으로 일을 확신할 수 없지만 우리를 불안케 하는 것은 지금의 절반 이상이 직업을 잃을 수 있다는 전망이다. 그러면 인공지능시대의 비행과 범죄 상황은 어떻게 펼쳐질까? 이 시기에 맞이하는 비행 · 범죄의 특성과 비행 · 범죄에 대한 대응을 전망하고, 비행청소년과 범죄인의 일상회복을 위한 과제를 살펴보겠다.

1) 비행과 범죄의 특성

인공지능시대라고 해서 기존 비행과 범죄의 특성에서 크게 벗어나지 않는다고 생각한다. 이렇게 주장하는 것은 메켈과 슈타이나커(Miran Meckel, Lea Steinacker)가 강조하듯(강민경 번역, 2025), 인공지능이 하는 모든 일은 사람이 인공지능을 대하는 방식에 따라 달라진다는 사실에 근거해서이다. 따라서 앞으로 비행이나 범죄가 지니는 특성은 다음에 요약한 바처럼 지금과 크게 다르지 않고, 다만 인공지능이 가져온 기술이나 환경의 영향이 더해질 것으로 본다.

(1) 비행과 범죄에 대한 욕망의 가속화

정보기술시대처럼 인공지능시대도 전문적인 범죄뿐만 아니라 비행과 범죄를 저지려는 욕망을 가속화할 것으로 전망한다. 실제로 우리는 언어, 감정, 성격 같은 요소를 갖춘 가상인격체와 소통하며 상호작용을 하고 있다. 이처럼 인공지능시대라는 사회의 큰 변화에 따라 이루어지는 비행과 범죄에 대한 욕망의 가속화를 숙명으로 받아들여야 할 것이다. 이에 범죄인의 일상회복을 위한 개입이 한층 어려워질 것인데, 특히 인공지능 기술을 이용한 비행청소년이나 범죄인을 사회복지사가 상대하는 것은 쉽지 않을 것이다.

(2) 사회문제로서 확대

비행과 범죄는 더욱 심각한 사회문제로 부각될 것이다. 비행과 범죄가 사회 변화에 따른 부산물로 쏟아져 나와 우리 사회가 비행과 범죄로 만연될 때 정부와 시민은 범죄문제에 관심을 집중하게 될 것이기 때문이다. 편견이나 낙인에 빠져서는 안 될 것이지만, 예컨대 다문화가정의 청소년이 사회적 편견과 경제 · 교육 문제로 어려움을 겪으며 부적응하는 가운데 비행으로 빠질 가능성이 높을 것으로 보인다. 만약 이들 청소년이 비행에 빠지면 이들을 위한 개입은 더욱 복잡해지고, 나아가 지금보다 더욱 많은 비용을 부담해야 한다.

(3) 예방과 피해자를 위한 개입

인공지능시대에는 무엇보다 비행과 범죄의 예방에 신경을 써야겠다. 이미 법학 쪽에서 인공시대에 일어날 범죄에 대한 「형법」 적용 방안의 필요성을 강조하고 있다. 예컨대 AI시대 범죄는 인간에 의한 범죄, AI에 의한 범죄, 인간과 AI가 연루된 범죄가 복잡다단하게 발생할 수 있다(김준성, 2022). 이 같은 범죄의 예방을 위해 셉테드(CPTED, Crime Prevention Through

Environment Design, CCTV를 설치하는 것처럼 도시환경을 설계하여 범죄를 예방하는 기법)의 적용 방안과 사회적 윤리규범의 표준화 작업이 대두하고 있다.

한편 인공지능시대에 비행이나 범죄로 인한 피해자의 증가를 주목해야 하겠다. 이런 상황을 다음 사례를 통해 확인할 수 있다.

> 소프트웨어정책연구소에 따르면 AI가 연루된 부정적 사건은 지난해 233건으로 역대 최고치를 기록했다. 2023년(149건)보다 56.4% 증가한 수치다. 부정적 사건에는 딥페이크 성착취물 제작이나 청소년 자살에 AI 챗봇이 연루된 사례가 포함됐다. 지난해 국내에서는 아동·청소년을 대상으로 한 딥페이크 성범죄가 잇따르며 논란이 됐다. 미국에선 AI 챗봇과 대화한 아들이 자살을 선택했다며 그의 어머니가 AI 기업에 소송을 건 사례도 있었다.
>
> (경향신문, 2025년 4월 16일)

물론 이 같은 범죄를 예방하기 위한 노력이 우선해야 하지만, 이들 범죄로 인한 피해자의 일상회복을 위한 개입도 중요하게 다루어져야 할 터이다. 이를 위해 사회복지사는 인공지능 전문가의 도움이나 이들과 융합한 개입에 주목해야겠다.

2) 비행과 범죄에 대한 대응

비행과 범죄에 대한 대응은 정부를 비롯한 보호·교정 당국이 앞장서야 할 것이다. 아울러 이 대응은 당장 시행해야 할 것과 장차 시간을 두고 실현할 것을 구분함으로써 현실에 합당해야 한다. 이와 관련하여 다음 몇 가지를 강조했다.

(1) 교정복지 관련 제도의 변화

앞에 언급한 비행·범죄 상황이 현실로 드러난다면 지금의 교정복지 관련 정책은 큰 변화를 가져와야 할 것으로 본다. 즉 비행청소년·범죄인의 일상회복과 관련하여 전문성과 효율성을 극대화하기 위해 다음에 강조한 것을 비롯한 우리나라 보호 · 교정 제도의 개혁은 피할 수 없는 과제가 될 것이다.

(2) 전문 인력의 확보

앞에 언급한 보호 · 교정 제도의 개혁과 관련하여 첫 과업으로 전문 인력을 합당한 수준으로 확보해야 한다. 이를 위해 먼저 정부는 비행 · 범죄 문제를 중요한 사회문제로 받아들여야 하는데, 여기에 시민의 목소리가 높아져 정부의 각성을 촉진해야 한다. 그래서 이 전문 인력이 교정 현장뿐 아니라 관련 업무를 전문적으로 다루는 연구기관이나 대학에서도 활발히 활동할 수 있어야 한다. 예전에 비하면 상당수의 전문 인력이 시설의 일선에 배치되어 활동하고는 있으나 태부족임을 고려할 때 그 수가 더욱 늘어나야 함은 물론 사회복지사 같은 다양한 전문 인력을 확보해야 한다. 나아가 직원의 재교육이 전문성을 바탕으로 이루어져야 하는데, 보호 · 교정 당국은 직원이 지역사회의 단체가 실시하는 교육 프로그램에도 참여하여 전문 기술을 익힐 수 있도록 배려해야 한다.

(3) 비행청소년과 범죄인에 관한 깊은 이해

보호 · 교정 제도의 개혁과 함께 실무자의 노력도 있어야 할 것이다. 그 노력 중에서도 비행청소년과 범죄인에 관한 깊은 이해가 우선해야 한다. 예컨대 비행청소년과 범죄인이 지닌 문제의 다양성과 심각성을 인식해야 한다. 이들의 문제는 한 가지로 나타나지 않는다. 실제로 비행의 요인은 가난이나 기질 따위로 간단하게 규명되는 것이 아니며, 이들의 복잡한 주변 환경에서 그 요인을 찾아야 한다. 특히 비행청소년과 범죄인이 '마음의 병'을 앓고 있으며, 그 정도가 갈수록 심화되고 있음에 주목하고, 이를 위한 방안을 모색해야 한다. 결국 이들의 문제를 해결하기 위한 방안은 간단하지 않음을 알아야겠다. 이는 개인의 변화가 사회의 변화와 함께 하고 있어 사회환경으로부터 철저히 영향을 받고 있기 때문이다. 이런 사정은 인공지능시대를 맞아 더욱 심화될 것으로 예상한다. 앞에 언급한 바처럼 비록 인공지능이 인간의 지시를 받는다고 하지만, 앞으로 인공지능은 사람의 능력을 초월해 고도로 강해질 수 있어 그에 따른 역기능에 대비해야 해서이다(임채영, 2025).

3) 비행청소년과 범죄인의 일상회복

비행청소년과 범죄인의 일상회복은 보호 · 교정기관 이외에도 민간 기관에서도 이루어지고 있다. 특히 비행과 범죄에 직접 영향을 미치는 기관으로 보호 · 교정시설 외에도 경찰을 비롯하여 교육 관련 부처와 다양한 민간 기관을 꼽는다. 따라서 비행청소년과 범죄인의 일상회복에 관한 전망은 전체 사회와 관련 기관의 전반적인 흐름을 반영해야 한다. 이런 점을 적극 반영해 비행청소년과 범죄인의 일상회복을 위한 몇 가지 과제를 정리하였다.

(1) 보호 · 교정 당국의 의지적인 노력

보호 · 교정 제도 발전을 위해 무엇보다 보호 · 교정 당국의 의지적인 노력이 필요하다. 예컨대 교정 당국은 외부의 압력에 못 이겨 교정 현장을 개방할 것이 아니라 솔선해서 열어야 한다. 이 개방을 위해 보호 · 교정 현장에서 활동하는 실무자가 성실하게 직업 활동을 해야 한다. 아울러 중요한 것은 비록 어렵고 힘든 일이지만 수용자에 대한 실무자의 인간적인 태도라고 하겠다. 수용자를 '악마'로 보지 않고 사람으로 보는 마음을 기르는 데 힘써야 한다. 이를 위해 보호 · 교정시설 안에서 구금이 확보된 수용자에게는 최대의 자유를 허락하는 제도가 마련되어야 한다. 예컨대 수용자에게 흡연을 허락하고, 외부와 연락을 자유롭게 하며, 선거권을 부여해야 한다. 이렇게 함으로써 수용자는 더욱 자긍심을 갖게 되고, 그래서 이들이 일상을 회복하는 데 한층 도움이 될 것이다.

(2) 민영 보호 · 교정기관의 활성화

민영 교도소가 2010년에 문을 열어 낮은 재범률을 자랑하는데, 여기에 그쳐서는 안 되고 특정 범죄인에서 벗어나 모든 범죄인의 일상회복을 꾀해야 한다. 특히 사회복지사를 포함한 전문 인력을 충분히 확보해야 한다. 앞으로 민영 교도소는 규모에서 차이는 있겠지만 계속 늘어나야 하고, 여기에 대기업이 참여해 범죄인의 직업활동 측면에서 큰 도움이 되어야 할 것이다. 민영 보호시설의 설립도 필요한데, 불교계가 민영 소년원을 설립하려는 계획을 환영한다.

(3) 보호 · 교정 공무원의 선량함과 공의로움 발휘

보호 · 교정시설에 근무하는 공무원이 선량하고 공의로운 자세를 견지해야 한다. 선량은 순수해야 함을 일컫고, 공의로움은 자신의 편의보다 비행청소년이나 범죄인의 유익함에 앞장서야 함을 의미한다. 굳이 보호 · 교정 공무원이 아니더라도 직업인이라는 이유만으로도 자신의 이로움보다 타인의 이익을 앞세워야 한다. 직업인에게 타인의 이익이 반드시 지켜져야 함이 나츠메 소세키(夏目漱石)가 강조한 다음 사례에 잘 드러나고 있다.

> 직업이라는 것은 요컨대 타인을 위해서 하는 것이라는 의미를 근본적인 정의로 설정해야 할 것 같습니다. 타인을 위해서 일한 결과로 우리 자신을 위하게 되는 것이기 때문에 근본은 아무래도 타인본위입니다. 이미 타인본위이기 때문에 종류를 선택하는 것과 분량의 대소를 정하는 것 모두 타인을 위주로 해서 고려하지 않으면 안 됩니다. 요컨대 취사선택의 권위는 모두 직업인의 수중에 있지 않은 것입니다. (황지헌 옮김, 2004)

다른 모든 분야의 직업인이 자신보다는 타인을 위해 노력해야 한다. 이런 점에서 형편이 어려운 비행청소년이나 범죄인을 상대하는 보호 · 교정직 공무원의 자세야말로 더 이상 강조하지 않아도 될 것이다.

(4) 시민의 관심과 참여

시민이 비행청소년과 범죄인을 이해하고 수용하지 않는다면 보호 · 교정 제도의 발전을 기대하기는 어렵다. 비행청소년이나 범죄인이 사회인으로 거듭나 시민의 품으로 돌아왔을 때 시민이 받아들일 수 없다면 이들은 다시 비행이나 범죄로 돌아갈 수밖에 없을 것이기 때문이다. 비행청소년과 범죄인의 일상회복에 시민의 직접적인 활동이 필요하고, 나아가 간접적으로 시민은 올바른 교정제도의 정착을 위해 정부에 대항하는 역할을 맡아야 한다. 예컨대 비행청소년이나 범죄인의 권리옹호에 관심을 두어 활동할 수 있다. 이 같은 시민의 노력에 관한 정당성을 다음에 소개하는 피에르(Abbé de Saint-Pierre) 신부의 고민에서 엿볼 수 있다.

> 만일 우리가 그들(비행청소년과 범죄인) 같은 환경에 있었더라면, 그러니까 그들처럼 부모에게 물려받은 것도 없고, 교육도 받지 못했고, 직장도 구할 수 없으며, 집이란 것도 가져 본 일이 없는 그런 환경에서 태어났다면, 우리도 그들처럼 떠돌이나 도둑, 살인자가 되지 않았으리라고 어떻게 장담할 수 있으랴? 어쩌면 그들보다 더 악한 자들이 되지 않았으리라고 어떻게 보장할 것인가? (김주경 옮김, 2004)

(5) 지역사회 전문가의 성실한 노력과 참여

보호 · 교정 당국은 보호 · 교정 분야의 전문가와 손잡고 함께 연구, 활동하는 데 적극적이어야 한다. 현재의 활동도 무시할 수 없으나 원칙적인 차원에서 우리나라의 보호 · 교정 제도와 실무의 발전에 도움이 되게 성실하고 전문적인 활동이 뒷받침해야 한다. 구체적으로 전문가에게는 이 분야의 전문 지식과 기술 외에도 비행청소년이나 범죄인은 물론 이들의 주변 환경에 관한 실상을 파악하고, 정부의 부담을 덜기 위한 자발적인 태도와 연구자로서 양심과 명예를 중시하는 태도가 필요하다고 생각한다.

2. 제도와 실천과 지역사회의 변화

앞으로 우리나라 교정복지는 제도의 변화, 실천의 변화, 지역사회의 변화를 불러올 것으로 전망한다. 여기에서 제도는 비행과 범죄에 직접 관여하는 공공기관이 시행하는 시책을, 실천은 보호 · 교정 현장에서 이루어지는 비행청소년과 범죄인의 일상회복을 위한 활동을, 지역사회는 비행과 범죄가 일어나고 비행청소년과 범죄인이 일상을 회복하는 곳을 일컫는다. 특히 이 3자는 서로 영향을 주고받아 발전해 나아가는 삼각관계를 이루어 교정복지 발전의 기둥이 될 것으로 본다.

1) 제도의 변화

교정복지 관련해 제도의 변화를 전망하는 것은 인권의 신장에 그 밑바탕을 두고 있다. 특히 보호 · 교정시설에 있는 수용자의 인권이 강조되면서 제도의 변화를 꾀하게 되었다고 볼 수 있다. 이들 제도 변화의 상황을 영역별로 살펴보자.

(1) 관련 당국의 변화

관련 당국은 비행과 범죄로 인하여 비행청소년과 범죄인이 거친 공공기관을 의미한다. 그 대표로 경찰, 검찰, 법원을 꼽는데, 이곳의 돌아가는 사정이 바르지 못해 안타까울 뿐이다. 시민이 경찰과 검찰과 법원을 불신하는 요인 중 가장 큰 것은 이들 기관의 정치적 작동이라고 하겠다. 특히 같은 사건을 두고 1심과 2심이 각기 유죄와 무죄를 판정하는 법원을 국민은 신뢰할 수 없을 터이다.

이 같은 현상은 앞으로 크게 변화를 가져올 것으로 기대하는데, 이는 우리나라 정치의 발전을 예상하기 때문이다. 민중을 움직이려면 이치보다는 일정한 신뢰를 담보할 수 있는 권위가 매개되어야 하듯(송기숙,

1994), 이 관련 당국이 합당한 시책으로써 자발적 쇄신을 꾀할 수밖에 없다고 본다.

박중흠이 제작한 대법원의 정의의 여신상
출처: 서규환(2011)

(2) 보호 · 교정 당국의 변화

보호 · 교정 당국은 소년원과 교도소를 비롯한 소년분류심사원이나 보호관찰소 같은 기관을 포함한다. 이들 당국은 비행청소년과 범죄인의 일상회복을 위해 직접 개입함으로써 각자의 업무를 완수하는 것인데, 사회가 변화하는 만큼 보호 · 교정 당국의 대응책에도 변화가 있어야 할 것이다. 예컨대 교정시설의 수용자나 보호시설의 비행청소년을 위한 전문적인 프로그램을 사회복지학, 정신의학, 심리학 같은 영역에서 내세우는 전문성을 바탕으로 방안이 모색되고 있다. 이뿐만 아니라 최근 소년원이나 교도소 같은 시설이 새로워지고 있고, 여기에 합당한 프로그램이 도입되고 있다. 이 같은 변화는 앞으로 계속될 것이 분명하다.

(3) 제도의 합당한 운영

보호 · 교정 당국이 제도를 운영하는 데 합당한 방안이 한층 더 강조될 것으로 전망한다. 좋은 제도라도 이를 운용하는 사람이 선용하지 못한다면 그 사회의 발전을 기대할 수 없듯, 제도를 운영하는 실무자의 충실한 태도가 요구되고, 실제로 그렇게 흘러가고 있는 분위기이다. 실제로 보호·교정 당국의 고위 관계자가 달라지고, 비행청소년이나 범죄인을 접하는 일선의 실무자와 민간 자원봉사자까지 모두 충실히 활동에 임하고 있다. 이런 사정은 앞으로 더욱 강화될 것으로 전망하는데, 예컨대 '정책실명제'를 통해 드러나고 있다. 즉 합당한 보호·교정 제도를 지속적으로 개발·시행하기 위해 특정 정책을 결정한 공무원이 그 공과를 책임져야 한다는 것이다.

2) 실천의 변화

우리나라 교정복지의 전망으로 실천의 변화를 강조하는 것은 현장의 실무자 간 선의의 경쟁, 융합실천의 필요성 따위에 근거해서이다. 이 같은 사정은 비행청소년과 범죄인의 상황이 만들어낸 것이라고도 하겠다. 어쨌든 실천의 변화는 다음에 정리한 바처럼 교정복지실천이 이루어지는 각 현장에서 일어날 것으로 전망한다.

(1) 보호·교정시설에서

소년원과 교도소 같은 보호·교정시설은 비행청소년과 범죄인의 일상회복을 위해 전문 인력을 더욱 강화할 것이다. 이는 보호·교정시설이 교정복지실천 현장으로서 전문적인 개입을 더욱 활발하게 진행하기 위해서이다. 예컨대 정신건강에 문제가 있는 비행청소년이나 범죄인의 일상회복을 위해 정신건강임상심리사이나 정신건강사회복지사가 이미 투입되었고, 이들 수가 더욱 늘 것이다. 이 같은 변화는 짧게 봐서는 낙관할 수 없지만 10여 년 안으로 이룰 것으로 기대한다.

(2) 민간시설에서

민간시설의 대표로 법무보호복지공단을 꼽을 수 있는데, 이곳에 일어나고 있는 실천의 변화는 격세지감을 불러오고 있다. 이런 사실은 4장과

8장에서 상세히 살펴보았고, 이 같은 변화는 앞으로도 지속할 것이 확실하다. 이렇게 전망하는 것은 법무보호복지공단이 운영하는 시설이 대체로 비행청소년이나 범죄인의 일상회복을 위한 중간처우시설로서 높이 평가 받고 있기 때문이다. 아울러 「보호관찰 등에 관한 법률」로부터 독립하려는 공단의 의지가 강하게 작용하고 있어 앞으로 실천의 변화는 더욱 속도를 낼 것으로 본다.

(3) 사회복지기관에서

사회복지기관이 실시하는 교정복지실천이 독자적이지 않고 보호·교정 당국의 협력으로 가능한 것이 사실이다. 그러나 사회복지기관의 교정복지실천은 비행청소년이나 범죄인의 일상회복뿐만 아니라 사회복지에서도 중요한 부분을 차지하고 있어 사회복지기관의 주목을 받고 있는 실정이다. 지금은 사회복지관 같은 특정 사회복지기관에 한정되어 교정복지실천이 이루어지고 있지만 이는 더욱 확산될 것이고, 특히 사회복지기관들 간 선의의 경쟁도 작용할 것으로 전망한다.

3) 지역사회의 변화

지역사회의 변화는 곧 지역사회에 거주하는 주민의 변화를 일컫는다. 즉 지역사회가 변화하는 것은 주민이 변화하는 것인데, 이 변화는 주민 자신과 외부의 관심과 협력에 의해서 가능하다고 보아 마땅하다. 이렇게 주민이 변화하는 것은 다음 사례에서 보는 바처럼 비행이나 범죄의 원인을 그들 개인보다는 사회적 요인에 두는 입장에 기반하다고 하겠다.

> 한 인간의 선행이나 악행은 모두 그 역사와 사회의 소산물이지 한 개인의 책임으로 돌릴 수 없다는 것을 절실하게 느낍니다. 한 살인 강도가 있었다면 그건 그 사회 모두의 공동책임이어야 한다는 것입니다.
>
> (이오덕 · 권정생, 2003)

이 같은 변화를 다음 몇 가지로 정리했다.

(1) 님비(NIMBY)현상에서 핌피(PIMFY)현상으로

교정복지와 관련해 대표 지역사회 변화의 사례로 교정시설에 대한 주민의 긍정적 반응을 들 수 있다. 예컨대 지역사회는 보호·교정시설을 으레 혐오시설로 간주해 이들 시설이 자기네 지역사회로 들어오는 것을 꺼렸으나 최근에는 여러 지방정부가 서로 유치를 위한 경쟁을 벌이고 있다. 즉 '내 뒷마당에서는 안 된다(not in my backyard)'는 님비현상에서 '제발 내 앞마당으로(please in my front yard)'라는 핌피현상으로 바뀐 것이다. 이 같은 현상은 앞으로 더욱 확장될 것으로 전망하며, 다음 사례에서 확인할 수 있다.

> 과거 교정시설은 기피·혐오 시설 이미지 때문에 지역에 교도소가 들어서면 주민 반발이 심했다. 남원시도 2015년 교도소 유치를 추진했다가 주민 반대에 부딪혀 무산됐다. 하지만 최근 교정시설 이미지가 경제적 파급효과가 큰 공공기관으로 바뀌면서 주민 인식도 변했다. 남원시는 최근 23개 읍면동의 이·통장을 상대로 교정시설 건립의 찬반 의사를 물었는데 70% 이상이 긍정적으로 답했다. (…) 남원시 관계자는 "교도소 유치는 지역 이미지 훼손 등 부정적 효과보다 지역경제 활성화 등 긍정적 효과가 더 크다"며 "교정시설 입지 여건에 맞는 부지를 찾는 데 역량을 집중하겠다"고 말했다.
>
> (연합뉴스, 2019년 12월 3일)

(2) 지역사회 중심 프로그램의 확산

앞으로 범죄인과 비행청소년의 증가로 인한 사회적 관심 고조와 보호·교정 당국의 재정적인 압박은 교정 현장의 개방화를 가속시킬 것이다. 이런 상황에서 이 분야에 시민의 참여가 확대될 수밖에 없을 것이고, 교정복지에 참여하는 시민의 역량은 날로 향상될 것이다. 따라서 보호·교정 당국은 비행청소년이나 범죄인을 시설에 수용하기보다는 가능하면 지역사회로 내보내려는 정책을 펼치게 될 것이다. 결국 이 같은 분위기 속에서 지역사회 중심 교정복지는 활발하게 진행될 것이고, 교정복지의 일환으로 지역사회 중심 프로그램이 확산될 것이다. 이런 예상을 하는 가운데 지금까지 펼쳐지고 있는 교정복지의 지역사회 중심 프로그램이 더욱 늘어날 것이다.

(3) 외부 연구자의 개입

보호 · 교정시설에 외부 연구자의 개입이 더욱 확대될 것으로 전망한다. 이는 현재 보호 · 교정시설에 있는 실무자만으로 해결할 수 없기 때문이다. 보호 · 교정시설에 익숙한 대학이나 연구소의 관련 연구자가 노력하여 현장의 실무자를 위한 지원이 한층 커질 것이다. 여기에서 외부의 연구자가 맡아야 할 몇 가지 과업을 강조하면 다음 같다.

하나, 많은 사례를 확보해야 한다. 교정복지에 관여하는 외부의 연구자는 부지런히 교정복지실천 사례를 이끌어내야 한다. 이때 외부 연구자는 보호 · 교정시설의 실무자와 연계하여 진행하는 것이 바람직하다. 이 같은 연구 과정을 통해 보호 · 교정시설 실무자의 연구 능력을 향상시킬 수 있을 뿐만 아니라 외부 연구자는 교정 현장에 근거한 방안이나 기술을 개발할 수 있다.

둘, 교정복지실천 기술을 개발해야 한다. 교정복지 측면에서 외부의 연구자는 보호 · 교정시설의 실무자를 위해 활용 가능한 교정복지실천 기술을 개발 · 제공해야 한다. 특히 효과적인 교정상담 기술을 위해서는 사회복지사와 교정복지실천 대상자가 서로 기술을 이해하여 협력적인 분위기를 만드는 데 중점을 두어야 한다. 이를 위해 외부 연구자는 보호 · 교정시설의 실무자와 밀접한 관계를 맺어 협력하며 현장을 정확히 이해해야 한다.

셋, 실무자 교육에 힘써야 한다. 외부 연구자는 보호 · 교정시설의 실무자를 위해 교육할 수 있어야 한다. 예컨대 외부 연구자는 법무연수원이 실시하고 있는 보호 · 교정시설의 실무자 교육에 외래강사로 활동할 수 있다. 이뿐만 아니라 이들 연구자는 보호 · 교정 당국 산하 기관의 직원을 대상으로 실시하는 정규 교육과정에 참여할 수 있다.

넷, 보호 · 교정 제도의 개선에 기여해야 한다. 외부 연구자나 교정복지에 관심을 갖고 있는 사람은 보호 · 교정 제도의 개선을 위해 당국에 대응하거나 기여해야 한다. 새로운 방안을 제시하거나 교정복지에 대한 당국의 나태함을 채찍질할 수 있다. 이렇게 함으로써 보호 · 교정 당국과 시민의 협력이 가능해져 한층 나은 보호 · 교정 제도를 만들어 갈 수 있다.

3. 교정복지의 확산

교정복지의 확산은 비행청소년과 범죄인의 일상회복을 주요 과업 삼은 실천이 더욱 확대됨을 일컫는다. 이런 현상은 비행청소년과 범죄인의 처지와 욕구에 의한 것일 터인데, 2가지 측면에서 이루어질 것으로 본다. 한 측면은 보호 · 교정시설에서 일어날 것이고, 다른 한 측면은 사회복지의 영역에서 가능할 것으로 전망한다. 이 전망을 살펴보고, 특별히 이에 따른 사회복지학 차원의 대응을 정리했다.

1) 보호 · 교정시설의 요청

보호 · 교정시설 측이 사회복지사의 활동을 요구하는 것은 이들 시설에서 실시하고 있는 비행청소년이나 범죄인의 일상회복을 위한 활동이 더욱 확장되기 때문이라고 볼 수 있다. 이런 상황에서 보호 · 교정 당국이 사회복지사의 채용에 박차를 가하는 형태가 될 것이다. 구체적으로 각 시설의 실상을 살펴보자.

(1) 소년원에서

소년원은 대체로 교사자격을 갖춘 실무자로 지금까지 운영되었고, 당초 바라던 대로 목적을 달성해 왔다. 이제는 이 교사자격을 갖춘 실무자로는 소년원의 비행청소년을 감당하는 데는 한계가 왔고, 굳이 한 전문직에 머무를 이유가 없다. 즉 소년원의 사정이 여러 영역의 전문 인력을 필요로 하는 상황이 되었다. 이에 소년원 측이 심리상담가나 사회복지사를 더욱 기대할 것으로 전망한다.

(2) 교도소에서

교도소 측이 사회복지사를 특별채용으로 배치한 것이 10여 년이나 되었다. 이제는 사회복지사의 정기채용을 실시함으로써 교도소 수용자의 일상회복에 한층 더 전문적으로 임할 것으로 전망한다. 소년원에서도 그렇겠지만 사회복지사가 교도소에 사회복지직으로 근무한다면 수용자의 일상회복에는 물론 교도소가 필요로 하는 지역사회의 좋은 자원을 확보하는 데도 큰 힘이 될 것이다.

(3) 법무보호복지공단에서

법무보호복지공단의 사업은 앞으로 더욱 확장될 것이 분명하다. 특히 소년원과 교도소에서 나온 비행청소년과 범죄인의 창업이 한층 더 활발하게 이루어질 것으로 전망한다. 이때 공단 측은 사회복지기관과 연계하는 일이 중요한 과업으로 등장할 것인데, 이를 사회복지사가 무난하게 수행할 수 있을 것이다.

2) 사회복지 전 영역의 과업

교정복지가 사회복지의 전 영역에서 주요 과업을 이룰 것이라는 전망은 사회복지의 대부분 영역에 비행과 범죄를 다루게 됨을 의미한다. 이런 전망은 비행과 범죄가 인생의 전체 주기에 걸쳐 발생한다는 점에 근거하고, 나아가 비행과 범죄의 피해자를 지원해야 하는 상황을 고려한 것이다. 이런 상황을 알아보자.

(1) 정신건강사회복지와 함께

사회복지의 한 영역으로 존재했던 정신건강사회복지가 오래전부터 사회복지 전 영역의 기본 과업이 되고 있다. 예컨대 아동복지에서 아동의 정신건강을 깊게 따져야 할 처지가 되었고, 비행청소년과 범죄인의 정신건강 역시 중요한 문제로 등장한 지 오래다. 이제 교정복지가 사회복지 전 영역의 과업이 되는 길에 들어섰다고 본다. 이는 비행과 범죄가 사회복지의 대부분 영역에서 주목되고 있다는 점에 근거해서이다. 사실 이런 사정은 오래전에 시작되었으나 이제야 교정복지가 역량이 되어 인식하게 된 것으로도 볼 수 있다. 이런 점에서 보면 앞으로 어떤 사회복지 영역이 전체 사회복지 영역의 과업이 될지 주시해야겠다.

(2) 아동복지에서 노인복지까지

앞으로 아동복지에서 노인복지까지 교정복지를 주요 과업으로 삼아야 할 것으로 본다. 실제로 아동과 청소년은 비행, 여성과 장애인과 노인은 범죄에 연루되어 이들 영역에서 교정복지적 개입 방안이 모색되어야 할 것으로 본다. 여기에서 중요한 것은 교정복지의 어느 정도까지 소개해야 하는지를 따져봐야 한다는 점이다. 예컨대 아동복지실천 현장의 사회복지사가 접한 비행아동을 직접 개입하지 않고, 교정복지를 전문으로 하는 사회복지사에게 의뢰할 수도 있다. 한편 교정복지 실천 영역을 사회복지실천의 각 분야에서 간략히 언급하는 것도 한 가지 방안이 될 수 있겠다. 왜냐하면 사회복지실천 분야별 대상자의 특성이 다르고, 이들 분야에서 필요로 하는 사회복지서비스를 연계하여 제공할 수 있기 때문이다. 예컨대 범죄인 중 장애인이나 노인의 일상회복을 「장애인복지법」이나 「노인복지법」에 규정된 서비스를 함께 적용하여 진행할 수 있다.

(3) 사회복지학의 하위 교과목에서

따라서 사회복지학의 30여 하위 교과목에서 교정복지 관련 주요 내용을 소개해야 한다. 이때 소개되어야 할 내용을 일률적으로 강조할 수는 없지만, 비행과 범죄에 관한 기본적 이해를 비롯해 비행청소년과 범죄인의 일상회복을 위한 개입방안 따위 정도로 생각할 수 있겠다. Social Work의 역사가 교정복지와 함께 했다는 점에서 더욱 그렇다.

3) 사회복지기관의 적극적 관여

사회복지기관은 교정복지에 한층 더 적극적으로 관여할 것이라고 전망한다. 적극적 관여는 비행과 범죄에 관심과 개입을 의미하는데, 이렇게 전망하는 것은 비행청소년과 범죄인이 사회복지기관의 서비스를 받는 사례가 눈에 띄게 늘고 있어서이다. 이런 상황을 구체적으로 살펴보자.

(1) 사회복지관

사회복지기관 중 사회복지관이 교정복지실천을 들어 가장 활기를 띨 것으로 예상한다. 현재에도 비행청소년의 일상회복을 위해 자체 혹은 외부 지원을 받아 프로그램을 실시하고 있어 앞으로 사회복지기관이 교정복지에 적극적으로 관여하는 데 촉진자 역할을 할 것으로 본다. 특히 이 역할은 사회복지관이 교정복지실천을 수행한 기존 프로그램을 비롯한 '노하우'를 전수함으로써 무난히 이룰 수 있을 것이다.

(2) 자활센터

자활센터는 근로능력 있는 저소득층에게 집중적이고 체계적인 자활지원서비스를 제공함으로써 이들의 자활의욕과 자립능력을 향상시키는 데 목적을 두어 운영되고 있다. 이는 「국민기초생활보장법」에 따른 것으로 자활센터가 사회복지관을 이어 교정복지실천에 속도를 내고 있다.

실제로 전국의 260여 개 자활센터가 자활사업을 수행하며 사례관리, 교육, 자활근로사업, 자활기업지원, 자산형성지원사업 따위로 저소득층의 자활을 지원하고 있다. 이 같은 자활센터의 사업에 참여하는 출소자의 수가 늘고 있다는 사실이 고무적이라고 하겠다. 이뿐만 아니라 자활센터의 사업이 뒤에 보는 고용노동부가 주관하는 사회적경제 기반 기업과 연계되어 한층 기대케 한다.

(3) 사회적경제 기반 기업

사회적경제 기반 기업은 「사회적기업육성법」의 규정에 따라 영리기업과 비영리기업의 중간 형태로 사회적 목적을 우선적으로 추구하면서 재화와 서비스의 생산과 판매를 수행한다. 그 유형으로 마을기업, 자활기업, 협동조합, 소셜벤처기업을 꼽을 수 있고, 이들 기업이 사회서비스를 확충한다는 점에서 사회복지기관이 밀접히 관련하고 있다. 요컨대 기업으로서 이익을 창출하되 사회의 취약한 상황이나 이에 처한 약자의 유익을 우선으로 삼고 있다. 즉 경제 측면에서 일자리창출, 고용안정, 경제활동 참여인력 확대를 강조하고, 사회 측면에서 양극화 해소, 사회안전망 강화, 공동체 복원을 추구하고 있다. 여기에 지방자치단체가 적극 지원하고 있어 앞으로 비행청소년이나 범죄인 같은 사회약자를 위한 작은 '맞춤기업'으로서 각광을 받을 것으로 전망한다.

4) 사회복지학의 대응

앞에 언급한 전망에 따른 과제로써 사회복지학의 대응을 강조할 수 있다. 이 대응은 곧 사회복지학을 세워 교육하는 대학교와 연구기관의 과업이라고 하겠다. 이와 관련하여 다음 몇 가지를 정리하였다.

(1) 교정복지 관련 연구와 강의 강화

먼저 대학교에서는 **교정복지론** 강의를 한층 더 강화해야 한다. 현재 대학교에서 **교정복지론**을 개설 · 운영하는 곳은 소수에 불과하다. 사회복지사자격시험 같은 여러 이유로 이 교과목이 소외되고 있는 실정이라고 하겠다. 이를 극복하기 위해서는 무엇보다도 대학교의 성원이 교정복지 관련 연구에 힘써야 할 것으로 본다. 탄탄한 연구가 밑받침이 되었을 때 강의의 필요성이 자연스럽게 드러날 것이기 때문이다.

(2) 사회복지기관의 역량강화 지원

사회복지기관의 역량강화는 바로 그곳 사회복지사의 기량을 강화하는 것이리라. 그래서 사회복지기관이 전문성을 확보하는 가운데 교정복지실천에 더욱 매진할 수 있을 터이다. 예컨대 알코올중독과 기타 정신질환으로 인한 범죄인, 약물사용과 성비행으로 인한 비행청소년과 범죄인을 위해 전문적인 일상회복 프로그램을 실시할 수 있다. 아울러 사회복지기관이 교정복지실천에 필요한 전문 자원봉사자를 확보하는 데도 큰 힘이 되어야 할 것이다.

(3) 보호 · 교정 당국과 교류 강화

대학교의 성원은 보호 · 교정 당국과 교류를 더욱 강화해야 한다. 소년원이나 교도소의 상황을 보면 대체로 대학교의 성원보다 종교인의 활동이 대부분이다. 보호 · 교정 당국과 교류를 강조하는 것은 대학교의 성원이 연구의 방향을 바로 잡는 데 크게 도움이 될 것이기 때문이다.

(4) 시민의 인식 변화와 관심 제고

대학교 성원은 교정복지에 관한 시민의 인식을 변화시키고, 나아가 이들 시민의 관심을 높이는 데 힘을 쓸 수 있으면 좋겠다. 거듭 강조하는데, 시민의 협력 없이는 온전한 교정복지의 발전을 기대할 수 없다. 그래서 비행청소년과 범죄인의 일상회복을 위해 시민의 참여가 절실하다고 주장하는 것이다.

4. 국민-국가-보호・교정 당국의 관심과 협력

교정복지에 국민이 관심을 가지면 국가가 나서고, 그래서 보호・교정 당국이 관심을 갖고 협력할 것으로 전망한다. 이렇게 전망하는 것은 국가가 먼저 나서서 국민이 맞이한 문제를 해결해주지 않음을 전제하기 때문이다. 이들 당사자의 교정복지에 관한 관심과 협력을 구체적으로 살펴보자.

1) 국민의 관심과 협력

국민이 비행청소년과 범죄인의 일상회복에 과연 관심을 갖고, 나아가 이에 협력하는 것을 쉽게 전망할 수 있을까? 이 일을 인위적으로 해서는 안 될 것이다. 인위적인 개입은 일시적으로 끝날 가능성이 높기 때문이다. 이 과업은 시민화(市民化)로부터 시작할 것이다.

(1) 시민화

시민은 단순히 국민으로 존재하는 것이 아니라 준수한 능력을 갖추어 국가에 대응할 수 있는 사람을 일컫는다. 물론 이는 민주주의 정치체제에서 가능한 것인데, 이런 시민이 시민사회를 이루어 국가에 대응하는 것이다. 앞의 사례에서 보는 바처럼 구체적으로 시민화는 각 사람의 시민적 태도로 변화해 감으로써 이루어진다고 할 때 현상에 대한 통찰은 개인의 시민화 과정을 보여준다고 하겠다. 우리 사회는 이렇게 국민 개인이 시민으로 성장해가는 과정에 있다고 본다. 시민사회가 확실히 자리를 잡으면 국가는 국정을 펼쳐 나아가며 국민의 눈치를 봐야 하고, 그래서 국가는 한층 안정된 상태를 유지할 것이다.

(2) 시민단체의 세력화

시민단체는 사회적으로 여러 문제를 해결하기 위해 시민 스스로 만든 모임이다. 아울러 시민단체의 역할은 정부의 활동을 비판함으로써 정부의 부패를 막고, 정부가 올바른 정책을 펴나갈 수 있게 돕는 것이다. 이런 시민단체는 단순한 사람의 모임체가 아니라 시민단체로 발전해 나아가면서 이 단체가 추구하는 목적을 두어 세력을 확장시킬 것은 자명하다. 그래서 정부에 대응할 힘을 가지게 될 것이고, 결국 국가는 이들 시민단체의 눈치를 봐야 할 터이다. 예컨대 사법부가 온전히 정의롭지 못할 경우 이에 시민단체가 대응할 것이고, 그래서 사법부는 합당한 국가기관으로 자리를 지킬 것이다.

(3) 시민단체의 연대

시민단체는 세력화에서 그치지 않고 단체가 서로 연대함으로써 교정복지에 국민의 관심과 협력을 꾀할 것으로 전망한다. 시민단체의 연대는 여러 단체가 서로 굳게 뭉쳐 공동의 목표를 달성할 터이다. 시민단체가 사회개혁 시민단체를 비롯해 환경 시민단체, 사회복지 시민단체, 여성 시민단체, 청소년 시민단체 같은 여러 유형으로 나타나고 있는 상황에서 이들 단체의 연대는 결코 무시할 수 없을 것이다. 특히 사회정의와 인간존중이라는 가치를 근간으로 나아가는 교정복지에 관심과 협력을 위한 시민단체 연대는 얼마든지 가능하다고 본다.

2) 국가의 관심과 협력

국민의 선한 압박에 의해 국가는 교정복지에 관심을 갖고 협력할 것으로 예상한다. 그 관심과 협력은 다음처럼 중앙정부와 지방정부 차원에서 이루어질 것으로 전망한다.

(1) 중앙정부 차원에서

시민단체가 중심이 되어 국가에 압박을 가하면 국가는 관련 부처가 대응케 할 터이다. 여기에서 중앙정부는 구체적으로 법무부를 비롯한 교정복지 관련 부처를 의미하고, 보건복지부와 고용노동부가 포함된다. 중앙정부가 교정복지를 위해 대응해야 하는 이런 구조는 이미 앞에서 부분적으로 다룬 대로다. 예컨대 소년원 가퇴원 청소년이나 교도소를 나온 출소자의 일상회복을 위한 창업 같은 법무보호복지공단의 사업에 고용노동부가 관여하고 있다.

(2) 지방정부 차원에서

지방정부는 곧 지방자치단체를 일컫는데, 지방정부가 교정복지에 관여하는 사례 역시 앞에서 다루었다. 예컨대 출소자가 참여하는 자활사업을 시 · 군 · 구 단위 지방정부가 적극 지원하고 있다. 앞으로 이 같은 지방정부의 관심과 협력은 한층 더 강화될 것으로 전망한다.

3) 보호 · 교정 당국의 관심과 협력

보호 · 교정 당국은 중앙정부의 지시를 받아 산하 시설이 교정복지에 관심을 갖고 협력할 수 있게 지침을 세워 대응할 것이다. 이렇게 보호 · 교정 당국이 지역사회에 문을 여는 것은 당국의 힘만으로는 비행청소년이나 범죄인의 일상회복이 힘들다고 보아서일 것이다. 어쨌든 이 역시 교정복지에 보호 · 교정 당국이 관심과 협력을 보이는 것이라고 하겠다. 이런 구체적인 상황을 살펴보자.

(1) 보호시설에서

소년원이나 보호관찰소 같은 보호시설(기관)의 교정복지에 관한 관심과 협력은 외부의 사회복지기관이나 사회복지사의 도움을 요청하는 것으로 나타날 것이다. 아울러 범죄예방자원봉사위원 같은 지역사회의 교정자원봉사자를 확보하는 데서도 엿볼 수 있는데, 이 같은 실정이 앞으로 더욱 확대될 것으로 전망한다. 특히 보호시설 측은 한층 더 좋은 지역사회의 자원을 유인하려고 노력할 터이다.

(2) 교정시설에서

교도소 같은 교정시설에서도 지역사회의 좋은 교정자원봉사자를 확보하기 위해 교정복지에 관심과 협력을 표명할 것이다. 물론 이때 사회복지기관의 도움을 받으려고 할 터인데, 이 같은 업무는 교도소에 근무하는 사회복지사가 매우 효과 · 효율적으로 처리할 수 있을 것이다. 이런 점에서 교도소에 사회복지사가 직렬을 형성해 근무할 수 있음을 기대하는 것이다.

(3) 민간시설에서

법무보호복지공단 산하 여러 시설을 비롯해 법원위탁 시설 같은 곳에서 교정복지는 더욱 성황을 이룰 것으로 예상한다. 이는 1차 현장인 보호 · 교정 당국의 교정복지에 관한 관심과 협력은 이들 민간시설에 즉시 영향을 미칠 것이기 때문이다. 예컨대 비행청소년이 공단 산하 센터의 도움을 받아 카페 같은 것을 창업했을 때 지역사회 주민의 지지는 카페 운영에 큰 힘이 될 것이다.

4) 사회복지사의 대응

앞에 언급한 당사자의 관심과 협력이 결코 절로 되는 것은 아니라고 생각한다. 이들의 관심과 협력을 꾀하는 데 사회복지사의 노력도 함께 해야 할 것이다. 즉 사회복지기관의 사회복지사는 물론 보호·교정시설에 근무하는 사회복지사는 제도나 환경을 탓하기 전에 현재 주어진 환경에서 자신의 과업과 역할을 충실히 수행할 수 있게 노력해야 한다. 그 노력으로 다음의 몇 가지를 정리하였다.

(1) 관심 갖기

비행청소년이나 범죄인을 주요 클라이언트 삼아 개입하는 것이 쉽지 않아 교정복지가 현장에서 소홀히 취급되고 있다. 그러나 교정복지실천은 사회복지실천 차원에서도 중요할 뿐 아니라 국가 차원에서도 중요하게 다루어야 할 분야다. 특히 비행청소년과 범죄인의 일상회복을 위해 여러 전문 분야가 개입해야 하는 상황에서 사회복지의 전문 영역을 타 분야에 전적으로 맡길 수는 없다. 따라서 사회복지실천 현장과 대학에 있는 사회복지사와 연구자는 교정복지실천에 관심을 쏟아야 한다. 관심이 없는 상황에서는 어떤 능력도 발휘되지 않는다고 했다.

(2) 관련 지식과 기술 습득

제도권 내 보호·교정 현장의 사회복지사와 지역사회의 사회복지사는 비록 어려운 여건이라고 할지라도 자신의 업무가 전문성을 띠어야 함을 명심해야 한다. 그러므로 자신이 전문가로서 인정받기 위해 무엇보다도 전문가가 갖추어야 할 합당한 지식과 기술을 습득해야 한다. 그러나 기술은 자신의 성향에 맞추어 필요한 것을 이론적인 이해와 실제를 겸하여 활용 가능한 것이라야 하며, 아울러 다채로운 기술을 익히는 것이 필요하다. 이것을 충분히 소화한 후 다른 기술을 익히는 것이 바람직하다. 구슬이 서 말이라도 꿰어야 보배라고 하듯, 여러 기술을 배웠다고 해서 반드시 유능한 전문가가 되는 것은 결코 아니다. 이뿐만 아니라 자신 있는 기술을 바탕으로 늘 새로운 소 프로그램을 개발하여 활용할 수 있어야 한다.

(3) 1년 1사례 실천

대부분 사회복지사는 과중한 업무를 열악한 근무 조건의 하나로 들고 있다. 이러한 현실을 직시할 때 실무자는 최소한 1년에 한 사례는 교정복지실천의 형식을 온전히 갖추어 행함으로써 자신의 전문적인 기술을 퇴화시키지 않고 연마할 수 있다. 그래서 사회복지사는 프로그램의 계획에서부터 종결 · 평가까지 실력발휘를 함으로써 당장 개입한 사례의 목표를 달성할 뿐만 아니라 국민과 국가와 보호 · 교정 당국이 교정복지에 더욱 관심을 쏟고 협력하는 데 영향을 미칠 수 있다. 사회복지사가 이 같은 노력의 필요성을 다음 사례를 통해 이해할 수 있으면 좋겠다.

> 수많은 사람들이 하루에 두 끼의 밥도 먹지 못하고, 수많은 어린아이들이 병들어 죽어가며 길가에 버림받고 있습니다. 이런 상황에서 자기의 재산만 불리며 살아가는 사람의 눈에는 다른 사람이 보이지 않습니다. 헐벗은 사람에 대한 애정이라든지 인간이 가질 수 있는 마음이 없고, 모든 것이 돈으로만 보입니다. (강원룡, 2005)

13 좀 더 살펴보기

교도소가 문화유산이 된 의미

교정복지론을 마무리하면서 교도소가 국가의 문화유산이 된 의미를 살펴보려고 한다. 범죄인이 갇혀있던 교정시설이 역사박물관이 되어 사람의 눈길을 끌게 하는 것은 인류 역사의 부조화 측면을 보여주는 것이라고 하겠다. 어떻게 한때 반인륜적이고 추했던 시설을 역사박물관으로 가꾸어 많은 사람의 이목을 집중시킬 수 있을까? 물론 역사박물관을 만들려는 주체 측은 관람객의 욕구를 사전에 파악했을 것인데, 이는 사람이 그렇게 악독했던 지난 역사를 잊지 않는 성향이 있음을 간파한 것일 터이다. 특히 여기 소개하는 서대문형무소역사관은 일제가 지어 독립투사를 무자비하게 가두어 온갖 학대는 물론 목숨까지 앗아간 곳이다.

다음 사진에서 보는 것처럼 서울 서대문구에 위치한 서대문형무소역사관은 1908년에 경성감옥으로 문을 열고, 서대문감옥(1912), 서대문형무소(1923), 서울형무소(1945), 서울교도소(1961), 서울구치소(1967)로 이름이 변경되고, 1987년 서울구치소가 경기도 의왕시로 이전하고, 1998년에 문을 열었다. 서대문형무소는 조국해방을 위해 온 몸을 던진 애국선열의 고귀한 희생정신과 한이 서린 곳이기도 하다(김삼웅, 2000). 시기별로 달라진 이름이 있음에도 굳이 서대문형무소역사관이라고 이름을 붙인 것은 서대문구가 선점했기 때문일 터이다.

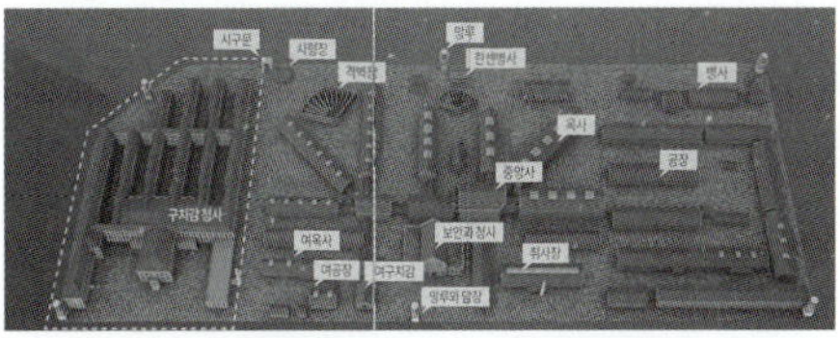

서대문형무소(1930년대)

서울구치소(1980년대)

서대문형무소역사관(현재)

범죄인을 가둔 교도소가 문화유산으로 지정되거나 공원이나 유명 호텔로 탈바꿈한 것은 한국에서뿐만 아니라 세계의 여러 나라에서도 찾아볼 수 있다. 이미 2장에 소개한 영국의 브라이드웰교도소, 미국의 앨커트래즈연방교도소, 호주의

핀치거트섬 들이 악명 높았던 교도소로 운영되었다. 당시 범죄인을 가둔 정도가 심할수록 지금은 더 각광을 받는 것으로 비추어지고 있다. 그러니까 교도소가 지닌 지난 역사를 마음에 두어 그리워하는 현상은 일제의 강탈을 경험한 한국 사람뿐만 아니라 모든 사람의 정서라고 하겠다. 이런 점에서 서대문형무소역사관이 지닌 의미는 더욱 심장하다고 하겠다.

이처럼 교도소가 국가의 문화유산이 되거나 공원이나 호텔로 거듭난 것은 모순된 역사의 한 장면이라고 하겠다. 이 같은 사실이 품고 있는 의미를 돌아봄으로써 교정복지의 속내를 엿볼 수 있겠다. 교도소가 국가의 문화유산 혹은 많은 사람이 찾는 명소가 된 의미를 다음 몇 가지로 정리했다.

하나, 이 문화유산이 국가는 물론 개인의 아픈 역사를 복원시켜주고 있다. 그래서 이곳을 찾는 사람은 당시 역사를 한층 생생하게 돌아볼 수 있고, 그런 중에 각자 나름의 교훈을 얻을 터이다. 역사를 돌아보려는 욕구는 자국을 초월해 모든 사람에게 나타난다는 사실이 아픈 역사의 진정한 복원이라고 생각한다. 이런 사정은 서대문형무소뿐만 아니라 범죄인이 건설한 이집트의 피라미드, 한때 범죄인을 수용한 로마제국의 콜로세움 들이 아픈 역사를 깔고 있다는 사실에서도 엿볼 수 있지 않은가.

둘, 사람이 교도소와 문화유산 사이에서 자신의 실존에 내재한 비존재를 갈망하고 있음을 보이고 있다. 여기에서 비존재는 잠재적인 가능성의 상태를 일컫는데, 이는 철학적으로 "인간의 실존은 존재와 비존재의 혼합물이기 때문에 인간은 자신의 실존에 내재한 비존재를 인식한다. 비존재에 대한 인식은 자기 존재의 유한성에 대한 인식이기에 존재에 대한 충격으로 나타난다."(김동건, 2008)라고 한 점에 근거한다. 이런 노력을 통해 사람은 자기 존재의 본질을 찾으려고 애를 쓰고, 이 과정에서 지나간 교도소를 도구 삼을 수 있을 터이다. 요컨대 김우창이 강조하듯(박맹호, 2012), 이 같은 개인의식은 공동체의식으로 발전하고, 나아가 이 공동체의식은 창조적 발전을 위한 힘이 될 터이다.

셋, 극한 상황은 극한 응답을 불러일으킨다는 명제를 증명하고 있다. 이는 '극은 극과 통한다.'는 세상 이치와 맥락을 같이 한다고 하겠다. 즉 사람은 평소 혐오시설로 치부해 오면서 다른 한편으로는 그 시설에서 범죄인이 고통스럽게 생활한 것을 확인하려는 애틋한 호기심을 지닌다는 것이다. 이런 사례는 1066년 세워진 영국의 런던탑이 국왕의 궁전과 군대의 요새와 범죄인을 가두는 교도소로 사용되었고, 1988년 유네스코 세계문화유산으로 등록된 사실을 통해 확인할 수 있다. 그렇다고 이들이 범죄인의 일상회복을 위해 그런 충동만큼 관심을 갖는 것은 아니고, 오히려 국가를 위해 희생한 사례를 제외한 보통의 범죄인에게는 여전히 혐오감을 갖는 데는 변함이 없을 것이다. 사람의 이중적인 면을 들여다보게 하는 하나의 일상이라고 하겠다.

참고문헌

강민경 번역(2025). **AI시대, 우리의 질문**. Miriam Meckel, Lea Steinacker (2024). *Alles überall auf einmal: Wie Künstliche Intelligenz unsere Welt verändert und was wir dabei gewinnen können*. 서울: 한빛비즈.

강방글 · 문영미 · 김유진(2023). 사회내자원을 활용한 수강명령 협력집행 활성화 연구: 서울 S보호관찰소 사례를 중심으로. **보호관찰** 23(2).

강원룡(2005). **내가 믿는 그리스도**. 서울: 대한기독교서회.

경찰청(2023). **경찰통계연보**.

경찰청(2024). **외국인 범죄 현황**.

광주지방검찰청 소년선도위원연합회(1995). **선도** 14.

광주지방법원 소년자원보호자협의회(1994). **제2회 초청강연 및 정기총회 자료집**.

교육부(2024). **2024년 1차(전수조사) 및 2023년 2차(표본조사) 학교폭력 실태조사**.

교정국(1997). **수용자 교육교화 및 직업훈련과 통계**.

교정사회사업연구회(1994). **각국의 교정사업**. 광주: 도서출판 예원.

권기철 옮김(2019). **독일 국민에게 고함/인간의 사명/권리를 위한 투쟁**. Johann Gottlieb Fichte, Rudolf von Jhering(1808/1874). *Reden an Die Deutsche Nation/Die Bestimmung Des Menschen/Der Kampf um's Recht*. 서울: 동서문화사.

김대희(2010). **가정폭력에 있어 경찰의 개입 정도에 관한 연구**. 고려대학교 대학원 석사학위논문.

김동건(2008). **현대신학의 흐름: 계시와 응답**. 서울: 대한기독교서회.

김미옥 (2020). **학교 밖 청소년의 노동에 관한 현상학적 연구**. 명지대학교 대학원 박사학위논문.

김병익(2023). **기억의 양식들**. 서울: 문학과지성사.

김보성(2024). 일본 후추형무소 방문기. **교정** 573.

김삼웅(2000). **서대문형무소 근현대사: 일제시대편**. 서울: 나남출판.

김상규(2003). 범법 정신지체자의 임상양상에 관한 연구. **국립감호정신병원연구자료집**.

김상균(2004). **범죄학개론**. 경기: 양서원.

김상호(2023). **경찰학**. 서울: 청목출판사.

김안식(2004). 외국 교정의 민간 참여 실태 및 도입활용 방안. **교정연구** 23.

김양곤(2004). **주요 국가의 소년보호관찰제도 연구: 미국, 영국, 일본의 소년보호관찰제도를 중심으로**. 서울: 한국형사정책연구원.

김언호(2020). **그해 봄날**. 경기: 한길사.

김영식 · 변상해(2024). 수형자의 가족 간 용서 · 화해 과정에서의 회복적 사법 가치 경험. **교정담론** 18(3).

김영일(2016). **가정폭력의 법적대응과 개선방안**. 원광대학교 대학원 박사학위논문.

김영호 · 김용호(2014). 북한의 범죄 유형과 실태에 관한 고찰: 사례 분석을 중심으로. **현대북한연구** 17(3).

김요한(2006). **지역사회 교정을 통한 수용자 가족관계 회복 프로그램 연구: 교도소 아버지학교를 중심으로**. 경기대학교 행정대학원 석사학위논문.

김용삼(2000). 북한의 아우슈비츠 14호 관리소의 내막. **월간조선**(2000년 5월호).

김용옥(2008). **논어한글역주3**. 서울: 통나무.

김우창(2013). **체념의 조형**, 경기: 나남.

김윤주 역(1994). **선과 성서: 한 가톨릭 사제의 참선 체험**. 門脇佳吉 엮음(1977). **禪と聖書**. 경북: 분도출판사.

김정숙(2007). **가정폭력전문상담원의 자기효능감에 영향을 미치는 요인에 관한 연구**. 이화여자대학교 대학원 석사학위논문.

김주경 옮김(2004). **이웃의 가난은 나의 수치입니다**. Abbé de Saint-Pierre (2002). *Je voulais être marin, Missionnaire ou brigand*. 서울: 우물이 있는 집.

김주연(2014). **몸, 그리고 말**. 서울: 문학과지성사.

김준성(2022). AI시대에서 사회적 범죄예방을 위한 형법의 적용방안. **법학연구** 22(1).

김준호 · 김순형(1995). **가정환경과 청소년비행**. 서울: 한국형사정책연구원.

김지혜 · 노충래(2024). 학교 밖 청소년의 사회적 낙인감, 진로장애, 우울의 종단적 관계: 성별에 따른 다집단분석. **학교사회복지** 67.

김진송(1999). **현대성의 형성: 서울에 딴스홀을 許하라**. 서울: 현실문학연구.

김태환 번역(2012). **피로사회**. Byung-Chul Han(2010). *Mudigkeitsgesellschaft*. 서울: 문학과지성사.

김평식(2022). 여성범죄의 이론적 고찰. **한국범죄정보연구** 8(1).

김형수(2004). **문익환 평전**. 서울: 실천문학사.

김혜원 · 조현주 · 김지연 · 김연옥 · 김지향 · 박찬희(2022). **은둔형 외톨이 상담**.

서울: 학지사.
김흥수(2017). **자유를 위한 투쟁: 김관석 목사 평전**. 서울: 대한기독교서회.
나상욱 · 최상섭(1998). 감정의뢰된 강간사건에 대한 정신의학적 고찰. **韓法醫誌** 22(1).
노충래(2000). 로즌버그의 자긍심척도와 집단자긍심척도를 활용한 교포청소년의 심리정신건강에 관한 연구. **한국아동복지학** 10.
노치준(2022). **죽음을 연습하라**. 서울: 동연.
대검찰청(2017). **2017 범죄분석**.
대검찰청(2024). **2024 범죄분석**.
대한법률구조공단(1997). **각국의 법률구조제도 현황**.
두산동아 사전편찬실(1997). **동아 새국어사전**. 서울: 두산동아.
류방란 · 오성배(2012). 중도입국 청소년의 교육 기회와 적응 실태. **다문화교육연구** 5(1).
류시화 역(1986). **선의 황금시대**. 吳經熊. **禪學的黃金時代**. 서울: 경서원.
류호평 · 장하경 · 최옥채(1999). 멘터프로그램의 사회사업적 실천모형에 관한 연구. **한국사회복지학회 추계 학술대회 자료집**.
문영주(2004). **가정폭력 관련기관 종사자의 진무만족에 관한 연구**. 가톨릭대학교 사회복지대학원 석사학위논문.
민가영(2003). **가출, 지금 거기에 '소녀'는 없다**. 서울: 우리교육.
민미연 · 이은경 · 김지민(2025). 학교 밖 청소년의 자립준비 경험에 관한 현상학적 연구. **미래청소년학회지** 22(1).
박광배(1995). **법심리학**. 서울: 정민사.
박광섭(2000). 피해자의 권리 보호. **국제형사법학술세미나 자료집**(전북대학교 법학연구소).
박계수 옮김(2003). **위대한 항해자 마젤란 2**. Bernhard Kay(2000). *Der Navigator: Historischer Roman*. 경기: 한길사.
박동천 옮김(2013). **인권, 인간이기 때문에 누려야 할 권리**. Belden Fields (2003). *Rethinking Human Rights for the New Millennium*. 서울: 모티브북.
박맹호(2012). **박맹호 자서전 책**. 서울: 민음사.
박석무 · 정해렴 역주(1999). **역주 흠흠신서 1**. 서울: 현대실학사.
박수환(2000). **영국 보호관찰**. 안동: 대구보호관찰소 안동지소.
박옥줄 번역(1998). **슬픈 열대**. Claude Lévi-Strauss(1955). *Tristes tropiques*.

경기: 한길사.

박정선(2023). 돌봄가족을 위한 사회적 돌봄이 필요하다. 복지타임즈(2023년 9월 11일).

박정신(2015). 고쳐 쓴 한국기독교 읽기. 서울: 여울목.

박태원(2003). 천변풍경. 서울: 깊은샘.

박찬운 · 김선수 · 박승옥 · 유선영(1993). 국제인권원칙과 한국의 행형. 서울: 역사비평.

박철상(2010). 세한도. 경기: 문학동네.

방현석(2023). 범도 2. 경기: 문학동네.

박흥기(2008). 다산 정약용과 아담 스미스. 서울: 백산서당.

박희준 역(1988). 선과 깨달음. Dumoulin Heirich 저. *Der Ereuchtungsweg des Zen im Buddhismus*. 서울: 고려원.

배금자(1995). 이의 있습니다. 서울: 문예당.

배상률(2016). 중도입국 청소년 실태 및 자립지원 방안 연구. 세종: 한국청소년정책연구원.

법무부(1989). 보호관찰실무.

법무부(1995). 범죄예방 자원봉사 한마음운동 백서.

법무부(1997). 법과 생활.

법무부(1999). 보호관찰 10주년기념 좌담회. 보호 9.

법무부(2000). 교화활동 어떻게 할 것인가.

법무부(2004). 소년보호 60년사.

법무부(2022). 2022 교정통계연보.

법무부 범죄예방정책국(2024). 2024 범죄예방정책 통계분석.

법무연수원(1989). 신규실무자 교육과정 교재.

법무연수원(2000). 범죄백서.

법무연수원(2001). 범죄백서.

법무연수원(2008). 범죄백서.

법원행정처(1997). 소년보호사건의 개선을 위한 회의 결과 보고서.

서규환(2011). 비판적 시대정신. 인천: 도서출판 다인아트.

서규환(2017). 정치적 모랄리아 1: 레비나스. 인천: 도서출판 다인아트.

서정혁 옮김(2002). 학자의 사명에 관한 몇 차례의 강의. Johann Gottllieb Fichte 지음. *Einige Vorlesungen die Bestimmung des Gelehrten*. 서울:

책세상.

서정혁 옮김(2017). **학자의 본질에 관한 열 차례의 강의**. Johann Gottllieb Fichte 지음. *Über das Wesen des Gelehrten, und seine Erscheinungen im Gebiete der Freiheit*. 서울: 책세상.

서홍란(2000). 가정폭력 가해자를 위한 수강명령 프로그램의 실제. **제4회 인제사회복지 세미나 자료집**(인제대학교 사회복지학과).

성낙현(1999). **꿈을 알면 운명을 이긴다**. 서울: 한국문화사.

손정목(2005). **한국 도시 60년의 이야기 1**. 서울: 한울.

손화철(2016). **랭던 위너**. 서울: 커뮤니케이션북스.

송기숙(1994). **녹두장군 4**. 서울 : 창작과비평사.

신복룡 역주(1999). **조선견문기**. Horace N. Allen(1908). *Things Korean: A Collection of Sketches and Anecdotes, Missionary and Diplomatic*, 서울: 집문당.

신연희(2002). **기혼 여자수용자에 관한 연구**. 이화여자대학교 대학원 박사학위논문.

신영복(2004). **강의, 나의 동양고전 독법**. 경기 파주: 돌베개.

신진규(1990). **형사정책**. 서울: 법문사.

심영희(1997). 제4장 범죄와 사회통제. **북한사회의 이해**. 서울: 한양대학교출판원.

심혜인(2023). 여성 수형자에 대한 국내 교정정책의 개선방향. **교정** 561.

안기성(2025). 한결같은 50년, 더 낮은 곳을 향하여. **기독교사상** 795(202504).

안도경 · 이지하(2024). 성폭력 피해자의 외상후스트레스 영향요인: 2차피해 특성을 중심으로. **피해자학연구** 32(11).

안성훈 · 정진경(2018). **정신질환자 범죄의 예방 및 감소를 위한 지역사회 내 관리방안**. 서울: 형사정책연구원.

안재경(2024). 정신질환형 범죄 대응을 위한 사법입원제도 도입 가능성. **미래사회** 15(3).

양미진 · 지승희 · 김태성 · 이자영 · 홍지연(2007). 은둔형부적응청소년 사회성 척도개발 연구. **아시아교육연구** 8(2).

안향림 · 박정은(1994). **정신의료사회사업**. 서울: 홍익재.

양혜경 · 윤금순(2021). 출소자의 재범방지를 위한 취업지원에 관한 연구: 한국법무보호복지공단을 중심으로. **법무보호연구** 7(1).

엄명용 · 노충래 · 김용석(2020). **사회복지 실천기술의 이해**(4판). 서울: 학지사.

여성가족부(2019). 2019년 가정폭력실태조사 연구.
여성가족부(2023a). 폭력예방교육 운영 지침.
여성가족부(2023b). 고립 · 은둔 청소년 발굴 및 지원방안.
여성가족부(2024). 2023년 학교 밖 청소년 실태조사 결과.
여성가족부(2025). 2024년 청소년통계.
오강남 · 성해영(2011). 종교, 이제는 깨달음이다. 서울: 북성재.
오세진 번역(2022). 논어. 서울: 홍익.
오영근(2005). 교정단계에서 피해자 보호. 교정연구 28.
오재식(2012). 나에게 꽃으로 다가오는 현장: 오재식 회고록. 서울: 대한기독교서회.
유미경(2004). 직업재활프로그램 참여자의 특성에 관한 연구. 국립감호정신병원 연구 자료집.
유미경(2005). 범법정신질환자의 가족특성에 관한 연구. 국립감호정신병원 연구 자료집.
유병철(2013). 외국의 갱생보호에 관한 비교 고찰. 교정연구 61.
유세희(1997). 제1장 이데올로기와 정치체제. 북한사회의 이해. 서울: 한양대학교출판원.
유영님 엮음(2001). 두레방 이야기. 서울: 개마서원.
윤영석(2023). 외국의 교정사례 연구. 교정 560.
이건호(1999). 범죄피해자구조제도에 관한 연구. 서울: 한국형사정책연구원.
이경숙(2001). 망상장애 범법정신장애자들의 정신병리학적 특성 및 그 유형. 국립감호정신병원 연구 자료집.
이경욱(2021). 생활관 거주 출소자 상담의 특성: 법무보호복지공단 상담사 경험을 중심으로. 교정복지연구 74.
이국종(2018). 골든아워 1. 서울: 흐름출판.
이만열 옮김(2015). 아펜젤러. William E. Griffis(1912). *A Modern Pioneer in Korea*, 서울: 한국기독학생회출판부.
이만종(2002). 범죄학개론. 서울: 학현사.
이명원(2007). 평화인문학의 이론과 실제: 교정인문학의 지향과 전망. 교정담론 창간호.
이무웅(1992). 보호관찰제도론. 서울: 도서출판 풍남.
이문숙 · 김동건 · 최대현(2006). 치료레크리에이션 활동이 약물남용 감호대상자의 자아존중감에 미치는 영향. 한국체육학회지(인문 · 사회과학 편) 45(6).

이미경(2002). 약물중독환자의 치료에 대한 고찰. **국립감호정신병원 연구 자료집.**

이미경(2004). 중간처우시설로 퇴원한 치료감호대상자의 특성에 관한 연구. **국립감호정신병원 연구 자료집.**

이미경(2011). 성폭력 2차 피해에 대한 국가손해배상소송의 쟁점. **피해자학연구** 19(1).

이미경 · 유미경 · 김기철(2005). 치료감호종료자의 사회적응에 관한 연구. **국립감호정신병원 연구 자료집.**

이미경 · 유미경 · 김상규(2004). 치매 환자와 범죄의 상관 관계에 대한 연구. **국립감호정신병원연구 자료집.**

이민희 · 이명숙 · 정희욱 · 이춘화(1998). **가출청소년쉼터 운영모델.** 서울: 한국청소년개발원.

이백철 · 양승은(1995). **교정교육학.** 서울: 시사법률.

이상규 역주(2023). **화엄경 역주 6.** 서울: 도서출판 해조음.

이상철(2005). 정신분열병 환자의 정신사회재활치료. **국립감호정신병원 연구 자료집.**

이상희 · 이윤주(2024). 은둔 청소년에 대한 국내 연구 동향: 청소년의 은둔 예방을 중심으로. **청소년학연구** 31(8).

이승현 · 권수진 · 박선영 · 고기원(2022). **보호소년의 사회정착 지원사업의 운영 실태 및 개선방안 연구.** 서울: 형사 · 법무정책연구원.

이연희(2023). **찰스 테일러.** 서울: 컴북스캠퍼스.

이영근(2009). 한 · 중 · 일 교정제도의 문제점과 발전방향. **교정연구** 45.

이영란(2003). **여성범죄인의 수용생활 적응과정.** 전북대학교 대학원 석사학위논문.

이오덕 · 권정생(2003). **살구꽃 봉오리를 보니 눈물이 납니다.** 서울: 한길사.

이원규(2006). **김산 평전.** 서울: 실천문학사.

이윤호(2002). **범죄학개론.** 서울: 박영사.

이윤호 · 공정식(1995). **교정학.** 서울: 법률행정연구원.

이장영(2014). **우리나라 민영교도소의 활성화방안에 관한 연구.** 건국대학교 대학원 박사학위논문.

이재룡 역(2004). **인식론의 역사.** Sofia Vanni Rovighi 지음. *Gnoseologia*. 서울: 가톨릭대학교출판부.

이정배(2013). **이정배의 생명과 종교 이야기.** 서울: 도서출판 모시는 사람들.

이충렬(2016a). **아, 김수환 추기경 1.** 경기: 김영사.

이충렬(2016b). **아, 김수환 추기경 2**. 경기: 김영사.
이태원(2003). **현산어보를 찾아서 3**. 서울: 청어람미디어.
이형규(1997). 제3장 법제도와 운용. **북한사회의 이해**. 서울: 한양대학교출판원.
이홍직 · 김수완 · 김혜성 · 박화옥 공역(2013). **사회복지 쟁점**. Howard Jacob Karger, James Midgley, Peter A. Kindle, and C. Brené Brown 지음. *Controversial Issues in Social Policy*. 서울: 신정.
임채영(2025). **AI와 미래 의사**. 서울: 커뮤니케이션북스.
장규원(2002). 치료감호제도의 발전적 운영방안에 관한 고찰. **보호** 14.
장규원 · 진희권(1994). **치료감호에 관한 연구**. 서울: 한국형사정책연구원.
장기영(2019). **개신교 신학의 양대 흐름: 루터 신학 vs 웨슬리 신학**. 경기: 웨슬리르네상스.
전성우 역(2008). **막스 베버 종교사회학 선집**(베버의 종교학 관련 논문집에서 역자가 선정한 논문 네 편). 경기: 나남.
전주보호관찰소 해든누리상담실(2002). **2002 보호관찰 프로그램 총서**.
전주보호관찰소 해든누리상담실(2003). **2003 보호관찰 프로그램 총서**.
정미숙(2025). **다문화가족 중도입국청년의 노동 경험**. 전북대학교 대학원 박사학위논문.
정성욱(2005). **스피드 조직신학**. 서울: 홍성사.
정우식 · 정소은 · 김희자(2000). **선진각국의 보호관찰제도 운영현황 연구**. 서울: 한국보호관찰학회.
정진수(2011). **형사절차에서 민간자원봉사활동의 실태와 개선방안**. 서울: 한국형사정책연구원.
정진연(1995). 更生保護에 관한 硏究: 全文 改正된 保護觀察 등에 관한 法律을 中心으로. **교정연구** 5.
제성호(1996). 북한의 법체계와 사법제도. **북한의 이해**. 서울: 집문당.
조서지(2018). **여성범죄 유형별 추이분석**. 광운대학교 대학원 석사학위논문.
조성남(1992). 범법 정신장애자의 현황 및 범죄율 분석. **神經精神醫學** 31(6).
조창오(2023). **에른스트 카프**. 서울: 컴북스캠퍼스.
죽재 서남동 목사 유고집 편집위원회 엮음(1999). **서남동 신학의 이삭줍기**. 서울: 대한기독교서회.
지광준(2001). **범죄와 청소년비행**. 서울: 케이엔비.
진은영(2015). **다문화가족 아동의 문화적응스트레스가 심리사회적응에 미치는 영

향: 이중문화역량의 매개효과와 성별차이. 이화여자대학교 대학원 박사학위논문.
차용석(1989). **보호관찰제도의 효율적 시행 방안**. 경기: 법무부.
천정환(2021). 민영교도소 일반 인성프그램의 개선방안. **교정복지연구** 71.
천정환(2022). 교종제도의 도입 관련 교화성에 관한 연구: 민영교도소 직원들을 대상으로. **교정복지연구** 78.
최남식(2021). **비행 청소년과 일반 청소년이 지각한 가족-자녀 간 의사소통 및 애착관계 비교 연구: 소년보호처분 아동보호치료시설(6호 처분) 위탁청소년, 일반 청소년을 중심으로**. 가톨릭대학교 상담심리대학원 석사학위논문.
최상섭(2001). 정신질환 및 약물중독 범죄자의 처우. **보호** 13.
최상섭(2002). 정시장애자의 수용관리 방안. **제23회 한국교정학회 학술발표회 자료집**.
최영신(2019). 외국인 범죄피해자 지원 실태 및 개선방안: 범죄피해자지원센터를 중심으로. **피해자학연구** 27(2).
최옥채(1986). **합리적-정서적 요법에 의한 보호관찰 사례연구**. 숭실대학교 대학원 석사학위논문.
최옥채(1994). 교도관과 수용자의 관계에 관한 고찰. **교정** 223.
최옥채(1996). 부적응 수용자를 위한 집단활동 사례연구. **교정** 238.
최옥채(2000). 청소년비행. **제4회 인제사회복지 세미나 자료집**(인제대학교 사회복지학과).
최옥채(2001a). **교정복지론**(3판). 서울: 아시아미디어리서치.
최옥채(2001b). 보호관찰을 위한 연계보호. **보호관찰**(1).
최옥채(2002a). **지역사회 특성에 따른 보호관찰 모형 개발**. 경기: 성남보호관찰소.
최옥채(2002b). 보호 · 교정기관의 지역사회자원 구축 방안. **교정연구** 17.
최옥채(2004a). 청소년이 사이버범죄에 빠지는 과정. **한국사회복지학** 56(4).
최옥채(2004b). 상습 범죄인의 출소 후 삶에 관한 연구. **교정연구** 22.
최옥채(2012). **얕은 욕망과 깊은 열등감: 범죄에 관한 인문학적 이해**. 경기: 양서원.
최옥채(2015). 아동의 발달권을 위한 영성지향 사회복지실천: A교회의 사례를 통한 방안 모색. **동광** 110.
최옥채(2016). **한국 사회복지학 통론**. 경기: 양서원.
최옥채(2024). **사회복지실천론**(5판). 경기: 양서원.
최우철 · 노승국(2024). 감형 담론에 나타난 형사정책과 법 감정의 불일치: 회복적 사법을 통한 형사정책 개선 방안. 범죄수사학연구 10(3).
최재현(1992). 한국사회와 시민권력. 서울: 나남.
최헌진(1995). Psychodrama(사이코드라마 지도자 교육 자료집, 미간행).
최홍만 · 이재용 · 박종준(2022). 외국인 범죄 동향 분석과 개선방안에 관한 연구. 사회융합연구 6(1).
최희찬(1999). 미국 민영교도소 제도: 그 역사와 발전. 교정 282.
치료감호소(2000). 치료감호소 현황(내부 자료).
통계청(2023). 2022 한국의 안전보고서.
통일교육원(1997). 북한이해.
통일부(2021). 북한 내 범죄와 처벌은 어떻게 이루어지고 있을까?
통일부 자료실(2000). 북한 개요.
한국교정교화사업연구소(1988). 교정교화 1.
한국성폭력상담연구소(2024). 성폭력특별법 시행 30년 토론회 후기.
한국교정학회(1998). 여성범죄와 교정정책.
한국소년보호학회(1999). 소년보호포럼 3.
한영선(2021). 한국법무보호복지보호공단의 현황과 개혁방안. 교정담론 15(2).
허경미(2007). 회복적 사법과 지역사회 교정에 관한 연구. 교정복지 36.
허경미(2020). 미국의 민영교정산업의 성장배경과 쟁점. 교정연구 30(1).
허경미(2023). 미국 민영 교정산업의 현재와 미래 전망. 교정 563.
허경미(2024). 영국 정부의 교도소 개혁 전략의 딜레마와 시사점. 교정연구 34(3).
홍성열(2000). 범죄심리학. 서울: 학지사.
황의수(2015). 한국법무보호복지공단을 중심으로 한 회복적 사법 프로그램의 도입 방안. 법법무보호연구 1.
황지헌 옮김(2004). 나츠메 소세키 문명론. 三好行雄 編(1986). 漱石 文明論集. 서울: 소명출판사.

法務綜合研究所(1990). 犯罪白書.
劉春秀(2023). 幹部が過ちを犯したら. 李海文 主編. 周恩來の足跡: 中國を救い世界を魅了した生涯. 東京: 社会評論社.
長崎在日朝鮮人の人權を守る会(2016). 軍艦島に耳を澄ませば. 東京: 社会評論社.
成澤壽信(1988). 監獄の現在. 東京: 日本評論社.
宮澤浩一(2000). 被害者学の基礎理論. 東京: 成文堂.

大和昌平(2007). 牧師が讀みとく・般若心經の謎. 東京: 實業之日本社.

Abadinsky, H.(1977). *Probation and Parole: theory and practice*. New York: Prentice-Hall Inc.

Berk, R., & Rossi, P. H.(1977). *Prison Reform and State Elites*. Cambridge: Gallinger Publishing Company.

Biles, D.(1988). *Current International Trends in Corrections*. Sydney: The Federation Press.

Carlen, P., & Cook, D.(1989). *Paying for Crime*. Milton Keynes: Open University Press.

Carlson, N. A., Hess, K. M, Orthmann, & Christine M. H.(1999). *Corrections in the 21st Century*. Boston: West/Wadsworth.

Choi, Okchai(1991). Prison Conditions in South Korea. S. Sewell & A. Kelly(Ed.). *Social Problems in the Asia Pacific Region*. Brisbane: Boolarong Publication.

Choi, Okchai(1992). *A Study of the Development of Penal Service in South Korea in the Light of Comparable Developments in Six Other Western and Asian Societies*. Doctoral Thesis. The University of New South Wales.

Cole, G. F., Frankowski, S. J., & Gertz, M. G.(1987). *Major Criminal Justice System: a comparative survey*. California: SAGE.

Correction Bureau(1985). *Correctional Institutes in Japan*. Tokyo: The Ministry of Justice.

Dobash, R. P., Dobash, R. E., & Gutteridge, S.(1986). *The Imprisonment of Women*. New York: Basil Blackwell.

Dodge, C. R.(1979). *A World Without Prisons: alternatives to incarceration through the world*. Massachusetts: Lexington Books.

Dorne, Clifford K.(2008). *Restorative Justice in the United States*. New York: Pearson Prentice Hall.

Evans, P.(1980). *Prison Crisis*. London: George Allen & Unwin.

Felkenes, G. T.(1973). *The Criminal Justice System: its function and personnel*. New Jersey: Prentice-Hall Inc.

Freeman, J. C.(1978). *Prisons Past and Future*. London: Heinmann.

Garland, D.(1985). *Punishment and Welfare: a history of penal strategies*. Hampshire: Gower.

Gitchoff, G. T.(1989). Crime and Correction in Holland: A Commentary. *International Journal of Offender Therapy and Comparative Criminology* 33(2).

The Home Office(1973). *The Probation and After-care Service in England and Wales*. London: Her Majesty's Stationery Office.

Howard, J.(1929). *The State of the Prisons*. London: J. M. Dent & Sons LTD.

Kaiser, G.(1984). *Prison Systems and Correctional Laws: Europe, the U. S. and, and Japan*. New York: Transactional Publication.

McKelvey, B.(1974). *American Prisons: a study in American social history prior to 1915*. New Jersey: Patterson Smith.

Milner, H.(1990). *Sweden: Social Democracy in Practice*. Oxford: Oxford University Press.

Murphy, J. W., & Dison, J. E.(1990). *Are Prisons Any Better?: twenty years of correctional reform*. Newbury Park: SAGE.

NACRO(1990). *Criminal Justice Policy for the 1990s: a response to the government's white paper on justice and protecting the public*. London: National Association for the Care and Resettlement of Offenders.

NASW(2010). *Criminal Justice Social Work in the United States: Adapting to New Challenges*.

Oldham, W.(1990). *Britain's Convicts to the Colonies*. Sydney: Library of Australian History.

Orland, L.(1975). *Prisons: houses of darkness*. New York: The Free Press.

Ryan, M., & Ward, T.(1989). *Privatization and the Penal System*: the American experience and the debate in Britain.

Shaw, M.(1974). *Social Work in Prison*. London: A Home Office Research Unit.

Shoemaker, D. J.(1990). *Theories of Delinquency*. Oxford: Oxford University Press.

Short, R.(1979). *The Care of Long-term Prisoners*. London: The MacMillan

Press Ltd.
Skidmore, R., Thackeray, M., & Farley, W.(1991). *Introduction to Social Work*. New Jersey: Prentice Hall.
Smykla, J. O.(1981). *Community-based Corrections: Principles and Practices*. New York: Macmillan Publishing Co. Inc..
Smith, Roger(2021). Diversion, Rights and Social Justice. *Youth Justice* 21(1).
Stern, V.(1987). *Qualitative Analysis for Social Scientists*. Sydney: Cambridge University Press.
Sutherland, E. H. R., & Cressey, D. R.(1966). *Principles of Criminology*. Philadelphia: J. B. Lippincott Company.
Thomas, C. W.(1987). *Correction in America: problems of the past and the present*. Beverly Hills: SAGE.
Vinson, T.(1988). Prisons: a stark Swedish contrast. *National Outlook* 10(8).
Whitfield, D.(1991). *The State of the Prisons: 200 years on*. London: Routledge.
Wink, P. & Dillon, M.(2002). Spritual development across the adult life course: Findings from a longitudinal study. *Journal of Adult Development* 9(1).
Zastrow, C.(2004). *Introduction to Social Work and Social Welfare*. Belmont: Brooks/Cole-Thomson Learning.

KBS뉴스. 2023년 6월 19일.
국민일보. 2024년 7월 13일.
매일경제. 2024년 8월 6일.
시니어저널. 2000년 10월 23일.
연합뉴스. 2010년 3월 9일.
연합뉴스. 2019년 3월 28일.
일반경제신문. 2025년 4월 14일.
중앙일보. 2005년 11월 15일.
한겨레. 2004년 2월 12일.
한겨레. 2022년 4월 18일.
한국일보. 2024년 8월 14일.
경향신문. 2025년 4월 16일.
더팩트. 2024년 9월 23일.
세계일보. 2007년 11월 19일.
연합뉴스. 2010년 2월 23일.
연합뉴스. 2019년 12월 3일
연합뉴스. 2023년 4월 23일.
조선일보. 2014년 10월 28일.
중앙일보. 2005년 4월 2일.
한겨레. 2005년 4월 15일.
한겨레. 2023년 4월 25일.

찾아보기

인 명

내 용

기타

저 · 자 · 소 · 개

최 옥 채

[주요 약력]
전남 신안 출생
안양교도소 경비교도대(군복무)
숭실대학교 사회사업학과 학사와 석사 과정 졸업
뉴사우스웨일즈대학교 사회사업학과 박사 과정 졸업
광주대학교 사회복지학과 부교수 역임
전북대학교 사회복지학과 교수 역임
전북대학교 사회복지학과 명예교수

[주요 저술]
사회복지사를 위한 조직화기술(양서원, 2012)
한국 사회복지학 통론(양서원, 2016)
한국 사회복지 사회사1-3권(양서원, 2022)
서인근 평전(대한기독교서회, 2024)
사회복지실천론〈5판〉(양서원, 2024)

[교정복지 관련 주요 논문]
- 상습범죄인의 출소 후 삶: 교정자원봉사자의 경험 중심으로(교정연구, 제22호, 2004)
- 청소년이 사이버범죄에 빠지는 과정(한국사회복지학, 제56권 제4호, 2004)
- 청소년의 재비행 과정에 관한 질적 연구(교정연구, 제33호, 2006)
- 보호관찰 대상 청소년을 위한 인형극 활용 사례연구(보호관찰, 제6호, 2006)
- 출소자를 위한 사회적기업의 방향(교정담론, 제5권 제1호, 2011)

[제7판]

교정복지론

1판 1쇄 발행 1998년 8월 5일
2판 1쇄 발행 2000년 1월 15일
3판 1쇄 발행 2001년 1월 30일
4판 1쇄 발행 2003년 2월 20일
4판 2쇄 발행 2004년 1월 15일
5판 1쇄 발행 2006년 3월 4일
5판 2쇄 발행 2007년 7월 20일
6판 1쇄 발행 2010년 3월 10일
7판 1쇄 발행 2025년 6월 30일

저 자 | 최옥채
발 행 인 | 박철용
발 행 처 | 양서원
주 소 | 경기도 파주시 직지길 522
전 화 | 031-955-8000(代)
팩 스 | 031-955-8005
홈페이지 | www.yswpub.co.kr
이 메 일 | yswgroup@naver.com
출판등록 | 1987년 11월 24일 제 406-2003-037 호

ISBN 978-89-994-1574-6

정가 20,000원

※ 저자와 협의하여 인지는 생략합니다.
※ 저작권법 제136조(권리의 침해죄)에 따라 위반자는 5년 이하의 징역 또는 5천만 원 이하의 벌금에 처하거나 이를 병과할 수 있습니다.